알기 쉬운 관세환급실무

이정길 · 신태섭

코페하우스

한국재정경제연구소 출판센터

머리글

제11판을 저술하면서…

1988년 12월 처음 이 책이 출간된 이후 꾸준히 많은 호평과 충고를 보내 준 무역업체와 세관 등의 무역과 관세 담당자, 교육기관의 교육자와 학생에게 깊이 감사를 드린다.

1961년 수출물품(외화획득용 제품) 생산에 사용된 원재료에 과세된 관세를 반려(환급)하는 제도가 관세법에 도입되었으나, 부존자원이 빈약한 우리나라는 무역의존도가 높아 1974년 「수출용 원재료에 대한 관세 등 환급에 관한 특례법」(이하 "환급특례법")을 제정하여 능률적인 수출 촉진을 도모하고 있다.

환급특례법을 시행하는 과정에서 관세 당국은 수출기업 친화적인 지원정책과 과다환급을 방지하는 정책을 병행하였는데, 대체로 2010년대 초까지 수출기업 친화적인 방향으로 환급특례법을 해석하고 제도를 운용하였다.

그러나 자유무역협정(FTA) 확산으로 0% 관세율 품목이 증가하면서 환급제도가 없어질 것이라는 많은 분의 생각과는 달리 2008년까지 연간 2조 원대였던 환급 규모가 2012년 5조 원 이상으로 증가하게 되자, 다(多) 세율 원재료에 대한 환급방법을 조정하는 등 과다환급방지를 위한 정책 운용에 주력하고 있다.

이번 제11판의 저술은 정부의 관세환급 정책 변화에 따라 수출기업이 겪을 수 있는 애로를 최소화하고 관행적인 업무처리로 인해 환급심사에서 문제가 되는 환급제도와 절차에 대해 올바른 이해를 도모할 수 있도록 다음 내용에 중점을 두고 저술하였다.

첫째, 원상태 수출 환급방법과 수출물품 생산에 사용된 원재료의 환급방법을 잘못 적용하는 일이 없도록 「환급방법별 원재료의 범위」에 대하여 주요 질의회신 등 해석사항을 함께 설명하였다.

둘째, 시행된 다(多) 세율 원재료에 대하여 세율별 환급물량을 계산하여 환급받도록 한 「수입원재료에 대한 환급방법 조정에 관한 고시」의 적용 방법을 예시를 들어 쉽게 설명하였다.

셋째, 가산금 환급신청제도(2014년 시행), 부가가치세의 납부유예제도(2016년 시행), 합병하거나 상속한 경우의 환급신청권 행사방법(2017년 시행), 소요량의 사전심사 신청제도(2018년 시행) 등 새로운 제도들을 상세하게 설명하였다.

넷째, 개정된 환급신청서·기초원재료납세증명서·수입세액분할증명서 서식 등을 소개하고 그 작성요령을 4세대 국가관세종합정보망에 맞게 구체적으로 서술하였다.

다섯째, 각 환급제도의 연혁을 될 수 있는 대로 많이 찾아 함께 저술함으로써 현재의 환급제도 운용 방향뿐만 아니라 변화될 미래의 환급제도 운용 방향도 미리 가늠할 수 있도록 하였다.

여섯째, 민원질의와 과다환급금의 징수가 잦은 주요 환급제도에 대한 연혁 자료를 제공하여 환급실무자가 스스로 필요한 준비와 대비를 할 수 있게 하였다.

끝으로 제11판의 저술을 위하여 바쁜 공무 중에도 도움을 준 관세청 심사정책국의 유명재 사무관님을 비롯한 기획재정부, 관세청과 세관의 선후배·동료들에게 깊은 감사를 드린다.

그리고 이번에도 수출업체실무자에게 꼭 필요한 책이 되도록 도와주신 한국재정경제연구소 강석원 소장님과 출판센터 코페하우스 편집자에게 감사를 드린다.

2018. 3.   .

이 정 길 · 신 태 섭

차 례

3장 개별환급의 이해와 실무

4장   환급신청의 이해와 실무

5장   간접환급의 이해와 실무

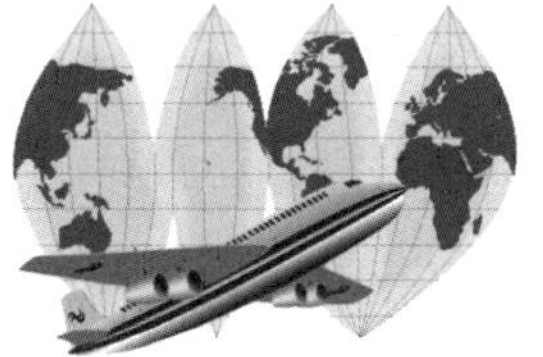

1장

관세환급제도의 이해

<table><tr><td>1절</td><td>관세환급제도</td></tr></table>

1   관세 상의 수출지원제도

　원재료를 수입하는 자는 세금을 납부해야 하는데, 관세환급제도는 수출물품 생산에 사용된 수입 원재료의 세금 부담을 덜어주는 수출지원제도이다.

　세금 부담을 덜어주는 방법에 따라 기업의 관리비용과 국민경제에 미치는 영향이 달라지는데 현행법률상 다음의 두 제도가 시행되고 있다.

가. 관세환급제도

　관세환급제도는 「수출용 원재료에 대한 관세 등 환급에 관한 특례법」(이하 '환급특례법'이라 한다)에 근거하여 운영되는데, 우리나라에서 생산된 물품을 수출하면, 그 수출물품에 사용된 수입원재료와 관계된 관세 등을 수출물품의 생산자 또는 수출자에게 돌려주어 세금 부담을 덜어주는 제도이다.

(1) 장단점

　관세환급제도는 원재료를 수입할 때 관세 등을 납부해야 하는 세금 부담의 단점은 있으나, ①감면과 관련된 사후관리의 불편이 없어지는 장점과 ②국산 원재료의 사용과 개발을 촉진하게 되는 장점이 있다.

(2) 이용이 적합한 수출업체

　①여러 단계의 생산공정을 거쳐 수출물품을 생산하는 자 또는 수입한 원재료로 생산한 물품을 수출용 원재료로 국내거래하는 자 및 원재료를 국내에서 구매하는 수출자가 이용하면 편리한 제도이다.

②제철 제강 및 석유화학공업 등 소재 산업이 발전한 우리나라의 발전단계에서는 환급제도가 가장 적합한 제도이므로 정부에서는 환급제도를 중심으로 수출지원제도를 운용하고 있다.

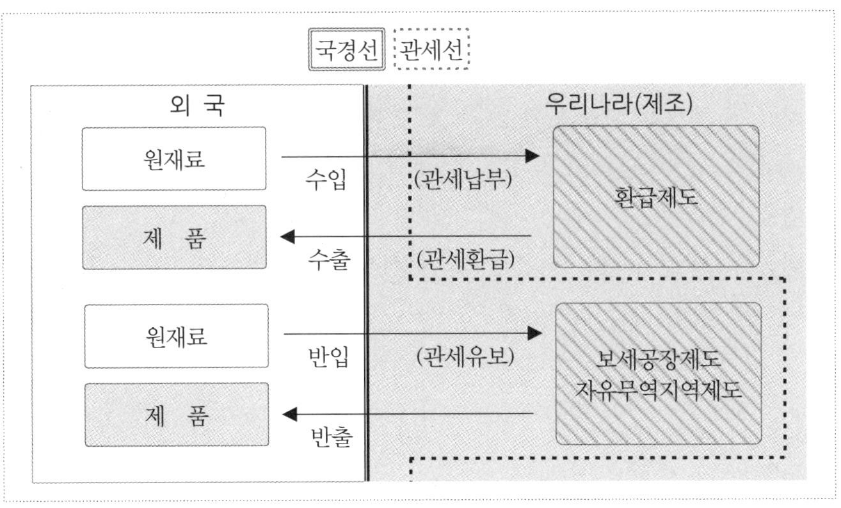

나. 보세공장 및 자유무역 지역제도

보세공장 또는 자유무역 지역은 우리나라 국경선 안에 있는 지역이지만 법률 규정에 따라 의도적으로 관세를 부과하지 않음으로써, 수출용 원재료를 수입할 때 관세를 납부하지 않고 관세선 밖에서 수출물품을 생산한 후 외국으로 수출하게 하는 제도이다.

(1) 장단점

수출용 원재료에 대한 관세를 납부하지 않아 수출입절차가 간편한 장점은 있으나, 필연적으로 따르는 사후관리절차로 인한 관리비용이 많이 들고, 국산 원재료의 사용보다 외국산 원재료의 수입을 촉진하는 단점이 있다.

(2) 이용이 적합한 수출업체

수출물품을 생산하는 데에 장기간이 소요되고, 원재료의 대부분을 수입하여 수출물품을 생산한 후 다시 외국으로 수출하는 자가 이용하면 편리하다.

가. 환급 특례법 우선 적용

관세환급제도와 관련된 법률은 환급제도를 변경할 때마다 다음의 9가지의 법률과 그 시행령 등을 동시에 개정하는 것은 번잡스러우므로 이들 법령의 규정에 불구하고 우선 적용하는 특례법을 제정한 것이「환급 특례법」이다.

따라서 환급특례법에 규정된 사항은 각 해당 법률의 규정에도 불구하고 환급특례법을 우선 적용하여야 하며, 환급 특례법에 규정되지 않은 사항만 각 해당 법률을 적용하여야 한다.

● 관세환급 시 적용법령

또한, 환급 특례법은 관세환급제도와 관련된 다른 법률의 특례사항만을 규정한 법령이

므로 수출용 원재료의 수입부터 환급까지 적용하는 법령은 환급 특례법뿐만 아니라 개별 조세법률까지 모두 살펴야 한다.

나. 세법의 환급규정 적용

(1) 부가가치세

수입되는 수출용 원재료에 대한 부가가치세는 환급특례법의 적용을 받지 않으며 부가가 치세법에 따라 환급하게 된다. 부가가치세법 제58조제2항에 수출용 원재료의 수입에 대한 부가가치세는 세관장이 관세법에 따라 징수하도록 되어 있으나, 그 수입 원재료로 생산한 물품을 수출(수출용 원재료로 공급하는 것을 포함한다)한 후의 매입세액 공제는 세무서장 에게 받게 되어 있다.

그러므로 수출물품에 대한 부가가치세의 환급은 사업자가 세무서장에게 부가가치세 신 고를 할 때 수출내용을 신고함으로써 가능한 것이며, 따로 환급신청을 할 필요는 없다.

(2) 가산세

수입하는 때 또는 수입한 이후 납부한 수출용 원재료와 관련된 가산세는 환급특례법 적 용대상도 아니고 개별 조세법령에 가산세의 환급에 대한 규정은 없으므로, 가산세를 납부 한 원재료를 수출물품 생산에 사용하였다고 하더라도 해당 가산세는 환급받을 수 없다.

3 　　부가가치세의 환급

가. 환급기관

수출물품 생산에 사용된 수입 원재료와 관련된 관세, 개별소비세, 주세, 교통·에너지·환경세, 농어촌특별세, 교육세 등은 세관장이 환급기관이지만, 수출물품 생산에 사용된 수입 원재료의 부가가치세는 세무서장이 환급기관이다.

그 이유는 부가가치세 제도의 기본 원리가 매출세액에서 매입세액을 공제하면서 수출용 재화에 대해서는 영세율을 적용하여 계산하도록 하고 있기 때문에 수출용과 내수용의 구분관리를 환급특례법에 그대로 적용하는 것이 쉽지 않기 때문이다.

나. 환급 대상

부가가치세는 수입 원재료를 직접 수출 등에 제공한 경우는 물론이고 수입 원재료를 수출자나 수출물품 생산자에게 수출용으로 납품한 경우에도 세무서장에게 직접 환급을 받을 수 있다.

수출 등에 제공한 사실은 서류로 증명하여야 하며, 부가가치세 환급 대상 수출을 증명하는 서류는 다음과 같이 환급특례법상 관세환급을 신청할 때 제출하는 서류와 유사하다.

1. 수출신고필증, 반입(적재)확인서, 주한미군 등에 대한 납품(공사)완료증명서 등 관세환급 대상 수출증명서류(이하 '수출 사실 증명서류'라 한다)
2. 내국신용장(완제품 및 임가공내국신용장 포함)
3. 구매확인서(완제품 및 임가공구매확인서 포함)

다. 환급액 산출방법

부가가치세의 환급액은 제품의 매출세액에서 원재료의 매입세액을 공제한 금액으로 정해지는데, 수출 등에 제공한 재화는 영세율(0%)이 적용되므로 수입한 물품으로 수출만 할 때는 수입할 때 납부한 매입세액을 모두 환급받게 되며, 환급제도에서 필요로 하는 수출 등에 제공한 원재료의 납부세액을 소요량계산서 등으로 확인하지 않는다.

■▶ 사례

사례1 원재료수입 시 부가가치세가 120만원(관세 포함 과세가격 1,200만원 × 10%)이고, 수
출금액이 2,600만원인 경우

- 120만원 환급 = 매출세액 − 매입세액 = 0원(수출금액 2,600만원×0%) - 120만원

사례2 원재료 매입액이 2,200만원(외자 1,200만원 + 내자 1,000만원)이고, 매출액이 4,600
만원(수출 2,600만원 + 내수 2,000만원)인 경우

- 매출세액 = 200만원 = (수출 2,600만원×0%) + (내수 2,000만원×10%)
- 매입세액 = 220만원 = (외자 1,200만원×10%) + (내자 1,000만원×10%)
- 20만원 환급 = 매출세액 − 매입세액 = 200만원 − 220만원

라. 환급신청 시기

부가가치세의 환급신청은 다음의 신고 시에 함께 하며, 과세기간이 종료한 후 25일 이
내에 세무서장에게 신고하여야 한다.

구분	1기분 예정신고	1기분 확정신고	2기분 예정신고	2기분 확정신고
과세기간	1.1.~3.31.	1.1.~6.30.	7.1.~9.30.	7.1.~12.31.
신고기한	4.25.	7.25.	10.25.	익년 1.25.
환급기한	→	8.24.	→	익년 2.24.

수출과 투자지원의 조세정책적 목적에 따라 수출 및 투자 관련 매입세액이 매출세액을
초과하면 세무서장은 조기환급을 받으려고 신고한 사업자에게 환급세액을 조기에 환급할
수 있다(부가가치세법 제59조 및 부가가치세법 시행령 제107조 참고).

세무서장은 신고기한이 지난 후 15일 이내에 환급세액을 사업자에게 환급하여야 한다.

1   관세환급의 흐름

✦ 관세환급 흐름도

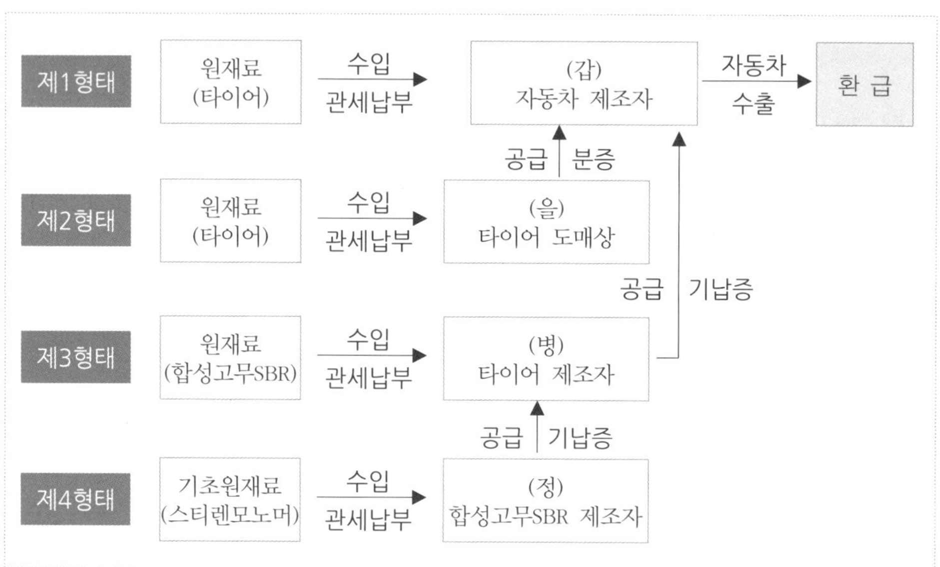

①관세환급제도는 수출물품 생산에 사용된 수출용 원재료의 납부 관세를 되돌려주는 제도이므로, 원재료를 수입하여 제품을 수출하기까지 어떤 경로를 거치는가에 따라 수출 또는 국내거래 사실의 증명방법과 환급액의 산출방법이 달라지고 그에 따른 관세 등의 환급 요건이 달라진다.

②위 흐름도의 제1형태와 같이, 자동차 생산자가 타이어를 직접 수입하여 조립하여 수출하는 경우에는 원재료 수입자, 관세 납부자, 수출물품 생산자, 환급신청자가 모두 동일

하기 때문에 환급신청에 별 어려움이 없다.

③그러나 제2형태부터 제4형태까지와 같이 타이어를 다른 도매상으로부터 구매하거나 타이어 생산자로부터 구매하는 경우에는, 타이어의 제조 여부에 따라 수입세액분할증명서(일반적으로 '분할증명서' 또는 '분증'이라 한다) 또는 기초원재료납세증명서(일반적으로 '기납증'이라 한다) 중 어느 것을 발급해야 하는지 여부가 달라지며

④그에 따른 타이어에 포함된 납부세액이 달라지므로 각 증명서별로 원재료에 포함된 납부 세액을 정확하게 증명하여야 환급이 가능해진다(납부세액을 증명하는 서류는 수입신고필증, 분할증명서, 기납증, 평균세액증명서 등이 있는데, 이하 '납부세액 증명서류'라 한다).

<table>
<tr><td>2</td><td>관세환급의 요건</td></tr>
</table>

● 환급형태별 분류

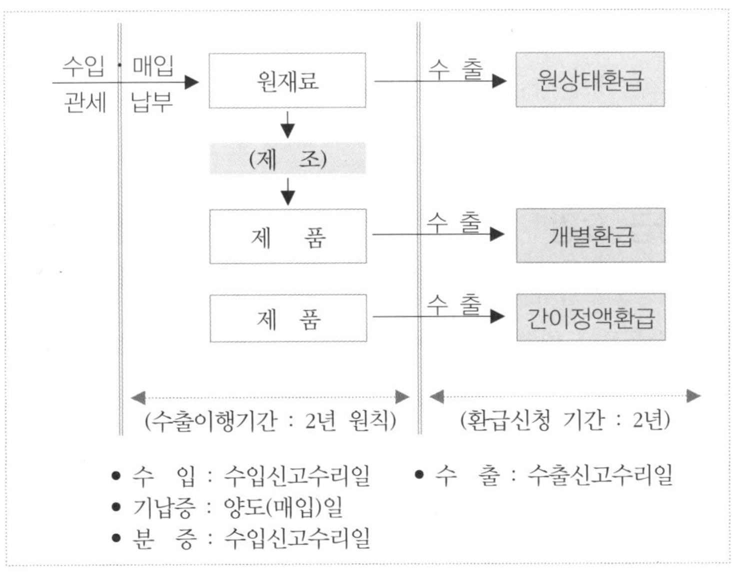

①환급특례법상 환급방법은 생산한 제품을 수출하느냐 또는 수입한 상태 그대로 수출하느냐에 따라 크게 2가지로 나뉘며, 생산한 제품을 수출할 때 환급받는 방법이 2가지가 있어, 구체적으로는 3가지 환급방법이 운영되고 있다.

②먼저 생산한 제품을 수출한 경우로서 수출물품 원재료의 소요량을 계산하여 환급신청하는 것을 "개별환급"이라고 하고 관세청장이 고시한 간이정액환급률표에 따라 환급신청하는 것을 "간이정액환급"이라고 한다.

③그리고 수입한 상태 그대로 수출한 후 환급신청하는 것을 "원상태환급"이라고 하는데, 수입물품을 수입한 상태 그대로 수출하였는지 여부는 확인이 되어야 하므로 수출통관할 때 "원상태"임을 명백히 확인받아야 한다.

④이 용어들은 환급특례법상 법정 용어는 아니지만, 일반환급 실무에서 널리 사용되는 표현이므로 이 책에서 이 용어를 그대로 사용한다.

가. 원상태 환급 요건

원상태 수출은 수입한 수출용 원재료를 수입한 상태 그대로 수출하는 것이므로 다음의 요건을 모두 갖추어야 환급이 가능하다.

① 환급 대상 수출에 해당되어야 하고,

② 수출하는 때에 수입한 상태 그대로 수출하는 물품인지 여부가 확인되어야 하며,(※ 사후확인이 허용 안됨 → 반드시 원상태 수출신고를 하여야 함)

③ 수출물품이 수출월의 말일부터 소급하여 2년 내에 수입된 것이어야 하며,

④ 수출일부터 2년 내에 환급신청하여야 한다.

이러한 요건을 증명하기 위한 서류는 수출 사실 증명서류와 납부세액 증명서류이다.

나. 간이정액환급 요건

간이정액환급은 중소기업의 수출을 지원하기 위하여 관세청장이 정한 간이정액환급률표상 환급률을 수출물품에 대하여 적용하는 것이므로 다음의 요건을 갖추면 환급이 가능하다.

① 환급 대상 수출에 해당되어야 하고,

② 수출하는 물품이 국내에서 생산된 물품이어야 하며,

③ 수출일에 시행하는 간이정액환급률표에 수출물품 품목번호(HSK)가 게기되어 있어야 하고,

④ 생산자가 간이정액환급업체 지정 요건을 갖추어야 하며,

⑤ 수출일에 개별환급 적용업체(간이정액환급률표를 적용하지 않겠다고 비적용 승인을 받은 업체를 말한다)로 등록되지 않았어야 하고,

　⑥ 수출일부터 2년 내에 환급신청하여야 한다.

　이러한 요건을 증명하기 위한 서류는 수출 사실 증명서류만 있으면 된다. 중소제조업체와 총환급액 등 다른 요건은 세관장이 전산에 의거 확인하게 된다.

다. 개별환급 요건

　수출자 또는 생산자가 수출물품 생산에 사용된 수입원재료의 납부세액에 대한 환급액을 산출하는 것이므로 다음의 요건을 모두 갖추어야 환급이 가능하다.

　① 환급 대상 수출에 해당되어야 하고,

　② 수출물품 생산에 사용된 원재료가 환급 대상 원재료의 요건에 맞아야 하며,

　③ 원재료수불부, 제품수불부, 소요량계산서 등의 자료를 근거로 수출 물품별로 생산에 사용된 원재료의 양을 산출할 수 있어야 하고,

　④ 경제적 가치가 있는 부산물이 발생하는 경우에는 부산물공제를 한 후,

　⑤ 수출월의 말일부터 소급하여 2년 내에 수입된 원재료 중 수출물품 생산에 사용된 원재료 양에 대한 환급세액을 계산하여

　⑤ 수출일부터 2년 내에 환급신청하여야 한다.

　이러한 요건을 증명하기 위한 서류는 수출 사실 증명서류와 납부세액 증명서류 및 수출물품 생산에 사용된 원재료의 수량을 산출한 소요량계산서다.

수출용 원재료는 수출물품 생산자가 직접 수입할 수도 있으나, 다른 수입자의 원재료를 수출물품 생산자가 구매할 수도 있으며, 수입 원재료로 생산한 타인의 중간원재료를 수출물품 생산자가 구매할 수도 있다.

이때 타인으로부터 구매한 원재료는 그 원재료의 납부세액을 알 수 있어야 해당 원재료를 환급신청에 사용할 수 있는데, 이를 증빙하기 위하여 발급받는 증명서가 환급특례법 제12조에 규정된 분할증명서와 기납증이다.

가. 수입세액분할증명서(분할증명서)

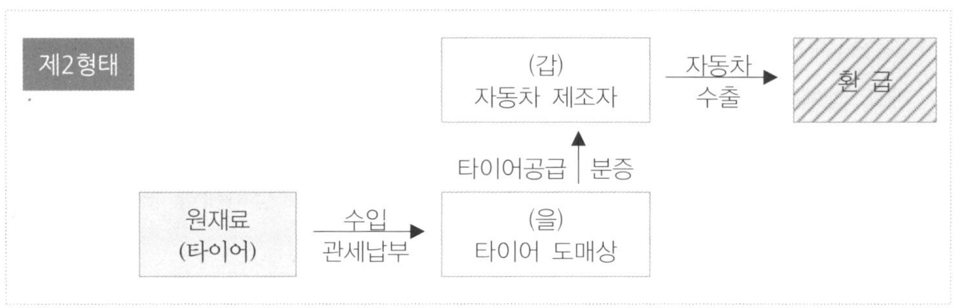

①분할증명서는 앞서 살펴본 "관세환급 흐름도" 중 제2형태 거래에서 사용되는 납부세액 증명서류다. 원재료 수입자가 수입한 상태대로 원재료를 수출물품 생산자에게 판매할 때, 수입자가 판매한 원재료 양만큼의 납부세액을 세관장으로부터 증명받는 서류이기 때문에 분할증명서(분증)라고 부르며, 세관장으로부터 발급받은 분할증명서는 양수인(수출품생산자)에게 양도되어야 양수인이 환급신청에 사용할 수 있다.

②한편, 분할증명서는 원재료 수입자만 발급을 받을 수 있는 것이 아니라, 수입자로부터 구매한 자가 수출물품 생산자에게 구매한 상태대로 원재료를 다시 판매하는 경우에도 재판매한 수량만큼의 납부세액에 해당되는 분할증명서의 발급을 세관장에게 신청할 수 있다. (이를 '수입분증의 분증'이라 한다)

③분할증명서를 세관장으로부터 발급받으려면 다음의 요건을 모두 갖추어야 한다.

1. 분할하는 원재료가 수출용 원재료로 공급된다는 것을 증명할 수 있는 내국신용장,

산업통상자원부 장관의 승인을 받은 양도승인서, 구매확인서, 수출신용장 또는 수출계약서, 세관장이 수출용으로 거래된 것임을 인정할 수 있는 매매계약서, 조합장이 확인한 물품배정서, 조달청장 등이 발급한 비축물자배정통지서 등(이하 '분증의 국내거래 인정서류'라 한다)이 있어야 하고,

2. 국내거래 사실을 증빙할 수 있는 내국신용장 물품수령증, 재화공급 세금계산서 또는 신용카드매출전표 등(이하 '양도일자 증명서류'라 한다)이 있어야 하며,

3. 수출물품 생산자가 환급신청하기 전까지 해당 수입 원재료를 공급한 자가 세관장으로부터 분할증명서를 발급받아야 한다.

④이러한 요건을 증명하기 위한 서류는 납부세액 증명서류와 분증의 국내거래 인정서류 및 양도일자 증명서류다. 한편, 수입원재료 등을 매입한 자가 매입한 상태 그대로 다시 판매하는 경우에는 그에 대한 분할증명서의 발급신청을 하여야 하는데, 그에 따른 증명서류는 처음 매입할 때의 납부세액 증명서류와 다시 판매할 때의 분증의 국내거래 인정서류 등 및 양도일자 증명서류다.

나. 기초원재료납세증명서(기납증)

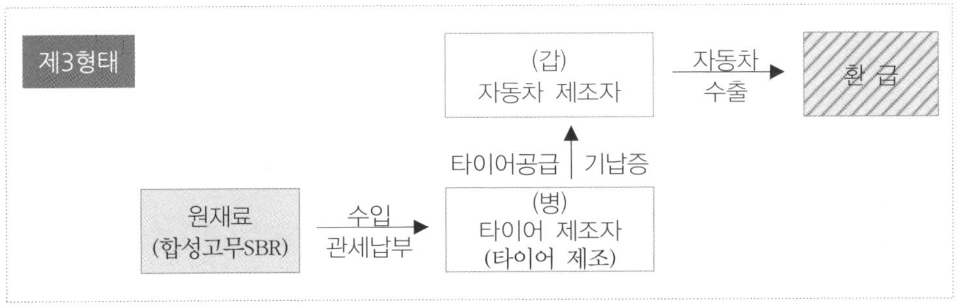

기납증은 앞서 살펴본 "관세환급 흐름도" 중 제3형태에 해당하는 것으로서, 원재료 수입자가 그 원재료로 생산한 중간원재료를 수출물품 생산자에게 판매할 때 수입자가 판매한 중간원재료에 포함된 세액을 증명 받은 서류이기 때문에 기납증이라고 부르며, 세관장으로부터 발급 받은 기납증은 수출물품 생산자에게 양도되어야 환급신청에 사용할 수 있다.

양도세액 산출방법은 환급액 산출방법과 동일한데, 양도세액 산출방법에 따라 다음과 같이 다르다.

(1) 개별환급방법에 의하여 양도세액을 산출하는 경우(개별기납증)

① 국내에서 생산된 물품(중간원재료)에 사용된 수출용 원재료의 양을 산출할 수 있어야 하고,

② 그 중간원재료가 수출용 원재료로 공급된다는 것을 증명할 수 있는 내국신용장, 구매확인서, 수출신용장 또는 수출계약서 및 세관장이 수출용으로 거래된 것임을 인정할 수 있는 매매계약서 등(이하 '기납증의 국내거래 인정서류'라 한다)이 있어야 하며,

③ 양도일자 증명서류가 있어야 하며,

④ 수출물품 생산자가 환급신청하기 전까지 해당 중간원재료를 공급한 자가 세관장으로부터 기납증을 발급받아야 한다.

이러한 요건을 증명하기 위한 서류는 납부세액 확인서류와 기납증의 국내거래 인정서류, 양도일자 증명서 및 거래물품 생산에 사용된 원재료의 수량을 산출한 소요량계산서다.

(2) 간이정액환급률표를 적용하여 양도세액을 산출하는 경우(간이기납증)

기납증을 발급받으려는 자가 다음의 요건을 갖춘 경우에는 위 개별기납증 발급요건 중 "①"번 요건을 갖출 필요 없이 간이정액환급률표에 따라 계산된 금액에 대한 기납증(실무에서는 이를 '간이기납증'이라고 한다)을 세관장으로부터 발급받을 수 있다.

① 간이정액환급률표를 적용받는 자의 요건을 충족하고,

② 공급하는 중간원재료의 품목번호(HSK)가 간이정액환급률표에 게기되어 있어야 한다.

  1장 관세환급제도의 이해

1   환급 대상 수출

가. 관세환급의 목적

관세환급이 허용되는 이유는 국내에서 소비되지 않은 수입물품에 대한 관세 등을 환급해 주는 조세 이론적 측면도 있으나, 국제적으로 인정된 협약 및 조약의 범위 내에서 수출을 지원하여 국내산업의 발전을 도모하는 측면도 있다.

따라서 국내에서 소비(국내 외화판매 또는 공사)되더라도 국내산업 발전이나 외화획득을 위하여 관세 등의 환급을 받을 수 있는가 하면, 외국으로 수출하더라도 관세 등의 환급을 받지 못하는 경우가 있다.

나. 환급 대상 수출의 종류

환급특례법을 적용받을 수 있는 수출을 환급 대상 수출이라고 하는데, 현행 법령상 환급 대상 수출은 다음과 같다. (환급특례법 제4조, 환급특례법 시행규칙 제2조 및 「남북교류협력에 관한 법률 시행령」 제41조제4항)

① 관세법에 따라 수출신고가 수리된 유상수출

② 기획재정부령으로 정하는 무상수출

③ 우리나라에서 외화를 획득하는 판매·공사 중 기획재정부령으로 정하는 것

④ 보세구역 중 기획재정부령으로 정하는 구역 및 자유무역지역의 입주기업체에 대한 물품 공급

⑤ 그 밖에 수출로 인정되어 기획재정부령으로 정하는 것

⑥ 북한으로의 물품 반출(반출한 물품이 남한으로 다시 반입되지 않는 경우)

《 환급 대상 수출 》

환급 대상 수출	환급 대상 수출의 내용
① 유상(有償)수출 (환급특례법 §4,1)	대가를 수취하는 수출
② 무상(無償)수출 등 (환급특례법 §4,1단서)	1. 박람회, 전시회 등에 출품하는 수출 (외국에서 판매되는 경우에 한정, §2①1) 2. 해외공사용 자재 등 수출 (규칙 §2①2) 3. 계약상이 대체물품 수출 (규칙 §2①3) 4. 수출계약용 견본품 수출 (규칙 §2①4) 5. 국내 수탁가공 수출 (규칙 §2①5) 6. 외국 임가공 수출 (규칙 §2①5-2) 7. 외국 위탁판매 수출 (외국에 판매된 경우만 한정, 규칙 §2①6)
③ 국내 외화판매 (환급특례법 §4,2)	1. 주한미군에 대한 판매 (규칙 §2②1) 2. 주한미군, 외교관 등의 공사 (규칙 §2②2) 3. SOFA에 따라 수입스입승용차에 면세를 받는 자에게 국산승용차 판매 (규칙 §2②3) 4. 외국인투자기업 자본재 판매 (규칙 §2②4) 5. 차관자금으로 낙찰물품 판매 (규칙 §2②5)
④ 보세공장 등 물품공급 (환급특례법 §4,3)	1. 보세창고 (수출물품의 수리·보수 및 해외조립생산용 부품 등 반입, 규칙 §2③1) 2. 보세공장 (수출용 원재료 용도로 공급, 규칙 §2③2) 3. 보세판매장 (규칙 §2③3) 4. 종합보세구역 (수출용 원재료 용도로 공급하거나 수출한 물품의 수리·보수 및 해외조립생산용 부품 등 반입 또는 보세구역에서 판매용으로 공급, 규칙 §2③4) 5. 자유무역지역 입주기업처에 대한 공급 FTZ법률 §29①및 §45①)
⑤ 기획재정부령으로 인정 (환급특례법 §4,4)	1. 외국무역선(기)에 선(기)용품으로 사용되는 물품공급 (규칙 §2④1) 2. 원양어선에 무상 송부하는 물품의 수출 (규칙 §2④2)
⑥ 북한으로 물품반출 (남북교류협력법 시행령 §41④)	북한으로 물품반출 (반출물품이 남한으로 재반입되지 않을 것)

환급 대상 수출유형별 수출 사실 확인서류는 다음과 같다(「수출용 원재료에 대한 관세 등 환급사무처리에 관한 고시」(이하 "환급고시"라 한다).

《 환급 대상 수출유형별 수출 사실 확인서류 》

수출유형	수출 사실 확인서류
1. 유상수출(환급특례법 제4조제1호 본문)	• 수출신고필증
2. 박람회, 전시회 등에 출품한 무상수출(환급특례법 시행규칙 제2조제1항제1호)	• 수출신고필증 • 대한무역진흥공사의 장이 확인한 출품확인서 또는 세관장이 출품사실을 인정할 수 있는 서류 • 외화입금증명서
3. 해외투자, 건설, 용역 등에 제공되는 무상수출(환급특례법 시행규칙 제2조제1항제2호)	• 수출신고필증 • 주무부장관(지정한 기관)의 확인서(대외무역관리규정 별표 3의 제2호 아목)
4. 계약상이 물품의 대체수출(환급특례법 시행규칙 제2조제1항제3호)	• 수출신고필증 • 대체수출과 관련된 당초 수출물품의 수출신고필증 및 관련 수입신고필증
5. 수출계약을 위한 견본수출(환급특례법 시행규칙 제2조제1항제4호)	• 수출신고필증
6. 수탁가공 무상수출(환급특례법 시행규칙 제2조제1항제5호)	• 수출신고필증 • 수탁가공무역 수출임을 증명하는 서류 및 가공임에 대한 입금증명서
7. 위탁가공 무상수출(환급특례법 시행규칙 제2조제1항제5의2호)	• 수출신고필증 • 위탁가공계약서 등 위탁가공무역 수출임을 증명하는 서류
8. 위탁판매 무상수출(환급특례법 시행규칙 제2조제1항제6호)	• 수출신고필증 • 외화입금증명서
9. 주한미군에 대한 물품 판매(환급특례법 시행규칙 제2조제2항제1호)	• 주무부장관, 해당 수출조합장 또는 주한미군사령부의 장교(권한을 위임받은 자 포함)가 확인한 납품완료증명서 • 은행이 확인한 납품대금의 영수를 증명할 수 있는 서류
10. 주한외국기관에 대한 공사(환급특례법 시행규칙 제2조제2항제2호)	• 주무부장관등이 확인한 공사완료증명서 • 은행이 확인한 공사대금의 영수를 증명할 수 있는 서류
11. 관세 등을 면제받을 수 있는 자에 대한 국산승용차의 판매(환급특례법 시행규칙	• 주무부처의 장 또는 주한미군사령부 통관장교가 확인한 면세추천서 및 외화입금증명서(환급고시

수출유형	수출 사실 확인서류
제2조제2항제3호)	별지 제33호서식) • ㅇ자동차검사증 또는 등록사실 증명서류
12. 외국인 투자자에 대한 자본재 판매(환급 특례법 시행규칙 제2조제2항제4호)	• ㅇ주무부장관 또는 수출조합장이 확인한 납품(공 사)완료증명서 • ㅇ감면대상 사업 증명서류, 수입 시 면세받는 것 을 증명하는 서류, 도입물품명세서 등(조세특례제 한법 시행규칙 제51조의5의 서류)
13. IMF 낙찰물품에 대한 판매(환급특례법 시행규칙 제2조제2항제5호)	• ㅇ주무부처의장이 확인한 물품인도증명서 • ㅇ관세감면 요건서류등 입증서류
14. 보세구역(종합보세구역포함)·관세자유지 역 반입 및 자유무역지역입주기업체에 대 한 공급(환급특례법 제4조제3호)	• ㅇ세관장이 확인한 물품 반입확인서(환급고시 별 지 제1호서식)
15. 선(기)용품 및 원양어업용 물품(환급특 례법 시행규칙 제2조제4항)	• ㅇ수출신고필증 또는 • ㅇ세관장이 확인한 적재확인서
16. 북한으로 반출하는 물품	• ㅇ수출신고필증

유상수출이란 수출물품에 대한 대가를 받는 수출을 말하는데, 관세법에 따라 수출신고가 수리된 유상 수출은 모두 환급 대상 수출이며, 임대수출과 연계 무역에 의한 수출도 유상이라면 환급 대상 수출에 포함된다.

가. 환급 대상이 되지 않는 수출

(1) 중계무역 수출물품

수출할 것을 조건으로 물품을 수입하여 제3국으로 수출하는 수출입이므로, 수입 통관하지 않으면 환급 대상 수출이 아니나, 예외적으로 관세를 납부하고 수입통관 후 수출을 하면 환급 대상 수출이 된다. (원상태수출)

(2) 현지인도 수출물품

수출대금은 국내에서 영수하고 물품은 제3국으로 인도하는 현지인도 수출은 수출신고
필증도 없고 수입신고필증도 없으므로 환급 대상 수출이 아니다.

(3) 중고품 수출

국내 사용기간과 관계없이 수출신고필증 ㉓물품상태 란에 중고(old 또는 used)임을 의
미하는 "O" 가 표시된 수입 기계류 등의 수출은 환급 대상 수출이 아니다. 이는 환급특례
법 제3조제1항에서 ①수출물품을 생산한 경우와 ②수입한 상태 그대로 수출한 경우에만
환급 대상 원재료로 인정하고 있기 때문에 중고물품을 수출한 경우에는 환급을 신청할 수
없게 되어 있다.

⊕ 사례

- (사례1) 수입 후 사용 중에 있던 화물선을 선박 가격의 상승으로 수출한 경우에도 환
  급 대상으로 인정하지 않았음
- (사례2) 경주마를 수입하여 대회 입상 등으로 수입가격보다 더 높은 가격으로 경주마
  를 수출한 경우에도 환급 대상으로 인정하지 않았음

조세 측면에서도 관세는 일종의 소비세이며 국내에서 소비되는 것을 전제로 관세가 부
과되므로 국내에서 일부라도 소비(사용)된 물품은 환급 대상이 되지 아니한다.

(4) 보세공장과 종합보세구역 수출물품

보세구역은 수입 관세의 납부가 유보(留保)되는 지역이므로, 보세구역인 보세공장과 종
합보세구역 등에서 생산한 물품을 수출하는 것은 환급 대상 수출이 아니다.

(5) 자유무역지역 수출물품

자유무역지역도 보세구역과 같이 수입 관세의 납부가 유보되는 지역이므로, 자유무역지
역에서 생산한 물품을 수출하는 것은 환급 대상 수출이 아니다.

나. 중고품이지만 환급이 되는 사례

수출물품이 중고인 경우라도 재활용을 위하여 원재료를 수입한 후 수리하거나 재생한
물품을 수출한 경우에는 환급 대상이 된다. 즉, 중고 기계를 수입하여 국내에서 사용하지

않고 수리만 하여 유상수출하는 경우에는 환급 대상이 된다.

②하지만 다음의 경우에 환급특례법상 환급을 신청할 수 없다.

    1. 기계를 수입하여 일정 기간 사용하던 것을 수리하여 수출한 경우

    2. 소유권이 이전되지 않는 재수출조건부로 중고기계를 수입하여 수리 후 수리비를 받고 수출하는 경우

③그 이유는 1은 국내에서 기계를 사용하였기 때문이며, 2는 유상수출에 해당되지 않기 때문인데, 이러한 경우에는 관세법 제97조에 따른 재수출면세를 이용하거나 제98조에 따른 재수출감면세를 이용하여야 한다.

다. 유상수출의 증명서류

유상수출을 증명할 수 있는 서류는 수출신고필증이며, 해당 수출신고필증 상의 물품이 선적되거나 기적되었다는 사실이 확인되면 환급을 신청할 수 있다.

수출신고필증	+	선(기)적 확인

(1) 수출물품의 확인

수출물품의 품명·규격·수량 등은 수출신고필증에서 확인한다.

(2) 유상수출의 확인

유상수출은 첫째 수출신고필증의 ⑫란(결제방법)에 다음의 결제방법 기호 중 "GN"과 "PT"를 제외한 결제방법이 기재되어야 하고,

기호	구분	비고	기호	구분	비고
LS	• 일람출급 L/C	신용장	LH	• 분할영수(지급)방식	기타
LU	• 기한부 L/C	신용장	PT	• 임가공지급방식의 위탁(수탁)가공무역(Processing Trade)	기타
DA	• D/A	추심			
DP	• D/P	추심			
CD	• 사후 또는 동시 송금방식 (COD, CAD)	송금	WK	• 계좌이체(상호계산방식)	기타
			GO	• 기타 유상(위탁판매 포함)	기타
TT	• 단순송금방식(T/T, M/T)	송금	GN	• 무상 거래	기타

둘째, 수출신고필증 ⑪란(수출종류)에 다음의 관리부호 중 "A", "P" 또는 "L"이 기재되어 있어야 한다.

관리부호	종류	비고
A	• 일반수출	• 일반
B	• 보세공장으로부터 수출	• 보세공장
D	• 자유무역지역으로부터 수출	• 수출자유
P	• 우편수출(국제우체국 면허분)	• 국제우편
F	• 공해상에서 체포한 수산물의 현지수출	• 현지수출
E	• 종합보세구역으로부터 수출	• 종합보세
L	• 선상수출신고	• 선상수출

위 두 요건을 갖춘 수출신고필증은 환급 대상 유상수출에 해당되나, 의심이 있을 때에는 수출신고필증 상에 ①결제금액(결제금액이 있으면 유상수출임)이 있는지 여부와 ②수출거래 구분을 참고하면 이를 확실히 확인할 수 있다.

(3) 환급신청서상 수출형태부호와 수출신고서상 거래 구분 연계

환급 수출형태	항목 유형 설명	수출신고서 거래 구분
01	관세법에 따라 수출신고가 수리된 유상수출물품	11
02	유상수출물품 중 수입 원상태 수출물품	72
22	연계무역에 의한 물품의 수출(유상수출에 한함)	31
24	전자상거래 수출	15
25	유상수출물품 중 국내 생산물품을 구매한 상태 그대로 수출	11
30	현물차관 수출 등 그 밖의 유상수출	51 등

(4) 선(기)적 확인

수출한 물품에 대한 환급신청은 수출물품이 선적·기적된 경우에 할 수 있다. (환급특례법 시행령 제18조제4항) 이는 관세법상 "수출"을 "우리나라 물품을 외국으로 반출함을 말한다"라고 정의하고 있는 것과 맥을 같이한다고 할 것이다. 수출물품의 선(기)적 확인은 전산시스템으로 관리하고 있으므로 환급신청 시에 세관에서 확인한다.

수출신고필증(수출이행, 갑지)

UNI-PASS

※ 처리기간: 즉시

①신고자	⑤신고번호	⑥세관.과	⑦신고일자	⑧신고구분	⑨C/S구분

②수출대행자		⑩거래구분	⑪종류	⑫결제방법

②수출대행자
(통관고유부호)　　수출자구분
수출화주
(통관고유부호)
(주소)
(대표자)　　(소재지)
(사업자등록번호)

⑩거래구분　⑪종류　⑫결제방법

⑬목적국　⑭적재항　⑮선박회사(항공사)

⑯선박명(항공편명)　⑰출항예정일자　⑱적재예정보세구역

⑲운송형태　⑳검사희망일

㉑물품소재지　/

③제　조　자
(통관고유부호)
제조장소　　산업단지부호

㉒L/C번호　㉓물품상태

㉔사전임시개청통보여부　㉕반송사유

④구　매　자
(구매자부호)

㉖환급신청인 (1:수출대행자/수출화주, 2:제조자)
자동간이정액환급

품명·규격 (란번호/총란수: /)

㉗품　　명
㉘거래품명　　㉙상표명

㉚모델·규격	㉛성분	㉜수량	㉝단가( )	㉞금액( )

㉟세번부호	.	㊱순중량		㊲수량		㊳신고가격(FOB)	$ ₩
㊴송품장번호		㊵수입신고번호		㊶원산지		㊷포장갯수(종류)	

㊸수출요건확인 (발급서류명)	(　- 　)	(　- 　)	(　- 　)	(　- 　)

㊹총중량	㊺총포장갯수	㊻총신고가격(FOB)	$ ₩

㊼운임(₩)	㊽보험료(₩)	㊾결제금액	-

㊿수입화물관리번호		51컨테이너번호	

※신고인기재란	52세관기재란

53운송(신고)인 54기간　　부터　　까지	55적재의무기한	56담당자	57신고수리일자

발행번호:　　　　　　　　　　　　　　　　　　　　　　　　　　　　　　Page: /

(1) 수출신고수리일로부터 30일내에 적재하지 아니한 때에는 수출신고수리가 취소됨과 아울러 과태료가 부과될 수 있으므로 적재사실을 확인하시기 바랍니다.(관세법 제251조, 제277조) 또한 휴대탁송 반출시에는 반드시 출국심사(부두,초소,공항) 세관공무원에게 제시하여 확인을 받으시기 바랍니다.

(2) 수출신고필증의 진위여부는 관세청 인터넷통관포탈에 조회하여 확인하시기 바랍니다.(http://portal.customs.go.kr)

<table>
<tr><td>3</td><td>무상수출 등</td></tr>
</table>

가. 환급 대상 인정배경

《 무상수출 인정대상 물품 》

구분	무상수출 인정 수출 및 물품
외화획득	• 박람회, 전시회 등에 출품물품 중 판매 물품 • 위약물품의 대체물품 • 견본품 물품의 수출 • 수탁가공물품의 수출 • 위탁가공물품의 수출
외화유출방지	• 해외공사용 자재 및 장비 • 위탁가공물품의 수출 • 외항선용 선용품 • 원양어선용 선용품

(1) 외화획득인 경우

외국 전시회 등에 출품하는 무상 수출물품과 위탁판매를 위한 수출물품이 외국에서 외화를 받고 매각되는 것은 유상수출과 같은 것이고, 수탁가공을 위한 수출물품은 가공임(외화)을 수취(획득)하는 것이며, 견본품 수출 및 대체물품의 수출은 유상수출과 관련되는 수출이기 때문에 환급 대상으로 인정되고 있다.

(2) 외국에서 외화로 구매할 물품을 수출하는 경우

외국에 있는 우리나라 기업이 우리나라 물품을 수입하면 외화를 절약할 수 있게 되므로 결국 외화를 획득하는 것과 같아지게 된다. 이럴 때 우리나라 현지 기업에 무상으로 수출하는 때도 환급 대상 수출로 인정하면 우리나라 수출자는 외국 현지 공급자와 동일한 경쟁 여건을 갖추게 되므로, 현지에 있는 우리나라 기업의 국산품 사용을 촉진할 수 있도록 하기 위함이다.

나. 전시회 등 출품 물품

(1) 환급 대상 수출 관련 법령

- (환급특례법 시행규칙 제2조제1항제1호)

외국에서 개최되는 박람회·전시회·견본시장·영화제 등에 출품하기 위하여 무상으로 반출하는 수출. 다만, 외국에서 외화를 받고 판매되어야만 한다.

(2) 환급 대상 수출의 요건

다음의 두 요건을 모두 갖추어야 한다.

① 외국에서 개최되는 박람회·전시회·견본시장·영화제 등에 출품할 목적으로 무상으로 수출할 것

② 외국 박람회 등에 수출된 물품이 외국 현지에서 외화를 받고 판매될 것

(3) 환급 대상 수출의 증명서류

① 수출신고필증
② 외화입금증명서(외국환은행장 발급)
③ 출품확인서(무역투자진흥공사 등 확인) : 대한무역투자진흥공사 등이 국내업체의 박람회·전시회 등에 출품 물품을 한데 모아 대한무역투자진흥공사 등의 명의로 수출하므로, 실제 출품자를 확인하려고 출품확인서를 제출하게 하는 것임

(4) 환급신청서상 수출형태부호와 수출신고서상 거래 구분 연계

환급수출형태	항목 유형 설명	수출신고서 거래 구분
09	전시회 등 출품 물품	85

다. 해외투자기업 등에 수출

(1) 환급 대상 수출 관련 법령

- (환급특례법 시행규칙 제2조제1항제2호)

외국에서 투자·건설 등의 사업에 종사하고 있는 우리나라의 국민에게 무상으로 보내는 기계·시설과 근로자 생활필수품 등의 수출로서 주무부 장관이 지정한 기관의 장이 확인한

것이다.

(2) 환급 대상 수출의 요건

다음의 세 요건을 모두 갖추어야 한다.

① 외국에서 투자·건설·용역·산업설비수출과 그에 준하는 사업에 종사하고 있는 우리
나라 국민 또는 법인에게 무상으로 송부하기 위하여 반출할 것
② 기계·시설자재 및 근로자용 생활 필수품과 그 밖에 그 사업과 관련하여 사용하는 물
품일 것
③ 주무부장관이 지정한 기관의 장이 수출 전에 확인한 수출일 것

(3) 환급 대상 수출의 증명서류

① 수출신고필증
② 주무부장관이 지정한 기관장의 확인서

(4) 환급신청서상 수출형태부호와 수출신고서상 거래 구분 연계

환급 수출형태	항목 유형 설명	수출신고서 거래 구분
10	국내 생산한 물품을 해외투자사업 등에 무상 수출	61, 69, 94
32	수입원상태의 물품을 해외투자사업 등에 무상수출	61, 69
33	국내 제품을 구매한 원상태로 해외투자사업 등에 무상수출	61, 69

라. 위약 물품의 대체수출

(1) 환급 대상 수출 관련 법령

• (환급특례법 시행규칙 제2조제1항제3호)
수출된 물품이 계약조건과 서로 달라 반품된 물품에 대체하기 위한 물품의 수출

(2) 대체수출 물품의 환급 원리

위약수출물품이 재수입되지 않는 상태에서 환급을 받게 되면 위약수출물품에도 관세환
급이 지원되는 결과가 되기 때문에, 최초 수출했던 위약수출물품이 재수입된 경우에만 대

체수출물품에 대하여 환급을 허용한다.

<table>
<tr><td>최초수출</td><td>재수입통관</td><td>대체수출</td></tr>
<tr><td>관세환급 받았을 때</td><td>환급액 납부</td><td>관세환급</td></tr>
<tr><td>환급 안 받았을 때</td><td>환급 못 받게 수출신고
필증에 재수입사실표시</td><td>관세환급</td></tr>
</table>

대체수출 이전에 위약물품이 재수입이 되지 않아도 무방하나, 대체수출물품에 대한 환급을 신청하기 전까지는 위약물품이 재수입되어야 하는 것이다.

(3) 환급 대상 수출의 요건

다음의 세 요건을 모두 갖추어야 한다.

① 수출된 물품이 계약조건과 서로 달라서 대체수출 하여야 한다. 신용장 등의 계약조건에 위배된 경우에 한하며 다른 이유는 허용되지 않는다.

② 위약물품이 재수입되어야 한다. 위약물품을 재수입할 실익이 없거나 운송비 등을 이유로 현지에서 멸각하면 안 된다.

③ 반품된 또는 반품되는 물품에 대체하기 위한 물품의 수출어어야 한다.

(4) 환급 대상 수출의 증명서류

① 대체수출물품의 수출신고필증

② 위약으로 반품된 물품의 수입신고필증 : 세관 기재란에 당초 수출신고필증 번호가 기재되어야 하고, 환급을 받은 경우에는 환급액이 납부되었어야 함

③ 최초 수출신고필증 : 환급을 받지않은 경우에는 재수입사실이 기재되어야 함

(5) 환급신청서상 수출형태부호와 수출신고서상 거래 구분 연계

환급 수출형태	항목 유형 설명	수출신고서 거래 구분
11	계약조건과 상이하여 반품된 물품의 대체수출	89, 90
35	수탁가공물품이 계약조건과 상이하여 반품된 물품의 대체수출	89, 90

마. 견본 수출

(1) 환급 대상 수출 관련 법령

- (환급특례법 시행규칙 제2조제1항제4호)

해외구매자와의 수출계약을 위하여 무상으로 송부하는 견본용 물품의 수출

(2) 환급 대상 수출의 요건

해외구매자와의 수출계약을 위한 견본의 무상수출이어야 한다.

(3) 환급 대상 수출의 증명서류

수출신고필증(수출신고필증 ⑩거래 구분 란에 "92"가 표시되고, ⑪종류 란에 "A" 또는 "P"로 기재되어야 하며, ⑫결제방법 란에 "GN"으로 기재될 것)

(4) 환급신청서상 수출형태부호와 수출신고서상 거래 구분 연계

환급 수출형태	항목 유형 설명	수출신고서 거래 구분
18	수출계약을 위해 무상으로 송부하는 견본용 물품	92

바. 수탁가공 물품의 수출

(1) 환급 대상 수출 관련 법령

- (환급특례법 시행규칙 제2조제1항제5호)

국내 수탁가공할 목적으로 수입한 원재료로 생산한 물품을 가공임을 받고 수출하는 것과 그 수입 원재료 중 사용되지 않은 원재료의 반환을 위한 수출이다.

(2) 환급 대상 수출의 요건

다음 세 요건을 모두 갖추어야 한다.

1. 외국 위탁자로부터 수출용 원재료를 무상으로 제공받아야 하고,
2. 그 원재료로 생산한 물품 또는 잔존물을 무상으로 수출하여야 하며,
3. 수출물품에 대한 가공임을 받는 수출이어야 한다.

(3) 환급 대상 수출의 증명서류

다음의 세 요건을 갖춘 수출신고필증과 수탁가공증명서류 및 가공임 입금증명서

    1. 수출신고필증 상 제조자와 수출자가 환급신청서상 환급신청인과 동일할 것

    2. 수출신고필증 ⑩거래 구분 란에 "21", "22" 또는 "94"로 표시될 것

    3. 수출신고필증 ⑪종류 란에 "A", "L" 또는 "P"로 기재될 것

  ※ 수출신고 유의사항: 결제금액은 구매자가 실제 지급하는 임가공료 등을 기재하고, 신고가격은 사용한 원재료 가격에 임가공비를 가산하여야 한다.

(4) 환급신청서상 수출형태부호와 수출신고서상 거래 구분 연계

환급 수출형태	항목 유형 설명	수출신고서 거래 구분
19	수탁가공물품 및 잔존 원재료의 수출	21, 22, 94

사. 위탁가공 물품의 수출

(1) 환급 대상 수출 관련 법령

- (환급특례법 시행규칙 제2조제1항제5호의2)
  외국에서 위탁 가공할 목적으로 반출하는 물품의 수출

(2) 환급 대상 수출의 요건

다음 세 요건을 모두 갖추어야 한다.

    1. 수출물품은 외국에서 가공하기 위한 원재료이어야 한다.

    2. 원재료는 무상으로 수출하여야 한다.

    3. 가공임을 지불하는 거래이어야 한다.

(3) 환급 대상 수출의 증명서류

다음의 세 요건을 갖춘 수출신고필증과 위탁가공계약서 등 위탁가공 증명서류

    1. 수출신고필증 ⑩거래 구분 란에 "29"로 표시될 것

    2. 수출신고필증 ⑪종류 란에 "A", "L" 또는 "P"로 기재될 것

    3. 수출신고필증 ⑫결제방법 란에 "GN"으로 기재될 것

(4) 환급신청서상 수출형태부호와 수출신고서상 거래 구분 연계

환급 수출형태	항목 유형 설명	수출신고서 거래 구분
20	국내 생산한 물품을 외국에서 위탁가공하기 위한 수출	29
26	국내 제품을 구매한 원상태로 외국 위탁가공하기 위한 수출	29
34	수입 원상태의 물품을 외국에서 위탁가공하기 위한 수출	29

아. 위탁판매수출

(1) 환급 대상 수출 관련 법령

- (환급특례법 시행규칙 제2조제1항제6호)

위탁판매를 위하여 무상으로 반출하는 물품의 수출(외국에서 외화를 받고 판매된 경우에 한한다).

(2) 환급 대상 수출의 요건

다음 세 요건을 모두 갖추어야 한다.

1. 외국 현지에서 판매를 할 목적으로 수출하는 위탁판매수출하여야 한다.
2. 무상으로 수출하여야 한다.
3. 외국에서 판매된 물품의 대금이 회수되어야 한다.

(4) 환급 대상 수출의 증명서류

다음의 세 요건을 갖춘 수출신고필증과 외화입금증명서

1. 수출신고필증 ⑩거래 구분 란에 "31"로 표시될 것
2. 수출신고필증 ⑪종류 란에 "A", "L" 또는 "P"로 기재될 것
3. 수출신고필증 ⑫결제방법 란에 "GN"으로 기재될 것

(5) 환급신청서상 수출형태부호와 수출신고서상 거래 구분 연계

환급 수출형태	항목 유형 설명	수출신고서 거래 구분
21	위탁판매를 위한 반출물품	31

자. 외항선(기)용 선(기)용품

(1) 환급 대상 수출 관련 법령

- (환급특례법 시행규칙 제2조제4항제1호)

우리나라와 외국 간을 왕래하는 선박(외국 군함 포함) 또는 항공기(외국 군용기 포함)에 선용품 또는 기용품으로 사용되는 물품의 공급

(2) 환급 대상 수출의 요건

다음의 두 요건을 모두 갖추어야 한다.

① 관세법 제2조제6호와 제7호에 따른 우리나라와 외국 간을 왕래하는 선박 또는 항공기(외국군함과 군용기도 포함된다)에 물품을 공급하여야 한다. (환급고시 제3조제2항).

> 관세법 제2조
> 6. "외국무역선"이란 무역을 위하여 우리나라와 외국 간을 운항하는 선박을 말한다.
> 7. "외국무역기"란 무역을 위하여 우리나라와 외국 간을 운항하는 항공기를 말한다.

② 공급물품이 선용품 또는 기용품으로 사용되는 물품이어야 한다. 선용품 또는 기용품이란 관세법 제2조제10호·제11호의 선용품 및 기용품을 말한다.

> 관세법 제2조
> 10. 선용품(船用品)이란 음료, 식품, 연료, 소모품, 밧줄, 수리용 예비부분품 및 부속품, 집기, 그 밖에 이와 유사한 물품으로서 해당 선박에서만 사용되는 것을 말한다.
> 11. 기용품(機用品)이란 선용품에 준하는 물품으로서 해당 항공기에서만 사용되는 것을 말한다.

(3) 환급 대상 수출의 증명서류

선(기)적이 확인된 환급 대상 수출물품 반입(적재)확인서(환급고시 제1호서식을 말하며, 이후 선(기)적과 관련하여 "적재확인서"라고 약칭함)

(4) 적재허가신청 및 적재확인

① 외국무역선(기)에 선(기)용품을 적재하려는 경우에는 관할세관장에게 적재확인신청(전자문서 전송 → 서류 제출)을 하여 허가를 받은 후에 적재할 수 있다. 추가로 필요한 서류는 다음과 같다. (환급고시 제66조)

1. 잔존유류 원상태 적재허가서 발급 시 : 내항자격 변경 시 과세내역을 확인할 수 있는 수입신고필증 등, 내항운항일지, 기관일지 및 기관설계서 사본 등 내항기간 중 사용한 유류량을 확인할 수 있는 서류

2. 그 밖의 경우 : 선박(항공기)의 종류, 선박톤수(총톤수 및 순톤수), 승무원수, 항해기간을 확인할 수 있는 서류

②(기)용품을 적재한 때에는 적재확인신청서에 공급자와 선(기)장 또는 그 대리인의 적재확인을 받아야 한다. 다만, 필요한 경우 세관장은 공인검정기관이 발행한 검정서(Survey report)의 제출을 요구하거나, 세관공무원의 확인을 받게 하기도 한다.

③적재확인을 받은 후에는 당초 적재허가를 받은 세관장에 이를 제출하여 적재확인서 교부를 신청하여야 한다.

(5) 기용품의 범위에 관한 사례

항공사에서 대고객 서비스 일환으로, 판촉용으로 승객에게 무상으로 분배하는 Playing Card는 직접 항공기용으로 사용되는 것이 아니므로 환급 대상인 기용품에 해당하지 아니한다.

(6) 외항선으로 자격 변경 시 유류 관세환급 사례

사례 외국무역선이 내국운송(울산–인천)을 위하여 울산항에 입항 시 내항선으로 일시자격을 변경하고, 내국운송한 후 인천항에서 외국무역선으로 자격을 재변경하여 출항한 경우,
- 울산세관에서 내항선으로 자격 변경 시 선박보유 유류(1,550kℓ)에 대하여 납부한 관세 중 인천세관에서 외항선으로 자격 재변경 시 보유 잔량 유류(1,200kℓ)에 대하여 관세환급이 가능한지 여부

해설 ① 내항선이 외국무역선으로 다시 자격을 변경할 때, 해당 선박에 적재되어 있는 유류가 외국무역선에서 내항선으로 자격을 변경할 때 관세 등을 납부한 유류의 잔량임이 확인되는 때에는 이를 원상태 수출로 보아 선박회사에서 납부한 관세의 환급이 가능하다. 이를 위하여 외항선으로 다시 자격변경의 승인을 신청할 때 해당 선박에 적재되어 있는 유류에 대하여 적재허가를 세관장에게 신청하여야 한다.

② 적재허가신청서에는 적재하는 유류가 관세를 납부한 유류의 잔량 임을 확인할 수 있도록 수입신고필증, 공인검정기관이 발급한 검정보고서(Survey Report)[유류량과 물

의 혼합여부 등 품질상태가 기재되어야 함와 내항선 운항 시 소모된 정확한 유류량을 알 수 있는 내항 운항기간 동안의 항해 및 기관 운영일지 사본을 첨부하여 세관 기재 란에 「원상태 적재확인」이라는 세관장의 확인을 받아야 한다.

③ 참고로 도입 선박이 수입통관 후 내항 운항을 하지 않고 외항 운항이 예정된 경우, 선박(항공기)회사에서 세관장에게 과세보류 요청을 하여 승인을 받으면 잔존 유류에 대한 관세의 납부와 환급절차를 거치지 않아 절차를 간소화할 수도 있다.

차. 원양어선용 선수품

(1) 환급 대상 수출 관련 법령

- (환급특례법 시행규칙 제2조제4항제2호)

원양산업발전법 제6조제1항, 제17조제1항 및 제3항에 따라 해양수산부장관의 허가·승인 또는 지정을 받은 자가 그 원양어선에 무상으로 송부하기 위하여 반출하는 물품으로서 해양수산부장관 또는 그가 지정한 기관장이 확인한 물품의 수출

(2) 환급 대상 수출의 요건

다음의 두 요건을 모두 갖추어야 한다.

① 원양산업발전법 제6조제1항, 제17조제1항 및 제3항에 따라 해양수산부장관의 허가·승인 또는 지정을 받은 자가 그 원양어선에 무상으로 물품을 송부하여야 한다. 원양어업, 시험어업 및 연구어업·교습어업의 허가를 받은 자의 소유 원양어선에서 사용할 물품을 무상으로 송부하여야 한다.

② 원양어선에 송부하는 물품은 해양수산부장관 또는 해양수산부장관이 지정한 자의 확인을 받아야 한다.

(3) 환급 대상 수출의 증명서류

- 선적이 확인된 적재확인서

⊕ 적재허가 신청

원양어선에 사용할 물품을 적재하려는 때에는 적재확인서를 관할세관장에게 전자문서로 전송하고 「원양어업용 선용품 무상 반출확인 사무취급 요령」(해양수산부고시)의 "원양어업용 선용품 무상 반출확인 신청서"를 첨부로 제출하여 허가를 받아야 한다. 허가를 받

으면 원양어선에 사용할 물품을 적재할 수 있다.

◈ 선적 증명

적재신청서의 오른쪽 아래 끝에 세관장의 확인을 받는다.

4　　면세권자에게 판매·공사

가. 환급 대상 인정배경

《 외국의 공급자와 동등한 경쟁여건조성 》

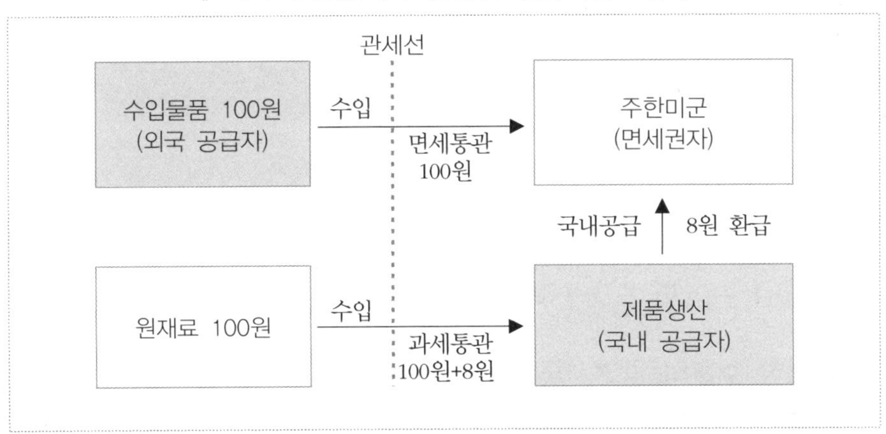

①국내에 거주하는 면세권자에게 판매하거나 공사에 제공하는 물품을 생산하는데 사용된 원재료의 납부 관세 등을 되돌려주는 것은 외국 공급자와 동등한 경쟁 여건을 우리나라 생산자에게 마련해 주기 위함이다.

②국내에 거주하는 면세권자는 수입물품에 대하여 관세 등을 면제받을 수 있는 자로서 주한미군, 주한 외교기관 및 외교사절 등이다. 그러므로 국내 외화판매·공사용품 중 재정경제부령으로 정한 환급 대상의 공통점은 다음과 같다.

　1. 수요자가 동일한 물품을 수입하는 경우 관세가 감면될 수 있어야 하며,

　2. 국내에서 이루어진 판매 또는 공사여야 한다.

③환급특례법 시행규칙의 개정(2007.4.23.)으로 "대가를 외화로 받는"이 "외화를 획득하

는"으로 개정됨에 따라 대가를 원화로 받더라도 환급 대상으로 인정된다.

④이 규정에 따라 환급을 받은 물품은 수입 시 관세 등을 감면받는 것과 같아지므로 2년 동안 용도 외 사용 여부를 확인하게 되고, 용도 외 사용 시에는 환급받은 금액을 용도 외 사용자, 양도자 또는 양수자로부터 징수하게 된다.

⑤그러므로 이 규정에 따라 환급을 신청하는 경우에는 세관장은 환급신청인에게 사후관리에 필요한 서류를 제출하게 하거나 환급기관장이 사후관리에 필요한 조치를 할 수 있다.

나. 주한미군에 대한 판매

(1) 환급 대상 수출 관련 법령

- (환급특례법 시행규칙 제2조제2항제1호)
  우리나라 안에 주류하는 미합중국군대(주한미군)에 대한 물품의 판매

(2) 환급 대상 수출의 요건

주한미군에게 물품을 판매하여야 한다. 주한미군의 범위는 우리나라에 주둔하는 미군으로서 그 구체적인 범위는 SOFA협정에 의거 수입물품에 대한 관세를 면세 받을 수 있는 미군으로 한정된다(주한미군의 공용품에 한함).

(3) 환급 대상 수출의 증명서류

① 주무부 장관이나 해당 수출조합장(군납조합장) 또는 주한미군사령부의 장교(권한의 위임을 받은 자를 포함한다)가 확인한 납품완료증명서
② 은행이 확인한 납품대금의 영수를 증명할 수 있는 서류

다. 주한미군 등에 대한 공사

(1) 환급 대상 수출 관련 법령

- (환급특례법 시행규칙 제2조제2항제2호)
  주한미군 또는 관세법 제88조제1항제1호 및제3호의 기관이 시행하는 공사

(3) 환급 대상 수출의 요건

주한미군 또는 외교기관 등에서 시행하는 공사를 완료하여야 한다.

① 주한미군의 범위 : SOFA협정에 의거 관세를 면제받을 수 있는 범위

② 외교기관 등의 범위 : 우리나라에 있는 외국의 대사관·공사관·영사관 및 이에 준하는 기관을 말하며, 외교관들의 개인주택등은 제외된다.

(4) 환급 대상 수출의 증명서류

① 주무부장관이나 해당 수출조합장 또는 주한미군이나 주한대사관·공사관·영사관 및 이에 준하는 기관의 책임있는 자(권한의 위임을 받은 자 포함)가 확인한 공사완료증명서

② 은행이 확인한 공사대금의 영수를 증명할 수 있는 서류

라. 주한미군 등에 대한 국산 승용자동차 판매

(1) 환급 대상 수출 관련 법령

- (환급특례법 시행규칙 제2조제2항제3호)

관세법 제88조와 SOFA협정에 의하여 수입하는 승용자동차에 대하여 관세 등의 면제를 받을 수 있는 자에 대한 국산승용자동차의 판매. 다만, 주무부장관의 면세추천서를 제출하는 경우에 한한다.

(2) 환급 대상 수출의 요건

다음의 세 요건을 모두 갖추어야 한다.

① 주한미군 또는 외교기관 등에 국산 승용차를 판매하여야 한다.

② 국산 승용차를 구입하는 자가 외국 승용차를 수입하는 때에 관세를 면제받을 수 있어야 한다.

③ 주무부장관의 면세추천서를 제출하여야 한다.

외국 승용차 수입 시 면세를 받을 수 있는 자의 관세법 등의 면세

① 관세법 제88조(외교관용 물품 등의 면세)

1. 주한 외국대사관·공사관·영사관 및 이에 준하는 기관의 업무용품

2. 주한 외국 대사·공사·영사 및 이에 준하는 사절과 그 가족이 사용하는 물품

3. 주한 외국대사관·공사관·영사관 및 이에 준하는 기관의 직원 중 대통령령으로 정하는 직원과 그 가족이 사용하는 물품

4. 정부와 체결한 사업계약을 수행하기 위하여 외국계약자가 계약조건에 따라 수입하는 업

(3) 환급 대상 수출의 증명서류

① 주무부처의 장 또는 주한미군사령부의 통관장교가 확인한 '국산 승용차 면세추천 및
  외화 입금증명서'(환급고시 별지 제33호서식)
② 자동차검사증 또는 등록사실을 증명할 수 있는 서류

국산승용차면세추천 및 외화입금증명서

A Recommendation of Duty Exemption for Local Passenger Car and A Certificate of Foreign Currency Deposited

<table>
<tr>
<td rowspan="3">1. 면세추천

Recommend-
ation for
dity
Exemption</td>
<td>매 수 인
Purchaser</td>
<td colspan="2">1. 소 속
Job position

2. 직 위
Title</td>
<td colspan="2">3. 국 적
Nationality</td>
</tr>
<tr>
<td>구 입 물 품
Discription
of Purchased
Product</td>
<td colspan="2">1. 차 종
Model

2 형 식
Type

3. 차체번호
Body Number

4. 기관번호
Engine Number

5. 대 수
No. of unit</td>
<td colspan="2">6. 금 액
Amoint

7. 계약번호
Contract Number

8. 입수일자
Date of Delivery

9. 판매회사명
Name of Seller</td>
</tr>
<tr>
<td colspan="5">위 사람이 구입하는 상기 물품에 대하여 환급특례법 시행규칙 제2조 제2항제3호의 규정에 의하여 면세추천합니다.
It is recommended to exempt the duty for the above goods to be purchased in Foreign currency in compliance with No.3, Para. 2, under the Article 2 of the Special Drawback Decree(the Ordinance of the Ministry of Finance

년   월   일
Year Month Date

주우부장관 또는   Minister or
미제8군 통관장교   Customs Clearance Officer
          8th U.S.Army
인
Signature/Seal</td>
</tr>
<tr>
<td>2.외화입금
증명서

Certificati
on
of Foreign
Cruuency
Deposited</td>
<td colspan="5">위 물품의 구매대금   이   년   월   일 외화로 입금되었음을 확인합니다.
I certify that the amount of the payment on the above goods have been deposited in foreign cruuency on
(Month).   (Date).   (Year).
년   월   일
Year Month Date

외국환은행장
President of the Korea Foreign Exchange Bank
인
Signature/Seal</td>
</tr>
</table>

마. 외국인투자기업에 대한 자본재 판매

(1) 환급 대상 수출 관련 법령

- (환급특례법 시행규칙 제2조제2항제4호)

외국인투자촉진법 제5조부터 제8조까지의 규정에 따라 외국인투자 또는 출자의 신고를 한 자에 대한 자본재(우리나라에서 생산된 것에 한정한다)의 판매. 다만, 해당 자본재가 수입되는 경우 조세특례제한법 제121조의3에 따라 관세가 면제되는 경우에 한정한다.

(2) 환급 대상 수출의 요건

다음의 두 요건을 모두 갖추어야 한다.
① 외국인투자기업에 자본재를 판매하여야 한다. "외국인투자기업"이란 외국인이 출자한 기업을 말하며, "자본재"란 외국인투자촉진법 제2조제1항제9호에 따른 산업시설로서의 기계·기자재·기구·부분품 등의 자본재를 말한다.
② 해당 자본재는 국내 생산 물품이어야 하며, 외국인투자기업이 그 물품을 수입하면 조세특례제한법 제121조의3에 따라 관세가 면제될 수 있어야 한다.

(3) 환급 대상 수출의 증명서류

① 주무부장관 또는 당해 수출조합장이 확인한 납품(공사)완료증명서
② 조세특례제한법 시행규칙 제51조의5에 규정한 서류가 필요하다.
  1. 해당 사업이 조세특례제한법 제121조의2제1항에 따른 법인세 등의 감면대상이 되는 사업임을 증명하는 서류 사본 1부
  2. 해당 자본재가 조세특례제한법 제121조의3제1항 각 호의 어느 하나에 해당하는 것임을 증명하는 서류 사본 1부
  3. 외국인투자촉진법 시행령 제38조제2항에 따라 확인을 받은 자본재의 도입물품명세확인서 사본 1부

바. 차관자금에 의한 낙찰물품의 판매

(1) 환급 대상 수출 관련 법령

- (환급특례법 시행규칙 제2조제2항제5호)

국제금융기구로부터 제공되는 차관자금에 의한 국제경쟁입찰에서 낙찰(낙찰받은 자로부터 도급을 받는 경우를 포함한다)된 물품(우리나라에서 생산된 것에 한 한다)의 판매. 다만, 해당 물품이 수입되는 경우 관세법에 의하여 관세가 감면되는 경우에 한한다.

(3) 환급 대상 수출의 요건

다음의 세 요건을 모두 갖추어야 한다.

① 국제금융기구로부터 제공되는 차관자금에 의한 국제경쟁입찰에서 낙찰된 물품의 판매이거나, 낙찰받은 자로부터 도급을 받은 물품의 판매이어야 한다. (주무부처의 장이 확인한 물품인도증명서로 확인할 수 있다).

② 판매 물품이 국내에서 생산된 물품이어야 한다.

③ 낙찰된 물품을 외국으로부터 수입하는 경우 관세법에 따라 관세를 감면받을 수 있어야 한다. 관세법상 감면받을 수 있는 물품이라면 무세가 적용되더라도 환급 대상이 될 수 있다. (재정경제원 관세47000-122호, 1995.6.28.)

(4) 환급 대상 수출의 증명서류

♦ 증명서류

1. 주무부처의 장이 확인한 물품인도증명서(낙찰자로부터 도급 받은 경우에는 신용장 등 증명서류가 추가로 필요)
2. 관세법상 감면요건을 증명할 수 있는 서류(차관자금에 의한 국제경쟁입찰이 가능한 것은 관세법 제90조의 학술연구용품과 관세법 제95조의 환경오염방지물품 등임)
3. 반입확인서(판매 물품 인도 장소 관할세관장의 확인)

♦ 사례

> **사례** 국제금융기구로부터 차관자금에 의한 국제경쟁입찰에서 낙찰되어 국내 광양만에서 공사를 하고 있는 외국의 상사로부터 신용장을 받고, 이 공사에 소요되는 자재(Tetlon pipe)를 국내에서 생산하여 광양만 공사 현장에 납품하는 경우,
> - 동 납품자재를 제조하기 위한 원재료의 수입 시 납부한 관세 등을 환급받을 수 있는지 여부와 구비서류, 또한 동 신용장의 일부를 양도한 경우, 양수업체도 관세환급이 가능한지 여부

해설 납품받는 자가 동 물품(Tetlon pipe)을 수입하는 경우, 관세법의 규정에 의거 관

세가 감면되는 경우에는 납품한 물품의 제조에 소요되는 원재료를 수입할 때에 납부한 관세 등을 환급받을 수 있다. (관세청 환급22732-293호, 1987. 3.9.)

(5) 반입확인서 작성사례

> **사례** 국제차관자금에 의하여 조달청에서 시행하는 외화에 의한 구매입찰에 응찰, 낙찰된 후 그 제품을 외화 표기된 신용장 요건대로 K대학교에 납품완료 한 경우

> **해설** 반입확인서는 환급특례법 시행규칙 제2조제2항제5호에 따라 외화판매 물품을 인도한 자와 인도 받은 자(K대학교)가 연명으로 당해 물품의 인도장소를 관할하는 세관장에게 반입신고를 하여 세관장이 현품확인 후 반입사실을 기재하여 교부한 것이어야 한다. (관세청 환급22732-96호, 1992.4.2.)

(6) 물품인도증명서 발급사례

> **사례** 국제금융기구(OECF)로부터 제공되는 차관자금에 의하여 조달청에서 시행한 국제경쟁입찰에서 낙찰되어 교육부 산하 S대학교 실습선 신조선에 탑재할 CONTROL SYSTEM을 제작 후 납품하는 경우 주무부처의 장이 확인한 물품인도증명서를 발급받고자 하는바 발급부처와 양식은?

> **해설** 물품인도증명서란 별도로 정한 양식에 의하지 아니하고 차관자금의 차주가 계약내용에 의하여 낙찰된 물품이 인도되었다는 사실을 확인한 서류(예: Certificate of Acceptance 등 참조)를 말하는 것으로서, 교육용품에 대한 물품인도증명서의 발급기관은 교육부장관이며, 교육부장관은 동 권한을 대학교총장에게 위임하고 있다. (관세청 환급22732-252호, 1992.9.23.)

5 | 보세공장 등에 물품 공급

가. 환급 대상 인정배경

①보세창고, 보세공장, 보세판매장 및 종합보세구역 등에 물품을 공급하는 것은 수출도 아니고 외화를 획득하는 것도 아니지만 환급 대상 수출로 인정하는 이유는 반입하는 물품이 보세공장 등에서 외국으로 반출하는 물품을 생산하기 위한 원재료로 사용되기 때문이다.

②보세지역은 외국에서 수입하는 원재료에 대한 관세 등의 과세(課稅)가 보류되는 지역이기 때문에 외국 공급자에게 수출경쟁력을 지원하는 결과를 초래하므로 우리나라 공급자에게도 관세 상 동일한 면세 혜택을 줄 수 있도록 보세지역에 수출용 원재료를 공급하는 것을 환급 대상 수출로 인정하는 것이다.

《 외국 공급자와 국내 공급자의 동등한 경쟁 여건조성 》

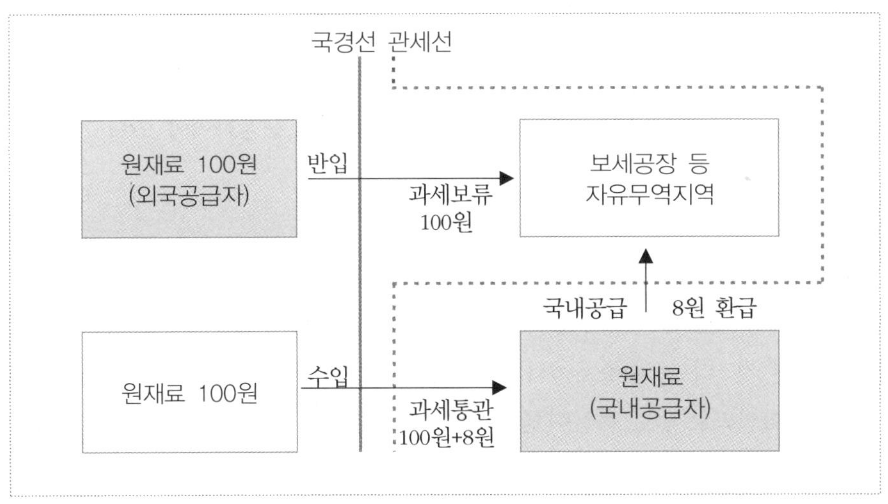

③다만, 보세구역 등에 공급되어 관세 등의 환급을 받은 물품은 관세법상 외국물품 되므로(환급특례법 제18조제2항) 보세공장 등에 반입한 물품을 다시 국내(관세지역)로 반입하려는 경우에는 수입통관절차를 거쳐 관세 등을 납부하여야 한다.

나. 보세공장 수출용 원재료 공급

(1) 환급 대상 수출 관련 법령 (환급특례법 시행규칙 제2조제3항제2호)

관세법 제185조에 따른 보세공장에 물품 공급. 다만, 해당 물품이 수출용 원재료로 사용될 목적으로 공급되어야 한다. (1975.12.12.부터 환급 대상 수출로 인정)

(2) 환급 대상 수출의 요건

보세공장에 수출용 원재료로 사용될 목적으로 공급되어야 한다.

(3) 환급 대상 수출의 증명서류

반입이 확인된 환급 대상 수출물품 반입(적재) 확인서(환급고시 별지 제1호서식을 말하며, 이후 보세공장 등 반입과 관련하여 "반입확인서"라고 약칭함)

(4) 반입확인서 발급 절차

① 보세공장 등에 물품을 공급하는 자는 물품을 공급하는 즉시 반입확인서를 작성하여 관세청 전자통관시스템에 전송하여야 한다.

② 접수통보를 받으면 3일 이내에 다음의 국내거래증명서류를 반입확인서에 첨부하여 반입장소를 관할하는 세관장에게 반입확인서 발급을 신청하여야 한다.

  1. 내국신용장

  2. 구매확인서

  3. 수출신용장 또는 수출계약서(물품대금은 외화로 받고 물품은 외국인이 지정한 국내업체에 인도하는 경우로서 신용장 또는 수출계약서와 물품을 인도받은 자가 기재된 것. 다만, 수출계약서의 경우에는 거래명세표 등에 의하여 물품 인도 사실이 확인되고 인도 물품이 수출 등에 제공할 것으로 인정되는 경우로 한정한다)

  4. 수출용 원재료로 사용할 목적으로 공급되었음을 세관장이 인정할 수 있는 서류로서 매매계약서 또는 이와 유사한 소유권 이전을 목적으로 하는 계약서

  5. 동일업체가 보세공장과 관세영역에 각각 소재하여 관세영역 내 업체에서 보세공장 내 업체로 물품을 반입한 경우에는 반입 사유 및 반입 사실을 증명할 수 있는 시류

③ 수출용 원재료의 보세공장 반입신고는 반입확인서 확인으로 반입신고를 갈음하며, 반출신고는 반입확인서의 정정·취하 승인으로 갈음한다. (「보세공장운영에 관한 고

시」 제13조제3항) 또한 해당 반입신고를 사용신고에 갈음할 수 있다. (같은 고시 제
18조제1항)

(5) 반입확인서 발급 특례

반입확인서는 물품을 공급하는 즉시 신청하여야 하나, 다음의 경우에는 사후에 반입확
인서 발급을 신청할 수 있다.

① 보세공장원재료실소요량계산서, 원자재반입대장, 보세사 또는 운영인의 반입내역의
   기록 등에 의하여 반입확인서 발급신청 물품이 보세공장이 반입되고 수출용으로 사
   용되었음을 확인할 수 있는 경우에는 사후에 반입확인서의 발급을 신청할 수 있다.
   (환급고시 제61조제3항)

② 보세공장 등에 동일한 수출용 원재료를 계속 반복적으로 공급하는 자는 세관장의 승
   인(물품공급 후 반입확인서 발급업체 지정)을 받으면, 일정 기간별로 반입확인서 발
   급을 신청할 수 있다. (환급고시 제71조 및 제72조)

(6) AEO보세공장 반입확인서 자동수리 특례

AEO(수출입안전관리우수업체) 보세공장에서 사용하는 원재료의 품목번호(HSK)가 「보
세공장운영에 관한 고시」 제18조제4항에 따라 등록되어 있고 반입확인신청서에 보세공장
의 구매주문서(Purchase Order) 번호가 기재되어 있는 경우에는 반입확인 신청물품에 대
한 심사를 생략하고 제65조에 따라 확인일자 등을 전산등록하고 신청인에게 전산으로 통
보할 수 있다. (환급고시 제62조제2항)

(7) 수출물품 제조공장이 보세공장으로 전환 시 관세환급 사례

사례 일반 수출업체가 보세공장 특허를 받은 경우, 특허 이전에 수입한 수출용 원재료
의 잔량과 설영특허 이전에 발주한 수출용 원재료를 보세공장에 수입한 상태 그대로
반입하려고 할 때,
- 보세공장 반입이 가능한지 여부
- 국내거래증명서류 없이 반입사유서로 물품 반입확인서의 발급이 가능한지 여부

해설 환급특례법 제4조제3호에 따른 보세공장 공급물품에 대한 환급은 원칙적으로 내
국신용장 등에 의하여 물품 반입 시에 반입확인서의 발급을 받아야 하나 일반 수출업
체가 보세공장으로 전환함에 따라 이미 보유하고 있는 과세 원재료를 보세공장에 반

입할 때에는 다음 사항을 고려하여 세관장이 반입이 타당하다고 인정하는 경우에는 내국신용장 등을 제출하지 아니하여도 반입확인서에 의한 물품 반입확인 및 환급이 가능하다.

1. 일반 수출물품 제조공장에서 보세공장으로 물품을 반입해야 하는 타당한 이유가 있을 것(예 : 일반 수출업체의 보세공장 전환 등)
2. 보세공장 관리 면에서의 문제가 없을 것

(8) 반입확인서 작성요령

◈ 반입확인서

환급대상수출물품 반입(적재) 확인(신청)서

※ 처리기간 : 즉시

①※접수번호 :	②※접수일자 :	③※적재허가일자 :
④신청서 구분 : (01 : 보세공장 ~ 09 : 원양어선)	⑤제출번호 :	⑥세관-과 :

⑦신청(적재)일자 :

⑧공급(신청)자 : 주소　　　　상호
대표자　　　　사업자등록번호
통관고유부호　　　　공급대행자(사업자등록번호)

⑨제조자 : 주소　　　　상호
대표자　　　　사업자등록번호
통관고유부호

⑩양수자/선기명: 주소/본선명　　　　상호
대표자　　　　사업자등록번호

⑪반입장소/작업선(작업선선박번호) or 운송차량번호 :

⑫선박호출　　　　⑬입항보고 MRN :

⑭구분부호 : (1.원상태 2.제조·가공)　　　　⑮환급신청인 : (1.공급자 2.제조자)

⑯총포장갯수 :　　　　⑰총란수 :　　　　⑱총중량(KG) :

⑲공급금액합계 : (FOB₩)

⑳란번호	㉑품명 및 규격 ㉒(물품식별번호)	㉓품목번호 ㉗포장갯수 ㉛반입일자	㉔수량/단위 ㉘포장종류 ㉜원상태근거번호(수입신고번호 or 분할증명서번호)	㉕순중량(kg) ㉙근거서류 종류/번호	㉖공급금액(FOB₩) ㉚구매주문서번호
1란					
2란					
3란					
4란					
5란					

㊳적재승선자 성명	생년월일	주소

㉝세관기재란	㉞※심사자	
	㉟※확인일자	
㊱물품 검사(확인)자	㊲확인인	

✖ 반입확인서 작성요령

항목	작성요령
① 접 수 번 호	• 신청자가 신청한 제출번호별로 전산시스템이 접수하면 부여되는 번호 • 번호체계: 세관부호(3)-과부호(2)-연도(2)-일련번호(6)-구분(1) 　※구분: 1[보세구역(자유무역지역 포함)등 물품 반입] 　　　　 2[선(기)용품의 선(기)적 허가] 　※보세구역 관할지 세관장에게만 접수
② 접 수 일 자	• 반입(적재)확인신청서를 접수한 연월일을 세관에서 접수 후 부여
③적재허가일자	• 선(기)용품의 선(기)적허가신청에 대해 세관에서 허가한 연월일
④신 청 서 구 분	• 환급 대상 수출물품 반입(적재) 확인신청서의 구분기재 - 보세구역반입: 01(보세공장), 02(보세창고), 03(보세판매장), 04(종합보세구역), 06(자유무역지역) - 선기용품: 07(선용품), 08(기용품), 09(원양어선 무상반출 물품)
⑤ 제 출 번 호	• 접수 또는 처리여부를 알기 위하여 신청인이 차례대로 기재하는 번호 • 13자리로 기재하되 종전에 신청한 제출번호와 중복을 피해야 함 • 번호체계: 신청인부호(5)-연도(2)-일련번호(6)
⑥ 세 관 - 과	• 양수자의 관할지 세관 및 과의 통계부호를 기재(통계부호표 참조)
⑦ 신 청 (적 재) 일　　　　자	• 신청일자: 반입한 날 즉시 신청하므로 신청일자는 반입일자를 기재하되, 동일물품 반복공급 지정업체는 일괄발급 신청건의 신청일자를 기재 • 적재일자: 선(기)용품의 선(기)적 허가 신청일 경우에는 선(기)적 확인 시 세관직원이 기재
⑧공급(신청)자 -공급대행자 사업자등록번호	• 공급자의 내역을 기재(관세사 대행 시 원 공급자): 공급자의 ①주소, ②상호, ③대표자성명 및 ④사업자등록번호와 ⑤통관고유부호를 기재 　※ 통관고유부호체계:　상호(한글4)-영업종류(1)-설립연도(2)-업체동일여부(1)-본지사구분(2)-체크디지트(1) • 선(기)용품의 공급을 대행하는 경우 대행업체의 사업자등록번호도 기재
⑨ 제 조 자	• 제조자의 내역을 기재(공급자와 일치하거나 원상태 공급물품인 경우에는 기재를 생략하고, 환급신청인은 공급자로 기재): 제조자의 ①주소, ②상호, ③대표자성명 및 ④사업자등록번호와 ⑤통관고유부호를 기재
⑩ 양 수 자 / 선　기　명	• 양수자의 내역을 기재 - 양수자의 ①주소, ②상호, ③대표자성명 및 ④사업자등록번호 기재 ※ 외국선(기)의 경우: 주소란에 본선명을, 대표자란에 'F'를, 사업자등록번호란에 'F'로 시작하는 10자 이내('F'포함)의 숫자로 기재
⑪반입장소/작업선 선박번호 or 운송차량 번 호	• 반입장소, 작업선(작업선선박번호) 또는 운송차량번호를 기재 - 보세구역반입인 경우: "보세구역 Code - 보세구역(한글명)"을 기재 - 외국무역선인 경우: 본선에 운반하는 작업선(작업선 선박번호) 또는 운송 차량번호 기재
⑫선박호출부호	• 적재선박의 선박호출부호를 기재 ※ 선용품 및 원양어선 무상반출 물품 적재신청(신청서 구분이 07, 09)의 경우만 해당하며 필수 기재

항목	작성요령
⑬ 입 항 보 고 MRN(적하목록 관리번호, Manifest Reference No.)	• 적재선박의 입항보고서의 제출번호 등을 기재. 단, 선용품, 원양어선 무상반출 물품 적재신청(신청서 구분이 07, 09)의 경우만 해당 하며 필수 기재 - 정상건: 입항보고서 MRN(11) - 신조(新造) 선박: 연도(2)+ZZZZZZZZZ(9) - 자격변경건: 3+선박호출부호 - 입항예정건: 4+선박호출부호
⑭ 구 분 부 호	• 공급되는 물품이 원상태 공급물품인지 제조·가공된 물품인지를 구분하여 기재 ('1': 원상태, '2': 제조가공) ※원상태인 경우 ㉜란에 수입근거번호(규격번호까지) 기재
⑮ 환 급 신 청 인	• 환급신청 시 환급권자를 기재(제조자가 없는 경우에는 반드시 공급자) ☞ '1': 공급자, '2': 제조자
⑯ 총 포 장 갯 수	• 공급되는 물품의 총 포장갯수를 기재
⑰ 총 란 수	• 신청내역의 총 란수를 기재 ※최대 999란까지 가능하며, 이 값은 실제 기재된 란수와 일치해야 함.
⑱ 총중량(KG)	• 신청 품목의 총 중량(KG)을 기재
⑲ 공 급 금 액 합 계	• 공급되는 금액의 합계를 기재하며, 이 값은 각 란들의 공급금액의 합계와 일치해야 함.
⑳ 란 번 호	• 란 사항들의 일련번호를 기재
㉑ 품 명 · 규 격	• 해당 란의 품명 및 규격을 200자 이내로 기재
㉒ 물 품 식 별 번 호	• 물품식별번호 기재: 공급물품을 식별하는 번호로써 업체에서 자율적으로 부여한 번호를 기재(업체에 따라 파트번호, 자재번호, 제품번호, 관리번호 등으로 다양하게 사용, 모델 규격 번호도 가능)
㉓ 품 목 번 호	• 해당 란의 품목번호(HSK10단위)를 기재
㉔ 수 량 / 단 위	• 소요량 책정의 기준이 되는 실거래 단위상 총물량을 기재(단위는 환급에 사용되는 물량단위 사용)
㉕ 순중량(kg)	• 소요량 책정의 기준이 되는 실거래 단위당 순중량을 기재(소수점 4자리에서 반올림하여 3자리 기재)
㉖ 공 급 금 액 (F O B)	• 해당 란의 공급품목에 대한 공급금액을 원화로 기재: 계약금액을 기재하며, 외국통화로 계약한 경우에는 반입(동일업체 반복공급인 경우 접수일)일에 적용되는 수출환율로 환산하여 기재
㉗ 포 장 갯 수	• 해당 란의 공급품목에 대한 포장갯수를 기재
㉘ 포 장 종 류	• 해당 란의 공급품목에 대한 포장종류를 기재
㉚ 구 매 주 문 서 번 호	• 반입(적재) 물품의 양수자 구매주문서 번호(Purchase Order Number)

항목	작성요령
㉙근 거 서 류 종 류 / 번 호	• 물품 반입 또는 선(기)용품, 원양어선 무상반출 물품 적재 시 사용된 근거서류종류의 부호와 근거서류번호를 기재 ※ 근거서류종류 부호: 01(내국신용장), 02(구매확인서), 03(수출신용장 또는 수출계약서), 04(매매계약서), 05(선(기)장 서명 적재확인서), 06(Survey Report), 07(내항자격 변경시 과세자료), 08(내항운항 일지, 기관일지 및 기관설계서 사본), 99(기타)
㉚구 매 주 문 서 번 호	• 반입(적재) 물품의 양수자 구매주문서 번호(Purchase Order Number)
㉛반 입 일 자	• 보세구역 반입확인 시 : 물품을 반입한 일자를 기재(동일업체 간 반복물품 공급업체로 지정되어, 1건으로 일괄발급 신청하는 경우 포함)
㉜원 상 태 근 거 번 호	• ⑭구분부호가 '1'(원상태)인 경우 원상태 근거번호 및 종류를 기재(01: 수입신고번호, 02: 분증번호)
㉝세 관 기 재 란	• 세관담당자가 발급확인 시 세부사항을 기재할 필요가 있을 경우에 기재
㉞심 사 자	• 세관에서 접수 시 부여하는 심사담당자 직원명
㉟확 인 일 자	• 세관에서 물품 반입 및 적재를 확인한 일자를 기재
㊱물 품 검 사 (확 인) 자	• 물품검사(확인)자가 있을 경우에 기재: 검사(확인)자가 세관직원이면 성명과 직원부호를 같이 기재 ※선(기)장이 물품확인을 하는 경우에는 선(기)장의 성명 기재
㊲확 인 인	• 세관에서 물품 반입 및 적재를 확인한 세관직원의 서명/날인 • 물품 반입에 대해 즉시심사로 확인완료가 된 경우에는 신청인이 자체 고무인을 날인
㊳적 재 승 선 자	• 선(기)용품의 선(기)적 승선자 정보를 기재: 적재승선자의 ①성명, ②생년월일, ③주소를 기재

다. 보세판매장에 물품공급

(1) 환급 대상 수출 관련 법령

• (환급특례법 시행규칙 제2조제3항 제3호)

관세법 제196조에 따른 보세판매장에 대한 공급(1983.10.13.부터 환급 대상 수출로 인정).

(2) 환급 대상 수출의 요건

보세판매장 공급물품은 외국으로 출국하는 소비자에게 판매될 수 있는 경우에 한정하여 환급 대상 수출로 인정된다. (환급을 받으면 외국물품으로 간주된다)

(3) 환급 대상 수출 증명서류

반입확인서(환급고시 별지 제1호서식 : 보세공장편 참조)

(4) 보세판매장 판매 물품의 관세환급 사례

① 보세판매장에 판매용물품을 공급하고 물품 반입확인서를 발급 받은 경우, 공급한 물품이 일괄 판매되지 않아 외화입금증명서가 분할되어 발급되는 때에 분할환급이 가능한지 여부
  - 보세판매장에 공급한 물품의 관세환급은 보세판매장에서의 판매 여부를 불문하고 보세판매장에 물품을 공급함으로서 가능하다.

② 보세판매장 공급물품이 불량 또는 판매기회상실 등으로 반품될 경우, 반품에 따른 세관의 절차
  - 보세판매장에 반입된 물품은 외국물품으로 간주되므로 반품될 경우에는 세관에 수입신고를 하여야 하는데, 관세법 제99조에 따른 재수입면세를 받으려면 당초 반입 물품에 대한 환급액을 납부하여야 한다.

③ 보세판매장의 반품에 따른 대체물품 공급 시의 관세환급절차
  - 대체물품을 보세판매장에 공급하는 때에는 환급절차와 동일하게 최초 공급한 물품이 반품되어야 한다. 반품 절차는 위와 같으며, 환급절차는 최초 공급물품의 절차와 동일하다.

라. 자유무역지역 입주기업체에 물품공급

(1) 환급 대상 수출 관련 법령

- (환급특례법 제4조제3호)

「자유무역지역의 지정 및 운영에 관한 법률」(이하 'FTZ법'이라 한다)에 따른 자유무역지역 입주기업체에 대한 공급(1975.12.12.부터 환급 대상 수출로 인정)

(2) 자유무역지역의 의의

①자유무역지역이란 수출자유지역과 관세자유지역을 통합하여 관리하기 위한 FTZ법에 따라 설치된 지역으로서 수입물품에 대한 관세 등의 납부가 보류된 보세구역과 유사한 지역이다.

②동 지역에 반입되는 국내 물품은 원재료뿐만 아니라 시설재에 대하여도 관세 등의 환급을 받을 수 있어 보세공장 등과 형평성의 문제가 제기되고 있다.

③현재 마산(1970), 익산(1973), 군산(2000), 대불(2002), 동해(2005), 율촌(2005), 울산(2008) 및 김제(2008) 등에 자유무역지역이 설치되어 있으며, 항만 중 부산항(2002), 광양항(2002), 평택·당진항(2008) 및 포항항(2008) 등의 항만에도 자유무역지역이 설치되어 있다.

(3) 환급 대상 수출의 요건

자유무역지역 입주기업체가 사용 또는 소비하려는 다음의 물품(FTZ법 제29조제1항제2호)을 공급하여야 한다. (환급을 받은 물품은 외국물품으로 간주된다)

① 기계, 기구, 설비 및 장비와 그 부분품

② 원재료, 윤활유, 사무용컴퓨터 및 건축자재

③ 그 밖에 사업목적 달성에 필요하다고 인정하여 관세청장이 정하는 물품

(4) 환급 대상 수출의 증명서류

반입확인서(환급고시 제1호서식 : 보세공장편 참조): 자유무역지역 입주기업에게 물품을 공급하는 때에 세관장에게 신청하여 확인을 받아야 한다.

마. 보세창고에 수출용 원재료 공급

(1) 환급 대상 수출의 인정취지

수출업체는 수출물품에 대한 A/S를 위하여 필요한 부품 등을 장기간 비축할 필요가 있는데, 수입한 날부터 2년 이상이 지나면 환급받지 못하는 불합리를 개선하여 1994.10.4.부터 보세창고 물품 반입을 환급 대상 수출로 인정하고 있다.

(2) 환급 대상 수출 관련 법령

• (환급특례법 시행규칙 제2조제3항제1호)

관세법 제183조의 규정에 의한 보세창고(수출한 물품에 대한 수리, 보수 또는 해외조립생산을 위한 부품 등을 반입하는 경우에 한정한다)에 대한 공급

(3) 환급 대상 수출의 요건

다음의 두 요건을 모두 갖추어야 한다. (환급을 받으면 외국물품으로 간주된다)

① 수출물품 수출자의 요청에 의거 보세창고에 부품 등을 공급하여야 한다.

② 보세창고에 반입된 물품은 수출한 물품에 대한 수리, 보수 또는 해외조립생산을 위한 물품으로 공급하여야 한다.

(4) 환급 대상 수출의 증명서류

❖ 반입확인서

- (환급고시 제1호서식 보세공장편 참조)

보세창고에 물품을 반입하는 때에 세관장에게 신청하여 확인을 받아야 한다.

❖ 수출신고필증, 계약서 등

해당 물품은 수출한 물품의 사후보수용 또는 해외조립생산용으로 사용하기 위하여 보세창고에 반입하는 것임을 증명할 수 있어야 한다.

(5) 보세창고 반입 물품의 관세환급 사례

> **사례** 수출한 물품의 무상수리용 부품을 보세창고에 반입하는 경우 환급방법 (관세청 세원심사과-5167호, 2016.12.29.)

> **해설** 질의사례는 환급특례법 시행규칙 제2조제3항제1호에 해당되는 것이므로, 해당 물품을 보세창고에 반입한 후 환급고시 제61조에 따라 환급특례법시행규칙 제2조제3항제1호에서 정한 목적으로 거래된 것임을 입증할 수 있는 서류(계약서 등)를 첨부하여 반입확인서(환급고시 별지 제1호서식)를 발급받아야 함

바. 종합보세구역에 수출용 공급

(1) 환급 대상 수출로 인정취지

보관·가공·판매·전시·건설의 5가지 보세구역 기능 중 2 이상의 기능을 수행할 수 있는 종합보세구역제도가 1998.12.28. 도입됨에 따라, 보세공장, 보세창고 또는 보세판매장 공급과 동일한 조건을 갖추면 환급 대상 수출로 인정하는 것이다.

(2) 환급 대상 수출 관련 법령

- (환급특례법 시행규칙 제2조제3항제4호)

관세법 제197조에 따른 종합보세구역에 대한 공급(수출용 원재료로 공급하거나 수출한 물품에 대한 수리·보수 또는 해외 조립생산을 위하여 부품 등을 반입하는 경우 또는 보세구역에서 판매하기 위하여 반입하는 경우에 한한다)

(3) 환급 대상 수출의 요건과 증명서류

앞서 열거한 보세공장, 보세판매장 및 보세창고의 환급 대상 수출의 요건 및 증명서류와 같으므로 종합보세구역에서 수행하는 기능에 따라 참조하면 된다.

6   북한으로 물품반출

가. 환급 대상 수출의 법적 근거

(1) 근거 법률

📎 남북교류협력에 관한 법률 시행령

> 제41조(다른 법률의 준용)
> ④ 이 법에 따른 물품 등의 반출은 「수출용 원재료에 대한 관세 등 환급에 관한 특례법」 제2조에 따른 "수출등"으로 본다. 다만, 반출되는 물품등이 북한에서 제조·가공 등의 공정을 거쳐 남한으로 다시 반입되는 경우에는 그러하지 아니하다.

① 헌법 제3조에 "대한민국의 영토는 한반도와 그 부속도서로 한다."라고 되어 있고 "수출"이란 내국물품을 외국으로 반출하는 것(관세법 제2조2호)이므로, 남한에서 북한으로 물품을 반출하는 것은 수출에 해당되지 않지만, 「남북교류협력에 관한 법률」(이하 '남북교류법률'이라 한다)이 제정·시행된 1990년부터 환급 대상 수출로 인정되었다.

② 다만, 남북교류법률 시행령 제41조제4항 단서에 따라 북한으로 반출한 물품을 북한에서 제조·가공한 후 다시 남한으로 반입하는 경우(남북교역여부 코드 "G"와 "P"로 수출신고서 거래 구분 "29")에는 환급 대상 수출로 인정되지 않는다.

② 그렇지만, 북한에서 임가공한 물품을 남한으로 반입한 후 해당 물품을 다시 외국으로 수출하는 경우에는 환급특례법에 따른 환급 대상 수출로 인정된다.

《 남북교역 여부 》

※ 수출신고서에는 표시되지 않는 전산신고 항목

코드	내용	비고
A	정부지원 물품(차관 포함)	비료, 에너지원 포함
C	사회문화협력 물품	
G	개성공단 제조·임가공 관련 물품(거래 구분 29 등)	원부자재, 식자재 포함
I	설비 투자사업(기타 지역)	M 제외
K	금강산 관광 관련 물품	차량, 팜플렛, 식자재 포함
M	설비 투자사업(개성공단, 금강산)	기계류 반출, 재반입 등
N	북한산 불인정(수입), 북한 경유 타국행 물품(수출)	
P	위탁 가공물품(거래 구분 29 등)	개성공단(G) 제외
S	민간지원 물품(대한적십자사 지원물품 포함)	
Y	일반 남북교역(대금결재 되는 상거래건)	P, G, K 제외
Z	기타의 남북교역	

(2) 환급 대상 수출 인정배경

북한 수출물품에 사용되는 원재료가 외국에서 공급되는 경우와 남한에서 공급되는 경우에 관세만큼 가격 차이가 발생할 수 있는데, 이런 차이를 해소하려고 남한 공급물품에 대한 환급을 허용하는 것이다. 그에 따라 남한 공급자에게는 외국 공급자와 동등한 경쟁여건이 조성되며 남북교류가 촉진될 수 있다.

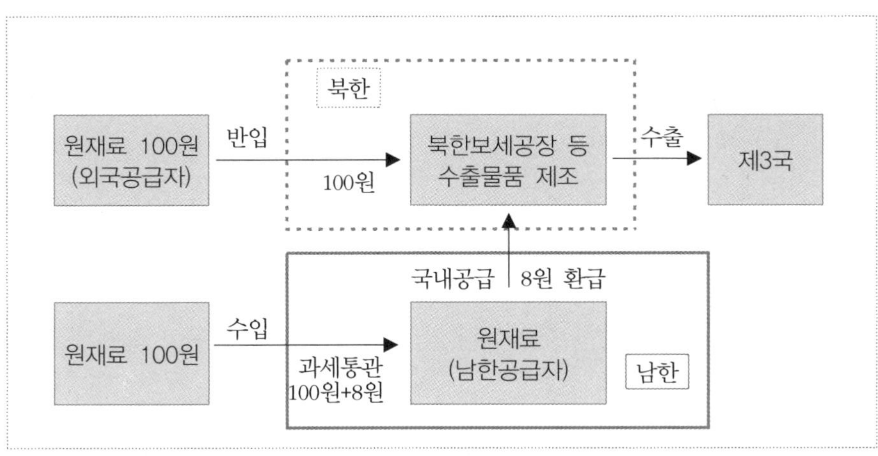

나. 환급 대상 수출의 요건

다음의 세 요건을 모두 갖추어야 한다.

① 북한 반출입 승인을 받아야 한다. 남북교류협력에 관한 법률 제13조의 규정에 의하면 북한과의 교역으로 물품을 반출입하고자 하는 자는 통일부장관의 승인을 받도록 규정하고 있기 때문이다.

② 북한으로 물품을 반출하여야 한다.

③ 남한에서 북한으로 반출한 물품이나 그 물품으로 제조된 물품이 우리나라에 다시 반입되지 않아야 한다.

다. 환급 대상 수출의 증명서류

북한으로 반출하는 물품도 수출신고서를 사용하고 있다.

① 수출신고서 ⑬목적국 란에 "북한"으로 기재되어야 하고 ㊸수출요건확인란에 북한 반출입 승인번호가 기재되어야 하며,

② 전자신고 항목에 남북교역여부 코드가 기재되어야 한다.

③ 선(기)적 확인은 환급신청할 때 세관에서 확인한다.

2장

간이정액환급의 이해와 실무

1 정액환급제도의 운영과 변천

정액환급제도는 수출물품 생산에 사용된 소요량을 산출해야 하는 절차적 어려움을 해소하여 수출업체를 지원하려고 마련된 제도이다.

(1) 1974년~1984년 : 정액환급 원칙

①정액환급제도는 1974년 환급특례법이 제정될 때 환급제도의 기본원칙이었으며, 이러한 정액환급제도는 1984년까지 운영되었다.

②이때의 정액환급제도는 품목별로 정한 정액환급률표에 따라 신청한 환급금을 지급하되 정액환급보다 개별환급이 많은 경우에는 예외적으로 개별환급을 허용하였다.

(2) 1985년~1990년 : 부재료 정액환급제도

①이러한 정액환급제도는 수출물품 품목 수가 엄청나게 증가함에 따라 국가가 일일이 정액환급률을 정할 수 없어 1984년부터 개별환급을 원칙으로 하는 것으로 정책을 바꾸었다.

②그에 따라 1984년부터 1990년까지는 부재료 정액환급제도가 시행되었는데, 부재료 정액환급제도는 전체 원재료를 환급액이 많은 원재료부터 차례로 합산하여 합산된 금액이 최초로 전체 평균환급액의 70%를 초과할 때까지의 원재료를 주재료라고 하고, 주재료는 개별환급을 신청하고 부재료는 정액환급률표에 따라 환급을 신청하도록 한 제도였다.

(3) 1991년~1996년 : 업체별·품목별 정액환급제도

①부재료 환급제도는 개별환급을 신청하는 업체는 소요량 산출이 가능한 업체이므로

별도 부재료만 정액환급률표를 적용할 이유가 없어 부재료 정액환급제도 이용률이 감소함에 따라 관세 당국은 1990년 부재료 정액환급제도를 폐지하고 업체별·품목별 정액환급제도를 1991년부터 1996년까지 운영하였다.

②업체별·품목별 정액환급제도는 6개월마다 수출업체의 신청을 받아 신청업체가 수출한 물품별로 정액환급률을 산정한 후 정액환급률에 따라 환급을 신청하도록 한 제도였는데, 수입신고필증으로 원재료 납부관세를 증명하였어야 했다.

(4) 소액물품 정액환급제도

①1984년 환급정책이 정액환급 원칙에서 개별환급 원칙으로 전환된 이후, 부재료 정액환급제도나 업체별·품목별 정액환급을 받는 절차도 충족하기 어려운 중소기업을 지원할 목적으로 소액물품 정액환급제도를 운영하였다.

②소액물품 정액환급제도는 수출신고필증당 2만불 이하 등 일정금액 이하의 소액으로 수출하는 수출물품 제조업체인 경우에는 관세청장이 정한 간이정액환급률표를 적용할 수 있도록 허용하였던 것이다.

③일정금액 이하의 소액으로만 수출하는 수출물품 제조업체는 수출물품에 사용된 원재료의 수입신고필증을 찾는 절차적 어려움도 해소하기 위하여 납부세액을 증명하는 서류를 첨부하지 않도록 환급특례법령에 규정하였다. (대통령령 제11573호, 1984.12.31. 환급특례법 시행령 제15조제2항)

2   현행 정액환급의 종류

①환급특례법에는 간이정액환급제도와 특수공정 물품 정액환급제도가 규정되어 있으나, 현재 운영되는 것은 간이정액환급률표에 따른 간이정액환급제도뿐이다.

②특수공정 물품 정액환급제도는 석유화학 등 연산품을 생산하는 수출기업이 소요량 산정에 어려움이 있는 경우에 관세청장이 운영할 수 있도록 한 것인데,

③현재 석유화학업종의 수출기업은 개별환급방법으로 환급을 받고 있어, 별도 특수공정 물품 정액환급률표 고시에 대한 요구가 없기에 규정만 있을 뿐, 운영은 하지 않고 있다. (환급특례법 제13조 및 환급특례법 시행령 제15조)

(1) 정액환급률의 책정방법

정액환급률은 직전 6개월 이상의 개별환급실적의 평균환급액 또는 소요원재료의 평균 납부세액을 기초로 산정한다. 현행 간이정액환급률은 전년도의 개별환급을 받은 실적에 기초한 평균액으로 산정하고 있다. 한편, 특수공정물품정액환급률은 환급특례법상 최근 6월 이상의 원재료별 평균납부세액을 기초로 정액환급률을 책정하도록 되어 있다.

(2) 정액환급률의 책정단위

정액환급률은 수출물품 품목번호(HSK)별로 책정함을 원칙으로 한다. 다만, 예외적으로 품명과 규격 별로 세분할 필요가 있는 때에는 이를 세분할 수 있다.

이는 정액환급률을 책정하려면 관세청 전산 데이터베이스를 이용해야 하는데, 전산상 환급금액이 품목번호(HSK)별로 관리되고 있기 때문이다.

1 | 간이정액환급의 의의

①간이정액환급제도는 수출기업에 환급 전담부서가 없거나 전문인력이 부족하여 수출물품을 생산하는데 사용된 원재료의 소요량을 산출하지 못해 개별환급을 받지 못하는 중소기업을 지원하려고 도입된 제도라는 특성 때문에 「중소기업 기본법」에 따른 중소기업자만 이용할 수 있는데, 환급특례법 시행규칙 제12조에 따라 연간 환급금과 기납증 발급액을 합한 금액이 6억원 이하인 경우에만 이용할 수 있다.

②간이정액환급률은 개별환급을 받은 수출물품의 실적에 기초하여 산정하므로, 개별환급을 받은 실적이 없는 품목번호의 수출물품은 간이정액환급률을 산정할 수 없다. 따라서 간이정액환급률표에 자신이 수출하는 품목번호의 물품에 대한 간이정액환급률이 산출되기 위해서는 반드시 해당 품목번호의 수출물품에 대하여 개별환급을 받는 수출업체가 존재해야 한다.

③또한, 간이정액환급제도는 개별환급을 받을 수 있는 능력이 안 되는 중소 수출제조업체를 지원하려고 마련한 제도라는 특성 때문에 수출물품 생산에 사용된 원재료의 수입신고필증을 첨부하지 않고 환급받을 수 있도록 규정되어 있어(환급특례법 시행령 제18조제2항), 간이정액환급제도를 이용할 수 있는 중소기업자는 수입원재료가 없더라도 수출신고필증만으로 간이정액환급을 받을 수 있다.

①간이정액환급률은 수출물품의 품목번호(HSK)별로 전년도 평균환급액을 기초로 하여, 금년도 원재료 납부세액의 산출에 영향을 미치는 요소들 즉 원재료의 가격, 관세율 및 환율의 변동 등을 고려하여 다음 표와 같이 수출금액 10,000원당 환급액을 책정한다.

②전년도 평균환급액은 개별환급방법으로 환급받은 실적과 개별환급방법으로 기납증을 발급한 실적을 대상으로 평균환급액을 구한다.

〈간이정액환급률표의 예〉
- 관세청고시 제2018-1호 2018.1.8. 시행 -

품목번호	품명	수출금액(FOB) 1만원당환급액(원)
⋮	⋮	⋮
4202.12-2000	외부표면을 방직용 섬유재료로 만든 트렁크 등	10
4202.19-9000	외부표면을 기타의 재료로 만든 트렁크 등	10
4202.21-1010	외부표면을 뱀가죽으로 만든 핸드백	40
4202.21-1020	외부표면을 도마뱀가죽으로 만든 핸드백	10
4202.21-1030	외부표면을 악어가죽으로 만든 핸드백	150
4202.21-1040	외부표면을 장어류의 가죽으로 만든 핸드백	20
4202.21-1090	외부표면을 기타 가죽으로 만든 핸드백	10
4202.21-2000	외부표면을 콤퍼지션레더로 만든 핸드백	10
4202.22-1010	외부표면을 폴리염화비닐로 만든 핸드백	10
⋮	⋮	⋮

※ 품목번호(HSK) 4202.19-1000, 4202.21-1050, 4202.21-3000은 개별환급을 받은 실적이 없어 간이정액환급률을 산출하지 못한 것임(단, 일부는 간이정액환급률표 고시 요청이 없어 지정이 안된 물품도 있음)

1 적용대상 업체

가. 간이정액환급 적용대상 업체 요건

간이정액환급률표는 중소기업기본법에 따른 중소기업자로서 다음의 두 요건을 모두 갖춘 자가 생산하는 수출물품에만 적용하며(환급특례법 시행규칙 제12조), 생산한 자(임가공을 위탁하는 경우에는 임가공을 위탁한 자)가 직접 환급을 신청하는 경우에만 적용할 수 있다. (환급특례법 시행령 제16조제2항)

① 환급신청일이 속하는 연도의 직전 2년간 연도별 환급실적과 기납증 발급실적을 합한 금액이 6억원 이하일 것

② 환급신청일이 속하는 연도의 1월 1일부터 환급신청일까지의 환급실적과 기납증 발급실적을 합한 금액이 6억원 이하일 것

나. 간이정액환급 적용대상 위탁생산자 요건

생산자의 범위에는 한국산업표준분류(통계청고시) 상 제조업으로 분류될 수 있는 위탁생산의 요건과 동일하게 다음 4가지 요건을 모두 충족한 임가공위탁자를 포함한다(환급고시 제4조).

① 위탁자가 생산할 제품을 직접 기획(고안 및 디자인, 견본제작 등)할 것

② 모든 주재료(부재료 및 보조원재료를 제외한다)를 위탁자의 계산과 책임으로 구입하여 제조업체에게 제공할 것

③ 제조업체로 하여금 제공받은 원재료로 제품을 생산하도록 할 것

④ 제조업체가 생산한 제품을 인수하여 위탁자 책임으로 직접 판매하거나 수출등에 제공할 것

생산자에 임가공 위탁자가 포함되는 것은 환급고시 제4조에 따른 것인데, 환급특례법 시행규칙 제12조에 중소기업자는 중소기업기본법 지정 요건을 충족하면 된다고 되어 있고

중소기업기본법 시행규칙에 제조업 분류는 통계청장이 고시한 한국산업표준분류를 따르도록 하고 있으므로, 한국산업표준분류상 임가공위탁자를 간이정액환급률표를 적용받을 수 있는 생산자의 범위에 포함한 환급고시 제4조는 상위 법규에 반하지 않는다고 보아야 한다.

다. 중소기업자의 확인

간이정액환급을 받으려는 자는 처음 간이정액환급을 신청할 때 중소기업청장이 발행한 중소기업확인서를 한번만 제출하면 된다. 다만, 매출규모 확대 등으로 중소기업 범위를 넘어섰음에도 계속해서 간이정액환급을 받는 경우에는 과다환급 추징과 가산금을 부과받을 수 있으니 스스로 계속 확인을 하여야 할 것이다.

라. 중소기업자 기준 충족 여부 확인

①중소기업자 기준 충족 여부는 중소기업기본법 제2조와 그와 관련된 시행령과 시행규칙에 정해진 상시근로자 수 또는 자본금의 규모 등의 기준을 확인하고 판단하여야 한다.

②간이정액환급을 신청할 수 있는지 여부는 수출신고 수리일이나 국내거래일에 환급신

청인이 중소기업자 기준을 충족하는지 여부로 결정되며, 환급신청일에 중소기업인지 여부는 상관이 없으므로, 간이정액환급제도를 이용할 때 주의하여야 한다. (조세심판원 2012관78사건, 2012.8.30.)

③과거에는 환급신청일에 중소기업기본법상 기준을 충족하면 된다고 해석하고 적용하였으나, 이 해석으로 인해 2년마다 개별환급과 간이정액환급을 번갈아 받음에 따른 부당한 과다환급이 해결되지 않았다.

④그러나 수출신고수리일에 간이정액환급률표를 적용할 수 있는지 여부를 판단해야 한다는 조세심판원의 결정으로 부당한 과다환급을 해소할 수 있게 되었고, 관세청장은 이 결정에 따라 간이정액환급률표를 적용해야 한다는 지침(관세청 세원심사과-115호, 2013.1.8.)을 전국세관에 시달하였으며, 2015.11.18. 해당 내용을 환급고시 제32조 개정에 반영하였다.

2　적용대상 물품

간이정액환급률표는 환급신청과 기납증 발급신청 시 적용된다.

가. 환급신청 시 적용대상 물품

①간이정액환급을 받을 수 있는지는 수출물품의 품목번호(수출신고필증 ㉟란에 기재된다)가 간이정액환급률표에 고시된 품목번호와 일치하는지로 판단하며, 품명의 일치 여부와는 무관하다.

②그러나 수출물품의 품목번호 분류가 잘못되면 환급특례법 제21조에 따른 과다환급이 되므로, 수출물품에 대한 정확한 품목번호를 적용하여 수출 신고하여야 하며, 잘못된 품목번호는 즉시 정정해야 한다.

③간이정액환급률표는 매년 1회 이상 개정되고 있으며, 환급신청일과는 관계없이 수출

신고수리일에 시행되는 간이정액환급률표를 적용해야 한다.

나. 기납증 발급신청 시의 적용대상 물품

①국내거래되는 수출용 원재료에 대하여 간이기납증을 발급받을 수 있는지 여부는 수출용 원재료의 품목번호(기납증상 "4. 양도 물품 내역" 중 ①품목번호란에 기재된다)가 간이정액환급률표에 고시되어 있는 품목번호와 일치하는지 여부로 판단하며, 품명의 일치 여부와는 무관하다.

②내국신용장 등의 품목번호의 분류가 잘못된 때에는 정정승인을 받아야 함은 관세환급의 경우와 동일하다. 다만, 내국신용장 등의 정정은 동 신용장 등을 발급한 외국환은행장에게 신청하여야 하는 점이 다르다.

③기납증 발급의 경우에도 해당 수출용 원재료를 국내 거래한 날에 시행되고 있는 간이정액환급률표를 적용해야 한다. 발급신청하는 날짜와는 무관하다.

다. 적용제외 물품

수출물품이나 국내거래되는 수출용 원재료의 품목번호가 간이정액환급률표에 있더라도 다음의 물품은 간이정액환급률표를 적용받을 수 없다.

(1) 원상태 수출물품

수입신고필증의 품명·규격과 수출신고필증의 품명·규격이 동일한 물품을 원상태 수출물품이라 한다. 원상태 수출물품은 수입 세금을 그대로 환급받으므로 환급액산출에 어려움이 없기에 간이정액환급률표 적용하여야 하는 업체도 원상태 수출물품은 개별환급을 받도록 예외를 허용하고 있다.

(2) 비적용업체로 승인받은 수출업체에서 제조한 수출물품

간이정액환급률표 비적용업체로 세관장의 승인을 받은 수출업체가 생산한 수출물품(수출용 원재료로 국내거래되는 물품 포함)은 간이정액환급률표를 적용하지 못한다.

(3) 수탁가공 수출물품과 그 물품의 반품으로 대체하여 수출하는 물품

외국 위탁자로부터 원재료를 공급받아 가공임을 받고 수탁가공하여 다시 수출하는 경우에는 그 수탁가공하는 자를 생산자로 볼 수 없기에 간이정액환급률표를 적용하지 못하도록 하고 있다.

수탁가공을 위해 수입한 원재료 중 남은 물품을 반환하는 것과 수탁가공 물품이 계약상이로 반품되어 대체물품을 수출하는 것도 간이정액환급률표를 적용하지 못하는데, 이는 원재료를 대부분 외국 위탁자가 제공하고 있어 그 원재료를 수입할 때 납부한 세금이 간이정액환급 금액보다 많기 때문이다.

(4) 생산자를 「미상」으로 기재한 수출물품

생산자를 미상으로 기재하는 것은, 외국에서 수입된 물품이거나 국내에서 생산된 경우라도 제조자를 알 수 없는 시장물품인 경우 및 제조자가 다수 등인 경우로서 간이정액환급을 받을 의사가 없어 하나의 수출신고필증으로 수출신고하려는 경우이므로 이러한 물품에 대하여 간이정액환급제도를 이용하도록 지원할 필요가 없기 때문에 간이정액환급률표를 적용하지 못하도록 하고 있다.

따라서 수출물품이 국내에서 생산된 물품이고 환급을 받을 의사가 있는 경우에는 그 생산자를 수출신고필증 ③제조자란에 기재하여 생산자가 간이정액환급률표를 적용하도록 하거나, 생산자로부터 기납증을 받아 수출자가 개별환급의 방법으로 환급을 신청하면 된다.

(5) 단순히 하드웨어에 소프트웨어만을 입력하여 수출(공급)하는 물품

3   **적용과 비적용 신청**

가. 환급액 산출방법의 임의선택

①환급신청인은 자신이 수출하는 물품에 간이정액환급과 개별환급의 2가지 방법을 동시에 적용할 수 없고 한 가지 방법을 임의 선택하여 적용해야 하므로 간이정액환급의 적용여부를 신중히 판단하여야 한다.

②간이정액환급률표를 적용하는 것은 중소기업이 받는 혜택이므로, 수출물품 생산에 사용된 원재료의 소요량을 계산하는 것이 어렵지 않고 간이정액환급금액보다 개별환급방법에 따른 환급금액이 더 많은 경우에는 중소기업인 경우에도 개별환급방법을 선택할 수 있

도록 허용하고 있다.

③간이정액환급률표를 적용받던 자가 세관장으로부터 비적용 승인을 받게 되면 그 승인일부터 수출하거나 국내거래하는 물품은 개별환급의 방법으로 환급을 받거나 기납증을 발급받아야 한다.

다만, 세금을 납부한 수입원재료가 있을 때는 개별환급을 받다가 세금을 납부한 수입원재료가 없을 때 간이정액환급을 받도록 하는 것은 보조금과 명백히 동일하기 때문에, 환급특례법에 간이정액환급과 개별환급은 2년 이상이 경과하여야 다른 환급방법으로 변경할 수 있도록 정하고 있다. (환급특례법 시행령 제14조제6항과 제7항)

나. 간이정액 적용신청

(1) 처음 환급을 신청하는 중소기업과 비적용승인을 받지 않은 수출업체

환급특례법 시행규칙 제12조의 요건을 갖춘 중소기업이 처음 수출하는 경우에는 별도로 간이정액환급률표를 적용하겠다는 서류를 제출하지 않아도 환급특례법령에 따라 간이정액환급률표 적용업체로 간주된다. (환급특례법 시행령 제14조제3항)

요건을 충족하는 중소기업이 간이정액환급률표를 적용하지 않겠다는 비적용의사표시를 하려면 별도 서류를 제출하고 그에 따른 세관장의 승인을 받아야 하나, 비적용 승인을 받지 않은 경우에는 간이정액환급을 신청할 수 있다.

(2) 비적용 승인을 받은 수출업체의 경우

간이정액환급률표 비적용 승인을 받은 업체가 다시 간이정액환급률표를 적용하려면, 비적용 승인을 받은 날부터 2년이 경과한 후에 다시 적용 의사를 표시하는 서류(환급고시 별지 제16호서식)를 제출하여 세관장 승인을 받아야 한다.

다만, 생산공정이 변경 등으로 인하여 소요량을 계산할 수 없다고 인정되는 때에는 2년이 경과하지 않았더라도 신청할 수 있다. (환급특례법 시행령 제14조제6항)

이는 간이정액환급제도가 중소기업이 소요량을 계산하지 못하기 때문에 이를 해소하려고 도입한 제도이므로, 중소기업이 소요량을 계산할 수 있게 되어 개별환급으로 전환하였더라도 새로운 설비가 도입되거나 생산방법이 변경되어 소요량을 계산하지 못한다는 사실을 세관장으로부터 인정받으면 간이정액환급률표를 적용할 수 있도록 예외규정을 운영하고 있다.

간이정액환급 [ ]적용 [ ]비적용 승인신청서

※ [ ]에는 해당되는 곳에 √표를 합니다.

접수일자	처리기간 : 즉시

신청인	상호		대표자	
	통관고유번호		사업자등록번호	
	주소		대표자 생년월일	

사업장 내역 (사업장이 2 이상인 경우 전부 기재)

사업장명	사업자등록번호	통관고유부호	소재지

[ ]적용 [ ]비적용 신청사유

「수출용원재료에 대한 관세 등 환급사무처리에 관한 고시」 제32조에 따라 간이정액환급 [ ]적용 [ ] 비적용 승인을 신청합니다.

20   년   월   일
(서명 또는 인)

신청인

○ ○ 세 관 장 귀하

첨부서류 없음		수수료 없음

처리 내역	승인일		담당	주무	과장
	전산등록일				
	전산등록자				

(3) 적용 승인업체가 간이정액환급률표에 없는 물품을 수출한 경우

간이정액환급률표를 적용하는 중소기업이 생산한 물품 중 간이정액환급률표에 고시되지 않은 물품을 수출한 경우에는 간이정액환급률표를 적용할 수 없으므로 개별환급방법으로 환급을 신청할 수 있다. (관세청 세원심사과-2249호, 2012.6.29.)

> ◆ 관세청 세원심사과-2249호(2012.6.29)
> * 간이정액환급 대상자가 Brass Bar를 수입하여 배관용 제품을 생산한 후 그 제품과 Brass Scrap을 수출한 경우, 간이정액환급률표에 고시된 배관용 제품은 간이정액환급을 받아야 하고, 간이정액환급률표에 고시되지 않은 배관용 제품과 Brass Scrap 등은 개별환급을 받을 수 있음

다. 간이정액 비적용 승인신청

(1) 간이정액환급률표 비적용(=개별환급 적용)

간이정액환급제도가 중소기업에게 특혜를 제공하는 환급제도이나, 중소기업이 소요량을 계산할 능력을 갖추게 되면, 개별환급이 유리한지 또는 간이정액환급이 유리한지 비교하여 개별환급이 유리하다고 판단하는 경우 중소기업이라고 하더라도 간이정액환급률표 비적용 신청을 통해 개별환급을 받을 수 있도록 허용하고 있다.

한편, 중소기업기본법에 따른 중소기업이 아닌 중견기업이나 대기업인 경우에는 간이정액환급률표를 적용할 수 없으며 별도의 신청절차 없이 비적용 승인업체가 된다. 해당 기업이 수출하는 물품은 간이정액환급률표를 적용받지 못하고 개별환급방법만 이용할 수 있다.

(2) 비적용 승인요건

환급특례법 시행규칙 제12조의 요건을 모두 갖춘 수출물품을 생산하는 중소기업이 간이정액환급률표 비적용 승인 신청만 하면 비적용 승인이 가능하다. 다만, 중견기업과 대기업은 비적용 승인 신청을 하지 않아도 비적용 승인을 받은 것으로 간주되므로 해당 기업이 수출한 모든 물품은 간이정액환급률표를 적용할 수 없다.

(3) 비적용 여부의 임의선택 시 고려할 사항

간이정액환급률표를 적용할 수 있도록 하는 것은 일종의 중소기업에 대한 혜택이므로 간이정액환급률표 적용 또는 비적용을 임의선택하려는 때에는 다음을 종합하여 신중하게

판단하여야 할 것이다.

① 간이정액환급률표를 적용하면 환급금을 쉽게 산출할 수 있고 구비서류가 줄어들어 환급비용이 감소되는 이점이 있다.

② 세금을 납부한 수입신고필증 등이 없는 수출업체는 개별환급방법으로 받을 환급금이 없으므로 간이정액환급률표를 적용하여야 할 것이다.

③ 여러가지 품목을 수출하는 경우 개별환급에 따른 환급액과 간이정액환급에 따른 환급액을 종합·비교하여 판단하여야 할 것이다.

(4) 비적용 신청방법

환급특례법 시행규칙 제12조의 요건을 모두 갖춘 중소기업이 간이정액환급률표 비적용 승인을 받으려면, 생산한 물품을 수출하기 전에 간이정액환급률표 비적용 신청서(환급고시 별지 제16호서식)를 세관장에게 제출하고 승인을 받아야 한다.

(5) 비적용 신청 시기

❖ 처음 비적용 신청하는 수출업체의 경우

간이정액환급률표를 적용받던 업체 또는 처음 수출하는 업체가 간이정액환급률표를 적용받지 않으려면 언제든지 세관장에게 비적용 신청서를 제출하여 승인을 받으면 된다. 비적용 승인을 받으면 해당 업체가 그 날부터 수출하는 모든 물품은 개별환급방법으로 환급을 신청하여야 한다. (환급특례법 시행령 제14조제3항 단서)

❖ 적용 승인을 받은 업체에서 또다시 비적용을 신청하는 업체의 경우

비적용 승인을 받은 업체가 요건을 갖추어 간이정액환급률표를 적용하겠다고 승인 신청을 하는 경우에도 비적용 승인일부터 2년이 경과하여야 신청할 수 있지만, 적용 승인을 받은 업체가 비적용 승인을 신청하려면 적용 승인일부터 2년이 경과하여야 간이정액환급률표 비적용을 세관장에게 신청할 수 있다.

이러한 제한을 두는 이유는 수입원재료가 있으면 개별환급을 받고 원재료가 없으면 간이정액환급을 받는 불합리를 제거하기 위함이다.

다만, 간이정액환급률표를 적용한 환급액이 소요량을 계산한 개별환급액의 70%에 미달하면 2년 이내라도 간이정액환급률표 비적용 승인을 신청할 수 있다. (환급특례법 시행령 제14조제6항)

(6) 비적용 승인의 효과

⬧ 비적용 승인을 받은 업체의 모든 수출물품은 간이정액환급률표 비적용

특정 수출물품목에 대하여 비적용 승인을 받으면 그 업체가 수출하는 모든 물품에 대하여 간이정액환급률표를 적용할 수 없다.

⬧ 비적용 승인은 수출신고수리일 등 기준

비적용 승인을 받으면 비적용 승인일 이후 수출신고 수리된 것부터 간이정액환급률표를 적용할 수 없다. 그러므로 비적용 승인일 이전에 수출신고수리된 수출신고필증은 간이정액환급신청만 가능하고, 비적용 승인일 이후 수출신고수리된 수출신고필증은 개별환급신청만 가능하다.

<table><tr><td>4절</td><td>정액환급 신청방법</td></tr></table>

1   정액환급액의 산출

간이정액환급률표는 품목번호별 수출금액(FOB) 10,000원당 환급액을 나타내는 것이므로, 수출신고필증 상의 수출금액을 10,000으로 나눈 뒤 간이정액환급률표에 고시된 금액을 곱하고 10원 미만의 단수가 있는 경우에는 절사(버림)하여 환급액을 산출한다.

이 경우 간이정액환급률표 상 금액은 수출신고수리일에 시행되는 간이정액환급률표 상의 금액을 적용하는 것임을 유의하여야 한다.

$$\Box \;\; \text{환급금액 계산공식} = \frac{FOB\,\text{수출(공급)금액}(\text{\textwon})}{10,000} \times \text{간이정액환급률표 해당 금액}$$

2   기납증의 양도세액 산출

①본래 기납증은 수입원재료를 사용하여 생산한 중간원재료를 수출물품 생산자에게 양도하는 경우 그 중간원재료에 포함된 납부세액을 수출물품 생산자 또는 수출자가 환급받을 수 있도록 하기 위하여 세관장으로부터 발급받는 서류다.

②그런데 환급특례법 시행규칙 제12조에 따른 중소기업자인 경우에는 간이정액환급률표를 적용하여 양도세액을 계산할 수 있도록 혜택을 부여하고 있다. (환급특례법 시행령 제14조제3항)

③간이정액환급률표를 적용하여 양도세액을 계산하는 기납증을 간이기납증이라고 하는데, 간이기납증을 발급하는 경우에는 수출금액 대신 국내 공급금액을 기준으로 간이정액

환급금을 계산하는 방법과 동일하게 양도세액을 계산한다.

④그런데, 중간원재료를 공급하는 경우에는 공급금액에 간이정액환급금을 포함하여 공급하는 경우가 많으므로 공급금액에 간이정액환급금의 포함여부를 알 수 없는 경우에는 다음의 공식을 적용하여 공급금액을 산정한다.

▌ 계산사례

$$공급금액 = 신용장\ 등의\ 거래대금 \div (1 + \frac{간이정액환급률표\ 해당금액}{10,000})$$

- 중간원재료의 공급금액이 100,000원이고, 간이정액환급률표상 해당 품목번호의 금액이 10원 경우,
- 간이정액 양도세액을 계산하면 $(100,000 \div 10,000) \times 10 = 100$원이므로
- 거래대금은 100,100원이 될 것이다.

그러데, 거래대금 100,100중 공급금액이 얼마인지 모르는 경우에는 공식을 적용하면

- $100,100 \div (1 + (10 \div 10,000) = 100,000$원이 됨을 확인할 수 있다.

3   간이정액환급률표 적용 시점

간이정액환급률표는 환급을 신청할 때는 수출신고수리일에 고시된 간이정액환급률표를 기준으로, 기납증을 발급받으려는 경우에는 국내거래일에 고시된 간이정액환급률표를 기준으로 적용한다

환급신청일이나 기납증 발급신청일을 기준으로 하지 않는 이유는 동일한 날에 수출되었거나 국내거래된 물품에 대하여 환급신청일 또는 기납증발급신청일에 따라 환급액 등이 달라지는 것은 형평의 원칙에 어긋나기 때문이다.

1 자동환급의 이해

2003.8.21.부터 간이정액환급을 더욱 편리하게 받을 수 있도록 환급절차를 간소화한 것이 자동환급제도이다. (환급특례법 시행령 제18조제7항)

간이정액환급은 수출금액 정보와 간이정액환급률표 정보만 알면 누구나 신청할 수 있는데, 두가지 정보는 모두 관세청 전산 데이터 베이스로 관리되므로 자동간이환급업체가 수출신고서 ㉖자동간이정액환급 여부란에 "AD"만 표시하면 시스템이 환급금을 계산하여 즉시 또는 월별·분기별로 환급금을 지급하도록 되어 있다.

이 제도는 환급신청인이 환급신청서를 작성하지 아니하고 의사표시만 하면 환급금이 지급되는 것이므로 자동환급이라고 부른다.

2 자동환급 업체의 지정

가. 지정 요건과 신청

간이정액환급률표를 적용받을 수 있는 자는 모두 자동환급 업체 지정을 받을 수 있다.

따라서 간이정액환급률표를 적용받을 수 있는 자가 "자동환급 업체(품목)지정신청서(환급고시 별지 제17호서식)"에 공장등록증 또는 임가공계약서(임가공위탁생산자인 경우) 사본 등과 품목번호별 수출물품 설명서 및 중소기업확인서 등을 첨부하여 세관장에게 신청하면 된다. (환급고시 제35조)

자동환급 [　]업체·[　]품목 [　]지정·[　]취소 신청(통보)서

※ [　]에는 해당되는 곳에 √표를 합니다.

접수일자	처리기간 **7일**

신청인	업체명	대표자	통관고유부호
	주소		사업자등록번호
	제조장소재지		e-mail주소
	전화번호	휴대전화	사서함부호
	자본금		종업원수

수출물품별 환급실적

품목번호 (HSK10단위)	품명	환급실적(　)		품목번호 (HSK10단위)	품명	환급실적(　)	
		전연도	전전연도			전연도	전전연도

환급금 지급시기

[　]수출즉시	[　]월	[　]분기

「수출용원재료에 대한 관세 등 환급사무처리에 관한 고시」 제35조(변경·취소의 경우에는 제38조)에 따라 자동간이 환급[　]업체·[　]품목의　[　]지정·[　]변경·[　]취소을(를) 신청합니다.

20　년　　월　　일

신청인　　(서명 또는 인)

○ ○ 세 관 장 귀하

「수출용원재료에 대한 관세 등 환급사무처리에 관한 고시」 제35조(변경·취소의 경우에는 제38조)에 따라 자동간이 환급[　]업체·[　]품목(으)로 [　]지정·[　]변경·[　]취소되었음을 통지합니다.

20　년　　월　　일

○ ○ 세 관 장 [직인]

귀하

첨부서류	1. 신청서 2부 2. 공장등록증명서(최근 3개월 이내인 것) 또는 임가공계약서 등 사본 1부 3. 품목번호(HSK10단위)별 수출물품 설명서 1부 4. 중소기업확인서 등 중소기업 증빙서류 1부	수수료 없음

※ **유의사항** : 고시 제37조에서 정한 제조자 이전 등 업체변경사항에 대하여 즉시 세관장에게 신고하여야 합니다.

나. 관할지 세관장의 지정

지정신청을 받은 관할지 세관장은 지정요건을 갖춘 업체인지를 확인한 후 자동환급 업체와 품목을 지정하여 신청업체에 통보한다. 자동환급 업체는 2년에 1회 이상 정기심사를 받아야 하므로, 제조장 또는 주된 사무소를 관할하는 세관장이 아닌 세관장으로 관할지 세관장을 변경할 수 없다.

3   자동환급의 신청과 지급

가. 자동환급의 신청

간이정액환급률표는 관세청 전산 데이터베이스에 탑재되어 있고 수출물품의 품목번호는 수출신고서 ㉟란의 품목번호로 확인할 수 있으므로 간이정액환급률표를 적용받을 수 있는 자가 수출 신고할 때 수출신고서 ㉖자동간이정액환급 여부란에 "AD"만 표시(신청행위)하면 관세청 환급시스템이 자동으로 환급금을 계산하여 환급금을 지급한다.

나. 환급신청서의 자동작성

수출신고서에 "AD"가 표시되면, 전산시스템이 신청업체가 선택한 기간별로 선(기)적된 수출물품을 확인하여 수출물품 품목번호(HSK)별로 환급신청서를 작성하게 되며, 전산시스템이 접수하고 심사하여 환급금을 결정한다.

다. 환급금 지급 시기의 선택

자동환급금의 지급 시기는 수출신고서 건별, 월별 또는 분기별 중에서 임의 선택하여, 자동환급 업체(품목)지정신청서(환급고시 별지 제17호서식) 지급 시기 란에 체크하면 된다. 전산시스템은 결정된 환급금을 선택한 기간별로 환급신청인의 계좌에 자동입금하게 되므로, 자동환급 업체 지정신청 시에 환급금이 입금될 회사명의의 통장사본을 함께 제출하여야 한다.

라. 자동환급의 예외

자동환급제도는 자동환급 업체의 품목번호(HSK)별로 지정하여 운용하므로 하나의 수출신고서에 둘 이상의 물품이 있어 하나는 자동환급으로, 다른 것은 원상태 수출 등으로 처리되도록 예외 처리하려면, 수출신고서 ㉖란에는 "AD"를 표시하고 자동환급하지 아니할 물품은 해당 품목의 ㉟란에 송품장번호를 적을 때 첫머리에 "NAD-"를 먼저 적고 송품장번호를 적으면 된다.

4　　　자동환급 업체의 관리

가. 자동환급 업체의 변경사항 신고

자동환급 업체는 다음 사항에 대한 변경이 있으면 자동환급 업체 지정신청을 한 세관장에게 반드시 신고하여야 한다. (환급고시 제38조제1항)

① 자동환급 대상품목이 변경되는 경우

② 제조장이 이전되거나 제조장을 매각한 경우

③ 자동환급 업체가 폐업·분할·합병되는 등의 변경이 있는 경우

④ 그 밖에 대표자·주소·사업자등록번호 등 지정사항의 변경이 있는 경우

나. 지정의 취소

지정 세관장은 자동환급 업체가 지정요건을 유지하고 있는지 여부를 계속 확인하게 되며, 다음과 같은 경우(환급고시 제38조제3항)가 발생하여 지정요건에 적합하지 않으면 지정을 취소할 수 있다.

① 환급특례법 시행규칙 제12조에 따른 중소기업 및 환급실적 요건을 충족하지 못하여 간이정액환급률표를 적용받을 수 없게 되는 경우(중견기업으로 바뀌거나, 연간 환급받은 금액과 기납증발급 금액을 합하여 6억 원 이상이 되거나 또는 폐업되는 경우 등에는 지정이 취소된다)

② 과다·부정환급이 적발되거나 관세 등의 체납이 발생한 경우(다만, 단순 착오에 의한 과다환급이거나 체납세액을 독촉기간내 자진 납부한 경우를 제외한다)

③ 간이정액환급 비적용 승인을 받은 경우

④ 업체의 지정취소 요청이 있는 경우

다. 자동환급 업체의 심사 및 세관장의 서류제출 요구

세관장은 2년마다 1회 이상 다음 사항에 대하여 자동환급 업체를 심사하는데, 필요한
경우에는 자동환급 업체 또는 관세사에게 서류제출을 요구할 수 있다. (환급고시 제39조)

① 환급받은 수출물품의 품목분류가 적정한지 여부

② 자동 간이환급업체가 직업 생산한 물품을 수출하였는지 여부

③ 제38조제1항제2호부터 제4호까지의 규정에 해당하는 사항이 있는지 여부

④ 그 밖에 수출가격 적정 등 과다·부정환급의 우려가 있는지 여부

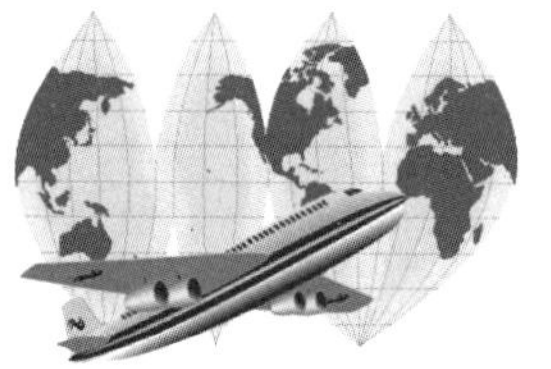

3장

개별환급의 이해와 실무

1 개별환급 적용대상

수출물품 생산에 사용된 원재료 소요량을 계산하여 환급을 받으려 하거나, 간이정액환급률표를 적용받지 못하거나 간이정액환급률표를 적용받지 않으려는 수출업체는 개별환급의 방법으로 환급을 받아야 하는데, 개별환급 적용대상 업체와 물품은 다음과 같다.

가. 적용대상 업체

(1) 간이정액환급률표를 적용할 수 없는 업체

① 중견기업 또는 대기업

② 최근 2년간 매년도 연간 총환급액(기납증 양도세액과 원상태 수출 환급액 등을 모두 합한 금액)이 6억 원을 초과하는 중소기업

③ 환급을 신청하는 날이 속하는 해당 연도의 총환급액이 6억원을 초과하는 중소기업

(2) 간이정액환급률표를 적용할 수 있으나 비적용승인을 받은 업체

나. 적용대상 물품

개별환급 적용대상 업체가 수출하는 모든 물품 중 환급 대상 수출로 인정되는 경우에만 환급을 신청할 수 있다.

가. 개요

개별환급액 산출방법이란 수출업체가 수출물품 생산에 사용된 원재료에 포함되어 있는 세금을 환급받기 위하여 계산하는 방법이다.

수출물품 생산에 사용된 원재료는 소요량계산서로 확인하고, 해당 원재료의 수입 시 납부세액은 수입신고필증 등으로 확인하여 환급액을 산출하게 된다.

개별환급방법은 정액환급방법과 비교하면, 납부세액을 정확하게 환급할 수 있는 장점은 있으나, 구비서류가 복잡하고 환급금 산출에 많은 시간이 걸리는 단점이 있다.

《 개별환급 산출절차 》

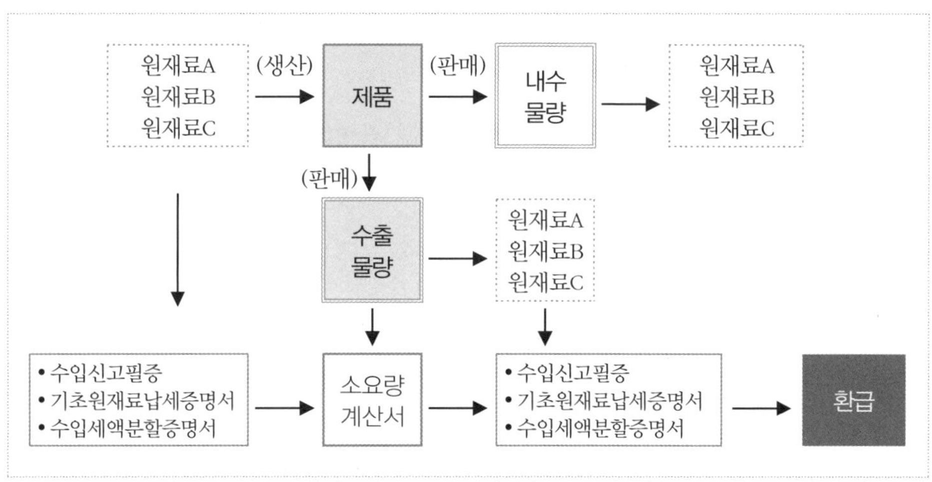

나. 개별환급신청의 구비서류

관세환급은 수출물품이 외국으로 선적된 후 신청하므로, 수출물품과 사용된 원재료의 납부세액 등을 서류에 의하여 증명하여야 한다.

(1) 수출신고필증 등

수출물품의 품명·규격, 수량 등은 수출신고필증 등으로 확인하게 된다. 수출신고필증에 갈음하는 서류들은 환급 대상 수출편을 참고하기 바란다.

(2) 소요량계산서

소요량계산서는 수출물품 생산업체가 작성하며, 사용된 원재료의 품명, 규격, 수량을 원재료 별로 표시한다. 소요량계산서는 다음 장에서 설명한다.

(3) 수입신고필증 등

원재료 납부세액을 증명하는 서류는 수입신고필증, 기초원재료납세증명서, 수입세액분할증명서, 평균세액증명서가 있다.

다. 개별환급액 산출방법

(1) 수출물품 생산에 사용된 원재료의 확인

수출물품 생산에 사용된 원재료는 생산부서를 통해 확인하며, 확인한 근거자료인 생산일보 등을 기초로 소요량계산서를 작성하여야 한다.

수출신고필증별로 소요량계산서를 작성할 수도 있지만, 수출물품의 규격이 동일하면 여러 수출신고필증에 대하여 하나의 소요량계산서를 작성하여 환급절차를 간소화 시킬 수 있다.

(2) 사용된 원재료에 포함된 납부세액 확인

사용된 원재료의 품목번호, 품명, 규격, 수량과 수입신고필증 등의 품목번호, 품명, 규격, 수량이 일치하는 때의 납부세액이 관세환급액이 된다. 소요량계산서상 원재료의 수량과 수입신고필증 등의 구매수량은 대부분 일치하지 아니한다.

이는 수입신고필증 등 중에서 사용된 원재료의 수량이 소요량계산서에 기재되기 때문이다. 이러한 때에는 다음의 예시와 같이 분할 사용기록표를 사용하여 소요량계산서상 원재료의 수량과 수입신고필증 등의 수량을 일치시킨다.

사례 소요량계산서상 원재료 사용량이 7.2kg, 수입신고필증 상 원재료 수량이 10kg, 납부세액이 200,000원인 경우

《 분할사용기록표 》

수량		금액		사용일자
사용	잔량	사용	잔액	
7.2kg	2.8kg	144,000	56,000	2017.5.2

관세환급신청이 전산화됨에 따라 분할사용 기록도 전산으로 이루어지고 있으므로 환급 신청할 때는 별도로 분할사용기록표를 제출하지 아니한다. 그러나 수출업체 스스로 관리하여 수입신고필증 등의 이중환급신청을 예방하여야 한다.

3 수출물품과 원재료의 동일성

가. 동일성의 의의

①해당 수출물품 생산에 해당 원재료가 사용되었다고 확인하는 것을 환급제도에서는 동일성이라 한다. 즉, 수출신고필증 상의 수출물품을 생산할 때 환급신청서에 첨부된 수입신고필증 등의 원재료가 맞게 사용되었다고 하는 것을 동일성이라 한다.

②환급특례법은 원재료가 수출물품 생산에 사용되면 그 원재료에 대한 관세 등을 환급받게 되는데, 그것을 서류로 확인한다.

> 📘 환급특례법 제9조제1항
> ① 세관장은 물품이 수출등에 제공된 경우에는…(중략)…해당 물품의 수출용 원재료에 대한 관세 등을 환급한다.

③예를 들어, 수출물품인 스테인리스 설거지통(Stainless sinks)의 철강 종류가 "스테인리스 SUS304"일 때, 사용된 원재료인 철판의 철강 종류도 "스테인리스 SUS304"일 때 이를 동일성이 있다고 한다.

④여기서 해당 수출물품 또는 해당 원재료란 특정 수출신고필증 등에 실제로 사용된 특정 원재료의 수입신고필증 등이어야만 된다는 것은 아니고, 해당 수출물품 생산에 실제로 사용된 원재료와 환급신청서류에 첨부된 수입신고필증 등의 원재료가 동종동질의 물품이면 해당 원재료가 사용된 것으로 보아 동일성이 있다고 인정하는 것이다.

⑤동일성이란 수출물품 생산에 대체사용이 가능한 원재료인 경우에는 동일성이 인정된다고 할 수 있는데, 개정 교토협약에는 이를 동등물품(Equivalent goods)이라고 정의하고 있다.

> 📦 개정 교토협약 특별부속서 F(가공) 제3장(환급) 정의

3. "동등물품"이라 함은 환급절차 하에서 대체되는 물품과 성상, 품질 및 기술적 특성이 동일한 내국 또는 수입물품을 말한다.

나. 동일성 확인의 필요성

①개별환급의 핵심은 특정 수출신고필증 상의 수출물품을 생산하는 데에 사용된 원재료의 확인방법이다. 이를 실물로 확인하는 것은 현실적으로 불가능하므로 환급절차 상 서류로 확인하고 있다.

아래의 예시 소요량계산서에는 수출물품이 무슨 철강 종류인지 즉 저탄소강인지 고탄소강인지 및 지름이 14mm 미만인지 이상인지에 대한 정보가 없다.

《 소요량계산서 》

📦 수출물품

물품식별번호	상세물품식별번호	품명	생산수량	품목번호
KS7850	PLO_0001	Steel Nails	1,000,000	7317.00-1019

📦 원재료

사례	원재료식별번호	품명규격	단위소요량	총소요량
1	SN13025	Rods of Steel, Ø 13mm	5.0301g	5,030.1kg
2	SN12020	Rods of Steel, Ø 12mm	5.0301g	5,030.1kg
3	SN11015	Rods of Steel, Ø 11mm	5.0301g	5,030.1kg
4	SN15035	Rods of Steel, Ø 15mm	5.0301g	5,030.1kg
5	SN14030	Rods of Steel, Ø 14mm	5.0301g	5,030.1kg

②따라서 사례 1번부터 5번까지의 중 어느 원재료가 사용되는지를 확인할 수 없어 동질성 여부가 확인되지 않으므로 부정환급 또는 부당환급이 발생할 우려가 높다. 왜냐하면, 동일한 수량의 봉에 대하여도 저탄소강의 봉은 가격이 싸므로 관세 등의 단위당 납부세액이 적으나 고탄소강의 봉은 가격이 비싸 납부세액이 많을 것이기 때문이다.

③예시 사례가 발생할 가능성은 희박하나 다양한 철물을 생산하는 수출업체에서는 여러 종류의 봉을 수입하고 있고 그에 따른 여러 가지 수입신고필증이 많이 있을 것이므로

위와 같은 사례가 발생할 가능성을 배제할 수 없는 것이다.

④따라서 수출신고서를 작성할 때 사용된 원재료에 대한 정보를 추가로 기재하여, 환급을 신청할 때 수출신고필증 상의 수출물품에 대하여 수입신고필증 상의 원재료가 동질성이 있음을 인정받을 수 있도록 주의하여야 할 것이다.

다. 동일성 인정 범위

(1) 현실적인 인정 범위

①환급제도는 수출신고필증 등과 소요량계산서에 의하여 수출물품 생산에 사용되는 원재료가 확인되고, 소요량계산서와 수입신고필증 등에 의하여 원재료의 납부세액을 확인하는 것이므로, 환급 사후심사 시에 이들 서류들의 품명, 규격 등의 기재내용에 따라 동일성이 인정되기도 하고 인정되지 않기도 한다.

②앞서 "철제 못"의 사례에서 수출물품과 원재료의 규격이 "Steel"이라고 되어 있어 서류상 동질성이 있다고 주장할 수 있으나, 실제 수출물품 생산에 사용된 원재료가 규격으로 구분되는 경우에는 임의로 환급액이 많은 원재료의 수입신고필증을 선택하여 환급신청에 사용한 것은 부정·과다환급이 된다.

(2) 원칙적인 인정 범위

①서류상으로 동일성이 확인되더라도 실제 수출물품 생산에 사용된 원재료를 확인하여야 하는 것이므로 수출물품 생산에 실제 사용된 원재료와 환급신청된 원재료는 동종동질 물품이어야 한다.

②그러므로 환급신청서류(수출신고필증등과 소요량계산서 및 수입신고필증 등)상 품명, 규격, 특성, 함량, 중량, 두께 등의 기재 누락으로 수출물품 생산에 실제 사용된 원재료와 환급신청된 원재료가 동종동질 물품이 아닌 경우에는 부당환급 또는 부정환급이 된다.

라. 환급신청서에 첨부할 수 있는 수입신고필증 등

개별환급을 신청할 때 수출용 원재료의 납부세액을 증명서류로 제출하는 수입신고필증 등은 다음의 세 요건을 모두 갖춘 것을 첨부하여야 한다.

(1) 수출물품과 동일성이 인정되는 수입신고필증 등이어야 한다.

①동일성 인정을 위하여 소요량계산서를 작성할 때에는 수출신고필증 등의 물품 명세

(품목번호, 품명, 규격, 수량, 특성, 함량, 중량 등)와 소요량계산서의 수출물품 명세가 일치하여야 하며,

②소요량계산서의 소요원재료 명세(품목번호, 품명, 규격, 수량, 특성, 함량, 중량 등)와 품목번호, 품명, 규격, 수량, 특성, 함량, 중량 등이 일치하는 수입신고필증 등을 첨부하여야 한다.

③이 경우 수출물품과 원재료의 동일성을 밝힐 수 있는 필수규격이 누락되지 않아야 한다.

(2) 수출물품 생산에 실제 사용된 원재료와 동종동질 원재료의 수입신고필증 등을 첨부하여야 한다.

❖ 실제 사용된 원재료의 확인

해당 수출물품 생산에 실제 사용된 원재료인지 여부는 생산부서에서 제조공정과 투입원재료를 확인하면 된다. 해당 수출물품뿐만 아니라 유사 원재료를 사용하는 국내 판매 물품도 함께 확인하여 실제 사용된 원재료를 명확히 구분하여야 한다.

❖ 실제 사용된 원재료와 환급신청 원재료의 동종동질 확인방법

이는 생산공정에 원재료들이 함께 사용되는지 여부로 확인할 수 있는데, 사용된 원재료들이 이질(異質)적인 것이면 따로 구분하여 보관할 것이고, 동종동질이면 구분관리하지 않을 것이기 때문에, 자재부서에서 원재료들을 구분관리 하는지 여부로 판단하여도 무방하다.

(3) 수출이행기간 내의 수입신고필증 등을 첨부하여야 한다.

①동종 동질의 원재료 수입신고필증이면 납부한 세액의 과다를 불문하고 환급신청을 할 때 사용할 수 있는데 수출이행 기간 이내의 수입신고필증 등이어야 한다.

②따라서 수출이행기간의 경과로 사용할 수 없는 수입신고필증 등을 예방하기 위하여 오래된 수입신고필증 등부터 먼저 사용하는 것이 바람직한데, 환급신청에 사용할 수 있는 수입신고필증 등에 대한 여유가 많으면 납부 관세 등이 많은 원재료를 환급신청에 사용하는 것이 유리하다.

- 수입원재료 등의 수입일부터 해당 원재료를 수출물품 등에 사용할 수 있는 수출의 신고수리일 또는 판매·공사·공급의 완료일까지의 기간으로서. 환급 대상 수출을 한 날(수출신고수리일 등)이 속하는 달의 말일부터 소급하여 2년(환급특례법 제9조제1항 단서규정이 적용되는 경우에는 3년) 이내의 기간을 말한다.

③다만, 관세청장은 관세율의 변경 등으로 발생할 수 있는 과다환급을 방지하기 위하여 「수입원재료에 대한 수출이행기간 단축 등에 관한 고시」 또는 「수입원재료에 대한 환급방법 조정에 관한 고시」 등을 제정하여 운영하고 있다.

④수출물품 생산에 사용된 원재료가 해당 고시의 적용을 받는 원재료 품목이면 단축된 수출이행기간(대략 3개월) 이내의 원재료를 사용하여야 하며, 전년도 또는 직전 3개월 수입된 세율별 물량 비중으로 환급을 받아야 하는 물품이면 그 비중에 맞게 원재료를 환급신청에 사용하여야 한다.

1   개별환급방법 요건

개별환급은 수출물품의 생산자 또는 수출자가 수출이행기간 내에 있는 수출용 원재료의 납부 관세 등을 확인하여 환급액을 산출하는 방법으로써, 다음의 4가지 요건을 갖추어야 환급신청이 가능하다.

① 수출용 원재료를 수입하는 때에 관세 등을 납부하여야 하고

② 수입한 수출용 원재료로 생산한 제품을 수출 등에 제공하여야 하며

③ 수출은 수입신고필증 등의 수출이행기간 이내에 이루어져야 하며

④ 수출한 날부터 2년 이내에 환급을 신청하여야 한다.

《 개별환급방법 》

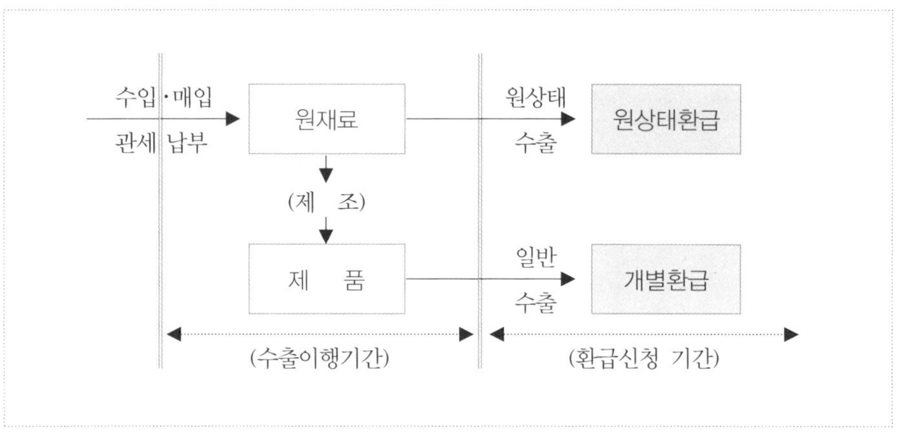

4가지 요건 중에서 ②요건인 "환급 대상 수출"에 대해서는 앞에서 살펴본 바와 같고, 다음에서 ①요건인 수출용 원재료를 수입하는 때에 납부한 관세 등의 "납부세액 확인"과 ③요건인 "수출이행기간"에 대하여 살펴본다.

가. 납부세액 증명서류

관세환급제도는 수출물품을 외국으로 반출한 후에 환급신청할 수 있으므로 수출물품 생산에 사용된 수출용 원재료의 납부세액을 서류로 증명하여야 한다(실물확인이 불가능하다).

환급 대상 수입의 증명서류는 원자재의 구매형태에 따라 다음과 같이 수입신고필증, 수입분증(분증), 기납증, 평세증 등이 있다.

《 원재료 구매형태별 환급 대상 증명서류 》

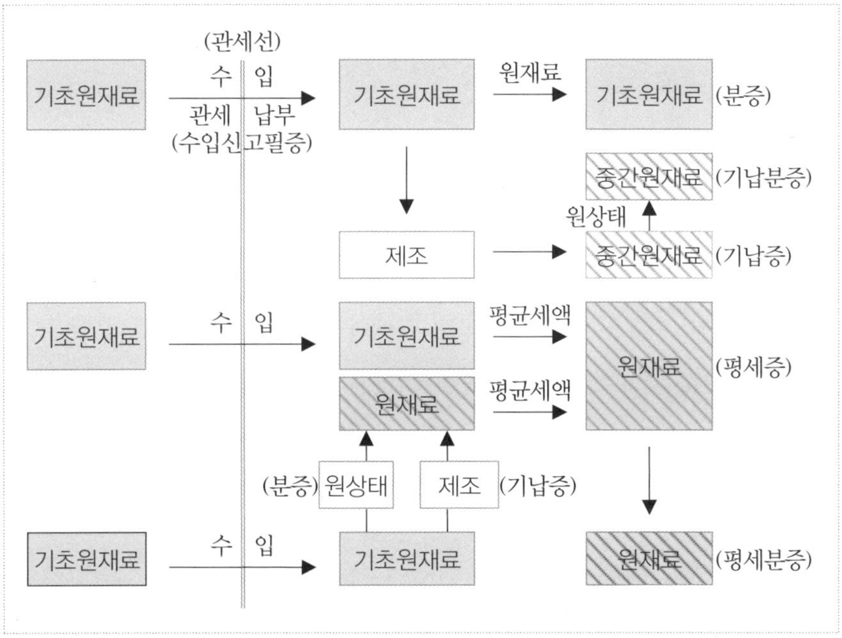

(1) 수입신고필증

수출물품 생산에 사용되는 원재료를 생산자가 직접 수입하는 경우에는 수입신고필증으로 납부세액을 증명한다.

수입자는 수입신고필증 상 ⑫납세의무자 란에 기재되는데, 환급신청서에 첨부하는 수입신고필증은 수출물품 생산자가 ⑫납세의무자 란에 기재된 수입신고필증이어야 한다.

(2) 기초원재료납세증명서(기납증)

①기납증은 하나 또는 둘 이상의 수출용 원재료를 사용하여 중간원재료를 생산하였을 때 해당 중간원재료 생산에 사용된 원재료의 관세 등이 얼마인지를 증명하는 서류로서, 법령 명칭은 "기초원재료납세증명서"이나 실무에서는 약칭하여 "기납증"이라고 하며, 기납증이 발행되면 그 날부터 수출이행기간을 다시 기산한다.

②기납증은 수출용 원재료를 공급하는 자가 세관장으로부터 발급받는 서류로서, 수출용 원재료를 양수받는 자는 그 원재료에 포함된 관세 등을 환급신청할 때 사용하기 위하여 공급자에게 기납증을 발급하여 넘겨 달라고 요구하여야 한다.

③수출물품 생산자인 양수자가 공급업체로부터 기납증을 인수받기 위해서는 해당 중간원재료를 구매할 때 내국신용장 또는 구매확인서를 발급해 주어야 한다. 수출용 원재료를 공급하는 사실은 내국신용장 등으로 증명하기 때문이다.

수출물품 생산자가 수출용 원재료를 국내 구매하고도 내국신용장 등이 발급되지 않아 기납증이 발급되지 않으면 관세환급을 받지 못하게 되는 점을 유의하여야 한다.

수 입 신 고 필 증

(갑지)

※ 처리기간 : 3일

①신고번호	②신고일	③세관.과	⑥입항일	⑦전자인보이스 제출번호
④B/L(AWB)번호	⑤화물관리번호		⑧반입일	⑨징수형태 99

⑩신 고 인			⑮통관계획	⑲원산지증명서 유무	㉑총중량
⑪수 입 자	(	)	⑯신고구분	⑳가격신고서 유무	㉒총포장갯수
⑫납세의무자 (/)			⑰거래구분	㉓국내도착항	㉔운송형태
(주소) (상호) (이메일주소) (성명)			⑱종류	㉕적출국	
				㉖선기명	
⑬운송주선인					
⑭해외거래처 /		㉗MASTER B/L 번호		㉘운수기관부호	

㉙검사(반입)장소

○ 품명·규격 (란번호/총란수 : /)

㉚품 명			㉜상 표	
㉛거래품명				
㉝모델·규격	㉞성분	㉟수량	㊱단가(XXX)	㊲금액(XXX)

㊳세번 부호		㊵순중량		㊸C/S 검사		㊺사후확인기관
㊴과세가격(CIF)		㊶수 량		㊹검사변경		
		㊷환급물량		㊻원산지	㊽특수세액	
㊼수입요건확인 (발급서류명)						

㊾세종	㊿세율(구분)	51감면율	52세액	53감면분납부호	감면액	* 내국세종부호

54결제금액(인도조건-통화종류-금액-결제방법)				56환 율	
55총과세가격	$	57운임	59가산금액	64납부서번호	
	₩	58보험료	60공제금액	65총부가가치세과표	

61세 종	62세 액	※신고인기재란	66세관기재란
관 세			
특 소 세			
교 통 세			
주 세			
교 육 세			
농 특 세			
부 가 세			
신고지연가산세		┌ 전화번호	
미신고가산세		└ 이메일주소	

63총세액합계		67담당자	XXXXXXXXXXX 999999	68접수일시	YYYY/MM/DD, HH:MM	69수리일자	YYYY/MM/DD

발 행 번 호 :   세관·과 :   신고번호 :   Page : /

＊본 신고필증은 발행 후 세관심사 등에 따라 정정·수정될 수 있으므로 정확한 내용은 발행번호 등을 이용하여 관세청 인터넷통관
포털(http://unipass.customs.go.kr)에서 확인하시기 바랍니다.

＊본 수입신고필증은 세관에서 형식적 요건만을 심사한 것이므로 신고내용이 사실과 다른 때에는 신고인 또는 수입화주가 책임을 져야 합니
다.

2절 개별환급의 요건　**101**

④한편, 수출물품 생산에 사용되는 중간원재료가 매입일로부터 1년(관할지 세관장의 연장승인을 받은 경우에는 1년 6개월) 이내에 다시 기납증으로 거래되는 경우에는 해당 기간을 수출이행기간에서 제외되므로 그 중간원재료를 받은 날부터 수출물품을 생산하여 2년 이내에 수출하면 된다.

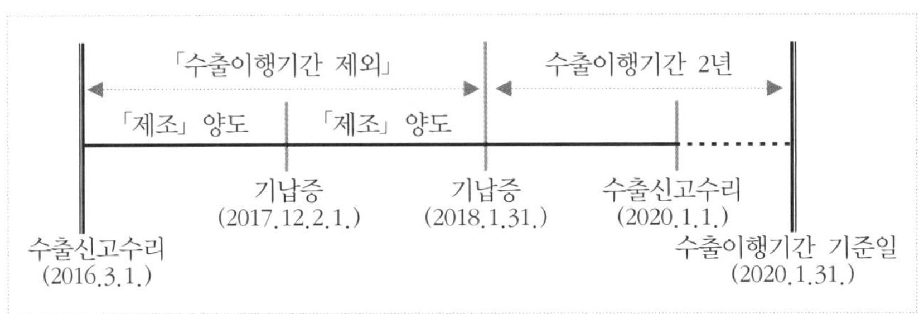

(3) 수입세액분할증명서(수입분증 또는 분증)

①수입분증은 수출용 원재료를 수입한 상태 그대로 수출물품 생산자에게 수출용 원재료로 다시 공급하는 경우에 공급물품에 포함된 관세액을 증명하기 위하여 세관장이 공급자로부터 신청을 받아 발급해 주는 서류로서,

②법령 명칭은 "수입세액분할증명서"이나 실무에서는 "수입분증" 또는 "분증"이라고 약칭하며, 관세환급을 신청할 때 수입신고필증 대신에 사용할 수 있다.

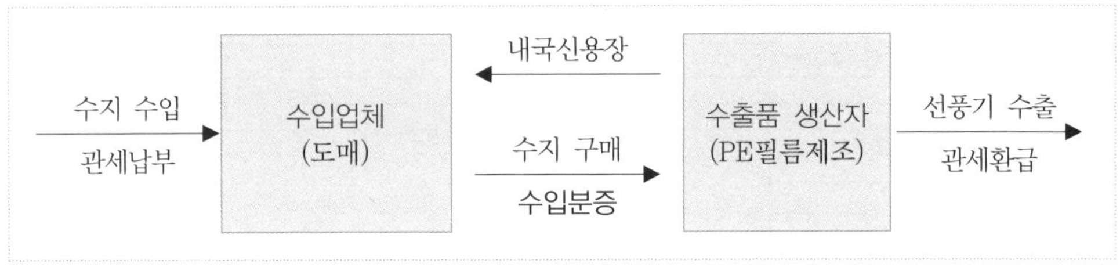

③수입분증의 경우에도 기납증과 같이 양수자가 수입분증을 받기 위해서는 공급자에게 원자재 구매계약 시에 내국신용장 또는 구매확인서를 발급해 주어야 한다.

④수출물품 생산자가 원재료를 국내 구매하고도 내국신용장 등이 발급되지 않아 수입분증이 발급되지 않으면 관세환급을 받지 못하게 되는 점 또한 기납증의 경우와 같다.

⑤한편, 수입분증을 공급자로부터 인수할 때에는 수입신고필증 상 수리일자가 원재료의 공급일과 얼마나 가까운지 여부를 확인하여야 한다.

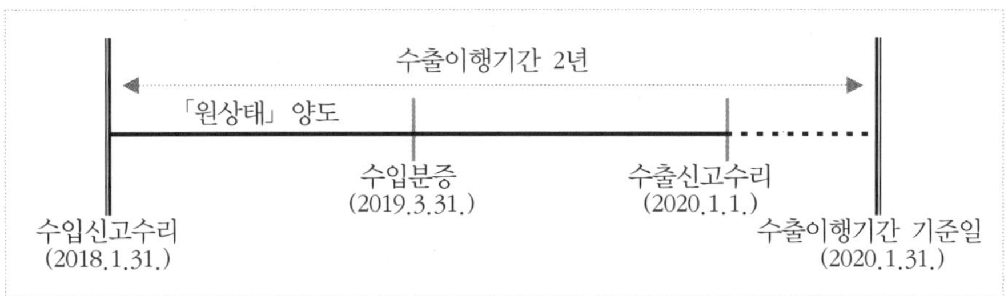

⑥수출용 원재료가 수입된 상태 그대로 양도되어 수입분증이 발급되는 원재료의 수출이행기간은 수입신고필증 상의 수리일자를 기준으로 2년이므로 수입신고수리일로부터 양수도 일자까지의 기간이 길어지면 수출물품 생산자가 이용할 수 있는 수출이행기간은 짧아지기 때문이다.

(4) 평균세액증명서(평세증)

평균세액증명서 제도는 동일한 품목번호의 수출용 원재료 규격이 다양하기 때문에 평균세액으로 환급신청을 하려는 업체가 이용할 수 있는 제도인데, 실무에서는 약칭하여 "평세증"이라고 한다. 평세증에 대해서는 후술한다.

(5) 수입분증의 분증, 기납분증, 기납분증의 분증, 평세분증

①앞서 살펴본 수입분증과 같이 양도받은 물품을 양도받은 상태 그대로 다시 수출물품 생산자에게 양도하는 경우에는,

②양도자가 수입분증의 분증, 기납분증, 기납분증의 분증, 평세분증을 세관장으로부터 발급받을 수 있는데 각각의 증명서는 다음과 같은 경우에 발급하며,

③양도받은 날부터 양도하는 날까지의 기간이 수출이행기간에 포함되는지 여부는 각각의 증명서마다 달라지므로 이에 유의하여야 한다.

⊕ 수입분증의 분증

수입분증의 분증은 수출용 원재료의 수입신고수리일로부터 2년 이내에 수입분증으로 양도받은 물품을 양도받은 상태 그대로 다시 수출물품 생산자에게 양도하는 경우에, 양도하는 자가 세관장으로부터 수입분증의 분증을 발급받을 수 있는데, 수출이행기간이 연장되는 혜택은 없다.

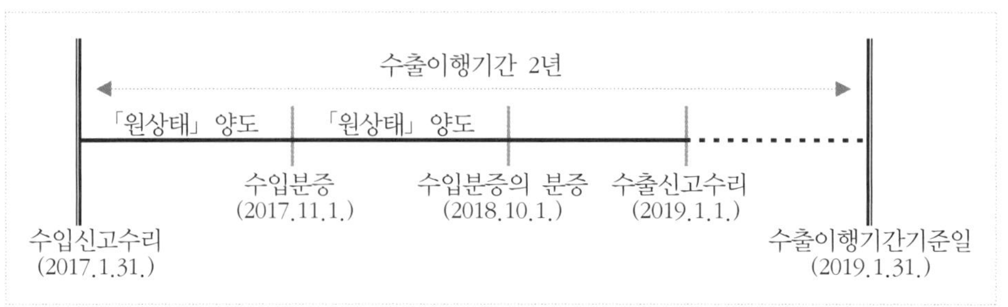

위 사례에서 2018.10.1. 양도된 원재료는 2번 양도되었지만, 수입신고수리일인 2017. 1. 31.부터 2년 이내인 2019. 1. 31.까지 수출한 물품의 원재료로서 환급신청에 사용할 수 있고, 잔여 수출이행기간은 4개월이 된다.

🔅 기납분증과 기납분증의 분증

①기납증이 발급된 중간원재료를 양수받은 상태 그대로 다시 양도하는 경우에는 양도자가 세관장으로부터 "기납분증"을 발급받을 수 있는데, 양수받은 날부터 1년 이내에 양도하는 경우에만 기납분증이 발급된다.

②기납분증이 발급되면 기납증과 같이 기납증이 발급된 날부터 새로운 기납증 또는 기납분증이 발급된 1년 이내의 기간을 수출이행기간에 산입하지 않으므로 수출이행기간이 연장되는 혜택을 받게 된다.

③기납분증의 분증도 기납분증과 같이 기납분증이 발급된 날부터 기납분증의 분증이 발급된 날까지의 기간을 수출이행기간에 산입하지 않으므로 위 사례에서 기납분증의 분증을 발급받는 물품은 2018.3.31.에 3번째 양도되었지만, 수출이행기간은 2020.3.31.까지 연장되는 혜택을 받게 된다.

⬢ 평세분증

①평세증이 발급된 물품을 그대로 다시 수출물품 생산자에게 양도하는 경우 양수자는 세관장으로부터 평세분증을 발급받을 수 있다. 수입신고필증만으로 평세증이 발급된 경우에는 수입신고수리일이 속하는 달의 초일부터 2년 이내 거래된 경우에 평세분증을 발급받을 수 있다.

②하지만, 기납증만으로 또는 기납증과 수입신고필증을 일괄하여 평세증이 발급된 경우에는 사용된 수입신고필증의 수입신고수리일 또는 기납증의 양도일이 속하는 달의 초일부터 1년 이내 거래된 경우에 평세분증을 발급받을 수 있고, 이전 기간은 수출이행기간에 산입하지 않는다.

③이는 기납증의 경우와 같이, 기납증이 발급된 원재료를 평세증으로 발급하여 1년 이내 거래하는 경우에는 그 거래기간을 수출이행기간에서 제외하여 수출이행기간이 연장되는 혜택을 제공하기 위함이다.

나. 관세환급에 사용할 수 없는 수입신고필증

(1) 간이세율적용 수입신고필증

수입신고필증 ㊿세율란에 (간) 또는 (간이)라고 기재되어 간이세율이 적용된 수입신고필증은 환급신청에 사용할 수 없다. 그 이유는 수출용 원재료는 간이세율을 적용할 수 없도록 관세법 시행령 제96조제2항에서 규정되어 있기 때문이다.

(2) 수입신고 수리만 되고 관세를 납부하지 않은 수입신고필증

①수입신고 수리만 되고 관세를 납부하지 않은 수입신고필증도 환급신청에 사용할 수 없다. 그 이유는 납부한 관세를 되돌려 주는 것이 환급이기 때문이다.

②다만 일괄납부 사후정산업체가 원재료를 수입하면서 일괄납부 승인을 받은 수입신고필증 상의 세액은 환급할 세액과 정산할 때 사용할 수 있다. 이는 환급특례법 통칙 2-0…2[납부하였거나 납부할 관세 등]에 구체적으로 해석되어 있다.

> ✒ 납부하였거나 납부할 관세 등 (환급특례법 통칙 2-0…2)
> • 법 제2조제5호에서 "수출용 원재료를 수입하는 때에 납부하였거나 납부할 관세 등"이라 함은 수출용 원재료의 유·무상 수입을 불문하고 관세법 제9조제2항의 규정에 의하여 수입신고 수리 전에 납부하였거나 관세법 제9조제1항의 규정에 의거 수입신고수리후에 납부한 관세 등과 법

다. 고세율이 적용된 농림수축산물 수입신고필증의 관세환급

「세계무역기구협정 등에 의한 양허관세 규정」 별표 1의 나의 품목과 「관세법 제68조에 따른 특별긴급관세 부과에 관한 규칙」 별표 1, 2의 품목으로서 「농림축산물에 대한 관세 등 환급사무처리에 관한 고시」(이하 "농림축산물환급고시"라 한다) 별표에 해당하는 물품 중 고세율이 적용된 수입신고필증은 환급신청에 사용할 수 없다.

다만, 고세율 원재료로 제조가공하는 사실을 세관장에게 미리 신고하는 등 농림축산물환급고시 제3조가 적용될 수 있는 경우에는 예외적으로 농림축산물환급고시 제5조제1항에 따라 고세율이 적용된 관세 등도 환급을 신청할 수 있다.

라. 감면이 적용되었다가 추징된 수입신고필증의 관세환급

재수출조건 등으로 감면을 받았다가 사후 추징으로 납부한 관세 등도 환급을 신청할 수 있다.

2008년 이전에는 사후 추징된 세액은 수입하는 때에 납부한 관세 등이 아니라는 재정경제부 유권해석(재정경제부 관세47000-167호, 2000.9.7.)에 따라 환급이 안 되었으나, 2008.2.28. 기획재정부가 국세예규심사위원회 의결을 거쳐 "재수출조건 물품의 용도 외 사용승인을 받고 관세를 납부한 후 이를 재수출하는 경우 납부한 관세에 대해 환급이 가능"한(기획재정부-407호, 2008.3.12.) 것으로 기존 해석을 바꿈에 따라, 지금은 감면 등을 받았다가 사후 추징으로 납부하게 되는 관세 등이 있으면 그 납부한 관세 등도 환급을 신청할 수 있다.

마. 추가 납부한 수입신고필증의 환급

수입한 수출용 원재료에 대하여 세관장이 감면적용 착오, 품목분류 오류, FTA협정세율 불인정 등으로 경정을 하거나 납세의무자가 동일한 사유로 보정, 수정, 경정을 하여 관세 등을 추가로 납부한 경우에는 추가로 납부한 관세 등을 환급을 신청할 때 수입신고필증의 해당 세액으로 기재하여 환급신청할 수 있다.

① 환급 전에 추가 납부한 경우에는 환급을 신청할 때 추가납부한 관세 등의 영수증을 첨부하여 추가납부한 관세까지 함께 환급 신청한다.

② 환급을 받은 후에 추가 납부한 경우에는 그 추가납부와 관련한 수입신고필증 등과 당초 환급신청했던 서류(환급신청서, 수출신고필증, 소요량증명서류)를 첨부하여 추가환급신청할 수 있다. (환급특례법 제14조제1항 단서)

다만, ②의 경우, 추가납부와 추가환급에 따른 절차가 번잡해지므로, 추가납부사유가 발생한 때에 당해 수입신고필증이 전량 관세환급용에 사용되었음이 확인되면 추가납부를 하지 않고 환급할 세액과 상계하고 환급 대상이 아닌 부가가치세와 가산세만 고지할 수 있도록 되어 있다. (「납세업무 처리에 관한 고시」 제53조제2항)

<table>
<tr><td>3</td><td>환급 대상 원재료</td></tr>
</table>

가. 환급 대상 원재료의 이해

"환급 대상 원재료"라는 용어는 환급특례법에 정의되어 있지 않아, 환급특례법 제3조제1항 본문에 있는 "수출용 원재료" 약칭을 "환급 대상 원재료"로 유추하여 적용하고 있는데, 약칭 규정에는 "관세 등을 환급받을 수 있는 원재료"라고 되어 있다.

> ✒ 환급특례법 제3조(환급 대상 원재료) 제1항
> ① 관세 등을 환급받을 수 있는 원재료(이하 "수출용 원재료"라 한다)는 다음 각 호의 어느 하나에 해당하는 것으로 한다.
> 1. 수출물품을 생산한 경우: 다음 각 목의 어느 하나에 해당하는 것으로서 소요량을 객관적으로 계산할 수 있는 것
>   가. 해당 수출물품에 물리적 또는 화학적으로 결합되는 물품
>   나. 해당 수출물품을 생산하는 공정에 투입되어 소모되는 물품. 다만, 수출물품 생산용 기계·기구 등의 작동 및 유지를 위한 물품 등 수출물품의 생산에 간접적으로 투입되어 소모되는 물품은 제외한다.
>   다. 해당 수출물품의 포장용품
> 2. 수입한 상태 그대로 수출한 경우: 해당 수출물품

따라서 환급 대상 원재료는 납부세액이 있는 모든 수출용 원재료인데, 생산한 물품을 수출하는 경우와 수입물품을 수입한 상태 그대로 수출하는 경우로 나누어 각각 해당 요건을 충족한 경우에는 환급 대상 원재료가 되는 것이다.

나. 수출물품 생산에 사용되는 것으로 인정되는 원재료

(1) 물리적 또는 화학적으로 결합되는 원재료

원재료를 사용하여 생산한 수출물품을 분해(해체)·용융·정제·분리했을 때 각종 측정 장비를 사용하여 확인되는 원재료는 수출용 원재료로 인정된다. (환급특례법 제3조제1항제1호가목)

즉, 환급 대상 원재료가 절단·조립·가공 등의 공정을 통해 수출물품에 결합되는지 또는 화학적 반응을 통해 수출물품에 결합되는지 여부를 따지지 않고, 수출물품에 결합되어 있으면 환급 대상 원재료로 인정된다는 것이다.

이는 입증이 쉽고 바로 확인할 수 있다는 장점이 있는데, 환급 대상 원재료에 해당되는지 여부에 대한 논란이 없으므로 더 이상의 설명은 생략한다.

(2) 생산과정에서 소모되는 원재료

환급특례법상 수출물품을 생산하는 과정에서 소모되는 원재료도 환급 대상 원재료가 되는데, 간접적으로 투입되어 소모되는 물품은 환급 대상 원재료로 인정하지 않는다고 규정하고 있다. (환급특례법 제3조제1항제1호나목)

환급특례법 제3조제1항제1호나목의 단서규정을 살펴보면, "수출물품 생산용 기계·기구 등의 작동 및 유지를 위한 물품 등" 예시된 물품은 직접 제외되는 원재료를 표시하는 것이고, 그 밖의 "수출물품의 생산에 간접적으로 투입되어 소모되는 물품"도 제외되는 것으로 보아야 한다.

관세청 질의회신을 살펴보면, "제조공정에 직접적으로 투입되어 소모되는 원재료 여부" 질의에 대하여 다음 기준에 따라 회신하였음이 확인된다.

① 소모되는 원재료가 기계·기구 등의 작동 및 유지를 위한 물품인지 여부: 인조대리석 생산에 사용되는 이형(離型)필름은 그 이형필름이 생산기구인 Mold의 기능을 보완하는 물품이었기 때문에 환급 대상 원재료로 인정받지 못했다.

② 소요량 계산 가능 여부: 파라크실렌(Para-Xylene)을 생산하는 과정에서 소모되는 촉매는 그 촉매의 교환주기가 4년 이상이어서 이론 소요량이 아닌 실제 소요량을 산출하지 못한다는 이유로 환급 대상 원재료로 인정받지 못했다.

③ 기계의 작동으로 소모되는지 여부: PDP 생산에 사용하는 Screen Mask는 생산설비인 유리기판의 직접적인 접촉에 의한 손상으로 소모되었기 때문에 환급 대상 원재료로 인정받지 못했다.

이상의 3가지가 판단 기준이나, 수출 물품별 생산 환경에 따라 사실관계가 달라지므로 소모되는 원재료가 환급 대상 원재료에 해당되는지 여부는 일의적으로 판단하기 곤란한 면이 있다.

(3) 수출물품의 포장용품

①수입원재료로 생산한 물품을 수출할 때 대부분은 해당 수출물품을 지(紙)재·판(板)재·철(鐵)재로 포장하여 수출하게 되는데 이때 사용된 포장재료가 수입물품인 경우에는 환급 대상 원재료가 된다.

②따라서 국내에서 생산하는 물품을 포장하여 수출할 때는 수출신고서에 "일반형태 수출(거래 구분 관리번호 11)"을 기재하여 수출 신고한 후 수출물품의 소요량을 계산할 때 포장용품의 소요량까지 계산하여 환급을 신청하면 되는데, 수출자가 포장용품에 대해서도 환급을 신청하려는 경우에는, 향후 논란의 소지가 발생하지 않도록 포장용품이 사용된 내역을 수출신고서의 품명·규격 란에 상세하게 기재할 필요가 있다.

③다만, 포장용품은 "수출물품을 생산하는 경우에 사용된 포장용품"만 환급 대상 원재료가 되도록 환급특례법에 규정되어 있고(환급특례법 제3조제1항제1호다목), 환급특례법에 "생산"은 "생산(제조), 가공, 조립, 수리, 재생 및 개조"만 규정하고 "포장"은 규정되어 있지 않아(환급특례법 제2조제4호), 국내에서 타인이 생산한 물품을 구매하여 수출하거나 외국으로부터 수입한 상태의 물품을 포장하여 수출하는 때에는, 해당 포장작업이 "생산"의 범위에 포함되지 않으므로 해당 포장용품은 환급 대상 원재료가 되지 않는다.

(4) 수출물품 생산에 사용되는 원재료의 양을 객관적으로 산정

①수출물품 생산에 사용되는 위 ①물리적 또는 화학적으로 결합되는 원재료, ②생산과정에서 소모되는 원재료 또는 ③수출물품의 포장용품이라고 하더라도, 그 사용량이 "객관적으로 계산되는 원재료"인 경우에만 환급 대상 원재료에 대한 환급을 신청할 수 있다.

②환급은, 국제적으로 인정된 협약 등에 기초하여, 외국으로 수출하는 물품을 생산하는 수출기업을 합법적으로 지원하는 제도이므로, 그 환급 대상 원재료인 경우에도 사용된 원재료의 양이 객관적인 자료로 확인이 되어야만 한다.

③「관세법 시행령」상 보세공장원재료도 "해당 보세공장에서 생산하는 제품에 소요되는 수량을 객관적으로 계산할 수 있는 물품이어야 한다."는 동일한 원칙이 적용되고 있다.

④따라서 원재료의 사용량이 추정되는 원재료 또는 사용량을 소요량 산정방법으로 계

산할 수 없는 원재료는 환급 대상 원재료에서 제외된다.

해석

> ✔ 환급 대상 원재료
> - 환급 대상 원재료란 수출물품 생산시의 물리적·화학적 변화과정에서 해당 수출물품을 형성(체화)하거나 화학반응에 직접 사용되어 수출물품을 형성하는데 소비되는 것으로서 환급특례법령에 의해 그 소요량을 객관적으로 산출할 수 있는 원재료를 말함(재경부 관세47000-90호, 1999.6.30.)
> ✔ 원재료의 소요량 산정
> - 촉매제의 소요량을 산정함에 실제 사용기간에 근거하지 않고 예상 사용기간(4년 및 10년)을 추정하고, 동 예상 사용기간에 환급이 가능한 수출이행기간(2년)이 차지하는 비율만큼을 투입된 원재료량에서 사용된 원재료량으로 추정 산출하고자 하는 것이므로 실제 사용량에 근거하지 않고 있어, 이는 수출물품에 소요되는 원재료의 소요량을 객관적으로 산출할 수 있는 것으로 볼 수 없으므로 환급이 불가함(관세청 세원심사과-646호, 2012.2.29.)

(5) 과다환급 발생에 유의

①소모되는 원재료는 「소요량의 산정 및 관리와 심사에 관한 고시」(이하 "소요량고시"라 한다.)에 따른 단위소요량을 산정할 때 과다환급이 발생하지 않도록 단위소요량을 산정해야 함에 주의하여야 한다.

②소모되는 원재료 중에는 촉매 등과 같이 여러 번 반복 사용이 가능한 원재료가 많은데, 단위소요량을 이론적으로 정확하게 산정하였더라도 실제 사용된 원재료의 소요량보다 이론 소요량이 많은 경우에는 과다환급으로 세관장의 추징을 받게 되므로 주의하여야 한다. (소요량고시 제14조제3항)

> ✔ 소요량 고시 제14조(소요량계산)
> ③ 단위실량, 단위설계소요량, 일정 기간별 단위소요량, 1회계연도 단위소요량, 수출건별등총소요량과 위탁건별총소요량으로 계산된 소요량은 산정대상기간 동안 수출물품을 생산하는데 실제 사용한 원재료의 양을 초과할 수 없다.

(6) 환급특례법상 생산으로 인정되지 않은 작업

환급특례법상 생산은 "수출물품 생산"을 의미하나, 다음과 같은 경우에는 품목번호가 바뀌거나 원재료의 상태가 바뀌더라도 환급특례법상 생산의 범위에 해당되지 않는다고 관세청장과 기획재정부 장관은 판단하고 있다.

❋ 냉동으로의 전환

냉장쇠고기를 수입하여 판매하다가 유효기간이 도래함에 따라 냉동한 후 이를 외국에 수출하는 경우에는 환급특례법상 생산에 해당되지 않는다. (관세청 세원심사과-739호, 2013.2.26.)

❋ 고철화 작업·분쇄 작업(Scrap 化)

특정 설비를 제작하기 위하여 중공관(Hollow Bar)을 수입하였다가 계약 파기로 쓸모가 없어진 중공관을 고철화 작업으로 분쇄·절단한 후 외국으로 수출한 경우, 해당 중공관은 고철을 생산하기 위한 원재료에 해당하는 것으로 볼 수는 없다. 즉, 정상적인 원재료를 수입하였으나 사용·소비할 곳이 없어져 이를 분쇄하여 외국으로 수출하는 경우도 환급특례법상 생산에 해당되지 않는다. (관세청 세원심사과-3271호, 2015.10.13.)

❋ 분해(해체·분류) 작업(CKD 化)

외국으로부터 포장단위(Box)로 수입되거나 국내에서 원재료를 매입하여 창고에서 해체·분류하여 수출 후 현지에서 바로 조립공정에 투입되어 완성될 수 있도록 완성품 단위의 미조립 상태(CKD) 형태로 재포장 하는 것은 환급특례법상 생산에 해당되지 않는 것으로 해석하고 있다. (관세청 세원심사과-2045호, 2013.6.13.)

❋ 선별 작업

외국으로부터 "염장에 절인 초피"를 수입하여 이물질을 제거하고, 규격이 미달하거나 색상이 미달한 것들을 선별하여 제거한 후 소포장하여 다시 외국으로 수출하는 것도 환급특례법상 생산에 해당되지 않는 것으로 해석하고 있다. (관세청 세원심사과-3247호, 2013.9.25.)

❋ 양식 작업

민물장어의 이식용 치어(실 뱀장어)나 새끼 뱀장어를 수입하여 5~6개월 양식한 경우 일본으로 전량 수출하는 경우 환급특례법상 생산에 해당되지 않는 것으로 해석하고 있다. (관세청 세원심사과-881호, 2014.3.13.) 이는 동물의 사육 또는 식물의 재배 등에 의한 성장·번식·과실은 비록 사람에 의한 보호 또는 촉진활동이 있기는 하나 본질적으로 자연력 및 생물의 고유능력에 의한 결과라 할 것이므로 이 과정은 원료의 제조·가공이라 할 수 없다는 기획재정부 장관의 유권해석(재무부 관세22700-234호, 1991.6.7.)에 따라 관세청도 동일하게 판단한다.

⚙ 검사·포장작업

인쇄회로 기판(PCB)을 생산하기 위한 원재료를 외국의 생산자에게 제공(수출)한 후 외국의 생산자가 만든 PCB를 수입하여 국내에서 Test 프로그램으로 제품을 검사하고 포장하여 수출하는 경우, 국내 검사 및 포장작업으로 부가가치가 높아졌더라도 환급특례법상 생산의 범위에 해당하지 않는다(관세청 세원심사과-1687호, 2010.5.20.).

관세청장은 중국산 모터를 수입하여 당초 부착된 스티커를 제거한 후 새로운 스티커를 부착하는 작업을 하여 수출하는 경우, 환급특례법 제3조제1항제2호의 수입한 상태 그대로 수출하는 물품에 해당한다(관세청 심사환급과-2149호, 2004.7.30.).

다. 원상태 수출물품으로 인정되는 원재료

(1) 환급특례법상 규정

①수입한 상태 그대로의 물품이 환급특례법상 환급 대상 원재료에 포함된 것은 1996.12.30. 환급특례법이 전부 개정(법률 제5197호)한 때부터였다.

②수입한 물품을 수입한 상태 그대로 수출하는 것을 실무에서 '원상태 수출'이라고 하는데, 1996년 환급특례법에 원상태 수출물품을 환급 대상 원재료에 포함하게 된 이유는 ① 중계무역의 예외로서 수입 통관한 후 수출하는 경우 외화획득을 하게 된다는 점, ②해외 현지공장에 설치할 생산시설을 국내 수입통관한 후 수출하는 경우 현지공장 진출의 지원 효과가 있다는 점 및 ③국내 수입한 물품을 제3국으로 판매할 때 외화획득이 된다는 점 등이 주요 이유였다.

③그런데, 관세법상 계약상이 환급(관세법 제106조)은 포장만 뜯어도 원상태가 인정되지 않고, 계약상이의 입증 및 수입 후 1년 이내에 수출하여야 하는 조건 등을 준수해야 한다. 이런 이유로 동일한 조건이면 환급신청인은 환급특례법에 따라 2년 이내 원상태 수출을 통한 환급을 받는 것을 선호하고 있고, 환급특례법상 환급으로의 쏠림 현상이 최근 대폭 증가하는 것으로 나타나고 있다.

(2) 원상태 수출의 환급 대상 원재료 불인정 사례

원상태 수출은 수입신고수리필증과 수출신고수리필증 상의 품명·규격은 물론 성능과 상태도 동일하여야 함에 유의하여야 할 것이다. 원상태 수출의 경우 환급 대상 원재료로 인정하지 않은 사례는 다음과 같다.

① 기획재정부 관세제도과-152호(2005.2.25.): 농약의 약효 보증기간이 경과한 경우 정상제품으로서 가치를 상실하였기 때문에 수입한 상태 그대로 수출한 경우로 인정되지 않았다.

② 관세청 세원심사과-1041호(2010.3.23.): 수입 시에는 유통기간 이내였으나 장기 보관 등으로 유통기한이 경과한 냉동 소고기는 당초 수입 당시의 물품과 품명·규격은 동일하다고 하더라도 성능 및 상태가 동일한 것으로 인정되지 않았다.

(3) 생산도 원상태도 아닌 경우

환급특례법상 수출물품을 "생산"하는 활동에 포함되지 않는 작업을 하여 수출되는 경우에는 "생산"도 "원상태"도 아닌 것으로 분류되기 때문에 환급특례법상 환급을 신청할 수 없음에 유의하여야 한다. 이러한 "소비"로 보는 경우와 "생산"이나 "원상태" 모두에 해당되지 않는 경우는 다음과 같다.

① 국내에서 소비된 것으로 보는 물품: 과수원예용 살충제로 사용되는 농약을 수입하여 국내에서 일부 판매하고 판매되지 않은 물품을 재수출하는 경우로서 농약의 약효 보증기간이 경과된 물품을 수출하는 경우에는 환급 대상 원재료에 해당되지 않는다. (관세청 심사환급과-522호, 2005.3.3.3.)

② 환급특례법 제3조제1항제2호의 "수입한 상태 그대로 수출한 경우"란 수입신고수리필증과 수출신고수리필증 물품의 「품명 및 규격」은 물론 성능과 상태도 동일한 경우를 뜻한다. (기획재정부 관세제도과-152호, 2005.2.25.)

③ 생산이나 원상태 모두에 해당되지 않는 것으로 보는 물품: 외국에서 완성차(Car)를 수입하여 SKD(단순 분해작업) 상태로 수출하는 경우 환급특례법 제3조제1항제2호의 "수입한 상태 그대로 수출한 경우"에 해당되지 않아 환급 대상 원재료로 볼 수 없어 완성차 수입 시 납부한 관세 등의 환급은 불가능하다. (관세청 세원심사과-177호, 2010.1.13.)

④ 일본으로부터 휠이 붙어 있는 중고타이어를 수입하여 휠이 분리된 중고타이어를 수출하는 경우, 휠과 타이어의 분리작업은 환급특례법상 생산에 해당되지 않고 또한 휠이 분리된 중고타이어는 수입한 상태 그대로 수출하는 물품에 해당되지 않는다. (관세청 세원심사과-3057호, 2013.9.4.)

(4) 외국의 원상태 수출의 환급규정

①외국은 원상태 수출환급, 계약상이 환급, 제조한 물품에 대한 수출환급 등을 모두 관세법 내에서 운영하고 있으며 환급특례법을 별도로 두지 않고 있다.

②일본은 원상태 수출 물품을 수입할 때 그 뜻을 신고하지 않으면 원상태 수출에 대한 환급을 허용하지 않는다. (일본 관세정률법 제19조의3) 따라서 원상태로 수출하려는 물품은 수입할 때 원상태로 수출할 것임을 신고하여야 수출 후 원상태 환급을 받을 수 있다. 원상태 수출인지 여부는 「재수출물품확인서」에 기재되어 있는 사항을 수출하는 실물과 비교하게 되는데 자국 내에서 사용(시험적 사용 등의 경미한 것은 포함되지 않는다)되지 않아야 한다.

③미국도 원상태 수출을 관세법(The Tariff Act of 1930 제1313조 (j))에 규정하고 있는데 "사용"한 물품에 대해서는 원상태 수출 환급을 받지 못한다. 미국에서는 "사용"의 해석과 관련하여, 생산 및 제조에 있어 큰 의미가 없는 작업 또는 혼합된 작업(실험, 세척, 재포장, 검사, 분류, 단장, 냉동, 혼합, 수리, 재생, 절단, 재단, 조정, 부품교체, 라벨 재부착, 분해, 개장 등을 포함하며, 이에 한정하지 않는다)은 물품의 사용으로 보지 않는다.

④이처럼 원상태 수출과 관련하여 외국은 관세법 내에서 원상태 수출 환급제도를 엄격하게 관리·운영하고 있음을 확인할 수 있다.

가. 수출이행기간의 의의

개별환급방법으로 환급을 신청하는 경우, 수출용 원재료의 수입일로부터 일정 기간 내에 수출하여야 환급이 가능한데 이 기간을 "수출이행기간"이라 한다. 이 기간을 환급특례법 제10조제4항에서는 "수입신고필증의 유효기간"이라고 표현하고 있다.

(1) 수출이행기간 설정의 배경

수출물품 생산에 실제 사용된 원재료의 수입신고필증을 하나하나 확인하는 것이 곤란하므로, 실제 생산에 사용된 원재료와 동일성이 인정되는 원재료의 수입신고필증이면 어느 것이나 환급신청 시에 사용할 수 있도록 환급제도를 운용할 수밖에 없기 때문이다.

(2) 수출이행기간의 표현

환급특례법 제9조제1항은 "물품이 수출 등에 제공된 때에는 그 날부터 소급하여 2년 이내에 수입된 해당 물품의 수출용 원재료에 대한 관세 등을 환급한다"면서, 그 기준은 수출물품이 "수출 등에 제공된 때"로 되어 있다. 이는 여러 원재료가 모여 하나의 수출물품으로 제조되므로 수출물품을 기준으로 수출이행기간을 계산하는 것이 오류검증에 유용하기 때문이다.

나. 수출이행기간 운영방법

(1) 원칙적인 수출이행기간

환급 대상 원재료는 수입한 날로부터 2년 이내에 수출(환급특례법 제4조제1호부터 제4호까지의 수출, 공사, 공급, 판매 등을 말한다.)하는 물품의 원재료로 사용되어야 환급신청이 가능한데, 이 기간을 "수출이행기간"이라고 한다.

> 📗 환급특례법 제9조(관세 등의 환급) 제1항
>
> ① 세관장은 물품이 수출등에 제공된 경우에는 대통령령으로 정하는 날부터 소급하여 2년 이내에 수입된 해당 물품의 수출용 원재료에 대한 관세 등을 환급한다. 다만, 수출등에 제공되는 데에 장기간이 소요되는 물품으로서 대통령령으로 정하는 물품에 대하여 대통령령으로 정하는 불가피한 수출등의 지연사유가 있는 경우에는 소급하여 3년 이내에 수입된 해당 물품의 수출용 원재료에 대한 관세 등을 환급한다.

(2) 수출이행기간과 환급신청 기간

환급신청기한은 수출 후 환급을 신청할 수 있는 기간을 말하는데 수출신고수리일로부터 2년 이내이다.

따라서 수출신고수리일이 2016.11.8.인 경우, 수출이행기간의 기산일은 2016.11.30.이 되므로 소급하여 2년인 2014.11.30. 이후 수입신고수리된 수입신고필증부터 환급신청에

사용할 수 있다.

하지만, 환급신청기한은 수출신고수리일인 2016. 11. 8.부터 기산되므로 2018.11.8.까지 환급을 신청하여야 한다.

(3) 수출이행기간의 연장

①1974년 환급특례법령이 제정되었을 때는 수출이행기간이 1년 6개월이었으나, 1996.12.30. "원재료의 수출이행기간이 짧아 환급을 받지 못하는 경우가 상당수 있다는 실태조사 결과(당시 설문에서 환급받지 못하는 사유의 25.9%를 차지를 차지하였다.)가 반영되어 수출이행기간이 2년으로 개정되었다.

②수출이행기간을 5년으로 운영하는 미국에 비하여 수출이행기간이 짧다고 할 수 있으나, 우리나라는 기납증이 발행되는 1년 이내의 기간은 수출이행기간에서 제외되므로 기납증이 계속 발행되는 원재료인 경우에는 수출이행기간이 미국보다 훨씬 길어질 수도 있다.

③한편, 환급고시 제23호의2서식(기초원재료기초원재료납세증명서 거래기간 연장승인 신청서)에 다음의 서류를 첨부하여 관할지 세관장에게 거래기간 연장승인을 신청하여 승인을 받은 경우에는 1년 6개월 이내에도 기납증을 발급받을 수 있으므로 현재의 수출이행기간은 그 기간만큼 훨씬 더 연장되어 운영되고 있다. (환급특례법 시행령 제10조 단서 및 환급고시 제46조의2)

  1. 제조공정도 및 제조공정설명서
  2. 제조·가공에 1년 이상이 소요되는 것을 입증하는 자료 또는 거래의 사정상 물품 양도에 1년 이상이 소요되는 것을 입증하는 자료

다. 수출 종류별 수출이행기간 기준일

①수출의 경우에는 수출신고수리일이 속하는 달의 말일이 수출이행기간의 기준일이 되는데, 국내외화판매·공사 등의 경우는 납품완료증명서상의 판매완료일 또는 공사완료증명서상의 공사완료일 등이 속하는 달의 말일이 수출이행기간의 기준일이 된다.

②그리고, 보세구역 등에 물품을 공급하거나 외국무역선(기)에 선(기)용품 등을 적재하는 경우에는 반입확인서 또는 적재확인서(환급고시 별지 제1호서식)상 반입완료일이 속하는 달의 말일이 수출이행기간 기준일이 된다. (환급특례법 시행령 제9조제1항)

라. 수출이행기간 기준일에 따른 "선(先)수출·후(後)수입" 용인

①수출물품을 생산하려면 수출용 원재료를 먼저 수입한 후 그 원재료를 사용하여 제품을 만들어 수출하기 때문에 항상 원재료가 먼저 수입되고 그 이후 수출물품이 수출되거나 수입된 날 수출되는 "先수입·後수출 원칙"이 당연한 상식이겠지만, 수출한 날을 수출신고 수리일이 속하는 달의 말일로 보는 규정으로 인하여 제품의 수출일이 앞서고 원재료의 수입일이 그 뒤에 오는 "先수출·後수입"이 환급특례법에는 용인된다.

②예를 들어, 실제 수출이 발생한 수출신고수리일이 2018.1.2. 경우에는 수출이행기간의 기준일이 2018.1.31.이므로, 2017.12.5. 수입된 원재료뿐만 아니라 2018.1.2. 이후인 2018.1.16.과 2018.1.30. 수입된 원재료도 환급신청에 사용할 수 있게 된다.

마. 수출이행기간의 단축 효과

①수출이행기간의 기준일이 운영됨에 따라 수입신고필증 등 납부세액 증명서류의 유효기간은 반드시 2년이 되는 것이 아니라 경우에 따라 상당히 단축되기도 한다.

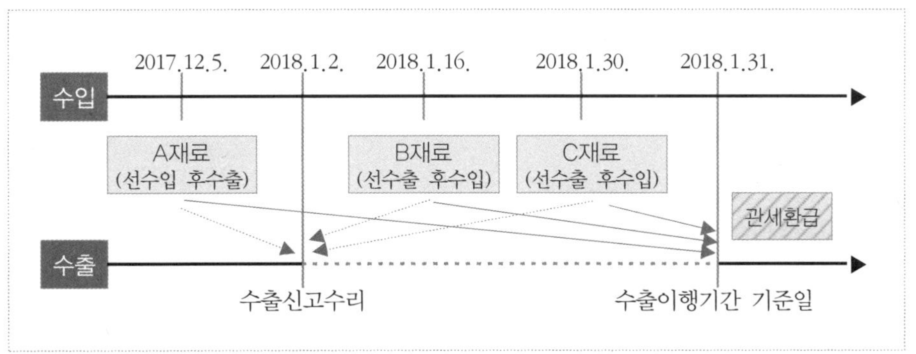

②예를 들어 다음과 같이 동일성이 인정되는 A, B, C 원재료가 수입되었다고 가정할 때 그 원재료들로 생산한 수출물품이 2018. 1. 1. 수출된 경우에는 그 기준일이 2018. 1. 31. 이 되므로, A원재료는 수입일로부터 실제 수출까지의 기간이 2년이지만 환급신청에 사용할 수 없게 되고, B원재료도 1년 11개월 2일이지만 마찬가지로 환급신청에 사용할 수 없게 된다. 즉 수출이행기간이 단축되는 효과가 발생하는 것이다.

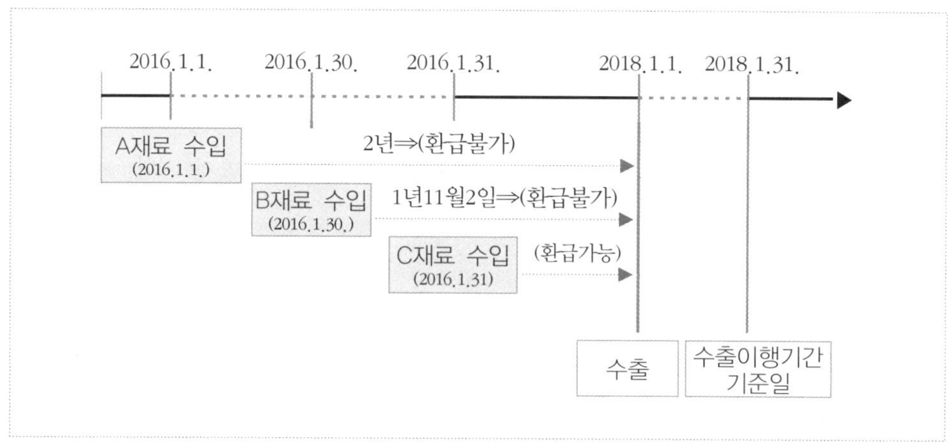

바. 수입원재료에 대한 수출이행기간 단축 등에 관한 고시

(1) 수출이행기간의 단축 배경

①환급특례법 제10조제4항과 환급특례법 시행규칙 제9조에 따르면 수출용 원재료의 관세율 변동 등으로 현저히 과다 또는 과소환급이 발생할 우려가 있다고 인정되는 경우에는 관세청장은 기획재정부 장관과 협의하여 수입신고필증의 유효기간 및 환급방법 등을 따로 정할 수 있는데, 이것이 「수입원재료에 대한 수출이행기간 단축 등에 관한 고시」(이하 '단축고시'라 한다)다.

②이는 동일성이 인정되는 수출용 원재료의 납부세액에 변동이 있는 경우, 환급신청인은 동일성이 인정되는 원재료 중 환급액이 많은 원재료만으로 환급신청하게 되어 과다환급이 우려되는데, 이를 방지하기 위한 부득이한 조치이다.

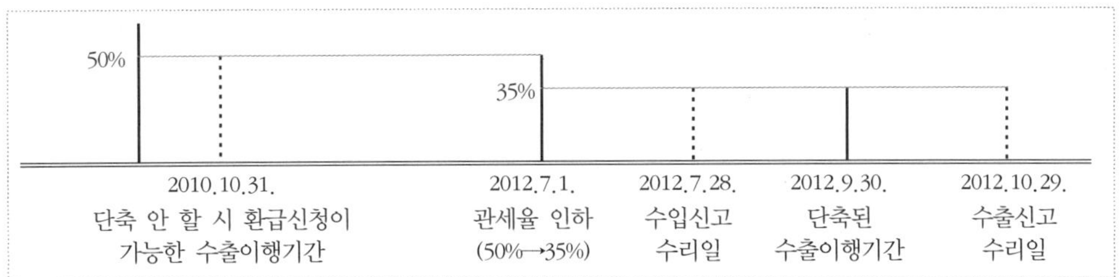

③예를 들면, 어떤 수입원재료의 관세율이 2012.7.1.에 50%에서 35%로 인하되면 2012.7.28.에 35%의 수입원재료로 생산된 물품을 2012.10.29.에 수출하였음에도, 환급신청은 2010.10.31.부터 2012.6.30.까지 수입된 50%의 수입신고필증으로 환급을 신청할 수 있어 15%만큼의 과다환급이 발생하게 된다.

④대부분 수출물품 생산자가 내수를 겸하고 있으므로 내수판매한 제품에 대한 원재료의 수입신고필증이 많이 남아있어 이러한 과다환급의 가능성은 매우 크다 할 것이다.

(2) 단축고시 적용 배제

①단축고시 대상 원재료의 수입신고필증이라도 관세율 변경 전에 수입된 원재료로 생산하였음이 확인되는 등 다음의 경우에는 수출이행기간 단축을 배제하여 환급특례법 제9조에 따른 수출이행기간을 적용하게 하고 있다.

②적용 배제를 받으려는 자는 신청서에 단축배제 사유를 증명할 수 있는 서류를 첨부하여 환급을 신청할 때 세관장에게 제출하여 승인을 받아야 한다.

1. 관세율 변경 전에 수입한 원재료를 수입분증에 의하여 수입한 상태 그대로 구매한 사실이 확인된 경우(해당 수입분증을 발급받으려면 아래 ②, ④, ⑤의 사유를 증명할 수 있는 자료를 세관장에게 제출하여야 한다)
2. 관세율 변경일 이후 동종동질 또는 유사물품의 수입 사실이 없는 경우
3. 노사분규 등으로 공장가동이 장기간 중단되었거나 원재료의 수급 및 생산공정 투입 지연 등으로 단축 기간 경과 후 수출신고수리(양도)된 경우
4. 내수판매를 하지 않고 전량 수출하는 업체인 경우
5. 관세율 변경 전에 수입한 원재료로 당해 수출물품을 생산한 것이 객관적인 자료에 의하여 확인되는 경우

(3) 단축고시 운영현황

1985년부터 43개가 제정되었으며, 현재는 9개 단축고시가 운영 중이다.

고시 일자	고시번호	기간 단축 대상 물품	수출이행기간
2010.06.10.	2010-91호	2009.12.31. 이전에 수입된 원재료 1. 냉동민어 등 조정관세 인하 4개 품목 2. 흑연 등 할당관세 인하 3개 품목	2010.03.31.
2011.02.21.	2011-05호	2010.12.31. 이전에 수입된 원재료 1. 냉동명태 등 조정관세 인하 4개 품목 2. 제분용 밀 등 할당관세 인하 57개 품목 3. 규사 등 기본관세 인하 37개 품목	2011.03.31.
2011.04.01.	2011-11호	2011.3.6. 이전에 수입된 원재료 1. 고등어 등 할당관세 인하 9개 품목 2. 냉동크림, 버터 등 할당관세 인하 27개 품목	2011.04.28. 2011.06.07.
2011.06.21.	2011-22호	2011.5.29. 이전에 수입된 원재료 1. 냉동 닭고기 등 할당관세 인하 7개 품목 2. 원유 등 할당관세 인하 3개 품목(HS 6단위)	2011.08.11. 2011.07.29.
2011.07.28.	2011-31호	2011.6.30 이전에 수입된 원재료 1. 동식물성 유지 등 할당관세 인하 17개 품목	2011.09.30.
2017.09.21.	2011-37호	2011.8.10 이전에 수입된 원재료 1. 맥주 맥 등 할당관세 인하 2개 품목	2011.11.10.
2011.10.31.	2011-42호	2011.9.21 이전에 수입된 원재료 1. 할당관세 인하 1개 품목(건조 고추)	2011.12.21.
2012.02.28.	2012-02호	2011.12.31. 이전에 수입된 원재료 1. 버어진 등 기본관세 인하 22개 품목 2. 냉동민어 등 조정관세 인하 3개 품목 3. 동식물성 유지 등 할당관세 인하 6개 품목	2012.03.31.
2012.08.14.	2012-34호	2012.6.30. 이전에 수입된 원재료 1. 항공 휘발유 등 할당관세 인하 2개 품목 2. 냉동한 오렌지주스 등 할당관세 인하 5개 품목	2012.08.31. 2012.09.30.

사. 「수입원재료에 대한 환급방법 조정에 관한 고시」

(1) 「수입원재료에 대한 환급방법 조정에 관한 고시」 운영 이유

2012년까지 단축고시를 제정하여 관세율이 변동하는 품목에 대하여 수출이행기간을 단축하였으나, 단축고시 대상 물품이 모두 환급에 사용되는 것도 아니고 환급에 사용되더라도 수출하는 비율이 높지 않아, 관세청장은 2013.4.1. 「수입원재료에 대한 환급방법 조정에 관한 고시」(이하 '조정고시'라 한다)를 제정하여 수출이행기간을 단축하였다.

(2) 조정고시 대상 물품 지정현황

①대상 물품은 수출물품의 수출비율이 90% 이하로서, 연간 우리나라 환급액의 상당 부분을 차지하는 68개 품목만을 지정하였으며 (2016 HSK 개정으로 현재는 86개 품목),

②지정된 품목의 수입신고필증은 수입신고수리일부터 3개월이 경과한 날이 속하는 달의 말일까지 수출신고 수리된 수출물품에 대한 환급에 사용하도록 하고 있는바,

③수출이행기간 단축 효과는 단축고시와 거의 유사하다.

연번	품목번호	품 명	기존 연번	2016년 이전 품목번호
1	0303912010	명란	1	0303902010
2	0402101010	탈지(脫脂)분유	2	0402101010
3	0904210000	건조한 고추(부수지도 잘게 부수지도 않은 것)	3	0904210000
4	1901902020	밀크 조제식료품(지방분이 30%를 초과하는 것)	4	1901902020
5	2401201000	황색종 잎담배(주맥의 전부 또는 일부를 제거)	5	2401201000
6	2707999000	고온 콜타르 증류물(기타의 기타)	6	2707999000
7	27090010	석유	7	27090010
8	2710193000	경유	8	2710193000
9	2710195010	조유(粗油)	9	2710195010
10	2710195020	윤활유 기유(基油)	10	2710195020
11	2711190000	석유가스(기타)	11	2711190000
12	2804690000	규소(기타)	12	2804690000
13	2841909000	(과)산화금속산염(기타)	13	2841909000
14	2842909000	그 밖의 무기산염이나 과산화산염(기타의 기타)	14	2842909000
15	2905310000	에틸렌글리콜(에탄디올)	15	2905310000
16	2916141000	메타아크릴산메틸	16	2916141000
17	2926100000	아크릴로니트릴	17	2926100000

연번	품목번호	품 명	기존 연번	2016년 이전 품목번호
18	3204170000	안료 색소와 이들을 기본 재료로 한 조제품	18	3204170000
19	3208909019	페인트와 바니시(기타)	19	3208909019
20	3707901090	사진용 화학조제품(기타의 기타)	20	3707901090
21	3811210000	윤활유 첨가제(석유나 역청유(瀝靑油)를 함유하는 것)	21	3811210000
22	3824840000	앨드린(ISO), 캄페클로(ISO)(톡사펜), 클로단(ISO), 클로르데콘(ISO), 디디티(ISO)[클로로페노탄(INN), 1,1,1-트리클로로-2,2-비스(파라-클로로페닐)에탄], 디엘드린(ISO, INN), 엔도설판(ISO), 엔드린(ISO), 헵타클로르(ISO) 또는 미렉스(ISO)를 함유한 것	23	3824909090
23	3824850000	1,2,3,4,5,6-헥사클로로시클로헥산[HCH(ISO)][린데인(ISO, INN)을 포함하는 것]을 함유한 것	23	3824909090
24	3824860000	펜타클로로벤젠(ISO) 또는 헥사클로로벤젠(ISO)을 함유한 것	23	3824909090
25	3824870000	과불화옥탄 술폰산과 그 염, 과불화옥탄 술폰아미드, 또는 과불화옥탄술포닐 플루오라이드를 함유한 것	23	3824909090
26	3824880000	테트라-, 펜타-, 헥사-, 헵타- 또는 옥타브로모디페닐 에테르를 함유한 것	23	3824909090
27	3824997100	도금용 조제품	22	3824907100
28	3824999090	조제점결제(기타의 기타)	23	3824909090
29	3907400000	폴리카보네이트	24	3907400000
30	3910009010	실리콘오일	25	3910009010
31	3920690000	플라스틱 판, 시트(기타 에스테르로 만든 것)	26	3920690000
32	3920999090	플라스틱으로 만든 판, 시트 등(기타)	27	3920999090
33	3926909000	플라스틱제의 제품(기타)	28	3926909000
34	5208120000	평직물(平織物)(1m²당 100그램 초과인 것)	29	5208120000
35	7006009000	가공한 유리(기타)	30	7006009000
36	7007191000	안전유리(두께가 8밀리미터 이하인 것)	31	7007191000
37	7104901090	합성 귀석, 반귀석(기타)	32	7104901090
38	7108121000	금가루(럼프(lump)·빌릿(billet)·알갱이)	33	7108121000
39	7112991000	귀금속 웨이스트(잔재물)	34	7112991000
40	7113192000	신변장식용품(금으로 만든 것)	35	7113192000
41	7202600000	페로니켈(ferro-nickel)	36	7202600000
42	7403110000	구리와 구리합금(음극과 음극의 형재)	37	7403110000
43	7410110000	구리의 박(정제한 구리로 만든 것)	38	7410110000
44	7410211000	구리의 박(인쇄회로판 제조에 적합한 모양인 것)	39	7410211000
45	8108901000	티타늄 제품(판과 스트립)	40	8108901000
46	8407349000	1,000cc초과 피스톤엔진(기타)	41	8407349000

연번	품목번호	품 명	기존 연번	2016년 이전 품목번호
47	8409911000	차량용 엔진 부분품	42	8409911000
48	8409992000	차량용 엔진 부분품(기타)	43	8409992000
49	8413304000	차량용 급유용 펌프	44	8413304000
50	8479909070	선박용·어업 기기	45	8479909070
51	8481801090	파이프, 탱크용 기기(기타)	46	8481801090
52	8482102000	볼베어링(내경이 100밀리미터 이하인 것)	47	8482102000
53	8504409019	단위기기의 파워서플라이 유닛 (기타)	48	8504409099
54	8504409099	기타 단위기기의 파워서플라이 유닛 (기타)	48	8504409099
55	8504909000	변압기 부분품(기타)	49	8504909000
56	8507609000	리튬이온 축전지(기타)	50	8507600000
57	8529909610	텔레비전 수신기 부분품(천연색 튜너)	51	8529909610
58	8537109000	전기제어용이나 배전용 보드 등 (기타)	52	8537109000
59	8538909000	8535호-8537호 기기의 부분품(기타)	53	8538909000
60	8539500000	발광다이오드(LED)램프	55	8543709090
61	8542314090	복합부품 집적회로(MCOs)(기타)	48	8504409099
			49	8504909000
			53	8538909000
			55	8543709090
			67	9032909000
62	8542324090	메모리(기타)	48	8504409099
			49	8504909000
			53	8538909000
			55	8543709090
			67	9032909000
63	8542334090	증폭기(기타)	48	8504409099
			49	8504909000
			53	8538909000
			55	8543709090
			67	9032909000
64	8542394090	기타 집적회로(기타)	48	8504409099
			49	8504909000
			53	8538909000
			55	8543709090
			67	9032909000
65	8542904090	집적회로 부분품(기타)	48	8504409099
			49	8504909000
			53	8538909000
			55	8543709090
			67	9032909000
66	8543705000	기타 전기기기(통신망 연결용 제품)	55	8543709090
67	8543709020	디텍터(광센서 포함)	54	8543709020
68	8543709040	기타 전기기기(원격조절장치)	55	8543709090
69	8543709050	기타 전기기기(디지털 비행 데이터 기록 장치)	55	8543709090

연번	품목번호	품　명	기존 연번	2016년 이전 품목번호
70	8543709060	기타 전기기기(전자 리더기)	55	8543709090
71	8543709070	기타 전기기기(디지털 신호처리기)	55	8543709090
72	8543709090	기타 전기기기(기타)	55	8543709090
73	8544422090	플라스틱 절연전선(기타)	56	8544422090
74	8708309000	차량용 제동장치와 부분품(기타)	57	8708309000
75	8708400000	차량용 기어박스와 그 부분품	58	8708400000
76	8708940000	운전대·스티어링칼럼·운전박스와 그 부분품	59	8708940000
77	8708999000	차량용 부분품과 부속품(기타)	60	8708999000
78	9001200000	편광재료(polarizing material)로 만든 판	61	9001200000
79	9001909000	안경렌즈(기타)	62	9001909000
80	9013801130	액정디바이스(텔레비전용)	63	9013801130
81	9013801930	액정디바이스(기타 텔레비전용)	64	9013801930
82	9013801990	액정디바이스(기타)	65	9013801990
83	9032899090	자동조절용이나 자동제어용 기기(기타)	66	9032899090
84	9032909000	자동조절용이나 자동제어용 기기 부분품(기타)	67	9032909000
85	9101210000	기타 손목시계(자동권(自動捲)식)	68	9101210000
86	9620000000	일각대·양각대·삼각대와 이와 유사한 물품	28	3926909000

(3) 조정고시 상 수입신고필증 유효기간 단축배제

한편, 단축고시와 유사하게 수입신고필증 유효기간 단축의 배제도 허용하고 있는데, 단축배제 사유는 다음과 같으며, 단축배제를 받으려는 자는 환급신청할 때 단축배제사유서와 그 증빙자료를 제출하여야 한다. (조정고시 제5조)

① 조정고시에서 정한 수입신고필증 유효기간 내에 있는 동일한 질과 특성을 가진 수입원재료를 모두 사용한 경우(세율이 0%인 수입원재료도 포함)

② 노사분규 등으로 제조장의 가동이 장기간 중단되었거나 생산공정에 투입이 지연되어 조정고시에서 정한 수입신고필증 유효기간 외의 원재료로 수출물품(기납증 및 수입분증 발급의 경우에는 양도 물품)을 생산한 경우

③ 수출물품의 생산공정이 3월 이상 소요되어 조정고시에서 정한 수입신고필증 유효기

간 외의 원재료로 해당 수출물품을 생산한 경우

④ 수출물품 생산에 실제 사용된 원재료별로 재고관리(개별법)하여 환급등을 신청하는
업체인 경우

⑤ 원재료를 수입 또는 구매한 순서대로 수출물품 생산에 투입한 것으로 재고관리(선입
선출법)하여 환급등을 신청하는 업체인 경우

⑥ 그 밖의 사유로 인해 조정고시에서 정한 수입신고필증 유효기간 외의 원재료로 해당
수출물품을 생산한 것이 원재료 · 제품 수불대장 등 객관적인 자료로 확인되는 경우

수입신고필증 유효기간 단축배제 사유서

※ [ ]에는 해당되는 곳에 ✓표를 합니다.

환급신청서 신청번호		신청일자	

수입신고필증 유효기간 단축배제 사유

관련규정	「수입원재료에 대한 환급방법 조정에 관한 고시」 제5조	
배제사유	1. (제5조제1호) 동질의 수입원재료를 모두 사용한 경우	[ ]
	2. (제5조제2호) 제조장 가동중단 또는 생산공정에 투입이 지연된 경우	[ ]
	3. (제5조제3호) 생산공정이 3월 이상 소요되는 경우	[ ]
	4. (제5조제4호) 원재료를 개별법에 따라 관리하는 경우	[ ]
	5. (제5조제5호) 원재료를 선입선출법에 따라 관리하는 경우	[ ]
	6. (제5조제6호) 그 밖의 사유로 유효기간 외의 수입원재료가 사용된 경우	[ ]
증빙자료명	"유의사항 및 작성방법" 참조	

수입신고필증 유효기간 단축배제 내역

신고번호	수리일자	품명 및 규격	사용량

「수입원재료에 대한 환급방법 조정에 관한 고시」 제6조에 따라 위와 같이 제출합니다.

20   년   월   일

업체명 :

대표자 :

세관장 귀하

유의사항 및 작성방법

1. 수입신고필증 유효기간 단축배제 사유는 해당 사유에 "✓"표시를 합니다.
2. "증빙자료명" 란에는 아래와 같이 기재합니다.
   가. 제5조제1호의 경우 : 유효기간 내 수출(로컬공급 포함) 내역 및 대체 사용이 가능한 동질의 수입원재료 내역
   나. 제5조제2호의 경우 : 노사분규 등으로 제조장 가동이 장기간 중단된 경우 등 해당 사유를 입증하는 사유서
   다. 제5조제3호의 경우 : 생산공정도 및 생산공정별 소요기간을 입증할 수 있는 서류
   라. 제5조제4호 및 제5호의 경우 : 일반적으로 인정되는 회계원칙(GAAP)상 재고관리방법 중 개별법 또는 선입선출법에 따라 재고관리하였음을 입증할 수 있는 원재료수불부 및 제품수불부 등의 서류
   마. 제5조제6호의 경우 : 그 밖의 사유로 단축기간 외의 수입원재료로 수출물품을 생산하였음을 입증할 수 있는 원재료수불부 및 제품수불대장
3. 위 "단축배제 사유"와 "증빙자료"가 처음 제출한 "수입신고필증 유효기간 단축배제 사유서"의 증빙자료와 같은 경우에는, "증빙자료명" 란에 처음의 환급신청서 신청번호와 신청일자만 기재하면 됩니다.(증빙자료의 제출은 생략)
   (기재 예시; "환급신청서 신청번호 ○○○-XX-######(신청일자; 20XX년XX월XX일)와 동일합니다.")
4. 수입신고필증 유효기간 단축배제 내역이 많을 경우에는 별지에 기재하시기 바랍니다.

1 소요량산정방법의 신고

가. 소요량의 개념

(1) 소요량의 의의

소요량이란 수출물품을 생산하는데 사용된 원재료의 양이며, 소수점 4자리에서 반올림하여 3자리까지 계산한다. 소요량을 계산할 때 단위실량과 단위소요량을 사용하는데,

① 단위실량이란 설계도면 상 수출물품의 면적·길이·중량·수량 또는 수출할 때 실측한 양을 말한다.

② 단위소요량이란 단위실량에 손모량을 더한 양을 말한다.

참고 소요량고시 제2조 단위실량, 손모량, 손모율, 단위소요량 참조

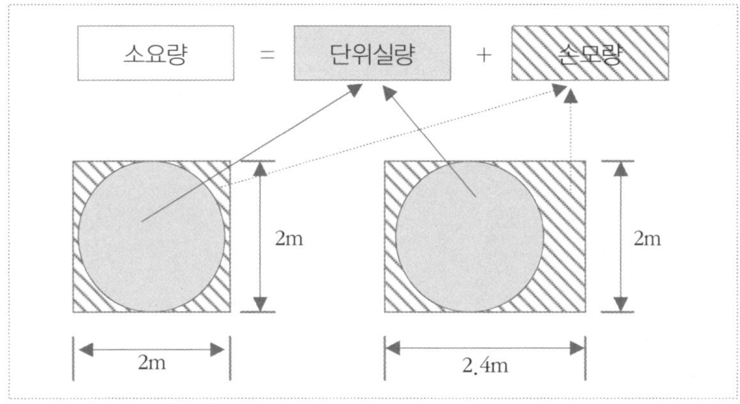

(2) 단위소요량

단위소요량이란 수출물품 1단위를 생산하는데 사용되는 원재료의 양을 말하는데, 단위소요량은 분수로 관리하거나 일정 소수점 이하에서 절사하여 관리하여야 한다. 과다환급이 발생할 수 있으므로 반올림을 하여서는 안 된다.

단위소요량은 단위실량에 평균손모량을 더한 양이다. 평균손모량이란 일정 기간의 손모량을 평균한 것이다. 평균손모량의 산출기간은 1년이 이상적이나 소요량 산정방법 또는 생산기간 등에 따라 단축되기도 하고 수출물품의 실제 손모량으로 산출하기도 한다.

일정 기간 동안 발생한 손모량을 그 기간에 생산된 수출물품의 원재료 환산량으로 나누어 백분율로 표시한 값을 손모율이라 한다.

(3) 손모량

손모량이란 수출용 원재료를 사용하여 수출물품을 생산할 때 수출물품에 물리적 또는 화학적으로 결합되지 못하고 남은 양을 말하는데, 다음과 같이 천재지변, 화재 등 재해로 인한 원재료의 손실량이나 작업자의 부주의로 발생한 원재료의 손실량은 손모량에 포함되지 않는다.

> ◆ 손모량으로 인정되지 않은 것　　　　　　　　　　　　　(환급특례법 통칙 2-0…1)
> 1. 천재지변, 화재 등 재해에 의하여 손실된 원재료
> 2. 정상적인 생산과정이 아닌 부분의 손실량
> 　가. 원재료 자체불량
> 　나. 관리소홀에 의하여 발생된 불량 원재료
> 　다. 기계의 고장수리 등에 의하여 발생한 불량 원재료
> 　라. 작업 중 부주의 및 과실에 의하여 발생한 불량 원재료 등

　손모량의 개념을 예를 들어 설명하면, 그림과 같이 2m×2m인 정사각형 철판(면적 =4㎡)을 사용하여 지름 2m인 원형 철판을 생산하는 경우 단위실량은 3.14㎡이고 손모량은 0.86㎡이 되며(제1유형), 2.4m×2m인 직사각형 철판(면적=4.8㎡)을 사용하여 지름 2m인 원형 철판을 생산하는 경우 단위실량은 3.14㎡이지만 손모량은 1.66㎡이 된다(제2유형).

　이같이 수출물품 생산자는 자신의 생산 원재료에 따라 어떤 유형을 선택하여 단위소요량을 책정해도 무방하나, 실제 사용한 원재료가 2m×2m인 정사각형 철판(면적 = 4㎡)임에도 2.4m×2m인 직사각형 철판(면적 = 4.8㎡)이 사용된 것처럼 하는 경우에는 과다환급이 발생하게 된다.

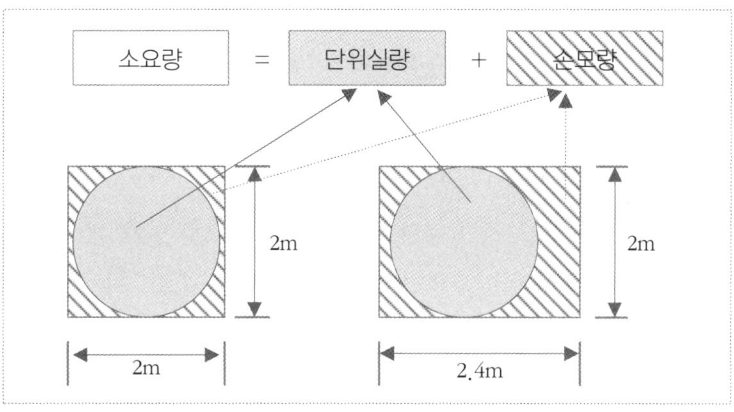

　요약하면 손모량은 수출물품을 생산하는 업체별로 원재료의 크기, 중량, 농도, 함량, 두께 등에 따라 달라질 수 있으나 단위실량은 변하지 않는 것이다.

(4) 자율소요량

　수출물품 생산자가 수출물품 생산에 사용된 원재료의 종류와 양을 스스로 산정하는 것을 자율소요량이라 한다. 현행 환급특례법 시행령 제11조제1항에 따르면 "소요량계산서 작성업체는 소요량 산정방법 등을 관할지 세관장에게 신고하고 그 신고된 바에 따라 소요량을 계산하여야 한다"고 되어 있다. 이는 수출물품 생산에 사용된 원재료의 종류와 양을 가장 잘 아는 자는 수출물품의 생산자이므로 스스로 소요량을 신고하라는 것이다.

나. 소요량 산정방법의 신고

(1) 수출물품 생산자가 신고

수출물품 생산자가 스스로 소요량계산서를 작성하기 위해서는 자율소요량 산정방법 등을 먼저 관할지 세관장에게 신고한 후 신고한 방법으로 산정된 자율소요량을 환급신청에 사용하여야 한다. 신고된 소요량 산정방법을 변경하려고 할 때는 변경신고를 하여야 한다.

(2) 관할지 세관장의 변경

환급을 신청하는 관할지 세관장을 변경하려는 자는 변경 전 세관장 또는 변경하려는 세관장에게 환급신청기관 변경신청서(환급고시 별지 제2호서식)을 제출하여 승인을 받아야 하며, 이를 승인한 세관장은 소요량 산정방법 등의 서류 일체를 변경하려는 세관장에게 송부하거나 변경 전의 세관장에게 송부요청하게 되므로 신청인은 새로 변경한 세관장에게 소요량 산정방법을 따로 신고하지 아니한다.

(3) 소요량 산정방법을 신고할 때 구비서류

다음의 "소요량 산정방법 등 신고(변경신고)서"(소요량고시 별지 제1호서식)에 수출물품의 제조공정설명서를 첨부하여 신고하면 되고, 그 밖의 원재료 수불대장, 제품 수불대장, 부산물 수불대장, 소요량계산서철 등의 관리여부는 해당 신고서에 체크만 하면 된다.

(4) 소요량 산정방법 등 신고(변경신고)서 작성요령

① "신고인"란에는 환급신청인의 상호, 대표자, 주소(도로명주소), 통관고유부호, 전화번호, 제조장명을 기재한다.

② "제조장명"은 수출물품을 생산하는 제조장명을 기재한다. 단, 환급신청자와 수출물품의 생산자가 다른 경우 생산자의 상호·제조장명을 기재한다.

③ "품목번호(HSK)"란과 "수출물품"란에는 제조장에서 생산하는 수출물품의 10단위 품목번호(HSK)와 수출물품의 품명·규격을 기재한다.

④ "소요량 산정방법"란에는 단위실량(01), 단위설계소요량(02), 수출건별등총소요량(03), 일정 기간별 단위소요량(04), 1회계연도 단위소요량(05), 위탁건별총소요량(06) 산정방법 중 신고하는 소요량 산정방법의 2자리 아라비아숫자를 기재한다.

　※ 예시 : 단위실량산정방법 → 01

⑤ "산정방법변경"란에는 이전에 신고한 소요량 산정방법을 변경하려는 경우 종전의 소요량 산정방법과 변경하려는 소요량 산정방법을 기재하며 처음 신고하는 경우에는 기재하지 않

는다.

　※ 예시 : 종전 01 → 변경 02

⑥ "산정대상기간"에는 수출건별등총소요량, 일정 기간별 단위소요량, 1회계연도 단위소요량 및 위탁건별총소요량 산정방법을 적용하는 경우 수출물품에 대한 소요량 산정대상기간을 기재하며, 단위실량과 단위설계소요량 산정방법을 적용하는 경우에는 수출물품에 적용하려는 시작일자를 기재한다.

⑦ "적용기간"란에는 일정 기간별 단위소요량 산정방법의 경우 소요량 산정대상기간의 다음 달의 첫날부터 산정대상기간 동안에 해당하는 기간을, 1회계연도 단위소요량 산정방법의 경우 산정대상기간인 1회계연도 말일 이후 3개월이 지난 달의 첫날부터 1년간의 기간을 적용기간으로 기재하며, 그 밖의 산정방법을 신고하는 경우에는 신고서 적용 시작일자를 기재한다.

⑧ "자율소요량 관리서류 신고"는 해당 수출 물품별 소요량 산정과 관련하여 관리하는 모든 서류에 대하여 해당되는 곳에 √표를 한다.

소요량 산정방법 등 [　]신고서 [　]변경신고서

※ [ ]에는 해당되는 곳에 √표를 합니다.

<table>
<tr><td rowspan="4">신고인</td><td>상호</td><td>대표자</td></tr>
<tr><td colspan="2">주소</td></tr>
<tr><td>통관고유부호</td><td>전화번호</td></tr>
<tr><td colspan="2">제조장명</td></tr>
</table>

품목번호(HSK)	수출물품	소요량 산정방법	산정방법 변경		산정 대상기간	적용기간
			종전	변경		

자율소요량 관리서류 신고

[ ] 1. 제조사양서 및 제조공정도
[ ] 2. 원재료 수불대장
[ ] 3. 제품 수불대장
[ ] 4. 부산물 수불대장(부산물이 발생하는 경우에 한함)
[ ] 5. 소요량계산서철
[ ] 6. 결산보고서(제품 및 자재수불 관련 부속서류 포함)
[ ] 7. 위탁가공계약서

「수출용원재료에 대한 관세 등 환급에 관한 특례법」 제10조 및 같은 법 시행령 제11조제1항에 따라 소요량산정방법을 신고합니다.

20 　년　　월　　일
(서명 또는 인)

신고인

○ ○ 세 관 장 귀하

첨부서류	수출물품의 제조공정 및 공정설명서	수수료
		없음

다. 소요량 산정방법의 선택

(1) 수출 물품별로 환급신청인이 임의선택

소요량 산정방법은 6가지 방법 중에서 환급신청인 자신이 생산하는 수출물품에 가장 적합한 방법을 임의선택하면 된다. 이 경우 소요량 산정방법을 선택할 수 있는 기준은 수출물품이 기준인데, 수출물품의 품목번호와 품명, 규격, 특성, 함량, 중량, 두께 등이 같고 원재료 소요량에 차이가 없는 수출물품을 말한다. 수출물품의 품목번호(HSK)가 같은 동종의 물품은 대표물품만 신고한다.

(2) 선택의 제한

소요량산정방법은 원칙적으로 수출물품 생산자가 임의로 선택할 수 있다. 다만, 다음의 경우에는 산정방법 특성상 선택이 제한된다.

① 소요량이 불안정한 농림수축산물을 원재료로 사용하여 수출물품을 생산하는 자는 수출건별등총소요량이나 위탁건별총소요량 산정방법으로 소요량을 산정하여야 한다. 다만, 소요량이 안정적임을 객관적인 자료로 관할지 세관장이 확인할 수 있는 경우에는 예외로 한다(관세청 심사정책 47130-243호, 2000. 3. 2.).

② 시(試)제품 생산단계로 손모율이 불안정한 수출물품은 일정 기간별 단위소요량 또는 1회계연도 단위소요량 산정방법으로 소요량을 산정할 수 없다.

③ 석유화학제품 등의 연산품을 생산하여 수출하는 업체는 일정 기간별 단위소요량이나 1회계연도 단위소요량방법으로 소요량을 책정하여야 한다. 연산품은 제조공정 특성상 소요원재료는 전체 연산품의 생산에 소요된 것이며 소요량의 계산이 해당 연산품의 생산비율 및 가치비율에 의해 결정되기 때문이다.

④ 1회계연도 단위소요량 산정방법을 적용하는 업체는 매월 1회 이상 또는 6개월 이상 생산 활동을 하여야 하다. 다만 천재지변, 노사분규, 설비의 수리 등 불가항력적인 사유로 생산 활동을 할 수 없는 경우에는 예외로 한다.

(3) 동일물품의 제조장이 여러 곳에 분산된 경우의 산정방법

한 업체의 제조장이 여러 곳에 분산되어 있고 그 제조장마다 손모율의 차이가 있는 경우에는 제조장별로 소요량을 각각 산정하여야 한다(소요량고시 제12조제3항). 이 경우 제조장별로 적합한 산정방법의 임의선택이 가능하다.

(4) 동일 제조장 내 여러 생산설비에서 동일물품을 생산하는 경우

하나의 제조장에서 동일물품을 제조하는 생산설비가 여럿이면 일정 기간별 단위소요량 또는 1회계연도 단위소요량 산정방법을 적용하는 것이 유리하다. 왜냐하면, 각 생산설비의 시설 노후화 등으로 생산능력에 차이가 있는 경우 단위실량이나 단위설계소요량 등을 적용하면 라인별로 손모율이 달라질 수 있고, 특정 라인만 운영한 경우 손모율이 낮아지면 과다환급이 될 수 있기 때문이다.

그러나 동종의 수출물품을 새로운 공법으로 생산함에 따라 신·구 공법 간에 손모율의 차이가 있는 경우에는 단위실량, 단위설계소요량 산정방법 등을 적용하여야 한다. 이러한 신규 생산 물품도 생산이 안정화 단계에 들면 일정 기간별 단위소요량 또는 1회계연도 단위소요량 소요량산정방법으로 일치시켜야 할 것이다.

(5) 생산형태에 따른 소요량 산정방법 적용

💠 수출물품이 다단계 생산공정을 거치는 경우

원사를 수입하여 원단을 만들고 그 원단으로 의류를 생산하는 등 다단계 공정을 거쳐 수출물품이 생산되는 경우에는 중간 단계 공정은 재공품으로 보고 손모율을 산정하여 일정 기간별 단위소요량 또는 1회계연도 단위소요량 산정방법을 적용할 수 있다. 또한, 공정별 단위설계소요량을 역산하여 의류 1단위에 대한 원사의 단위설계소요량 산정방법을 적용할 수도 있다.

💠 일정 기간별 단위소요량 또는 1회계연도 단위소요량 산정방법을 사용하는 업체가 수출물품 일부를 위탁생산하는 경우

일정 기간별 단위소요량 또는 1회계연도 단위소요량 산정방법을 적용하는 업체가 수출물품 일부를 위탁생산하는 경우에는 그 위탁생산분(공급원재료, 제품)을 소요량 산정에서 제외하여 일정 기간별 단위소요량 또는 1회계연도 단위소요량을 산정하나, 환급을 신청하는 때에는 위탁생산 물품에 대해서도 산정된 일정 기간별 단위소요량 또는 1회계연도 단위소요량을 적용한다.

💠 동일한 수출물품을 여러 제조업체에 위탁생산하는 경우

수출자가 동일한 제품을 생산하는데 필요한 설계도면(제조사양서)과 소요원재료를 여러 제조업체에게 제공하여 임가공한 제품을 수출하는 경우, 단위실량 또는 단위설계소요량

산정방법에 의한 소요량을 산정하여 환급을 신청할 수도 있고, 각 제조업체별로 수출건별
등총소요량 또는 위탁건별총소요량 산정방법을 적용하여 환급을 신청할 수도 있다.

하지만, 모든 제조업체가 생산한 제품에 대하여 일괄적으로 일정 기간별 단위소요량 또
는 1회계연도 단위소요량 산정방법을 적용할 수는 없다. 이는 각 제조업체 별로 생산설비
나 기술수준의 차이가 있기 때문이다.

(6) 소요량 산정방법별 특징

소요량 산정방법은 수출물품 생산자의 사정에 따라 편리한 방법을 선택하면 될 것이나
일반적으로 다음의 순서로 적합한 방법을 선택하면 좋다.

❶ 단위실량 산정방법

원재료에 손모량이 발생하지 않거나, 손모량의 환급을 받지 않으려는 경우, 그리고 화학
적으로 통합되는 원재료가 없는 경우에 적용하면 좋다.

❷ 단위설계소요량 산정방법

전자제품·기계류 등 수출물품의 제조사양서에 단위소요량이 책정되어 있는 물품에 적
용하면 좋다.

❸ 수출 건별 등 총소요량 산정방법

농림수축산물 등 단위소요량이나 손모율이 불안정한 경우에 이용하면 좋다.

❹ 일정 기간별 단위소요량 산정방법

1 회계년 도별단위소요량을 산정하기 곤란한 업체는 일정 기간별 단위소요량을 먼저 적
용하면 편리하다.

❺ 1회계연도 단위소요량 산정방법

기업회계장부가 제대로 갖추어져 원재료, 제품 및 부산물 등의 연간 수급관리가 되는
업체가 이용하면 좋다. 연산품 생산업체는 이 방법을 이용해야 한다.

❻ 위탁건별 총소요량 산정방법

수출물품을 국내 위탁·생산하는 업체가 위탁건별로 자재관리를 할 수 있는 경우에 이용
하면 좋다.

관세청장은 수출물품 생산업체에서 소요량 산출을 쉽게 할 수 있도록 수출물품의 특성, 생산방법, 손모량의 안정 여부, 생산기간 등을 고려하여 다음과 같이 6가지 단위소요량 산정방법을 정해 놓고 있다.

수출물품 생산업체는 수출 물품별로 6가지 방법 중 자기에게 가장 적합하거나 유리한 한가지 방법을 선택하여 소요량을 산출하면 된다.

가. 단위실량 산정방법

(1) 단위실량

단위실량은 수출물품을 구성하고 있는 실제 원재료의 양으로서 다음 3가지 중 하나의 방법으로 산출하면 된다(소요량고시 제3조).

① 수출물품 1단위를 분해하여 실측한 원재료의 종류별 양

② 수출물품 1단위 생산에 사용되는 설계도면상의 원재료별 면적 또는 양

③ 수출물품 1단위를 구성하는 원재료 부품내역서 등의 원재료의 양

[예시]

① 20인치 TV에 사용된 특정 IC 2개가 실측되거나 설계도면에 특정 IC가 2개로 되어 있다면, 20인치 TV에 대한 특정 IC의 단위실량은 2개임

② 원면(原綿)(Cotton)을 사용하여 면사(綿絲)(100% Cotton Yarn)를 만들고 면직물(綿織物)(100% Cotton Fabric)을 재직한 경우에는 면직물 단위당 중량(추가투입한 원재료가 없는 경우)

③ Hot Coil을 압연·절단 성형하여 제품을 생산한 경우 생산된 제품의 중량

(2) 적용이 적합한 업체

단위실량 산정방법은 수출하는 물품의 무게, 부피, 면적, 개수를 실제로 측정할 수 있는 수출업체 또는 설계도면상의 원재료 수량만 환급받으려는 수출업체가 활용할 수 있는 방법이다.

따라서 손모량의 발생이 거의 없는 조립물품 생산업체(전기·전자제품)와 수출물품 및 소요원재료의 종류가 다양하여 품명·규격별 손모량 관리에 어려움이 있는 업체 등에 적당하다.

이 방법을 적용하게 되면 손모량에 대한 환급은 포기하는 것임을 유의하여야 한다.

(3) 적용제한

원재료가 화학적으로 통합되어 단위실량과 손모량을 구분할 수 없는 수출물품에는 단위실량을 산출할 수 없으므로 적용할 수 없다.

(4) 소요량 산출방법

$$소요량 = 단위실량 \times 수출물품의 수량$$

(5) 적용 기간

단위실량이 변경되지 않는 한 적용 기간에 제한이 없으므로 이 방법을 선택하는 때에는 "소요량 산정방법 등 신고서"(소요량고시 별지 제1호서식)를 작성할 때, "산정대상기간"란에 수출물품에 적용하려는 시작일자만 기재하면 된다.

나. 단위설계소요량 산정방법

(1) 단위설계소요량

①단위설계소요량은 수출물품을 생산하는데 있어 가장 기본이 되는 자료인 제조사양서 상의 원재료 중 환급을 받으려는 원재료의 종류별 양을 말한다. 그러므로 단위설계소요량 은 환급신청에 사용하는 수출용 원재료의 양이 단위실량과 동일할 수도 있으나, 일반적으로는 단위실량에 최적의 상태에서 발생하는 최소의 손모량을 합친 소요량이다(소요량고시 제4조).

②이 경우 "제조사양서"란 B.O.M(자재명세서, Bill of Material), 설계도면, 원재료배합비율표, 제조표준서, 시방서, 그 밖의 수출물품 1단위를 생산하는데 기준이 되는 자료를 말하는데, 예를 들어 의류를 생산할 때 사용하는 직물 설계표, 옷본 등도 제조사양서가 될 수 있다.

> 옷본의 제조사양서 해당 여부 사례
> - 옷본에 의하여 의류가 생산되고 옷본의 직물 면적을 단위설계소요량으로 산정한다면 옷본도 제조사양서로 인정이 가능하다.

③제조사양서 상의 수출용 원재료의 종류별 양이 단위설계소요량이 되므로, 제조사

양서 상 수출용 원재료의 양이 생산시설의 노후화 또는 교체 등으로 변경되는 경우에는 이를 즉시 반영하여야 한다.

▶ 예시

① 수출물품이 브라우스 1단위 생산에 면직물 3m가 소요된다고 제조사양서상에 기재되어 있으면, 그 면직물 3m가 단위설계소요량임

② 폴리에스터絲(Polyester Yarn) 10kg 생산에 투입되는 폴리에스터칩(Polyester Chip)이 11kg이라고 제조사양서상에 기재되어 있으며 폴리에스터絲 1kg에 대한 폴리에스터 칩의 단위설계소량은 11 ÷ 10 = 1.1kg이며, 그 폴리에스터絲 2kg를 사용하여 폴리에스터 직물(Polyester Fabric) 1㎡가 생산되는 것으로 제조사양서상에 기재되어 있다면, 폴리에스터 직물 1㎡에 대한 폴리에스터 칩의 단위설계소요량은 2kg × 1.1kg = 2.2kg임

③ 카메라 B.O.M상에 필름롤러가 1개, Poly carbonate Resin 사용량이 25g으로 기재되어 있다면, 카메라에 대한 필름롤러의 단위설계소요량은 1개, Poly carbonate Resin의 단위설계소요량은 25g임

(2) 이용이 적합한 업체

생산과정에서 불량이 적게 발생하고, 제조사양서 등에 기재된 수출용 원재료의 수량이 그대로 제품 형성에 반영되는 다음의 품목과 업체에 적당하다.

예시 ① 원재료를 배합하여 완제품을 생산하는 업체 (비료, 염료, 페인트 등)
② 수출물품 및 소요원재료의 종류가 다양하여 품명·규격별 재고관리에 어려움이 있는 업체(의류 등)

(3) 소요량 산출방법

소요량 = 단위설계소요량 × 수출물품의 수량

(4) 적용 기간

단위설계소요량이 변경되지 않는 한 적용기간에 제한이 없다. 이 방법을 적용할 때도 소요량 산정방법 등 신고서상 "산정대상기간"란에는 적용하려는 시작일자만 기재하면 된다.

(5) 적용 유의사항

단위설계소요량은 제조사양서에 따라 단위실량과 동일할 수도 있고, 단위실량에 손모량

(수출물품을 정상적으로 생산하는 과정에서 발생하는 원재료의 손실량)이 부분적으로 포함된 경우도 존재하는데, 주의할 것은 손모량을 과다하게 계산하게 되면 단위설계소요량이 실제 소요량보다 많아져 과다환급으로 인한 추징이 발생할 수 있음에 유의하여야 한다.

다. 수출 건별 등 총소요량 산정방법

(1) 수출 건별 등 총소요량

①수출 건별 등 총소요량은 수출계약서 등에 기재된 수출물품 수량을 생산하는 과정에 투입된 수출용 원재료의 종류별 총사용량을 말한다.

②수출 건별 등 총소요량은 단위소요량이 아니라 환급신청에 사용하는 총소요량이 되는데, "수출 건별"이란 수출하는 경우에는 수출계약서, 수출신용장 또는 수출신고필증 상 수출물품의 수량을 의미하고, 수출용 원재료로 생산한 중간 원재료를 국내 수출물품 제조업체에 공급하는 경우에는 구매확인서 또는 내국신용장상 공급물품의 수량을 의미한다.

▶ 예시

> ① A사가 미국 B사에게 신발 100켤레를 수출하는 수출계약서에 따라 해당 수출물량(신발 100켤레)을 생산하는 과정에서 수출용 원재료인 가죽을 10m를 사용하였다면 신발 100켤레에 대한 수출건별등총소요량은 가죽 10m임
> ② 대형 H형강 20톤을 주문 받아 이를 제조하는데 고철 25톤이 사용된 경우 고철의 수출건별총소요량은 25톤임
> ③ 수출계약제품 카메라 1,000개를 생산하는데 필름롤러가 총1,005개 사용되고 Poly carbonate Resin이 27kg 사용이 되었다면, 필름롤러의 수출건별총소요량은 1,005개, Poly carbonate Resin의 수출건별총소요량은 27kg임

(2) 이용이 적합한 업체

소요량이 불안정한 농·림·축·수산물 가공업체 및 시제품 생산단계인 업체, 수출계약 건별 생산관리가 쉬운 업체에 적당하다. 예를 들면 육가공품, 신발, 가발, 대형기계, 특수사양의 주문생산 물품 등의 생산업체에 적합하다.

(3) 소요량 산출방법

> 소요량 = 해당 수출 건별 등 총소요량

(4) 산정 기간 및 적용 기간

수출 건별 등 총소요량은 수출계약 물품의 생산 시작일부터 종료일까지 투입된 모든 원재료의 양이므로 소요량 산정방법 등 신고서를 작성할 때 해당 생산기간을 산정대상 기간으로 신고하며, 별도 적용 기간은 없다.

라. 일정 기간별 단위소요량 산정방법

(1) 일정 기간별 단위소요량

①일정 기간별 단위소요량은 일정 기간 생산된 제품 1단위에 사용된 원재료의 평균소요량을 단위소요량으로 정하는 것을 말한다.

- "일정 기간"이란 1개월 이상의 기간으로서 6개월을 초과하지 않는 기간으로서, 1개월, 2개월, 3개월, 4개월, 5개월, 6개월 등을 말하는데, 일정 기간별 단위소요량 산정방법을 적용하려는 업체가 임의로 선택할 수 있으며, 대상 기간은 월별로 정하며 시작하는 달의 초일부터 종료하는 달의 말일까지를 일정 기간으로 한다.

②일정 기간별 단위소요량 산정방법을 이용하는 경우, 반드시 해당 일정 기간 생산활동을 쉬지 않고 계속해야 하는 것은 아니고 일정 기간 중단할 수도 있다.

해석

> 일정 기간별 단위소요량 산정방법을 이용하려는 경우 1월, 2월, 4월(3월은 생산하지 않음)의 자료가 있는 경우 어떻게 소요량을 산정해야 하나?
>
> ❖ 소요원재료가 물리적으로 결합된 경우와 화학적으로 통합되는 경우로 나누어 볼 수 있으며(소요량고시 제6조), 일정 기간(6월 이내)동안 업체가 자율적으로 소요량산정대상기간과 적용기간을 정하여 소요량을 산정한 후 환급에 적용할 수 있습니다. 따라서 1월~4월(4개월)을 산정대상기간으로 하여 5월~8월까지의 수출신고수리분에 대해 적용할 수 있다.

③일정 기간별 단위소요량은 제품에 원재료가 물리적으로 결합되는지 또는 화학적으로 분해되어 통합되는지에 따라 산정방법이 다음과 같이 구분된다.

🔘 원재료가 물리적으로 결합되는 경우

일정 기간 제품 생산에 사용된 원재료의 종류별 총량을 생산된 제품의 원재료별 환산량으로 나눈 값에 단위실량을 곱하여 산정하는데, 단위실량을 곱하는 이유는 제품의 원재료별 환산량을 구할 때 단위실량을 적용하였기 때문이다.

> 📦 특정 원재료의 일정 기간별 단위소요량
> $$= \frac{일정기간 사용된 특정 원재료 총량}{일정기간 생산된 제품의 특정 원재료 환산량} \times 단위실량$$
>
> ※ 생산된 제품의 특정 원재료 환산량 ⇒ 특정 원재료 단위실량 × 생산된 제품 수량

❖ 예시

예시를 들어 설명하면, 원재료가 물리적으로 결합되는 제품에 대한 각 원재료의 일정 기간별 단위소요량은 다음과 같이 계산한다.

> ① 2018.1.1.~6.30. (6개월) 생산된 제품 500개에 원재료A(단위실량 2개) 1200개, 원재료B(단위실량 4개) 2100개가 사용됨
> ② A원재료의 일정 기간별 단위소요량: 2.4개 = (1,200 ÷ (2 × 500)) × 2
> ③ B원재료의 일정 기간별 단위소요량: 4.2개 = (2,100 ÷ (4 × 500)) × 4
> ④ 2018.1.1.~3.31. (3개월) 생산된 실크 양복 1,000벌에 실크원단(단위실량 4m) 5,100m, 단추(단위실량 3개) 3,010개가 사용됨
> ⑤ 실크원단의 일정 기간별 단위소요량: 5.1m =(5,100 ÷ (4 × 1,000)) × 4
> ⑥ 단추의 일정 기간별 단위소요량: 3.01개 =(3,010 ÷ (3 × 1,000)) × 3

⬡ 원재료가 화학적으로 통합된 경우

일정 기간 동안 제품 생산에 사용된 원재료의 종류별 총량을 해당기간 동안에 생산된 제품의 총량으로 나눈 양으로 산정한다.

> $$특정 원재료의 일정 기간별 단위소요량 = \frac{일정기간 사용된 특정 원재료 총량}{일정기간 생산된 제품의 총량}$$

예시를 들어 설명하면, 원재료가 화학적으로 통합되는 제품에 대한 각 원재료의 일정 기간별 단위소요량은 다음과 같이 계산한다.

❖ 예시

> ① 2018.1.1.~6.30. (6개월) 생산된 A제품 500개에 화학적으로 결합되는 B원재료 1,200kg, C원재료 2,100kg이 사용됨
> • 원재료의 일정 기간별 단위소요량: 2.4kg = 1,200 ÷ 500
> • C원재료의 일정 기간별 단위소요량: 4.2kg = 2,100 ÷ 500
> ※ 화학적으로 결합되는 원재료이므로 단위실량은 알 수 없음
> ② 2018.1.1.~6.30. (6개월) 알미늄 스크랩(순도98%) 500톤을 용광로에서 녹여 순도99%인 알미늄

(2) 적용이 적합한 업체

수출물품을 생산한 기간이 1년 미만인 업체, 제품의 수명이 비교적 중·장기간인 업체 중 손모율을 충분히 인정받아야 하는 소형 기계부품, 의약품, 농약, 화학제품 등을 생산하는 업체에 적합하다.

(3) 소요량 산출방법

소요량 = 일정 기간별 단위소요량 × 수출물품의 수량

(4) 산정 기간 및 적용 기간

산정대상 기간 다음 달 초일부터 산정대상 기간에 해당하는 기간 동안 수출신고 수리되거나 내국신용장 등에 의하여 공급된 수출물품의 소요량 계산에 적용한다. 다만, 생산에 사용된 원재료 중 일정 기간별 단위소요량이 산정되지 않은 원재료는 단위실량 또는 단위실계소요량으로 소요량을 계산할 수 있다.

예시 | 산정기간이 2018.1.1.~2018.6.30.이면, 적용기간은 2018.7.1.~2018.12.31.임

(5) 적용제한

일정 기간별 단위소요량 산정방법과 후술하는 1회계연도 단위소요량 산정방법은 시제품 생산단계로 손모율이 불안정한 경우에는 적용할 수 없다(소요량고시 제9조제2호). 따라서 이 방법을 사용하려는 업체가 처음 생산한 시(試)제품 등에 대해서는 단위실량 또는 단위설계소요량 산정방법을 적용하면 된다.

"시제품 생산단계로 손모율이 불안정하다"는 것에 대한 구체적인 예는

① 신제품의 시장수요를 조사하기 위하여 생산하는 경우,

② 실험실에서 생산되었거나 생산설비가 완전히 갖추어지지 않은 상태에서 일부 생산하는 경우,

③ 그 밖의 생산 초기단계로 소요량이 불안정한 경우 등을 포괄적으로 말한다.

마. 1회계연도 단위소요량 산정방법

(1) 1회계연도 단위소요량

1회계연도란 수출물품 생산업체의 회계연도를 말하는데, 12월 결산법인 외에 결산시기가 3월, 6월, 9월인 결산법인인 경우에도 적용할 수 있다. 1회계연도 단위소요량도 수출물품에 원재료가 물리적으로 결합되는지 또는 화학적으로 통합되는지 여부에 따라 산정방법이 구분된다. (소요량고시 제7조)

◉ 제품을 생산하는 과정에서 원재료가 물리적 결합을 하는 경우

1회계연도 동안 제품 생산에 사용된 원재료의 종류별 총량을 생산된 제품의 원재료별 환산량으로 나눈 값에 단위실량을 곱하여 산정한다.

> ◈ 특정 원재료의 1회계연도 단위소요량
>
> $$= \frac{1회계연도에 사용된 특정 원재료 총량}{1회계연도에 생산된 제품의 특정 원재료 환산량} \times 단위실량$$
>
> ※ 생산된 제품의 특정 원재료 환산량 ⇒ 특정 원재료 단위실량 × 생산된 제품수량

예시

> ① 2017.1.1.~12.31. (1회계연도) 동안 생산된 Key Board 8만개에 Key Top(단위실량 3개) 256,100개, Frame(단위실량 1개) 89,700개가 사용됨
>   - Key Top 1회계연도 단위소요량: 3.201개 = (256,100 ÷ (3 × 80,000)) × 3)
>   - Frame 1회계연도 단위소요량: 1.1212개 = (89,700 ÷ (1 × 80,000) × 1
> ② 2017.1.1.~12.31. (1회계연도) 동안 생산된 Key Board 8만개에 Key Top(단위실량 3개) 256,100개, Frame(단위실량 1개) 89,700개가 사용됨
>   - Key Top 1회계연도 단위소요량: 3.201개 = (256,100 ÷ (3 × 80,000)) × 3)
>   - Frame 1회계연도 단위소요량: 1.1212개 = (89,700 ÷ (1 × 80,000) × 1

◉ 제품을 생산하는 과정에서 원재료가 화학적으로 통합되는 경우

1회계연도 동안 제품생산에 사용된 원재료의 종류별 총량을 1회계연도 동안 생산된 제품의 총량으로 나눈 양으로 산정한다.

> □ 특정 원재료의 1회계연도 단위소요량 = $\dfrac{1회계연도에 사용된 특정 원재료 총량}{1회계연도에 생산된 제품의 총량}$

예시를 들어 설명하면 원재료가 화학적으로 통합되는 제품에 대한 각 원재료의 1회계연

계산사례

> [예] 2017.1.1.~12.31. (1회계연도) 동안 자동차 튜브 2,000,000개를 생산하는데 합성고
> 무 EPDM 20,000kg과 IIR 15,000kg이 사용(※ 화학적으로 결합되는 원재료이므로
> 단위실량은 알 수 없음)
>
> [답] • 합성고무 EPDM의 1회계연도 단위소요량: 20,000 ÷ 2,000,000 = 0.01kg
> • IIR의 1회계연도 단위소요량: 15,000 ÷ 2,000,000 = 0.0075kg

여러 단계를 거쳐 제품을 생산하는 과정에서 재공품이 있는 경우에는, 1회계연도 또는 일정 기간별 단위소요량을 계산함에 있어, 재공품의 원재료의 양을 계산할 때 단위실량을 알아야 하나, 화학적으로 통합되는 이유로 단위실량을 알 수 없는 경우에는 단위설계소요량 등에 의한 원재료의 양에 기초할 수 있다.

해석

> 🗂 재공품에 포함된 원재료 환산량 산출방법 (관세청 심사정책47130-243호(2000.3.2.)
> ❖ 회계연도 동안 사용한 원재료별 총사용량의 산출을 위해서는 회계연도 산정 초일과 말일의
> 재공품을 원재료별 환산량으로 계산하여야 하는바, 이 경우 원재료가 화학적으로 통합되어
> 단위실량의 확인이 불가능한 화공약품인 경우에는 단위실량 대신에 단위설계량 또는 이에 준
> 하는 자료를 근거로도 환산이 가능함. 다만, 이 경우 원재료별 환산기준은 산정 초일과 산정
> 말일이 같아야 함.

(2) 이용이 적합한 업체

연산품을 생산하는 업체는 반드시 이 산정방법 또는 일정 기간별 단위소요량 산정방법을 사용하여야 하며, 제품의 수명이 장기적이고 손모율이 안정된 생산업체로서 손모량을 환급 대상 원재료의 양으로 충분히 인정받아야 할 품목을 생산하는 업체에 적합하다. 예를 들면 석유화학공업, 철강제품, 타이어 등이다.

(3) 소요량 산출방법:

> 소요량 = 1회계연도 단위소요량 × 수출물품의 수량

(4) 산정 기간과 적용 기간

1회계연도 단위소요량을 산정하는 대상 기간은 1회계연도이며, 산정 기간은 1회계연도 말일 이후 3개월간이며, 적용 기간은 산정 기간 말일 이후 1년간이다.

결산 월	산정대상 기간	산정 기간	적용 기간
12월	2017.01.01.~2017.12.31.	2018.01.01.~03.31.	2018.04.01.~2019.03.31.
3월	2017.04.01.~2018.03.31.	2018.04.01.~06.30.	2018.07.01.~2019.06.30.
6월	2017.07.01.~2018.06.30.	2018.07.01.~09.30.	2018.10.01.~2019.09.30.
9월	2017.10.01.~2018.09.30.	2018.10.01.~12.31.	2019.01.01.~2019.12.31.

다만, 생산에 사용된 원재료 중 1회계연도 단위소요량으로 산정되지 않은 원재료는 단위실량 또는 단위설계소요량으로 소요량을 계산할 수 있다.

(5) 적용제한

위 일정 기간별 단위소요량 산정방법의 경우와 같다.

바. 위탁건별 총소요량 산정방법

(1) 위탁건별 총소요량

수출물품의 생산을 위탁한 업체에서 수출물품의 생산을 수탁한 업체에 공급한 원재료 중 수탁업체가 해당 위탁생산 물품을 생산하는 과정에서 사용한 원재료의 종류별 총량으로 산정한다. (소요량고시 제8조)

"위탁건별"이란 임가공계약서에 의하여 수출물품을 위탁 생산하거나 수출물품 제조에 소요되는 원재료, 부품, 반제품 등을 위탁생산하는 경우 계약서 건별을 말한다.

> 예시 A사(위탁자)가 B사(수탁자)에게 수출물품인 구두 100켤레의 생산을 의뢰하고 위탁가공계약서에 따라 A사가 B사에 가죽 10m를 공급한 경우
> - 위탁건별총소요량은 가죽 10m이다.
> - 다만, 신발을 생산하는데 가죽이 부족하여 A사가 B사에게 추가로 가죽 1m를 공급했다면 위탁건별총소요량은 11m가 되고, 가죽 1m가 남아 B사가 A사에 반품했다면 위탁건별총소요량은 9m가 된다.

(2) 이용이 적합한 업체

신발, 완구, 의류, 전자부품조립 등을 위탁생산하기 위하여 수탁업체에게 원재료를 전부 공급하여 위탁생산하는 업체의 품목에 적합하다.

(3) 소요량 산출방법

소요량 = 해당 위탁건별총소요량

(4) 산정대상 기간 및 적용 기간

소요량 산정방법 등 신고서를 작성할 때 위탁생산 기간을 산정대상 기간으로 신고하며, 적용 기간은 위탁건별로만 적용하므로 별도 적용 기간이 없다.

3　소요량계산과 관련 서류보존

가. 소요량 산정 및 계산 기준

(1) 수출물품과 원재료는 품명·규격별로 세분하여 소요량을 계산

수출물품과 수출물품에 사용된 원재료는 품명·규격(특성·순도·함량·중량·두께 등)별로 분류하여 소요량을 산정하여야 한다(소요량고시 제12조제1항). 이는 소요량이 수출물품과 원재료의 종류별로 다양할 수 있으므로 정확한 소요량을 산정하기 위하여 이렇게 세세하게 구분할 필요가 있기 때문이다.

한편, 여러 제조장을 가진 수출업체의 수출물품과 소요원재료의 품명·규격이 동일하더라도 제조장별로 손모율이 다른 경우에는 각 제조장별로 소요량을 산정하여야 한다. (소요량고시 제12조제3항)

(2) 통합 산정이 가능한 경우

소요량 산정 시에는 품명·규격별로 세밀히 구분하여 작성하여야 하나, 1회계연도 단위소요량(일정 기간 단위소요량 포함)을 산정할 때에는 상거래상 동종의 물품으로 인정되고 손모율의 차이가 없다고 인정되는 경우, 수출물품 또는 소요원재료를 통합하여 손모율을

산정할 수 있다. (소요량고시 제12조제2항)

▶ 사례

> **사례** 2018.1.1.~1.31. 까지 동일한 TV 생산라인에서 20인치 100대, 30인치 100대, 40
> 인치 100대씩 300대를 생산하는 과정에서 A원재료의 총소요량이 11,700개의 경우 손
> 모율 및 일정 기간별 단위소요량은? (각 TV인치별 A원재료의 단위실량은 20개, 30
> 개, 40개)
>
> **해설** ▶ 손모율 : (11,700-9000)÷(20×100+30×100+40×100)= 0.3
> ▶ 일정 기간별 단위소요량
> - 20인치 TV(1+0.3) × 20 = 26개
> - 30인치 TV(1+0.3) × 30 = 39개
> - 40인치 TV(1+0.3) × 40 = 52개

이는 손모율이 비슷한 경우에는 이를 통합하여 산정할 수 있도록 함으로써 소요량 산정
절차를 간소화하기 위함인데, "손모율의 차이가 없다" 또는 "손모율이 비슷하다"는 것에 대
한 기준이 마련되어 있지 않으므로 이를 자의적으로 해석하지 말고, 관할지 세관장에게
확인을 받아두는 것이 좋다.

나. 연산품의 소요량계산

(1) 연산품의 특수성

석유제품과 화학제품 등 한 가지 원재료에서 여러 가지 제품이 동시에 생산되는 연산품
은 1회계연도 단위소요량 또는 일정 기간별 단위소요량 산정방법을 적용하여야 하는데,
일반 수출물품과 다른 특수성 때문에 소요량을 계산할 때 연산품의 생산비율과 가치비율
을 적용하여야 한다.

연산품에 가치비율과 생산비율을 적용하면, 가치가 높은 제품을 수출한 경우에는 환급
받는 원재료의 양이 많아지게 되고, 가치가 낮은 제품을 수출한 경우에는 환급받는 원재
료의 양이 적어지게 된다.

(2) 소요량 산출방법

> 소요량 = 수출수량 × (가치비율 ÷ 생산비율) × 1회계연도(일정 기간별) 단위소요량

(3) 생산비율과 가치비율 산정

◈ 생산비율

$$\text{생산비율} = \frac{1\text{회계연도(일정기간)의 각 연산품 생산량}}{1\text{회계연도(일정기간)의 각 연산품 생산량의 총합}} \times 100$$

◈ 가치비율

$$\text{가치비율} = \frac{\text{해당 연산품의 생산비율} \times \text{해당 연산품 1단위가격}}{\Sigma(\text{각 연산품의 생산비율} \times \text{각 연산품 1단위가격})} \times 100$$

◈ 연산품 1단위 가격

$$\text{연산품 1단위 가격} = \frac{\text{연산품별 총 수출액} + \text{연산품별 총 국내판매액}}{\text{연산품별 총 수출량} + \text{연산품별 총 국내판매량}}$$

연산품 1단위 가격을 산정하는 구체적인 방법은 다음과 같다.

① 수출실적만 있는 연산품: 해당 수출실적의 금액을 해당 수출수량으로 나누어 연산품 1단위 가격을 산정

② 국내판매 실적만 있는 연산품: 해당 판매금액을 해당 판매수량으로 나누어 연산품 1단위 가격을 산정

③ 수출실적과 국매판매 실적이 모두 있는 연산품: 각각을 합산한 총 매출금액을 총 매출수량으로 나누어 연산품 1단위 가격을 산정

④ 수출실적도 없고 국내판매실적도 없는 연산품: 결산보고서(일정 기간 회계자료)상의 해당 연산품 1단위 제조원가(원재료가격과 제조경비 및 노무비 등을 합한 가격)를 연산품 1단위 가격으로 적용

⑤ 한편, 제품과 상품이 혼합 관리되는 경우: 제품의 매출(수출과 국내판매를 합한 것을 말한다)과 상품의 매출을 구분하지 않고 모두 매출로 보아 연산품 1단위 가격을 산정

(4) 연산품 소요량 산정방법

⊕ 예시

2017.7.1.~12.31. M원재료 80kg과 N원재료 30kg을 사용하여 A연산품 20kg, B연산품 30kg, C연산품 20kg, D연산품 30kg를 생산하였으며, 연산품 kg당 제조원가는 A연산품 40원, B연산품 38원, C연산품 35원, D연산품 37원이며 각 매출이 다음과 같을 때, C연산품 20kg에 대한 M원재료의 소요량은?

연산품명	B	C	D	
매출방법	국내판매	수출	국내판매	수출
매출수량	10kg	20kg	10kg	20kg
매출금액	1,270원	1,760원	1,230원	1,860원

⊕ 원재료 M의 1회계연도 단위소요량

$$\text{원재료M의 1회계연도 단위소요량} = \frac{80}{100\,(= 20 + 30 + 20 + 30)} = 0.8$$

⊕ 연산품별 1단위 가격

- A연산품: 40원(제조원가)
- B연산품: 127원(= 1,270 ÷ 10)
- C연산품: 88원(= 1,760 ÷ 20)
- D연산품: 103원(= 3,090(= 1,230 + 1,860) ÷ 30(= 10 + 20))

⊕ 생산비율 및 가치비율

연산품	생산량	생산비율 (A)	연산품 1단위 가격 (B)	(A)×(B)	가치비율
A	20kg	20%	40원	8.0	8.0 ÷ 94.6 ≒ 8.5%
B	30kg	30%	127원	38.1	38.1 ÷ 94.6 ≒ 40.3%
C	20kg	20%	88원	17.6	17.6 ÷ 94.6 ≒ 18.6%
D	30kg	30%	103원	30.9	30.9 ÷ 94.6 ≒ 32.7%
합계	100kg	100%		94.6	1 = 100.0%

⚙ C연산품 20kg의 M 소요량

- C연산품 20kg의 M 소요량 = 14.884kg(= 20kg×((17.6 ÷ 94.6) ÷ 20%)×0.8)

다. 소요량계산서의 작성

환급신청을 할 때 수출물품에 사용된 원재료의 소요량을 계산하여야 하는데, 그 서식을 소요량계산서(소요량고시 별지 제2호서식)라고 한다.

세관장이 환급 신청한 내용에 대하여 환급시스템 전산(P/L)만으로 형식적 심사를 하고 환급금을 지급하는 경우에는 소요량계산서를 제출할 필요가 없으나, 서류제출대상으로 선별되는 경우에는 제출해야 하므로 미리 준비해야 하는 서류이며, 소요량심사 시 조견표 등과 함께 반드시 제출해야 하는 필수 서류이다.

소요량계산서 항목별 작성요령은 다음과 같다.

① 관련 자료제출요구 문서번호(연번): 세관장의 자료제출 요구 문서번호 기재

② 제출번호·일자: 제출자가 기재 [신고인부호(5)-년도(2)-일련번호(6)]

소요량계산서

			①관련 자료제출요구 문서번호(연번) :	
②제출번호	(제출일자:)	④제출자	상호(통관고유부호) : 갑을병정	
③관련 신청건(접수번호)	(신청구분: ● 환급, ○ 기납증)	⑤관세사	관세사부호 : ( )	

⑥[ ]란 / 총[ ]란	⑦물품식별번호:			⑧상세물품식별번호:	
⑨품명		⑩생산수량(단위)		⑪품목번호 :	
		⑫금액(FOB)		⑬소요량산정방법 :	

ⓐ연번	ⓑ상위 원재료식별번호	ⓒ원재료식별번호	ⓓ품명 및 규격	ⓔ단위소요량 (단위)	ⓕ총소요물량	ⓖ부산물 발생율(%)	
						내역작성분(B)	내수용(C)

③ 관련 신청건(접수번호) 및 신청구분: 세관자이 자료제출 요구한 환급신청서 및 제증명서의 번호를 기재 (신청구분은 환급신청 및 기납증 구분)

④ 제출자: ③의 신청건의 제출자 통관고유부호를 기재

⑤ 관세사: 관세사가 대행하는 경우 해당 관세사 정보를 기재

⑥ [XXXX]란/총[XXXX]수 : 앞쪽은 상세물품식별번호의 일련번호를, 뒤쪽에는 총 일련번호를 기재

⑦ 물품식별번호: 환급신청서 또는 기납증상 제품의 식별번호

⑧ 상세물품식별번호: 회사 자재관리시스템(ERP)에서 관리하는 물품식별번호로써, 물품식별번호(⑦)와 동일한 경우 같은 값을 기재하며, ⑦과 상이한 경우 해당 물품식별번호를 기재 (⑥의 란수 증가의 기준이 됨)

⑨ 품명: 상세물품식별번호(⑧)의 품명을 기재

⑩ 생산수량(단위): 상세물품식별번호(⑧) 기준으로 환급신청서 상 수출물품이 생산된 날이 속하는 달의 월간 생산수량 및 단위를 기재 (기납증의 경우에는 양도 물품이 생산된 날이 속하는 달의 월간 생산수량 및 단위)

⑪ 품목번호(HSK): 상세물품식별번호(⑧) 기준의 품목번호(HSK)를 기재

⑫ 금액: 상세물품식별번호(⑧)의 FOB 금액을 원화로 기재

⑬ 소요량산정방법: ⑧상세물품식별번호의 소요량 산정방법을 기재(예: 01)

ⓐ 연번: 원재료 일련번호

ⓑ 상위 원재료식별번호: 원재료식별번호(ⓒ)의 상위 원재료식별번호를 기재

ⓒ 원재료식별번호: 상세물품식별번호(⑧)에 해당하는 수출물품 또는 양도 물품의 제조에 소요된 원재료를 식별하는 번호로써, 업체에서 자율적으로 부여한 번호를 기재하며 연번에 관계없이 동일한 원재료이면 동일한 식별번호를 사용함 (업체에 따라 파트번호, 자재번호, 물품식별번호, 관리번호 등으로 다양하게 사용, 모델규격 번호도 가능)

ⓓ 품명 및 규격: 원재료식별번호(ⓒ)에 해당하는 원재료의 품명 규격을 기재

ⓔ 단위소요량(단위): 상세물품식별번호(⑧)에 해당하는 수출물품 또는 양도 물품 1단위 생산에 소요된 원재료의 물량 및 단위를 기재. 소요량고시 제3조부터 제8조까지 규정에 따른 산정방법으로 계산

ⓕ 총 소요물량: 상세물품식별번호(⑧)에 해당하는 수출물품 또는 양도 물품의 생산에 소요된 원재료의 총 물량을 기재

ⓖ 부산물 발생률(%): 원재료가 수출물품 또는 양도 물품 생산에 투입되는 과정에서 부산물로 소요된 비율을 기재. 향후 내역 작성분(B)과 내수용(C)을 구분하여 기재(이 장의 제4절 "1. 부산물공제 제도" 참조)

라. 소요량 관련 서류

소요량은 수출물품 생산에 사용된 원재료의 양이므로 수출물품 생산업체에서 소요량 산정을 위해서는 생산에 따른 원재료의 투입상황과 그에 따른 제품의 생산 상황을 알아야 하는 것이 기본이다.

소요량 산정방법별로 다소의 차이는 있을 수 있겠지만 다음의 그림에서 보는 바와 같이 원재료 및 제품의 재고관리 시에는 제품과 원재료의 품명·규격별로 세세하게 구분하여 관리되어야 한다. 그렇지 아니하는 경우에는 정확한 소요량 산출이 곤란하기 때문이다.

소요량 관련 서류를 기획·개발, 영업, 자재, 생산, 제품관리 및 회계부서별로 살펴보면 다음과 같다.

《 원재료 및 제품의 소요량 관리 흐름 》

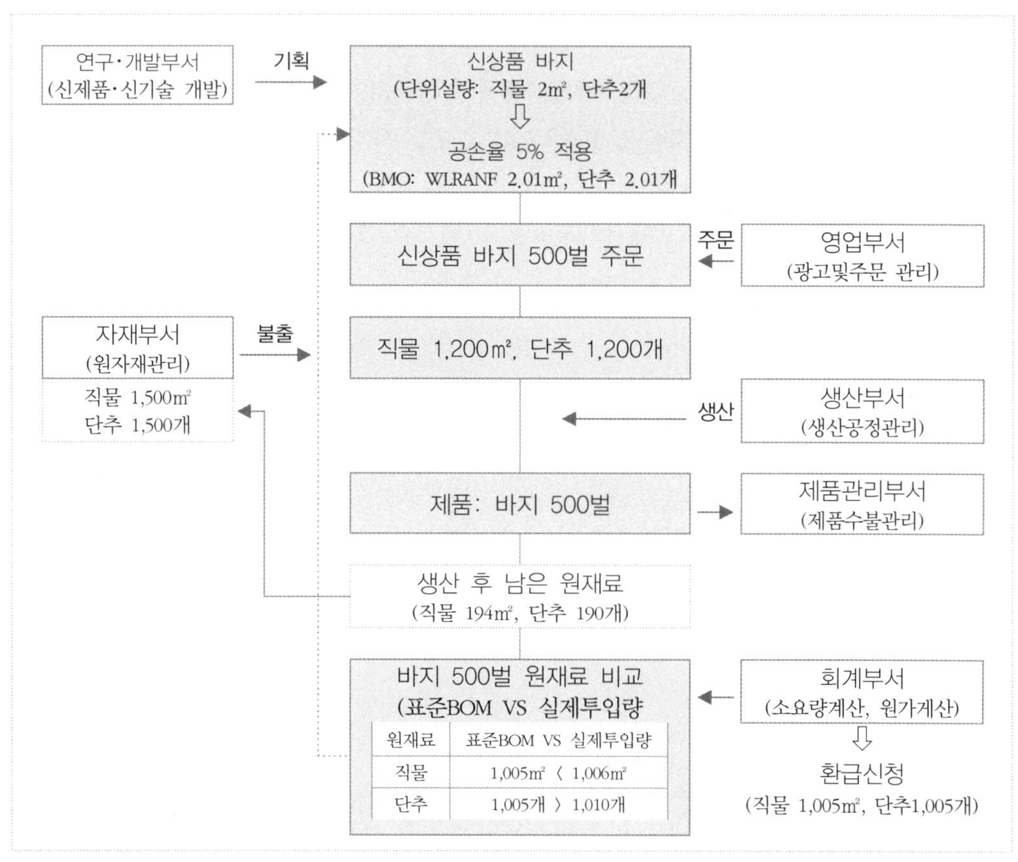

원재료	표준BOM VS 실제투입량
직물	1,005㎡ 〈 1,006㎡
단추	1,005개 〉 1,010개

(1) 자재관리 부서(원재료 창고)

원재료의 입고와 출고를 관리하는 자재부서에서는 소요량 산정을 위하여 원재료의 품명·규격별로 세세하게 입출고 사항을 관리하여야 한다. 특히 수출건별소요량 또는 위탁건별소요량을 산정하는 업체에서는 해당수출(위탁)계약건별로 불출 원재료를 별도로 관리하여야 한다. 그러므로 자재부서에서는 원재료수불대장을 철저히 관리하고 동 수불내역을 회계 및 생산관련부서에 통보하여야 한다.

(2) 생산부서

생산부서에서는 생산과 관련된 자재수불내역을 관리하여야 한다. 생산일보와 월보를 관리하고 재고확인 시에는 제조공정 중에 있는 재공품을 원재료 별로 환산할 수 있어야 한다. 생산과 관련된 자재의 수불내역과 재공품내역을 회계부서에 통보하여야 하며, 특히 수출건별소요량을 산정하는 업체에서는 해당 수출계약 건별로 생산을 구분하여야 한다.

(3) 제품관리부서(제품창고, 부산물창고)

생산된 제품과 부산물의 입고 및 출고를 관리하는 제품관리부서에서는 소요량 산정을 위하여 품명·규격별로 세세하게 구분하여 관리하여야 한다. 특히, 수출건별 총소요량을 산정하는 업체에서는 해당 수출계약 건별로 생산제품을 별도로 관리하여야 한다. 또한 제품 및 부산물의 수불 상황을 회계부서로 통보하여야 한다.

마. 소요량 관련 서류의 보존

소요량을 산정하는데 관련된 서류는 환급특례법 제20조 및 환급특례법 시행령 제28조제1항에 따라 환급신청일로부터 5년간 보관하여야 하는데, 그 이유는 신속한 환급을 위하여 환급금을 지급한 후에 업체별로 소요량을 심사하는데 그때 해당 서류가 필요하기 때문이다. 위반 시 2천만 원 이하의 벌금에 처해진다.

소요량 산정과 관련된 서류는 소요량 산정방법별로 일부 차이는 있으나, 다음의 서류를 보관하고 있어야 한다.

《 소요량 심사에 필요한 서류 》

1. 품목별·소요원재료별 단위소요량 및 변동명세서(단위소요량 산정명세표)
2. 수출물품의 단위실량 확인자료(손모율로 관리한 경우)
3. 제조사양서 및 제조공정도(변경내용 포함)
4. 원재료수불대장(부)
5. 제품수불대장(부)
6. 생산월보(수출건별등총소요량 산정방법인 경우에는 작업월보)
7. 부산물수불대장(부산물이 발생한 경우에 한정함)
8. 제품별 원가계산서(직접재료비 명세서 포함)
9. 소요량계산서철 및 관련 수출입신고필증
10. 제품별·소요원재료별 단위소요량 산출근거 및 부산물공제비율 산출근거
11. 결산보고서(제품 및 자재 수불 관련 부속서류 포함 : 1회계연도 단위소요량산정 업체)
12. 위탁가공계약서(위탁건별 총소요량 산정업체)

<table><tr><td>4</td><td>소요량 심사</td></tr></table>

가. 자율소요량 산출(성실신고)

소요량계산서는 수출물품 생산에 사용된 원재료의 종류와 양을 가장 잘 아는 수출물품 생산자가 자기 스스로 소요량을 산출하여 작성하여야 한다. 환급특례법상 환급금을 먼저 지급하고 사후에 환급금의 정확·적법을 심사하기 때문에 자율소요량제도라고 해서 소요량을 임의로 산출해서는 안 된다. 소요량계산서는 수출물품의 제조공정대로 수출물품과 사용된 원재료의 품명·규격 별로 소요량을 성실히 신고하여야 한다.

나. 생산공정의 확인

수출물품 제조에 실제 사용된 원재료와 환급신청서에 기재되는 원재료가 동일성이 인정되어야 하는데, 동일성에 대해서는 이 장의 제1절 "3. 수출물품과 원재료의 동일성"에서 살펴본 바와 같다. 수출물품 생산에 실제 사용된 원재료와 환급신청서상 원재료가 달라 추징되지 않도록 예방하기 위해서는 생산부서를 통해 제조공정을 확인하고 자재부서의 자재관리 상태를 확인하여야 한다.

다. 자율소요량의 세관심사

세관장은 수출물품 생산업체가 소요량을 자율적으로 산출하여 환급 신청한 소요량계산서에 대한 성실신고 여부를 심사하게 되는데, 심사 세관장은 서울, 부산 등 본부세관장이며, 환급신청건별로 심사하지 않고 부당환급이 우려되는 환급업체를 선정하여 업체별로 심사한다.

다만, 전년도 환급액이 5억 원 이하인 업체에 대해서는 관할지 세관장이 서면조사하는 방법으로 자율소요량이 적정 여부를 심사할 수 있다. 소요량에 대한 심사방법은 서면심사를 원칙으로 하되, 필요할 때는 업체를 직접 방문하여 실지조사를 하게 된다.

5　소요량의 사전심사 신청제도

가. 사전심사 신청제도의 도입배경

①1974년 제정된 환급특례법에 의한 환급제도는 세관장이 환급금을 심사한 후 결정된 환급금을 지급하도록 되어 있었다.

②그런데, 환급신청인의 환급신청에 대하여 소요량 산정방법 선택의 적정 여부, 산정한 소요량과 청구한 환급금의 정확 여부 등을 세관장이 철저히 심사한 후 심사결과에 따라 결정된 환급금을 지급하는 통제 위주의 제도 운용은 많은 비효율이 있어, 1997년에는 환급금을 먼저 지급하고 환급금의 정확 여부는 나중에 심사하는 제도가 도입되었다.

③그러나 2013년 8월 관세부과 제척기간이 2년에서 5년(부정환급의 경우에는 5년에서 10년)으로 연장됨에 따라 과다환급을 추징할 수 있는 기간도 확대되어 소요량 또는 환급금 산정의 오류로 인한 추징 규모가 커지게 된다.

④추징이 발생하는 주요 이유는, 자율소요량 제도에 능숙하지 못한 환급신청인이 소요량 산정에 오류를 발생시키는 것 때문이었는데, 이러한 환급신청인은 자신의 책임과 계산으로 한 소요량과 환급금 산정 등에 대하여 환급을 신청하기 전에 세관장으로부터 소요량 산정의 정확 여부를 확인받으려고 희망하게 되었다.

⑤관세 당국은 이러한 행정 수요를 수용하여 2017년 12월 환급특례법을 개정하여 소요량 사전심사 신청제도를 도입하게 되었으며, 2018년 7월 1일부터 시행하게 된다.

(1) 환급 전 심사 또는 환급 후 심사와의 차이점

◈ 환급 전 심사와의 차이점

소요량 사전심사는 환급신청인이 신청하는 경우에 한정하여 심사하는 것이므로, 부정환급의 우려가 있는 물품이나 부정환급으로 처벌을 받은 자가 신청하는 물품에 대하여 반드시 심사를 받아야 하는 것과는 다르다.

◈ 환급 후 심사와의 차이점

환급 후 심사의 경우 세관장의 심사결과에 따라 과다환급이라는 것이 확인되면 추징금과 가산금의 부담이 발생하나, 소요량 사전심사는 세관장의 심사결과에 따라 소요량을 계산하여 환급을 신청하면 되므로 추징금과 가산금의 부담이 없다.

(2) 환급 후 심사와 같은 점

소요량 사전심사도 환급 후 심사와 같이 세관장이 아래 사항을 심사하며, 세관장은 소요량 사전심사와 관련하여 원재료 수불대장과 제품 수불대장, 부산물 수불대장 및 제조공정도와 제품설명서 등의 자료제출을 요구할 수 있다.

① 소요량계산서상 소요량 산정 적정 여부

② 실제 사용된 원재료와 환급신청 원재료의 동종동질 여부(동일성 여부)

③ 필수규격의 기재누락으로 과다환급 발생 여부

④ 부산물공제 해당 여부 및 부산물공제비율 산정 적정 여부

나. 소요량 사전심사 신청제도의 운용 방법

(1) 환급신청 전 소요량 사전심사 신청

소요량 사전심사 신청인은 환급특례법 제14조에 따른 환급을 신청하기 전에 아래의 서류를 제출하여 환급특례법령에 따른 소요량 산정방법의 선택, 그에 따른 소요량 계산, 부산물공제비율 산정, 대체가능 원재료의 판단 등의 적정여부를 세관장에게 미리 심사하여 줄 것을 신청할 수 있다.

① 업체 정보, 신청 사유 등을 기재한 신청서

② 수출물품명, 소요량 산정방법, 소요량 산정의 기준이 되는 기간 및 적용기간 등을 기재한 소요량 산정방법 등 신고(변경신고)서(소요량 고시 별지 제1호서식)와 수출물품의 제조공정 및 공정설명서

(2) 세관장의 소요량 적정 여부 심사

①환급을 받으려는 자로부터 소요량 사전심사 신청을 받은 세관장은 신청인이 산정한 소요량과 소요량 계산방법 적정 여부 등을 심사한 후 신청을 받은 날부터 30일(현지 확인을 병행하는 경우에는 50일) 이내에 그 결과를 일정한 기간 내에 통지하여야 한다.

②이 경우, 세관장은 제출된 신청서와 관련 서류의 확인을 통해 심사하여야 하며, 정확한 심사를 위하여 제조공정 등의 확인이 필요한 경우에는 현지 확인을 병행할 수 있다.

③다만, 제출 자료의 미비 등 아래의 사유가 있으면 세관장은 신청인에게 그 사실을 통지하여 소요량 사전심사 신청서를 반려할 수 있다. 다만, 자료 보완이 가능한 경우에는 세

관장은 20일 이내의 기간을 정하여 제출한 자료의 보완을 요구할 수 있다.

1. 보완 요청 기간 이내에 세관장이 보완요구한 자료를 제출하지 아니하는 경우
2. 신청인으로부터 반려 요청이 있는 경우
3. 신청한 소요량과 관련하여 범칙 사건의 조사, 관세조사, 이의신청·심사청구·심판청구 또는 소송제기 등의 불복절차가 진행 중인 경우

(3) 소요량 사전심사 결과에 대한 이의신청

세관장으로부터 소요량 사전심사 결과를 통지받은 신청인이 그 결과에 이의가 있는 경우에는, 그 신청인은 결과를 통지받은 날부터 30일 이내에 세관장에게 다시 심사하여 줄 것을 신청할 수 있다.

(4) 소요량 사전심사 결과의 유효기간

소요량 사전심사 결과의 유효기간은 세관장으로부터 심사결과의 통지를 받은 날부터 1년이다.

다만, 소요량 사전심사 신청의 근거가 된 사실관계 또는 상황의 변경이 발생하는 등 아래 사항의 사유가 발생하면 그 사유가 있는 날부터 소요량 사전심사의 결과는 효력을 상실하게 되므로, 필요한 경우 환급신청인은 변경된 상황에 따라 소요량 사전심사를 다시 신청하여야 한다.

① 사실관계 또는 생산공정의 변경 등으로 인해 소요량 계산 근거가 달라진 경우
② 거짓자료 제출 등 신청인에게 책임 있는 사유로 인해 심사결과가 잘못 통지된 경우
③ 소요량 사전심사 신청 내용과 동일한 사안에 대한 이의신청·심사청구·심판청구 또는 소송제기 등을 받은 권한 있는 기관의 최종결정 또는 판결이 심사결과와 다르게 된 경우
④ 신청인이 심사 결과와 다른 방법으로 소요량을 계산하려는 의사를 표명하고 세관장이 이를 인정한 경우

(5) 소요량 사전심사 결과에 따른 협력 의무

소요량 사전심사를 받은 환급신청인은 소요량 사전심사 결과를 적용하여 환급신청을 성실하게 할 의무가 있음에 유의하여야 한다.

1 부산물공제제도

가. 부산물공제 제도의 개념

특정 원재료를 사용하여 수출물품 생산과정에서 경제적 가치가 있는 부산물이 발생하는 경우, 그 원재료의 가치 중 수출물품에 포함된 가치를 제외한 국내에 남게 되는 부산물에 대한 원재료의 가치가 있음에도, 그 특정 원재료의 납부세액 전액을 환급하는 것은 형평의 원칙에 맞지 않는다.

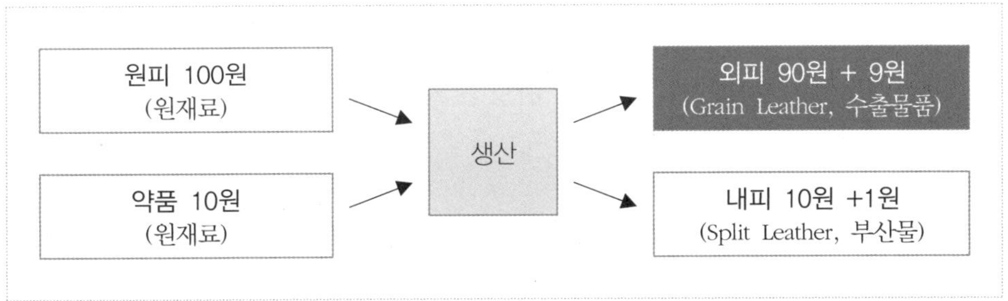

그뿐만 아니라 사실상 수출되지 않고 국내에 남게 되는 부산물에 대한 가치에 해당하는 원재료의 납부 관세까지 환급하는 것도 부당하다.

따라서 수출물품 생산에 사용된 원재료(손모량이 포함된 원재료)의 수량에 대하여 수입할 때 납부했던 관세 등의 환급을 신청하면, 수입 시 납부한 관세 중에서 부산물의 가치에 해당하는 관세에 해당하는 금액을 공제한 잔액을 환급하는데 이를 "부산물공제제도"라고 한다.

나. 공제대상 물품

(1) 경제적 가치가 있는 부산물

부산물의 정의는 수출용 원재료로 제조·가공되는 물품이 둘 이상으로 확인되는 경우 그 중 수출되는 물품 이외의 잔존물을 말한다(소요량고시 제2조제7호). 부산물의 발생으로 환급금의 공제대상이 되는 물품은 수출물품 생산과정에서 경제적 가치가 있는 부산물이 발생하는 물품이다.

예를 들면 유황과 암모니아를 수입하여 카프로락탐을 제조하는 때에 발생하는 유안비료 등이 경제적 가치가 있는 부산물에 해당한다. 부산물이 경제적 가치가 있는지 여부는 당해 부산물을 판매하거나 자기 공장에서 활용하는지 여부로 판단하면 쉬울 것이다.

자율소요량 신고제도로 전환된 이후 부산물의 발생여부는 수출물품 생산업체가 스스로 판단하여 소요량계산서에 기재하여야 한다.

| 소요량계산서상 ⑨란(부산물 발생률)에 기재 내역이 있는 수출물품인 경우 | ⇒ | 부산물공제를 하여야 한다. |

(2) Fuel Gas 사례

원유정제과정에서 발생되는 폐가스(Fuel Gas)를 회수하여 자체연료용으로 사용하는 경우에도 부산물에 해당하므로 2000. 1. 1. 이후 수출신고수리된 수출물품의 환급에 적용한다. (관세청 심사정책 47130-672호, 2003. 8. 22.)

> **사례** 폐가스(Fuel Gas)는 원유정제과정에서 발생되는 가스유분으로서 대기로 방출되어 버려질 성질의 것이므로 성격상 손모량으로 볼 수 있으나 회수하여 연료로서 활용하고 있으므로 경제적 가치가 있는 부산물로도 볼 수 있으며, 상품화가 사실상 불가능하고 회수하기 위해서는 막대한 시설투자비가 든다는 점에서 다른 부산물과 다른 특성이 있음

> **심의** 국무총리 행정조정실 행정쇄신위원회에서 1993년 ~ 2003년 10여 년간 산업자원부 등 관련기관과 협의하여 검토한 결과, 수출경쟁력 제고와 에너지절감 및 환경보호 측면에서 부산물로 보지 않는 쪽으로 운영되어 왔으나 미국 등 선진국에서도 부산물로 인정하고 있고, 회수하여 연료로서 활용하는 경제적 가치가 매우 크므로 자율소요량제도가 시행된 2000년 이후에는 부산물에 해당하는 것으로 최종결정

(3) 타인(타 업체)에게 무상으로 제공되는 부산물

경제적 가치가 있는 부산물을 무상으로 제공하는 경우에도 당해 물품을 멸각·폐기하지 않는다면 부산물공제를 하여야 한다. (관세청, 자율소요량산정사례집 문66, 2000년)

▶ 해석

◈ 무상 제공한 부산물에 대한 질의회신　　　　　(관세청 세원심사과-2947호, 2011.10.4.)
- 경제적 가치가 있는 부산물은 무상으로 타인에게 제공한 경우에도 그 부산물을 멸각·폐기하지 않고 그 경제적 가치를 활용한다면 부산물공제를 하여야 함
- 따라서, 염화동(銅)의 경우 멸각·폐기하지 않고 재활용 용도로 타인에게 제공하여 정제 추출된 동(銅)의 경제적 가치를 활용한 것이므로 환급 시 공제하여야 하는 부산물에 해당됨

다. 적용대상

부산물의 공제는 개별환급방법으로 환급할 때 또는 기납증을 발급할 때 적용한다. 정액환급방법으로 환급하는 경우에는 정액환급률을 책정·고시할 때 부산물이 공제된 전년도 평균 환급액을 기준으로 정액환급률을 책정한 것이므로 적용대상이 되지 아니한다.

라. 부산물공제비율 공식 이해

①환급을 신청할 때, 부산물이 발생하는 원재료인 경우에는 수출물품 생산에 사용된 원재료의 수량에 해당하는 관세 중 부산물의 양 또는 가치에 해당하는 관세 등을 공제하고 환급금을 지급받게 되는데, 이러한 환급 원재료에 대한 관세 등에서 공제되는 관세 등의 비율을 "부산물공제비율"이라 한다.

$$\text{부산물공제비율} = \frac{D}{A \times \dfrac{C}{B} + D}$$

A: 부산물이 발생하는 해당 공정에서 생산된 제품의 가격
B: 부산물이 발생하는 해당 공정에 소요된 총 소요원재료의 가격
C: 부산물을 발생시킨 해당 원재료의 가격
D: 부산물의 가격

②부산물공제비율은 위 공식으로 산출하는데, 부산물공제비율은 소수점 5자리 이하에서 반올림하여 소수점 4자리 부산물공제비율을 산출한다. 부산물공제비율을 백분율이 아니므로 백분율로 표시하는 경우에는 소수점 2자리 부산물공제비율을 산출하면 된다.

> **예시** 수출물품 생산에 1개의 원재료가 사용되고, 그 원재료·제품·부산물의 가격이 각각 2,000원, 4,400원, 52원인 경우의 부산물공제비율은?
> - 52 ÷ ((4,400 × (2,000 ÷ 2,000)) + 52) = 0.01168... (소수점 5자리에서 반올림) = 0.0117 ⇒ 1.17%

다만,

1. 부산물공제비율을 산출함에 있어 A와 B의 가격산정이 곤란한 때에는 D/C의 공식을 부산물공제비율 공식으로 대신할 수 있고,

2. A, B, C, D의 가격산정이 곤란한 때에는 부산물의 수량을 부산물이 발생하는 원재료 수량으로 나눈 비율을 부산물공제비율로 대신할 수 있다. (소요량고시 제16조)

(1) 부산물공제비율의 산출 공식 운용지침

① 가격단위는 미화($) 또는 원화(₩) 등 임의선택이 가능하다.

② 세액산출의 기초가 되는 가격은 수출신고수리일(내국신용장 등에 의한 국내거래 물품은 양도일)을 기준으로 한다.

③ 부산물을 실제로 판매하는 과정에서 발생한 운반 및 처리비용은 부산물 가격에서 차감할 수 없다.

☞ (관세청. 자율소요량산정사례집, 문4)

(2) 환급신청 건별로 부산물공제비율을 산정하는 경우의 A, B, C, D 가격

❂ 제품의 가격(A)은 다음 순서대로 적용한다.

① 해당 제품이 수출된 경우에는 그 수출가격(FOB 기준)

② 해당 제품이 국내판매된 경우에는 그 판매가격 다만, 국내판매가격에 관세 등의 세액이 구분하여 표시된 경우에는 이를 공제한다.

③ 해당 제품에 대한 환급신청일이 속하는 달 이전 6개월 이내의 범위에서 가장 가까운 기간에 수출신고된 동일제품의 수출가격

④ 해당 제품에 대한 환급신청일이 속하는 달 이전 6개월 이내의 범위에서 가장 가까운 기간에 국내판매된 동일제품의 판매가격. 다만, 국내판매가격에 관세 등의 세액이 구분하여 표시된 경우에는 이를 공제한다.

⑤ 수출 또는 국내판매되지 않은 경우에는 해당 제품에 대한 제조원가(원재료 가격, 제조경비, 노무비등을 합한 가격)

⊕ 원재료의 가격(B, C)은 다음 순서대로 적용한다.

① 해당 원재료가 수입된 경우에는 그 수입가격(CIF 기준)

② 해당 원재료가 국내구입된 경우에는 그 구입가격. 다만, 국내 구입가격에 관세 등의 세액이 구분하여 표시된 경우에는 이를 공제한다.

③ 해당 제품에 대한 환급신청일이 속하는 달 이전 6개월 이내의 범위에서 가장 가까운 기간에 수입신고된 동일 원재료의 수입가격

④ 해당 제품에 대한 환급신청일이 속하는 달 이전 6개월 이내의 범위에서 가장 가까운 기간에 국내구입한 동일 원재료의 구입가격. 다만, 국내구입가격에 관세 등의 세액이 구분하여 표시된 경우에는 이를 공제한다.

⑤ 수입 또는 국내 구입되지 않은 경우에는 해당 원재료에 대한 제조원가(원재료 가격, 제조경비, 노무비 등을 합한 가격)

⊕ 부산물의 가격(D)은 다음 순서대로 적용한다.

① 해당 부산물이 수출된 경우에는 그 수출가격(FOB 기준)

② 해당 부산물이 국내판매된 경우에는 그 판매가격, 다만 국내판매가격에 관세 등의 세액이 구분하여 표시된 경우에는 이를 공제한다.

③ 해당 제품에 대한 환급신청일이 속하는 달 이전 6개월 이내의 범위에서 가장 가까운 기간에 수출신고된 동일 부산물의 수출가격

④ 해당 제품에 대한 환급신청일이 속하는 달 이전 6개월 이내의 범위에서 가장 가까운 기간에 국내판매된 동일 부산물의 판매가격. 다만, 국내판매가격에 관세 등의 세액이 구분하여 표시된 경우에는 이를 공제한다.

⑤ 수출 또는 국내판매되지 않은 경우에는 해당 부산물에 대한 제조원가(원재료 가격, 제조경비, 노무비 등을 합한 가격). 다만, 환급신청인이 요청하면 ⑥에 따른 가격을 적용할 수 있다.

⑥ 해당 부산물의 동종물품 또는 유사물품 수출가격이나 국내판매가격 및 해당 부산물의 가치를 다른 물품의 열량 등으로 환산할 수 있는 경우의 가격(예: 정유사의 오프가스(Off-gas)의 열량을 벙커시유의 열량으로 환산했을 때의 벙커시유 가격)

⑦ 관할지 세관장이 합리적이라고 인정하는 가격

(3) 1회계연도(일정 기간별) 단위소요량을 산정하는 경우의 A, B, C, D 가격

❖ 제품의 가격(A)은 다음 순서대로 적용한다.

① 1회계연도 결산보고서(일정 기간회계자료)상의 제품의 총 수출액(FOB 기준)과 총 국내판매액을 합한 금액을 해당 기간의 총수출량과 총 국내판매량을 합한 물량으로 나누어 산출한 제품 1단위 가격

② 1회계연도(일정 기간) 동안 수출되거나 국내 판매된 제품이 없는 경우에는 회계자료상에 기록된 제품 1단위에 대한 제조원가 (원재료가격, 제조경비, 노무비 등을 합한 가격)

❖ 원재료의 가격(B, C)은 다음 순서대로 적용한다.

① 1회계연도 결산보고서상(일정 기간 회계자료)의 원재료의 종류별 총 수입액(CIF 기준)과 총 국내 구입액을 합한 금액을 해당 기간의 원재료별 총수입량과 총 국내 구입량을 합한 물량으로 나누어 산출한 1회계연도(일정 기간) 원재료별 1단위 가격에 제품 1단위 생산에 드는 원재료의 소요량을 곱하여 산출한 금액

② 1회계연도(일정 기간) 동안 수입하거나 국내구입한 원재료가 없는 경우에는 원재료 1단위에 대한 제조원가(원재료 가격, 제조경비, 노무비 등을 합한 가격)에 제품 1단위 생산에 드는 원재료의 소요량을 곱하여 산출한 금액

❖ 부산물의 가격(D)은 다음 순서대로 적용한다.

① 1회계연도 결산보고서(일정 기간 회계자료)상의 부산물의 총 수출액(FOB 기준)과 총 국내판매액을 합한 금액을 해당 기간의 부산물 총수출량과 총 국내 판매량을 합한 물량으로 나누어 산출한 1회계연도(일정 기간) 부산물 1단위 가격에 제품 1단위를 생산하면서 발생하는 부산물의 물량을 곱하여 산출한 금액

② 1회계연도(일정 기간) 동안 수출되거나 국내 판매된 부산물이 없는 경우에는 부산물 1단위에 대한 제조원가(원재료 가격, 제조경비, 노무비 등을 합한 가격)에 제품 1단위를 생산하면서 발생하는 부산물의 물량을 곱하여 산출한 금액. 다만, 환급신청인이 요청하면 ③ 또는 ④에 따른 가격을 적용할 수 있다.

③ 부산물 1단위의 동종물품 또는 유사물품 가격에 제품 1단위를 생산하면서 발생하는 부산물의 물량을 곱하여 산출한 금액으로서 관할지 세관장이 합리적이라고 인정하는 금액

④ 부산물 1단위의 대응가격에 제품 1단위를 생산하면서 발생하는 부산물의 물량을 곱하여 산출한 금액으로서 관할지 세관장이 합리적이라고 인정하는 금액

마. 부산물공제비율 산출방법별 장단점

①부산물공제비율은 제품·원재료·부산물의 가격을 알 수 있는지에 따라 다음의 3가지 방법이 있다.

1방법	2방법	3방법
$\dfrac{D}{A \times \dfrac{C}{B} + D}$	$\dfrac{D}{C}$	$\dfrac{\text{부산물 발생 수량}}{\text{부산물이 발생하는 원재료의 수량}}$

②3방법은 부산물공제비율을 간편하게 산출할 수 있으나, 1방법 또는 2방법보다 부산물공제비율이 훨씬 높기 때문에 원재료의 납부 관세 등이 많지 않거나 A, B, C, D의 가격을 알 수 없을 때 이용하는 것을 고려해 볼 수 있다.

③다음 2방법은 A 또는 B의 가격을 알 수 없을 때 이용하는 방법이지만, 1방법보다 부산물공제비율이 높다. 2방법 또는 3방법은 수출업체가 원하지 않으면 적용할 수 없는 방법이지만, 수출업체가 A, B, C 또는 D의 가격을 제시하지 못할 때 세관장이 강제로 적용할 수 있으므로, 수출업체는 A, B, C, D의 가격을 세관장에게 제시하는 것이 유리하다.

④예를 들어, 동판 10kg를 사용하여 소켓부품(Bus-Bar) 110개를 생산하는 과정에서 동설(Copper Scrap) 1kg가 발생하며, 원재료·제품·부산물의 가격이 각각 2,000원, 4,400원, 100원이라고 가정한다. (원재료가 1개이므로 B = C)

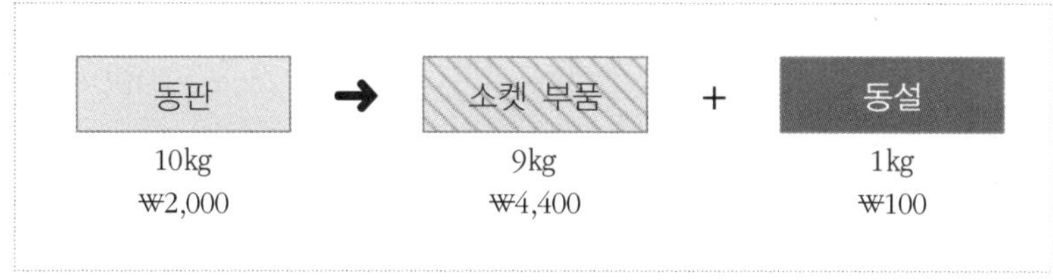

첫째, 모든 가격을 알 수 있는 경우에는 100 ÷ [(4,400 × (2,000 ÷ 2,000)) + 100] = 0.02222…이 되므로 부산물공제비율은 반올림하여 0.0222이 되고 백분율로 표시하면 2.22%가 된다.

둘째, C와 D의 가격만 알 수 있는 경우의 부산물공제비율은 100 ÷ 2,000 = 0.05이 되고 백분율로 표시하면 5.0%가 된다.

셋째, 모든 가격을 알 수 없어 부산물 발생비율로 부산물공제비율을 산정하면 1kg ÷ 10 kg = 0.1이 되고 백분율로 표시하면 10.0%가 된다.

바. 부산물공제비율 산출 시 유의사항

①환급 실무에서 부산물공제비율 산출 공식을 운용함에 있어 부산물이 발생하는 해당 공정에서 생산된 제품(A)을 어느 것으로 보느냐와 부산물이 발생하는 공정에 소요되는 총 원재료(B)의 범위에 따라 공제비율이 달라질 수 있는바, 이를 실례를 들어 살펴보면 다음 과 같다.

> [사례] Mixed C4를 원재료로 사용하여 1.3-Butadiene을 제조하는 과정에서 부산물 Raffinate가 발생하는 업체가 타이어를 제조·수출하는 경우, 이 업체는 다음의 단위소요량계산서와 같이 3단계의 제조공정을 거쳐 Mixed C4의 원재료로 타이어를 제조·수출하고 있다.

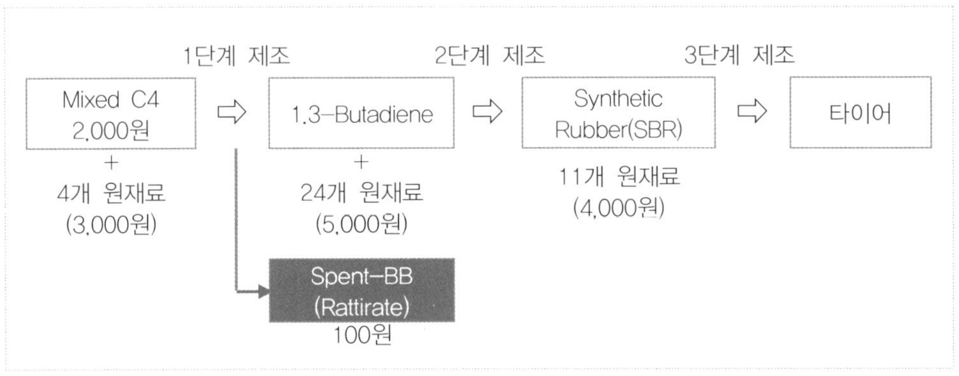

②위 사례의 업체는 타이어를 수출하기도 하고 1단계 제조공정을 거쳐 생산된 1.3-Butadiene을 수출하기도 한다.

③타이어 제품(A) 수출 시 부산물을 발생시킨 원재료(C)는 Mixed C4이며, 총 원재료(B)는 생산과정에 투입된 39개 원재료에 Mixed C4를 포함한 40개 원재료가 된다.

따라서 타이어의 수출가격이 30,000원이라고 가정하면 부산물공제비율은 0.022801… (= 100 ÷ ((30,000 × (2,000 ÷ 14,000)) + 100)이므로 0.022801 ⇒ 2.28%가 된다.

④그런데, 해당 생산업체가 1.3-Butadiene 제품(A)을 수출하는 경우에는 부산물을 발생시키는 원재료(C)는 Mixed C4로 동일하지만, 총 원재료(B)는 수출물품을 생산하는 과정에서 투입된 4개 원재료에 Mixed C4를 포함한 5개 원재료가 된다.

⑤따라서 1.3-Butadiene의 수출가격이 8,000원(총 원재료가격 × 1.6)이라고 가정하면 부

산물공제비율은 0.030303… (= 100 ÷ ((8,000 × (2,000 ÷ 5,000)) + 100)이므로 0.030303 ⇒ 3.03%가 된다.

⑥여기서, 위 타이어의 수출가격이 22,400원(총 원재료가격 × 1.6)이라면 부산물공제비율은 0.030303… (= 100 ÷ ((22,400 × (2,000 ÷ 14,000)) + 100)이므로 0.0303 ⇒ 3.03%가 되어 부산물공제비율이 동일하게 된다.

⑦따라서 제조공정이 여러 단계인 수출물품 생산업체가 중간 단계의 제품을 수출하는 경우에 부산물공제비율이 최종 완성품에 적용되는 부산물공제비율과 달라질 수도 있고 같을 수도 있는데, 이는 가치비율을 적용하는 과정에서 불가피하게 발생하는 현상이므로 어느 것도 잘못된 것은 아니다.

사. 부산물공제비율 공식을 적용할 때의 "해당 공정"

부산물공제비율 공식을 적용할 때, 부산물이 발생하는 해당 공정이란 "원재료를 투입하여 수출물품을 생산하는 단계까지의 전체 공정"을 말한다.

> 💎 해당 공정에 대한 질의회신 　　　　　　　　　(관세청 세원심사과-701호, 2015.2.25.)
> ❖ 소요량고시 제16조제2항에 따른 부산물공제비율을 산출할 때 적용하는 "해당 공정"은 "수출하는 물품이 생산되는 단계까지의 공정"임

앞서 설명한 예시의 경우 수출물품인 1.3-Butadiene이면 Mixed C4 외 4개 원재료를 투입하여 1.3-Butadiene을 생산하는 1단계 제조공정이 "해당 공정"이며, 타이어가 수출물품이면 Mixed C4 외 39개 원재료를 투입하여 타이어를 생산하는 1단계부터 3단계까지의 모든 제조공정이 "해당 공정"이 되는 것이다.

아. 부산물 수출 시 환급방법

(1) 부산물의 수출과 관세환급

환급을 신청할 때 수출물품의 생산에 사용된 원재료의 납부세액 중 부산물에 해당하는 세액은 공제하게 되어 있는데, 이 공제해 두었던 세액은 해당 부산물이 수출되는 때에 사용된다.

그리고 기납증의 발급을 신청할 때에도 국내 거래하는 물품의 생산에 사용된 원재료의 납부세액 중 부산물에 해당하는 세액은 공제하게 되어 있는데, 이때도 해당 부산물의 세액은 그 부산물이 수출되는 때에 사용된다.

생산 가죽 원피에 약품 처리하여 외피(Grain Leather)와 내피(Split Leather)를 분리한 후 외피
에 무두질 등의 가공을 하여 수출물품인 가죽을 생산하며, 그 과정에서 내피가 부산물로 생
산됨

위 예시를 들어 설명하면, 가죽을 수입하여 가공 후 수출하려는 자가 외피를 수출하여
환급을 받을 때 부산물인 내피에 해당되는 세금을 환급신청서 정지(부산물)와 환급신청서
정B지(부산물용 수입원재료)에 기재해 두면, 내피를 국내 수출물품 생산업체에게 제공할
때 내피에 해당되는 세금을 기납증으로 양도시킬 수 있다.

(2) 부산물의 세액 표시방법

부산물을 수출한 후 환급을 신청하려면 당초 해당 부산물과 관련된 수출물품을 수출하
는 때에 환급신청서 정지(부산물)와 환급신청서 정B지(부산물용 수입원재료)에 기재하여
부산물에 대한 세액을 표시해 두어야 하며, 부산물과 관련된 물품을 국내 공급하는 경우
에는, 부산물 내역을 기납증 정지(부산물)와 기납증 정B지(부산물용 수입원재료)에 기재하
여 부산물에 대한 세액을 표시해 두어야 한다.

환급신청서 정지(부산물)와 환급신청서 정B지(부산물용 수입원재료) 또는 기납증 정지
(부산물)와 기납증 정B지(부산물용 수입원재료)에 표시해 둔 부산물 세액은 해당 부산물
을 수출하거나 수출용 원재료로 국내 공급할 때 환급세액으로 사용하면 된다.

자. 부산물공제비율 오류 일부 허용

1997년 이전에는 부산물을 발생시킨 원재료의 가치 대비 부산물의 가치가 3% 이상인
경우에만 부산물공제를 하였으나, 자율소요량 제도로 바뀐 1997년부터는 모든 부산물에
대하여 부산물공제를 하도록 바뀌었고, 부산물공제비율이 조금이라도 잘못되면 세관장은
과다환급으로 추징을 하였다.

그런데 사소한 부산물공제오류에 대한 전액 추징은 환급업체에 부담이 되었고,
2016.11.18. 이를 해소할 할 목적으로 공제비율 ±3% 범위 내의 오류는 정당한 것으로 인
정하도록 소요량 고시를 개정하였다. (소요량고시 제16조제5항)

예를 들어 부산물공제비율이 5%인 경우에는 부산물공제비율이 4.85%부터 5.15% 범위 이내인 경우 정당한 것으로 인정된다. 즉, 환급받을 원재료의 납부세액이 10,000원이고 부산물공제비율 5%라면 환급받을 금액은 9,500원이 되는데, 이때 ±15원까지의 오류는 허용된다는 것이다.

2 개별환급금 지급제한 제도

가. 지급제한

개별환급금 지급제한 제도는 국내산업 보호 등 관세정책을 수행하기 위하여 기획재정부장관이 정하는 물품에 대하여는 환급금의 지급을 전부 또는 일부 제한하는 제도이다. (환급특례법 제17조)

나. 지급제한 대상 물품

(1) 지정 요건

개별환급금 지급제한 제도의 목적이 국산 원재료의 사용촉진을 위한 것이므로 지급제한 대상 물품으로 지정되려면 우선 국내생산이 가능하여야 한다. 그러나 국제경쟁력을 완전히 갖추어진 국산 원재료는 더 이상의 보호가 필요하지 아니하므로 지급제한 대상에서 제외함이 타당하며, 국제경쟁력을 갖추지 못한 유치(幼稚)산업의 생산물품이 지급제한 대상 물품으로 적당하다.

그러나 품질이 심히 조잡한 국산 원재료를 수출업체에 강요함은 수출물품의 품질 고급화에 지장을 초래하게 되므로, 가격 면에서는 국제경쟁력이 다소 떨어지나 품질 면에서는 국제경쟁력을 갖추고 있으며, 일정한 기간 동안 지급제한 등으로 보호하면 가격 면에서도 국제경쟁력이 갖추어질 수 있는 물품이 지급제한 대상 물품으로 가장 적당하다고 하겠다.

(2) 지정 절차

지급제한 대상 물품은 정부 내의 관련 부처의 장 또는 이해관계인이 제출한 자료들에 대한 심의를 거쳐 기획재정부 장관이 지정한다.

지급제한 대상 물품의 지정을 요청하려는 국내생산업체는 ①해당 물품의 품명·가격 및 용도, ②환급을 제한하고자 하는 비율 및 그 이유, ③해당 연도와 전년도의 해당 물품에 대한 국내 수요·생산실적 및 생산능력, ④최근 1년간의 월별 수입가격·수입량 및 총 수입금액, ⑤최근 1년간의 월별 주요 국내제조업별 공장도가격 및 출고실적, ⑥향후 1년간의 해당 물품에 대한 국내 생산전망 및 수요전망 등을 기재하여 기획재정부 장관에게 직접 신청하거나 주무부처를 거쳐 신청하여야 한다. (환급특례법 시행령 제25조)

(3) 대상 물품 지정현황

환급금의 지급을 제한하는 물품과 제한하는 비율은 다음과 같다. (환급특례법 시행규칙 제14조 별표)

<환급을 제한하는 물품과 제한비율>

물품명	제한비율
1. 덤핑방지관세를 적용받는 물품	$\dfrac{\text{덤핑방지관세 적용 세액} - \text{덤핑방지관세 미적용 세액}}{\text{덤핑방지관세 적용 세액}}$
2. 상계관세를 적용받는 물품	$\dfrac{\text{상계관세 적용 세액} - \text{상계관세 미적용 세액}}{\text{상계관세 적용 세액}}$
3. 보복관세를 적용받는 물품	$\dfrac{\text{보복관세 적용 세액} - \text{보복관세 미적용 세액}}{\text{보복관세 적용 세액}}$

덤핑방지관세·보복관세·상계관세가 적용되는 물품은 모두 대상이 되나, 현재 적용되는 개별환급금 지급제한 대상 물품은 덤핑방지관세부과 물품뿐이다. 대상 물품인지 여부는 수입신고필증의 ㊿세율(구분)란을 확인하면 알 수 있는데, 덤핑방지관세가 부관된 수입신고필증은 다음과 같이 표시되어 있다.

㊾세종	㊿세율(구분)
관	24.07(I덤가)

다. 적용 기준

(1) 적용

환급금 지급제한 대상 물품은 수출용 원재료를 수입할 때 덤핑방지관세, 상계관세 또는 보복관세가 적용된 환급금 지급제한 대상 물품이다.

환급금 지급제한 제도는 환급신청 뿐만 아니라 기납증 발급에도 적용된다. 이는 수출물품이 여러 가공단계를 거쳐야 하고 가공단계마다 가공업체가 달라 원재료를 국내 거래해야 하는 경우, 그 거래과정에서 환급금 지급제한 대상 물품에 대한 부당 환급이 발생하지 않도록 하기 위함이다. 따라서 양도세액 산출방법이 환급금액 산출방법과 같은 개별 기납증을 발급할 때에도 적용된다.

(2) 적용 예외

보세공장과 자유무역지역 입주기업체가 생산한 수출용 원재료를 수입하는 경우에는 환급금 지급제한 규정을 적용하지 아니한다(환급특례법 시행규칙 제14조 단서). 이는 보세공장이나 자유무역지역은 관세선 밖에 위치한 관세유보지역이지만 국경 상으로는 우리나라에 속하는 지역이고, 해당 지역에서 생산하는 원재료는 우리나라 근로자에 의하여 생산된 물품이므로, 그 원재료를 대상으로 환급금의 지급을 제한함은 불합리하기 때문이다.

라. 적용 예시

원재료 품목번호(HSK)가 6907.22-9000에 해당되어 덤핑방지관세율이 16.07%인 경우,

① 적용세율은 위와 같이 기본세율 8%을 더한 24.07%가 되는데,

② 이때 납부한 관세가 2,407,000이라면,

제한비율은 16.07(=24.07-8) ÷ 24.07 = 0.6676360…이다.

③ 따라서 해당 원재료가 전량 수출물품에 생산에 사용된 경우에의 환급금액은 800,000원 [= 2,407,000 – 1,607,000(= 2,407,000 × (16.07 ÷ 24.07))] 이 되므로,

④ 결국, 덤핑방지관세율만큼 환급을 제한하게 되는 것이다.

가. 제도운영 이유

①환급특례법상 동일성이 인정되는 농림수축산물 원재료에 대한 무분별한 환급을 하게 되면 우리나라 농가가 외국 농림수축산물로부터 피해를 받을 우려가 있어 관세청장은 환급특례법 제10조제4항을 근거로 "높은 세율이 적용되는 농림수축산물에 대한 환급을 제한"하는 것을 주요 내용으로 하는 "농림축산물환급 고시"를 제정하여 운영하고 있다.

②국내 농가를 위협할 정도의 많은 농림수축산물이 수입되면 높은 관세의 "농림축산물에 대한 양허관세율"이 부과되는데, 그러한 높은 관세가 부과된 원재료에 대하여 환급을 허용하면, 높은 양허관세율을 부과하는 효과가 없어지게 된다.

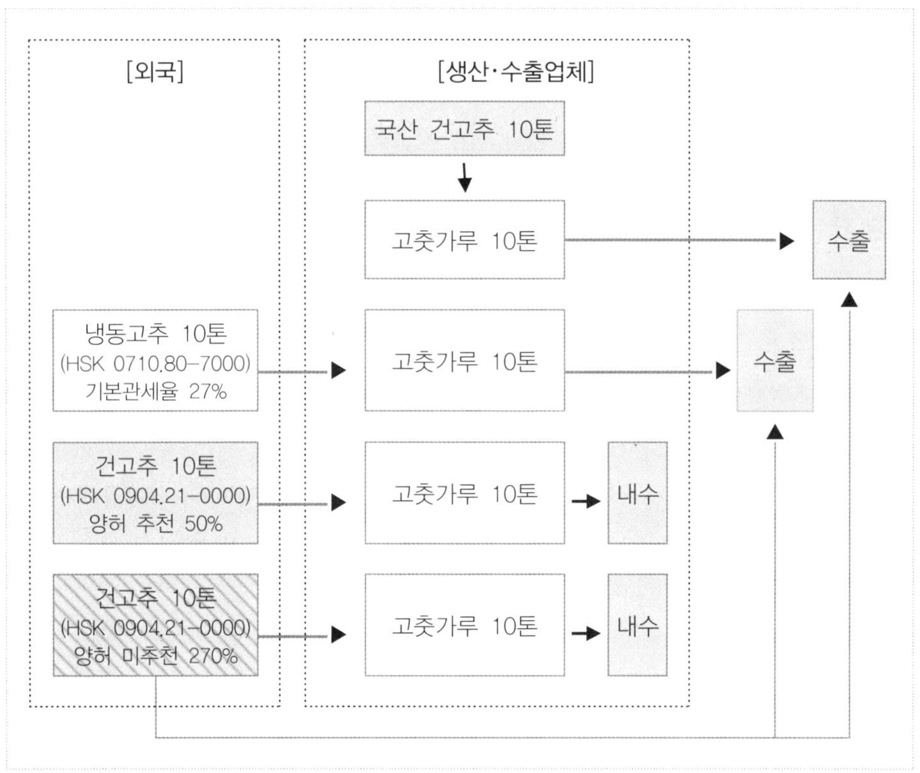

즉, 필요할 때 높은 양허관세를 납부하고 농림수축산물을 수입했더라도 이익을 남긴 수입자가 동일성이 인정되는 다른 낮은 세율의 수입원재료 또는 국산 원재료로 생산한 물품

을 수출한 후 높은 양허관세를 환급받으면 농가보호를 위한 양허관세율 부과의 실익이 없어지기 때문이다.

필요할 때는 고춧가루 수입자가 시장접근물량을 초과하여 WTO양허 미추천 관세율인 270%에 해당하는 관세를 납부하고 수입한 건고추를 국내 판매하고, 이익을 남기고 난 후에는 동일성이 인정되는 국산 고추 또는 수입 냉동고추로 생산한 제품을 수출한 후 270%의 높은 관세를 환급받게 되면 농가보호의 정책효과는 없어지게 되고, 수출한 물품에 사용된 원재료의 납부관세를 환급하도록 규정하고 있는 환급특례법 제9조의 규정에도 맞지 않게 된다. 이러한 경우는 부당환급 또는 과다환급으로도 볼 수 있다.

나. 적용대상 물품

적용대상 물품은 농림축산물환급고시 별표에 기재된 물품인데 해당 품목은 다음의 기준에 따라 정해진다.

① 「세계무역기구협정 등에 의한 양허관세 규정」 별표1 중 "국내외 가격차에 상당한 율로 양허하거나 국내시장개방과 함께 기본세율보다 높은 세율로 양허한 농림축산물에 대한 양허관세"가 적용되는 물품
② 「관세법 제68조에 따른 특별긴급관세 부과에 관한 규칙」 별표1과 별표2에 해당하는 물품

다. 운영 기준

(1) 기본 원칙

시장접근물량을 초과한 경우에 적용되는 높은 세율의 원재료와 특별긴급관세가 부과된 높은 세율의 원재료에 대해서는 환급을 신청할 수 없다(농림축산물환급고시 제3조제1항 본문). 이는 높은 관세율의 농림수축산물에 대한 환급을 허용하면 부당·과다환급이 필수적으로 발생하기 때문이다.

왜냐하면 외화획득용 원자재를 원활하게 공급하기 위한 목적 등을 위하여 주무부장관이 요청하는 경우에는 시장접근물량을 증량할 수 있도록 되어 있고(「세계무역기구협정 등에 의한 양허관세 규정」 제7조), 추천대행기관은 농림축산식품부장관이 매년 정하는 양허관세 추천계획에 외화획득용 원료의 양허관세 추천물량을 반영하며, 외화획득용 원료의 추천요구가 있을 경우 추천계획 범위 내에서 농림축산식품부장관의 승인 없이 내수용을 외

화획득용 원료로 추천할 수 있다고 되어 있기(「농축산물 시장접근물량 양허관세 추천 및 수입관리요령」 제21조) 때문이다. 따라서 농림수축산물을 사용하여 수출물품을 생산하려는 자는 수출용 원재료로 추천을 받아 낮은 관세율로 수입하여 환급을 받는 방법을 적극 활용하는 것이 바람직하다.

(2) 예외

부득이하게 높은 세율의 농림수축산물을 수입하여 수출물품 생산에 사용할 수밖에 없는 경우에는, "고세율 원재료 사용 수출물품 제조가공 신청·확인서"(농림축산물환급고시 별지 제1호서식)를 사전에 세관장에게 제출한 후 그 신청서에 따라 가공하여 수출하는 경우에는 예외적으로 환급이 허용된다. 그러므로 불가피한 경우에는 이 방법을 활용하여 세관장으로부터 확인을 받으면 된다.

고세율 농림수축산물 원재료이지만, 실제 수출물품 생산에 사용된 것이 확인되어 환급을 신청할 수 있는 경우는 다음과 같다. 이는 예외 규정이므로 이러한 예외를 인정받을 수 있도록 환급신청인은 농림축산물환급고시에 따른 구제 방법과 절차를 준수해야 한다. (농림축산물환급고시 제3조제2항)

① 수출물품을 제조·가공하기 전에 고세율 원재료로 수출물품을 생산하려고 한다는 사실을 제조장 관할지 세관장에게 신고하여 확인을 받은 경우

② 다음 중 어느 하나에 해당하는 경우로서 수출물품 생산에 고세율 원재료가 사용된 것이 명백히 인정되는 경우

  1. 환급신청에 사용된 고세율 원재료의 수입신고필증의 수리일부터 해당 고세율 원재료를 사용하여 생산한 수출물품의 수출신고수리일까지 고세율 원재료만 수입한 경우(국내 구매실적도 없어야 한다)

  2. 그 밖에 ①의 방법으로 신고하지 못한 부득이한 사유가 있다고 제조장 관할지 세관장이 인정한 경우

고세율원재료 사용 수출물품 제조가공 신청(확인)서

①신청인	상 호		대 표 자	
	주 소		사업자등록번호	

② 수출 또는 수출하고자 하는 물품내역

품 명	규 격	수 출 수 량	선 적 기 일	비 고

③ 고세율원재료 수입신고필증으로 환급받고자 하는 원재료 내역

신고번호	면허일자	수입수량	납부세액			비 고
			관 세	내국소비세	계	

④ 원재료의 구매 및 제품매출내역(확인에 필요한 기간)

원재료 구매내역			제품매출내역			
신고번호	면허일자	수 량	생 산	수 출	내 수	비 고

「수출용 원재료에 대한 관세 등 환급에 관한 특례법」 제10조제4항과 같은 **법** 시행규칙 제9조 및 「농림축산물에 대한 관세 등 환급사무처리에 관한 고시」 제4조제1항에 따라 고세율원재료로 수출물품을 제조·가공할 것을 위와 같이 신고하오니 확인하여 주시기 바랍니다.

20 년 월 일

신청인　　　　　　(서명 또는 인)

○ ○ 세 관 장 귀 하

「수출용 원재료에 대한 관세 등 환급에 관한 특례법」 제10조제4항과 같은 **법** 시행규칙 제9조 및 「농림축산물에 대한 관세 등 환급사무처리에 관한 고시」 제4조제2항에 따라 고세율원재료로 수출물품을 제조·가공할 것을 위와 같이 신고하였음을 확인합니다.

○ ○ 세 관 장 　[직인]

(3) 원상태로 수출되는 농림수축산물

높은 관세율이 적용된 농림수축산물이 수입한 상태 그대로 수출(수입분증을 통해 수입한 상태 그대로 양수받은 물품을 수출한 경우를 포함)된 사실이 수출신고필증으로 입증되는 경우와, 보세구역 등과 자유무역지역 및 외국무역선(기)에 수입한 상태 그대로 반입·적재된 사실이 반입확인서 또는 적재확인서로 입증되는 경우에는 높은 관세율에 해당하는 관세 등의 환급을 신청할 수 있다.

라. 환급절차

(1) 고(高)세율 원재료의 사용신고

고세율 농림수축산물로 수출물품을 생산하려는 자는 다음의 자료를 갖추어 제조장 관할지 세관장에게 미리 신고하여야 한다. (농림축산물환급고시 제4조제1항)

① 고세율 원재료 사용 수출물품 제조가공 신청(확인)서
② 각서
③ 그 밖에 고세율 원재료를 사용하여 수출물품을 생산한다는 사실을 입증할 수 있는 자료

(2) 제조장 관할지 세관장의 확인

고세율 농림수축산물의 사용 신고를 받은 제조장 관할지 세관장은 해당 업체의 원재료 수입사항, 제품의 수출 및 판매사항 등을 확인하여 수출물품의 생산에 고세율 원재료가 사용되는 것이라고 인정되는 경우에만 확인서를 발급한다.

(3) 환급신청서 및 입증서류 제출

고세율이 적용된 농림수축산물의 수입신고필증(수입분증 포함)으로 관세 등의 환급을 신청(기납증 발급을 포함)하려는 때에는 기본적인 환급신청서 및 첨부서류 외에 다음의 서류를 추가로 제출하여야 한다.

① 높은 세율이 적용된 농림수축산물을 사용하기 위하여 사전에 세관장에게 신고한 경우: 고세율 원재료 사용 수출물품 제조가공 신청(확인)서
② 사전에 세관장에 신고하지 못하였으나 높은 세율이 적용된 농림수축산물이 수출물품에 사용되었음을 명백히 입증하는 경우: 각서 및 그 밖에 높은 관세율이 적용된

농림수축산물을 사용하여 수출물품을 제조·가공한다는 사실을 입증할 수 있는 자료

(4) 환급금 지급 결정

환급 관할지 세관장은 다음의 방법으로 환급금을 지급 결정하여야 한다.

① 환급신청인이 "고세율 원재료 사용 수출물품 제조가공신청(확인)서"를 첨부하여 환급을 신청하는 경우에는 그 서류를 확인하고 환급금을 지급 결정

② 환급신청인이 "고세율 원재료 사용 수출물품 제조가공신청(확인)서"를 첨부하지 못하고 높은 관세율이 적용된 농림수축산물에 대한 관세 등의 환급을 신청하는 때에는, 환급신청이 제출하는 입증서류 등을 확인하여 환급 신청한 고세율 원재료로 해당 수출물품을 제조·가공한 것이 인정되는 경우에만 환급금을 지급 결정

가. 환급방법 조정 이유

환급제도는 수출물품의 생산에 사용된 원재료에 부과된 세금을 되돌려줌으로써 수출물품에 내재된 관세의 zero化를 구현하려는 제도다.

하지만, 수출물품 생산자는 원재료 수입일부터 대부분 45일 이내 수출물품을 생산하여 수출함에도 불구하고, 수출물품 생산에 실제 사용된 원재료의 납부 세액이 작거나 없으면 최근 2년 이내 수입된 높은 세액의 원재료를 환급신청에 사용하고 있는데, 이는 환급특례법상으로는 적법하나 실물흐름에 맞지 않아 불합리하다. 이러한 불합리를 해결하고자 2013. 7. 1.부터 시행되고 있는 것이 「수입원재료에 대한 환급방법 조정에 관한 고시」('조정고시'로 약칭하고 있음)이다.

나. 조정방법

(1) 단가 변동이 심한 수입원재료의 최근 3개월 수입원재료 우선 사용

수입원재료를 사용하여 수출물품을 생산·수출하는 데 실제 걸리는 기간은 일반적으로 2개월 미만임에도 불구하고 수입신고필증 사용기간은 2년으로 지나치게 길어 과다환급이 발생할 우려가 높다.

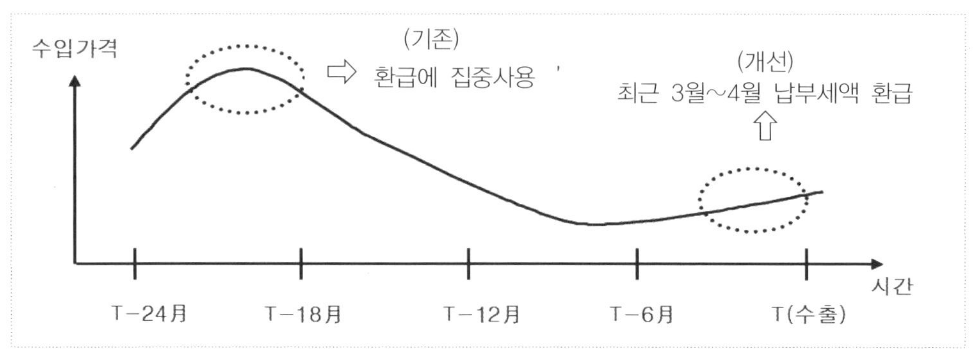

이러한 문제점을 해결하기 위하여 최근 3~4개월 내의 수입신고필증을 관세환급에 우선 사용하도록 하되, 생산 소요기간이 장기(長期)이거나 제조장 가동 중단 등으로 인해 환급

물량이 부족한 경우에 한하여 환급특례법 규정에 따라 수출이행기간(2년)을 충족하는 수입신고필증을 사용하도록 하였다.

이러한 3개월 이내 원재료를 우선 사용하도록 한 환급방법 조정과 대상품목에 대해서는 이 장의 제2절 3. 바.를 참조하기 바란다.

(2) 한 품목에 다(多) 세율 수입원재료의 세율별 수입물량 비중에 따른 환급신청

1개의 품목번호(HSK)에 2개 이상의 관세율이 적용되는 수입원재료를 사용하여 수출물품을 생산하는 경우, 환급업체는 더 많은 환급액을 받기 위해 세율이 높은 수입신고필증만을 환급에 집중적으로 사용하고 있어 또 다른 과다환급 요인이 되고 있다.

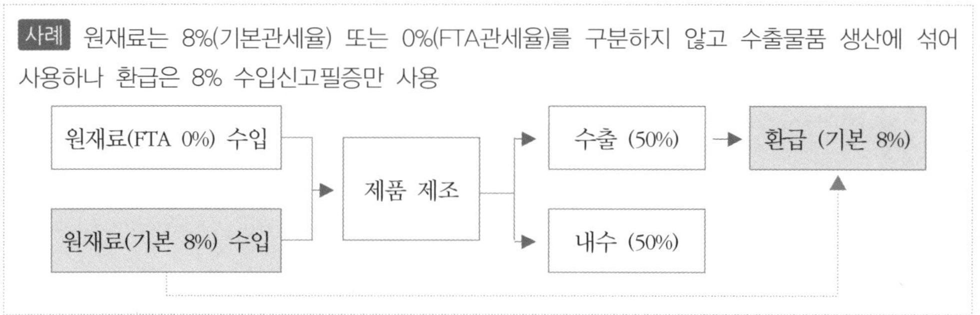

조정고시는 원재료의 세율별 수입비율에 따라 수입신고필증을 환급에 사용하도록 하여 높은 세율의 수입신고필증만 집중적으로 사용하는 문제를 해결하였다.

처음 12개 품목을 지정하였으나, 다(多) 세율 원재료의 수입 증가로 과다환급 우려가 큰 84개 품목을 추가하고, 기존 3개 품목을 지정 해제하여 2016.7.1.부터 시행 중이며, 2017년 HS 개정으로 107개로 품목 수가 바뀌었다.

(3) 세율별 수입물량 비중을 적용해야 하는 품목

세율별 수입물량 비중을 적용해야 하는 품목은 다음의 선정기준에 따라 현재 연간 환급액이 높은 93개 품목이 지정되어 있다.

① 수입실적이 있는 세율이 2개 이상 존재할 것

② 낮은 세율의 수입 비중이 10% 이상일 것

③ 해당 품목을 원재료로 사용한 수출물품의 수출비율이 90% 미만일 것

⊕ (1유형) 3개월 수입원재료 우선 사용규정과 세율별 수입물량 비중 계산규정을 함께 적용하여야 하는 38개 품목

연번	품목번호	품 명	2016년 이전	
			연번	품목(HSK)
3	0904210000	건조한 고추(부수지도 잘게 부수지도 않은 것)	3	0904210000
13	2401201000	황색종 잎담배(주맥의 전부 또는 일부 제거)	13	2401201000
16	2707999000	고온 콜타르 증류물(기타의 기타)	16	2707999000
17	27090010	석유	17	27090010
19	2711190000	석유가스(기타)	19	2711190000
23	2804690000	규소(기타)	21	2804690000
35	2905310000	에틸렌글리콜(에탄디올)	33	2905310000
39	2926100000	아크릴로니트릴	37	2926100000
46	3811210000	윤활유 첨가제(석유나 역청유(瀝靑油)를 함유하는 것)	44	3811210000
47	3824840000	앨드린(ISO), 캄페클로(ISO)(톡사핀), 클로단(ISO), 클로르데콘(ISO), 디디티(ISO)[클로페노탄(INN), 1,1,1-트리클로로-2,2-비스(파라-클로로페닐)에탄], 디엘드린(ISO, INN), 엔도설판(ISO), 엔드린(ISO), 헵타클로르(ISO) 또는 미렉스(ISO)를 함유한 것	45	3824909090
48	3824850000	1,2,3,4,5,6-헥사클로로시클로헥산[HCH(ISO)][린데인(ISO, INN) 포함]을 함유한 것		
49	3824860000	펜타클로로벤젠(ISO) 또는 헥사클로로벤젠(ISO)을 함유한 것		
50	3824870000	과불화옥탄 술폰산과 그 염, 과불화옥탄 술폰아미드, 또는 과불화옥탄술포닐 플루오라이드를 함유한 것		
51	3824880000	테트라-, 펜타-, 헥사-, 헵타- 또는 옥타브로모디페닐 에테르를 함유한 것		
52	3824999090	조제점결제(기타의 기타)		
56	3910009010	실리콘오일	49	3910009010
68	7007191000	안전유리(두께가 8밀리미터 이하인 것)	61	7007191000
69	7112991000	귀금속 웨이스트(잔재물)	62	7112991000
70	7202600000	페로니켈(ferro-nickel)	63	7202600000
71	7403110000	구리와 구리합금(음극과 음극의 형재)	64	7403110000
72	7410110000	구리의 박(정제한 구리로 만든 것)	65	7410110000
78	8407349000	1,000cc초과 피스톤엔진(기타)	71	8407349000
81	8409911000	차량용 엔진 부분품	74	8409911000
82	8409992000	차량용 엔진 부분품(기타)	75	8409992000
83	8413304000	차량용 급유용 펌프	76	8413304000
85	8481801090	파이프, 탱크용 기기(기타)	78	8481801090
90	8542314090	복합부품 집적회로(MCOs)(기타)	77	8431200000
91	8542324090	메모리(기타)		
92	8542334090	증폭기(기타)	80	8529909400
93	8542394090	기타 집적회로(기타)	81	8543909090
94	8542904090	집적회로 부분품(기타)		

연번	품목번호	품 명	2016년 이전	
			연번	품목(HSK)
97	8708309000	차량용 제동장치와 부분품(기타)	83	8708309000
98	8708400000	차량용 기어박스와 그 부분품	84	8708400000
99	8708501000	차동장치를 갖춘 구동 차축과 그 부분품	85	8708501000
101	8708940000	운전대·스티어링칼럼·운전박스와 그 부분품	87	8708940000
104	9013801930	액정디바이스(텔레비전용)	90	9013801930
105	9013801990	액정디바이스(기타 텔레비전용)	91	9013801990
107	9032899090	자동조절용이나 자동제어용 기기(기타)	93	9032899090

◉ (2유형) 세율별 수입물량 비중 계산규정만 적용하여야 하는 69개 품목

연번	품목번호	품 명	2016년 이전	
			연번	품목(HSK)
1	0404102129	기타 변성유장(유당·단백질·무기질 전부 또는 일부 제거)	1	0404102129
2	0404102199	무기질을 제거한 기타 변성유장	2	0404102199
4	0904220000	부수거나 잘게 부순 고추	4	0904220000
5	1003901000	맥주보리	5	1003901000
6	1005909000	옥수수(기타)	6	1005909000
7	1102909000	곡물가루(기타)	7	1102909000
8	1107100000	볶지 않은 맥아	8	1107100000
9	1518009090	동식물성 지방과 기름 및 이들의 분획물(기타)	9	1518009090
10	1701142000	그 밖의 사탕수수당(당도 98.5도 초과)	10	1701142000
11	2207200000	변성 에틸알코올과 기타 변성 주정(알코올 용량 無關)	11	2207200000
12	2401103000	오리엔트종(種) 잎담배(주맥을 제거하지 않은 것)	12	2401103000
14	2401202000	버어리종 잎담배(주맥의 전부 또는 일부 제거)	14	2401202000
15	2707300000	크실롤(크실렌)	15	2707300000
18	2710123000	프로필렌테트라머(propylene tetramer)	18	2710123000
20	2804611010	태양전지 제조용 잉곳(규소 함유량 99.99% 이상)	20	2804610000
21	2804611090	태양전지 제조용 규소(규소 함유량 99.99% 이상)	20	2804610000
22	2804619000	기타 규소(규소 함유량 99.99% 이상)	20	2804610000
24	2809201090	인산(기타)	22	2809201090
25	2822001091	산화코발트(이차전지 제조용)	23	2822001091
26	2825901020	산화텅스텐	24	2825901020
27	2849200000	탄화규소	25	2849200000
28	2902191000	에틸리덴 노르보넨	26	2902191000
29	2902420000	메타-크실렌	27	2902420000
30	2902430000	파라-크실렌	28	2902430000
31	2903150000	이염화에틸렌(ISO)(1,2-이염화에탄)	29	2903150000
32	2905122090	2-프로판올(이소프로필알코올) (기타)	30	2905122090
33	2905161000	2-에틸헥실알코올	31	2905161000
34	2905193000	이소노닐알코올	32	2905193000
36	2905391000	1,4-부탄디올	34	2905391000
37	2918113000	락트산의 에스테르	35	2918113000

연번	품목번호	품 명	2016년 이전	
			연번	품목(HSK)
40	2929109000	이소시아네이트(기타)	38	2929109000
38	2921439099	톨루이딘과 유도체(기타의 기타)	36	2921439099
41	2932110000	테트라히드로푸란	39	2932110000
42	2933710000	6-헥산락탐(에프시론-카프로락탐)	40	2933710000
43	3204160000	반응성 염료와 이들을 기본 재료로 한 조제품	41	3204160000
44	3503001010	젤라틴	42	3503001010
45	3505105010	에테르화전분 또는 에스테르화전분(식품용)	43	3505105010
53	3904100000	폴리(염화비닐)(다른 물질을 혼합하지 않은 것으로 한정)	46	3904100000
54	3906901000	폴리아크릴아미드	47	3906901000
55	3908102000	폴리아미드 -6,6	48	3908102000
57	3912110000	초산셀룰로오스(가소화하지 않은 것)	50	3912110000
58	3920620000	폴리(에틸렌테레프탈레이트)로 만든 것	51	3920620000
59	3921191010	격리막(이차전지 제조용으로 한정)	52	3921191010
60	3921902000	프로필렌의 중합체로 만든 것	53	3921902000
61	4002190000	SBR · XSBR(기타)	54	4002190000
62	4002209000	부타디엔 고무(BR)(기타)	55	4002209000
63	4002399020	브롬화 부틸고무(BIIR)의 것	56	4002399020
64	4011101000	승용자동차 고무타이어(래디알 구조의 것)	57	4011101000
65	5509321000	합성스테이플섬유사(아크릴의 복합사나 케이블사)	58	5509321000
66	5902100000	나일론이나 기타 폴리아미드로 만든 강력사의 타이어코드 직물	59	5902100000
67	5902200000	폴리에스테르로 만든 강력사의 타이어코드 직물	60	5902200000
73	7502109000	합금하지 않은 니켈(기타)	66	7502109000
74	7604101000	합금하지 않은 알루미늄으로 만든 봉	67	7604101000
75	7801109000	정제한 납(기타)	68	7801109000
76	7801992090	납의 괴(기타)	69	7801992090
77	7901110000	아연의 함유량이 99.99% 이상인 합금하지 않은 아연	70	7901110000
79	8408202000	1,000cc초과 2,000cc 이하인 차량용 디젤엔진	72	8408202000
80	8408909030	제8429호용 기타 엔진	73	8408909030
84	8431200000	제8427호의 기계의 전용 또는 주요 부분품	77	8431200000
86	8528521000	액정모니터(제8471호용으로 설계된 것)	79	8528591090
87	8528529000	기타 모니터(제8471호용으로 설계된 것)	79	8528591090
88	8528591090	기타 영상모니터 (기타)	79	8528591090
89	8529909400	라디오방송용 수신기기의 부분품	80	8529909400
95	8543909090	기타 전기기기 부분품(기타)	81	8543909090
96	8708290000	차체의 부분품과 부속품(기타)	82	8708290000
100	8708700000	로드 휠(road wheel)과 그 부분품·부속품	86	8708700000
102	8708951000	에어백	88	8708951000
103	8708999000	차량용 부분품과 부속품(기타)	89	8708999000
106	9018399000	주사기와 유사한 물품의 부분품과 부속품	92	9018399000

다. 세율별 수입물량 비중과 환급물량 계산

(1) 세율별 수입물량 비중 계산

①적용대상 107개 품목 중 하나의 품목번호(HSK) 원재료를 여러가지 세율로 수입하고, 그 원재료를 사용하여 생산한 제품을 수출한 후 현행 환급특례법에 따라 환급을 받는 경우에는 필연적으로 과다환급이 발생하게 되므로, 조정고시 상 수입물량 비중을 계산하여야 하는데, 조정고시에는 다음의 2가지 계산방법이 규정되어 있다.

ⓐ 전년도 세율별 수입물량 $= \dfrac{\text{전년도 해당 원재료 세율별 수입물량}}{\text{전년도 해당 원재료의 전체 수입물량}} \times 100$

ⓑ 직전 3개월 동안의 세율별 수입물량 $=$
$$\dfrac{\text{직전 3개월 동안의 해당 원재료 세율별 수입물량}}{\text{직전 3개월 동안의 해당 원재료의 전체 수입물량}} \times 100$$

②조정고시 상 ⓐ의 계산방법(조정고시 제7조)을 적용하는 것이 원칙인데, 실제 생산에 투입되는 수입물량 비중과 전년도 수입물량 비중과의 차이가 있고 환급신청인이 희망하는 경우에는 ⓑ의 계산방법(조정고시 제8조)을 사용할 수 있도록 허용하고 있다.

③그 이유는 ⓐ의 계산은 해당 연도에 처음 수출할 때 한 번만 계산하면 되므로 편리하나, ⓑ의 계산방법을 선택하는 경우에는 그때부터 매달 수입물량 비중을 계산하여야 하는 어려움이 있어 임의선택을 허용한 것이다.

④따라서 환급신청인이 환급을 더 많이 받기 위하여 ⓑ의 계산방법을 선택한 경우에는 해당 연도에는 다시 ⓐ의 계산방법을 사용할 수 없도록 제한하고 있으므로 이 점을 유의하여 선택하여야 한다.

⑤한편, 전년도 세율별 수입물량이란 다음의 기준일이 속하는 연도의 전년도 수입물량을 의미하고, 직전 3개월 동안의 세율별 수입물량 역시 다음의 기준일이 속하는 달의 직전 3개월 동안의 수입물량을 의미한다.

1. 수출하는 경우: 수출신고를 수리한 날
2. 환급 대상 수출로 인정되는 수출, 판매, 공사, 공급 등을 하는 경우: 수출·판매·공사 또는 공급을 완료한 날
3. 기납증 또는 분증으로 국내 거래하는 경우: 공급을 완료한 날

(2) 세율별 환급사용물량 계산

세율별 환급사용 물량은 환급신청해야 하는 물량(환급물량)을 위 세율별 수입물량 비중으로 안분한 물량인데, 계산식은 다음과 같다.

세율별 환급사용물량 = 환급물량 × 세율별 수입물량 비중

(3) 세율별 수입물량 비중과 환급사용물량 계산에 포함하지 않는 원재료

ⓐ기납증 또는 분증으로 공급받은 물량과

ⓑ할당관세가 적용된 나프타·LPG 제조용 원유는

세율별 수입물량 비중과 환급사용물량 계산에 포함하지 않는다.

그 이유는 기납증 또는 분증으로 공급받는 물량은 그 증명서를 발급할 때 이미 세율별 수입물량 비중이 반영되었기 때문이고, 할당관세가 적용된 나프타·LPG 제조용 원유는 그 물량이 이전에 수입된 원유로 생산한 나프타·LPG 물량을 국내 전용으로 공급한 물량의 대치(代置)물량에 대하여 할당관세가 적용되는 것이므로 해당 물량으로 인한 과다환급은 발생하지 않는다고 보기 때문이다.

라. 세율별 수입물량 비중을 계산한 환급신청

(1) 세율별 수입물량 비중 신고

세율별 수입물량 비중을 계산해야 하는 원재료를 수출물품 생산에 사용한 환급신청인은 환급을 신청하기 전에 해당 원재료의 전년도 세율별 수입물량 비중을 세관장에게 신고하여야 한다. 직전 3개월 동안의 세율별 수입물량 비중을 신고하는 경우에는 매달 신고하여야 한다.

세율별 수입물량 비중(%)이 소수점으로 표시되는 경우에는 소수점 이하를 절사한 후 고세율 원재료부터 1%씩 가산하여 수입비중의 합계가 100%가 되도록 한다.

(조정전 세율별 수입물량 비중)
5.5%:2.1%:1.8% = 37.5%:12.5%:50.0%

⇨

(조정된 세율별 수입물량 비중)
5.5%:2.1%:1.8% = 38%:12%:50%

[ ]전년도 세율별 수입물량 비중 신고서
[ ]직전 3월 세율별 수입물량 비중 조정 신고서

신고인	상 호			대표자	
	주 소				
	전화번호		통관고유번호		
	제조장명				

품목번호 (HSK)	수입물품	세율	수입물량	단위	수입비중 (%)	산정 연도 (산정기간)
		합계		합계		

「수입원재료에 대한 환급방법 조정에 관한 고시」 제7조제6항 및 제8조제2항에 따라 수입원재료에 대한 세율별 수입물량 비중을 (조정) 신고합니다.

20 년 월 일

신고인 :

(서명 또는 인)

세관장 귀하

결 재	담당	주무	과장

첨부서류	구매계획서, 매매계약서 등 (세율별 수입물량 비중을 조정 신고하는 경우에 한함)	수수료
		없음

유의사항

1. "품목번호"란에는 「관세법 시행령」 제98조제1항에 따른 관세·통계통합품목분류표상 HSK10단위 품목번호를 기재하되, 원유는 HSK 8단위(2709.00-10)를 기재합니다.
2. "수입비중"란에는 세율별 수입비중(%)은 소수점 이하를 절사하여 정수로 산정하되, 수입비중의 합계가 100이 되도록 고세율부터 저세율의 순으로 1%씩 가산합니다.
3. "산정기간"란에는 제8조제2항에 따라 세율별 수입물량비중 조정신고를 하는 경우에는 그 산정기간을 기재합니다.
4. 첨부서류는 제7조제1항의 수출신고수리일 등이 속하는 달의 직전 3개월 동안의 세율별 수입물량 비중을 조정신고하는 경우에 한하여 제출합니다.

(2) 세율별 수입물량 비중 계산과 세율별 환급물량 계산(예시)

● (1유형) 3개월 수입원재료 우선 사용규정과 세율별 수입물량 비중 계산규정을 함께 적용하여야 하는 38개 품목

세율별 수입물량 비중을 계산한 후, 조정고시 제4조에 따라 해당 세율별 3개월 이내 수입원재료를 먼저 환급에 사용하되 부족한 경우에는 조정고시 제6조에 따른 "수입신고필증 유효기간 단축배제 사유서"를 제출하여 부족한 물량에 대하여 세율 구분 없이 환급특례법 제9조에 따라 환급을 신청하면 된다.

▌ 계산사례

> **예시** A사는 3개월 수입원재료 우선 사용규정과 수입물량 비중 계산규정이 적용되는 원유(HSK2709.00-10)를 아래와 같이 수입하고, 석유제품 10톤을 2018.5.1.에 수출하였는데, 석유제품 1톤당 1톤의 원유가 사용되는 경우, 세율별 수입물량 계산과 환급물량을 계산하면? (환급물량 단위는 톤)

수입(매입)일자	세율	물량	단가	@세액	납부세액
2017. 02. 06.	분증(기납증)	10톤	1,000원	30원	300원
2017. 05. 15.	기본 3.0%	90톤	1,000원	30원	2,700원
2017. 08. 10.	할당 0.5%	10톤	1,100원	5.5원	55원
2017. 12. 15.	FEU 0.0%	10톤	1,000원	0원	0원
2018. 01. 02.	기본 3.0%	10톤	700원	21원	210원
2018. 02. 01.	FEU 0.0%	5톤	900원	0원	0원
2018. 02. 28.	기본 3.0%	5톤	800원	24원	120원
2018. 03. 22.	FEU 0.0%	5톤	800원	0원	0원
2018. 04. 19.	할당 0.5%	5톤	1,000원	5.5원	27.5원
2018. 05. 01.	기본 3.0%	10톤	900원	27원	270원

▨ 전년도 세율별 수입물량 비중 계산

① 전년도 해당 원재료의 전체 수입물량: 2017년 총 원유 수입물량 120톤에서 2017.2.6. 분증(기납증) 공급물량 10톤 및 2017.8.10. 할당관세 적용물량 10톤을 제외한 100톤
② 전년도 세율별 수입물량 비중
  - 세율 0% 수입물량비중: 10톤(2017.12.15.)/100톤으로 10%
  - 세율 3% 수입물량비중: 90톤(2017.5.15.)/100톤으로 90%

🪨 세율별 환급사용물량 계산

① 환급물량: 2018.5.1. 수출한 석유제품 10톤의 환급물량은 원유 10톤

② 세율별 환급사용물량

- 세율 0% 환급사용물량: 1톤(환급물량 10톤×비중 10%)

- 세율 3% 환급사용물량은 9톤(환급물량 10톤×비중 90%)

🪨 세율별 수입신고필증 사용

① 기본세율 3% 15톤(2018.2.28. 및 2018.5.1.) 중 9톤에 대해 환급신청

- 세율 3%에 해당하는 수입원재료 중 납부세액이 가장 많은 2018.5.1. 수입신고필증 9톤 납부세액 243원(9톤×27원)을 신청

② 협정세율 0% 10톤(2018.2.1. 및 2018.3.22.) 중 사용물량 1톤 기재

- 환급신청서 병지에 협정세율 0%가 적용된 수입원재료 중 환급사용물량 1톤을 선택하여 기재

…

이는 3개월 이내 수입원재료 우선 사용 규정과 세율별 수입물량 비중계산 규정은 함께 적용하여야 하기 때문인데, 조정고시 제4조에 따른 3개월 내에 해당 세율의 수출용 원재료가 없는 경우에는 환급특례법 제9조에 따라 2년 이내 수입한 수출용 원재료 중 세율별 비중 제한을 받지 않고 임의선택한 수출용 원재료를 환급신청에 사용할 수 있다. (조정고시 제9조·제11조)

> 【전제1】 2017.1.1.~2017.12.31: 1유형인 구리(HSK7403.11-0000)를 기본(3%) 18톤, FCN(2.4%) 2톤, FCL(0%) 80톤 수입 ⇒ 18(3%) : 2(2.4%) : 80(0%)
>
> 【전제2】 2018.4.1.~6.30.: 기본(3%) 9톤, FCN(2.2%) 1톤, FCL(0%) 40톤 수입
>
> 【수 출】 2018.7.1. 수출된 제품에 원재료 구리 10톤을 사용
>
> 【환 급】 원재료 10톤을 1.8톤(3%), 0.2톤(2.4%), 8톤(0%)으로 환급 받아야 하나, 전제2(3개월 이내 수입) 원재료 중 2.4%는 없으므로, 환급특례법 제9조에 따라 남은 원재료 중 기본관세율(3%) 구리 0.2톤으로 환급 받을 수 있음

🎯 (2유형) 세율별 수입물량 비중 계산 규정만 적용하여야 하는 69개 품목

세율별 수입물량 비중을 계산한 후, 환급특례법 제9조에 따른 수입신고필증 유효기간 2년 이내의 해당 세율별 원재료로 환급을 신청하되, 부족한 경우에는 다른 세율의 수입신

고필증을 환급신청에 사용하면 된다.

▶ 계산사례

예시 A사는 수입물량 비중계산만 적용하는 2-에틸헥실알콜(HSK2905.16-1000)을 다음과 같이 수입하여 오르토프탈산디2에틸헥실(제품) 80톤을 생산(제품 2톤당 1톤의 원재료가 사용)한 후, 2018.1.10. 수출하였을 경우, 세율별 수입물량 계산과 환급물량을 계산하면? (환급물량 단위는 톤)

수입(공급)일자	세율	물량	단가	@세액	납부세액
2016.09.23.	FCN1 4.4%	2톤	1,000원	44.0원	88원
2017.01.06.	분증(기납증)	10톤	800원	15.0원	150원
2017.04.11.	WCO 5.5%	20톤	760원	41.8원	836원
2017.08.21.	FEU1 0.0%	20톤	700원	0.0원	0원
2017.09.18.	WCO 5.5%	10톤	800원	44.0원	440원
2017.11.03.	FUS1 2.2%	10톤	600원	13.2원	132원
2017.12.22.	FEU1 0.0%	20톤	800원	0.0원	0원
2018.01.05.	WCO 5.5%	4톤	900원	49.5원	198원

◈ 전년도 세율별 수입물량 비중 계산

① 전년도 해당 원재료의 전체 수입물량: 2017년 총 원재료 수입물량 90톤에서 2017.1.6. 분증(기납증) 공급물량 10톤을 제외한 80톤

② 전년도 세율별 수입물량 비중 산출

- 세율 5.5% 수입물량비중: 30톤(4.11, 9.18)/80톤으로 37.5% ⇒ 38%

- 세율 2.2% 수입물량비중: 10톤(11.3)/80톤으로 12.5% ⇒ 12%

- 세율 0.0% 수입물량비중: 40톤(8.21, 12.22)/80톤으로 50.0% ⇒ 50%

  ※ 세율비중(%)은 소수점 이하 절사. 합계가 100이 되도록 고세율부터 1%씩 가산

◈ 세율별 환급사용물량 계산

① 환급물량: 2018.1.10. 수출한 제품 80톤의 2-에틸헥실알콜 원재료 물량은 40톤

② 세율별 환급사용물량 계산

- 세율 5.5% 환급사용물량: 15.2톤(환급물량 40톤×비중 38%)

- 세율 2.2% 환급사용물량: 4.8톤(환급물량 40톤×비중 12%)

- 세율 0.0% 환급사용물량: 20.0톤(환급물량 40톤×비중 50%)

◆ 세율별 수입신고필증 사용

① 세율 5.5%에 해당하는 원재료 15.2톤 중 납부세액이 가장 많은 순서로 2018.1.5. 원재료 4톤(198원), 2017.9.18. 원재료 10톤(440원), 2017.4.11. 원재료 중 1.2톤(≒50원) 납부세액 688원을 환급신청

② 세율 2.2%에 해당하는 원재료 4.8톤은 2017.11.3. 원재료 중 4.8톤 납부세액 ≒63원 (4.8톤 × 13.2원)을 환급신청

③ 세율 0.0%에 해당하는 원재료 20.0톤은 2017.8.21. 또는 2017.12.22. 원재료 중 20톤 (납부세액 0원)으로 환급신청

※ 조정고시 시행 전후 비교

조정고시 개정전					조정고시 개정후				
일자	세율	@세액	물량	세액	일자	세율	@세액	물량	세액
'18.01.05	WCO 5.5%	49.5원	4톤	198원	'18.01.05	WCO 5.5%	49.5원	4.0톤	198원
'16.09.23	FCN 4.4%	44.0원	2톤	88원	'17.09.18	WCO 5.5%	44.0원	10.0톤	440원
'17.09.18	WCO 5.5%	44.0원	10톤	440원	'17.04.11	WCO 5.5%	41.8원	1.2톤	50원
'17.04.11	WCO 5.5%	41.8원	20톤	836원	'17.11.03	FUS1 2.2%	13.2원	4.8톤	63원
'17.01.06	분증	15.0원	6톤	90원	'14.12.24	FEU1 0.0%	0.0원	20.0톤	0원
합계			40톤	1,652원	합계			40톤	751원

…

이는 2016.1.20. 조정고시 개정으로 세율별 수입물량 비중계산 규정만 적용되는 원재료가 존재하게 되었기 때문인데, 해당 품목의 원재료는 환급특례법 제9조에 따른 2년 이내 수입원재료에 대하여 세율별 환급물량의 수입신고필증을 환급신청에 사용하여야 하고, 해당 세율이 없는 경우에는 다른 세율의 원재료를 환급신청에 사용할 수 있다. (조정고시 제9조)

【전제1】 2017.1.1.~2017.12.31: 2유형인 젤라틴(HSK3503.00-1010)을 기본(8%) 10톤, FCN(3.2%) 10톤 수입 ⇒ 50(8%):50(3.2%)

【전제2】 2018.1.2.: 기본관세(8%) 원재료만 50톤 수입

【수 출】 2018.1.29. 젤라틴 원재료 30톤을 사용하여 생산된 제품을 수출

【환 급】 젤라틴 30톤에 대하여 15톤-8%, 15톤-3.2%로 환급신청하면 되나, 환급특례법 제9조에 따른 수출이행기간 2년 이내에 수입된 3.2% 원재료는 10톤으로 환급신청하면서, 부족분 5톤은 기본관세(8%)로 환급받을 수 있음

마. 세율별 환급사용물량 제한 배제

세율별 수입물량 비중을 계산하도록 하는 것은 다(多)세율 원재료를 수입하면서 수출물품 환급에는 높은 세율의 원재료만 우선 사용하는 불합리를 없애려고 한 것이기 때문에 다음과 같은 경우에는 그러한 불합리가 발생하지 않으므로 세율별 환급사용물량 제한 규정을 적용하지 않는다. (조정고시 제10조)

① 세율별 품목이 상호 동일한 질과 특성이 있지 않아 수출물품의 생산과정에서 구분하여 사용하는 업체인 경우

② 단일 세율로만 수입하는 업체인 경우

③ 수출물품 생산에 실제 사용된 원재료별로 재고관리(재고관리방법 중 개별법)하여 환급 등을 신청하는 업체인 경우

④ 원재료를 수입 또는 구매한 순서대로 수출물품 생산에 투입된 것으로 재고관리(재고관리방법 중 선입선출법)하여 환급 등을 신청하는 업체인 경우

세율별 환급사용물량의 제한 배제 규정을 적용받으려고 할 때 환급신청인이 별도로 세관장에게 신고 등의 행정조치를 해야 하는 것은 없다. 배제 규정을 적용받은 것이 적정한지는 환급 후 심사를 통해서 세관장이 별도로 확인하게 된다.

그러므로 환급신청인은 환급을 신청하기 전에 제한 배제를 받는 이유를 설명할 수 있는 자료와 그 입증 자료들은 준비해 두어야 한다.

1   평균세액증명제도의 의의

①개별환급은 수입원재료의 납부세액을 정확하게 환급하는 장점은 있으나, 소요량계산과 구비서류 준비에 많은 시간이 소요되어 환급절차 복잡에 따른 환급비용이 많이 드는 결점이 있다. 평균세액증명제도는 이를 보완한 제도이다.

②즉, 위 그림과 같이 평균세액증명제도를 이용하는 환급신청인은 수입신고필증, 기납증, 분증 등을 품목번호(HSK)별로 매월별로 통합하여 평균세액을 산출한 후, 이 금액으로 환급액(양도세액 포함)을 산출할 수 있다.

③따라서 평균세액증명서 제도를 이용하면 환급신청 또는 기납증, 분증 등의 발급을 신청할 때에 원재료의 규격을 생략할 수 있어 환급 절차가 간소해진다.

동일한 품목번호(HSK)

- 수입신고필증   • 기납증   • 평세분증
- 수입분증   • 기납분증

→ 평균세액증명서 (평세증)

수입신고수리일 (매입일)	규격	수량	납부세액
2017.04.03. (기 납 증)	1cm	20	140원
2017.04.07. (수입필증)	2cm	30	600원
2017.04.11. (기납분증)	3cm	20	500원
2017.04.18. (분 증)	2cm	20	500원
2017.04.25. (평세분증)	4cm	10	300원
계		100	1940원

규격	수량	세액
×	100	1,940원

→
- 개당 19원씩 환급 (※ 19.4원) (100÷1,940. 소수점 이하 절사)
- 수량 : 100개
- 수출이행기간기준일: 매월 1일

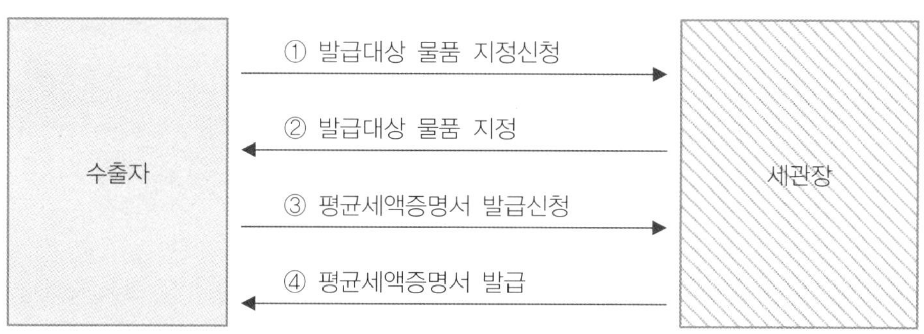

가. 평균세액증명서 발급대상 물품의 지정신청

①평균세액증명서의 발급을 신청하려는 수출자는 해당 원재료에 대한 "평균세액증명서 발급대상 물품 지정신청서"(환급고시 별지 제18호서식)에 "ⓐ사업장별 수출물품내역, ⓑ수출 물품별 소요원재료의 내역 및 ⓒ지정받으려는 품목번호(HSK)의 최근 3개월간 규격별 수입실적 및 국내 구매실적"을 첨부하여 관할지 세관장에 제출하여 지정 신청하여야 한다.

②지정신청을 받은 세관장이 해당 원재료에 대하여 평균세액증명서 발급대상 물품 지정을 하면, 수출자는 그때부터 평균세액증명서를 세관장으로부터 발급받을 수 있다.

③제조장이 2 이상이고 각 제조장별로 수출·수입하는 업체에서는 제조장별로 구분하여 발급대상 물품의 지정을 신청하여야 하며, 평균세액증명서 발급신청도 구분하여 신청하여야 한다.

> 예시 2017.3.6. 평세증 발급대상 물품 지정 신청을 하여 2017.3.8. 지정을 받은 경우 2017년 4월 1일 이후 수입(국내매입)한 원재료부터 평세증 발급신청 가능

평균세액증명서 발급대상물품 지정신청서(갑)

※ [ ]에는 해당되는 곳에 ✓표를 합니다.

접수일자			처리기간	2일

신청인	상호		대표자	
	통관고유번호		전화번호	
	주소			

사업장 내역 (사업장이 2 이상인 경우 전부 기재)

사업장명	소재지	사업자등록번호	비고

원재료 수입(구매) 및 수출실적(최근 1년간) (단위 : 미화 만불)

원재료 수입	원재료 국내구매	수출 및 국내공급실적

최초 발급월	

「수출용원재료에 대한 관세 등 환급사무처리에 관한 고시」 제40조제2항에 따라 평균세액증명서 발급대상물품의 지정을 신청합니다.

20　　　년　　　월　　　일

신청인　　　　　　　　　　　　　　　　　(서명 또는 인)

○ ○ 세 관 장 귀하

첨부서류	1. 사업장별 주요 수출물품 내역[별지 제19호서식] 2. 수출물품별 소요원재료 내역[별지 제20호서식] 3. 최근 3개월간 원재료 규격별 수입(구매)실적 　　[별지 제21호서식]		

	결재	담당	주무	과장

나. 지정 물품의 요건

평균세액증명서 발급대상 물품은 수출용 원재료이면 원칙적으로 제한이 없다. 그러나 평균세액증명서는 환급절차를 간편하게 하려고 위의 납부세액증명서류를 품목번호별로 통합하는 것이므로 통합 후에 환급 등이 가능하여야 하며, 통합으로 인하여 과다 또는 과소 환급이 발생하지 않아야 한다. 따라서 다음의 경우에는 지정대상에서 제외된다.

① 원재료의 품명이 관세율표상 "기타의 기타"로 분류되는 물품

- 관세율표상 품명이 "기타의 기타"에 해당되는 경우에는 하나의 품목번호라고 하더라도 여러 수십 가지의 품목이 있을 수 있어 이를 평균한 것이 해당 원재료의 평균납부세액이라고 보기 곤란하기 때문이다.

② 원재료의 규격에 따라 소요량이 달라지는 것으로서, 규격을 통합하는 경우 평균세액의 산출이 곤란한 물품

- 예시로, 농도가 다른 염료가 이에 해당될 수 있다. 다만 이 경우에도 일정한 농도로 희석하여 사용해야 하는 것이라면 평균세액증명서를 발급 신청할 때 기준농도로 환산·통일하여 신청하면 가능하다.

③ 환급특례법 제17조의 규정에 의한 개별환급금 지급제한대상 물품 : 덤핑방지관세, 상계관세, 보복관세가 적용된 물품을 말한다.

④ 수출물품의 생산과정에서 부산물이 발생되는 원재료와 부산물이 발생되지 아니하는 원재료가 동일한 품목번호로 분류되는 물품

다. 재심사 및 지정취소

세관장은 평균세액증명서를 사용하여 환급(기납증 등의 발급을 포함)받은 세액이 원재료의 세액과 비교하여 현저한 차이가 있다고 인정되는 경우에는 평균세액증명서 발급대상 물품의 지정을 취소할 수 있는데(환급특례법 시행령 제12조제7항), 세관장은 이를 2년마다 심사하여야 한다.

심사결과 평세증 발급대상 물품으로 적합하지 않거나 지정받은 자의 요청이 있는 경우에는 지정을 취소할 수 있다.

가. 발급대상 원재료

평세증 발급에 사용할 수 있는 원재료는 다음과 같다.

① 수입신고필증 ⑱란에 "A"(수출용 원재료)가 기재된 원재료. 따라서 "K"(내수용 원재료)가 기재된 원재료는 평세증 발급에 사용할 수 없다.

② 분증(기납분증, 평세분증 포함) 및 기납증으로 양수받은 원재료

나. 평세증의 발급

(1) 원재료별·월별로 일괄발급 원칙

평세증은 월별 순서에 따라 해당 월에 수입 또는 국내 매입한 동일한 품목번호(HSK)로 분류되는 원재료 전량에 대하여 다음달 1일 이후에 일괄하여 발급신청(자율발급)하여야 한다. 다만 제조장이 2 이상인 업체가 각 제조장별로 발급대상 물품의 지정을 받은 경우에는 제조장별로 평세증 발급을 신청하여야 한다.

(2) 평세증 발급권자

평세증은 수출용 원재료를 수입한 자 또는 국내 매입한 자의 신청을 받아 세관장이 발급하나, 관세청장이 지정한 기준을 충족(환급고시 제57조)한 "P/L 발급업체 또는 P/L 발급 관세사"가 직접 발급할 수 있다.

(3) 평세증 사용순서

평세증은 월별 순서에 따라 사용하여야 한다. 후순위 월의 평세증을 환급에 사용한 때에는 선순위 월의 평세증을 환급에 사용할 수 없으므로 월별 순서를 어길 때는 여러 가지 불이익을 받을 가능성이 크다.

> 예시 2018년 1월분의 평세증을 환급 등에 사용한 경우에는 동일 품목번호의 2017년 12월 이전 평세증은 미사용분이 있다 하더라도 환급 등에 사용할 수 없다.

(4) 평세증의 구성

평세증은 신청인과 세액 사항을 기록한 갑지와 환급에 사용할 물품의 평균세액을 기재한 을지, 을지 물품의 평균세액을 증빙하는 병지로 구성되어 있다.

평균세액증명서 (공통사항, 갑)

처리기간 : 1일
접수번호 :

제출번호 :

1. 신청내역

		신청 관세사	③상호 :	⑤수입(매입) 연월	
①접수번호					
②접수일			④관세사 부호 :		

2. 신청인

				3. 세 액 사 항	관　　세	
①상호	③사업자번호	⑤통관고유부호			개별소비세	
					교　통　세	
					주　　세	
②성명	④주소	⑥연락처			교　육　세	
					농　특　세	
					합　　계	

4. 신청처리 내역(세관 기재사항)

세관 (증명일자)			담당	주무	과장	세관장	5. 증명인
담당자		결재					

평균세액증명서 (증명물품, 을)

접수번호 :　　　　－

ⓐ연번	ⓑ물품식별번호	ⓒ품명규격	ⓓ품목번호	①물량 (단위)	⑨단위당 평균세액	ⓗ관　세	ⓘ개별소비세	ⓙ교　통　세	ⓝ세액합계
			ⓔ원자재단가			ⓚ주　세	ⓛ교　육　세	ⓜ농　특　세	

평균세액증명서 (수입원재료, 병)

접수번호 :

ⓐ 연번	ⓑ 물품식별번호	ⓒ 원재료식별번호	ⓓ 구분	ⓔ(원재료구분)신고번호-란-규격		ⓗ수입 (매입)가격	①물량 (단위)	ⓙ관　세	ⓚ개　소　세	ⓛ교　통　세	ⓟ 세액합계	ⓠ 비고
				ⓕ수입(매입)일자	⑨품목번호			ⓜ주　세	ⓝ교　육　세	ⓞ농　특　세		

(5) 수입신고필증 등에는 발급사용표시

평세증 발급대상 원재료는 평세증에 의해서만 환급이 가능하며, 수입신고필증 등은 환급에 사용할 수 없으므로 지정취소 시까지 계속하여 평세증을 발급하여야 한다. 평세증 발급 누락을 예방하고 이중 환급을 방지하기 위하여 평세증 발급에 사용한 수입신고필증 등에 그 사실을 표시하는 것이 좋다.

(6) 품명의 기재방법

평세증 상 품명은 관세율표의 품명을 기재한다. 필요한 경우 변경할 수 있다.

(7) 평균세액의 조정

단위당 중량, 두께, 폭, 농도 등 규격에 따라 소요량이 다른 원재료가 평세증 발급대상 물품으로 지정된 경우에는 비례계산에 의거 발급물량을 조정하여 평균세액을 산출하고 해당란에 "비례계산"이라 기재하여야 한다.

(8) 기납증 등이 발급되지 아니한 국내 구매 자재 포함

⦿ 실거래 일자 기준

국내구매한 수출용 원재료 중 기납증 등이 발급되지 않은 원재료도 실제 물품인수일이 속하는 달의 평세증에 포함하여 신청하여야 한다. 이는 기납증 발급을 신청할 때 매입일자란에 물품수령증명서(또는 세금계산서) 상의 인수 일자를 기재하지 아니하고 실제 물품인수일을 기재하는 것과 같은 취지이다.

> 예시 실제 물품인수일이 2018.1.10.이고 세금계산서상 인수일이 2018.2.5.인 경우는 2018년 1월 분 평세증 발급을 신청할 때 해당 물품을 포함한다.

⦿ 최저 양도세액 적용

기납증 등이 발급되지 않은 국내구매 자재의 양도세액은 해당 월에 국내구매한 동일물품의 기납증 등의 최저 양도세액으로 양도세액을 산정한다. 해당 월에 공급받은 동일물품(동일 HSK 물품)의 기납증 등이 없는 경우에는 해당 월부터 소급하여 가장 가까운 달의 기납증 등 중에서 단위당 세액이 가장 적은 것으로 산정한다. 이를 피하는 방법으로는 기납증 등을 조기수령하거나 기납증 등을 받을 때까지 평세증의 발급신청을 늦추는 방법이 있다.

(9) 평세증 발급 신청서류 및 신청방법

◈ 평세증 발급신청 시 구비서류

① 평균세액증명서

② 소요원재료의 납부세액증명서류(수입신고필증, 기납증, 분할증명서)

③ 기납증 등이 발급되지 아니한 국내구매 원재료에 대하여는 국내거래증명서류(내국신용장, 구매승인서 등)

◈ 신청방법

평세증을 전자문서로 세관장에게 전송한 후 접수가 되면 접수번호가 기재된 평세증을 접수통지를 받은 날부터 3일 이내에 세관장에게 제출하여야 한다. 다만, P/L 발급업체 또는 P/L 발급관세사인 경우에는 전자문서를 세관에 전송한 후 평세증을 자율발급 할 수 있다(제5장제5절 P/L 발급 참조).

다. 평균세액증명서의 추가발급

평세증을 추가발급 받으려는 경우에는 추가발급 분과 해당 월 또는 다음 달의 수입 분을 합산하여 평균한 금액으로 산출한다.

(1) 추가발급 사유

평세증은 동일한 품목번호별로 해당 월에 수입하거나 국내 매입한 수출용 원재료 전체 물량에 대하여 일괄발급을 신청함이 원칙이나 예외적으로 다음의 경우에는 추가발급을 허용하고 있다.

① 수입신고할 때 품목분류를 잘못하여 최초 발급할 때 누락된 경우

② 수입신고필증 등을 분실하여 최초 발급할 때 누락된 경우

③ 평세증이 발급된 후에 원재료에 대한 추징이 있어 그 추징된 세액에 대하여 추가발급을 신청하려는 경우

④ 평세증을 발급하려는 자의 신청에 의해 사업장 또는 사업 분야 별로 구분하여 평세증을 발급 신청할 수 있도록 관세청장의 인정을 받아 그 사업장 또는 사업 분야 별로 일괄 추가발급을 신청하려는 경우

⑤ 그 밖에 세관장이 추가 발급함이 타당하다고 인정하는 경우

(2) 추가발급 제한

추가발급을 할 수 있는 경우에도 내수용원재료의 수입신고필증을 환급 등에 사용한 경우에는 그 사용일 이전에 발급된 평세증에 대하여는 추가발급을 신청할 수 없다(환급특례법 제11조제3항). 이 경우 평세증 발급에서 누락된 수출용 원재료는 내수용으로 수입한 물품과 동일한 취급을 받기 때문이다.

(3) 추가발급 신청서류 및 신청방법

평세증에 ❶이미 발급된 해당 월의 평세증, ❷추가발급과 관련된 원재료의 납부세액 증명서류(수입신고필증 등) 및 ❸추가발급 신청 사유서를 첨부하여 당초 발급받은 세관장에게 제출하여야 한다.

◉ 미사용분이 있는 경우

사용되지 아니한 수출용 원재료의 물량 및 세액과 추가발급 신청된 수출용 원재료의 물량 및 세액을 합산하여 평균세액을 산정한다.

《 평균세액증명서 병지 작성요령 》

ⓓ 구분	ⓔ(원재료구분)신고번호-란-규격		ⓘ 물량(단위)	…	ⓟ 세액합계	ⓠ 비고(%)	
	ⓕ수입(매입)일자	ⓖ품목번호					
A	(04) 010180000001-01-001		1,500(EA)	…	450,000		⇦ 잔량분
	2018-01-05	1234.56-7890					
B	(02) 010180000003-01-001		1,500(EA)	…	50,000		⇦ 추가분
	2018-01-31	1234.56-7890					

◉ 미사용분이 없는 경우

다음 달의 평세증(다음 달의 평세증이 관세 등의 환급신청 또는 기납증 발급에 전부 사용되었거나 평세증의 발급대상이 되는 수출용 원재료가 없는 경우에는 그 후 최초의 평세증을 말한다)의 물량 및 세액과 추가발급 신청된 수출용 원재료의 물량 및 세액을 합산하여 평균세액을 산정하되 평세증은 평균세액증명 대상 물품을 수입한 날이 속하는 월별로 신청한다.

라. 평균세액증명서 변경 발급

평세증을 발급한 후에 ❶지정받은 물품별 수입량 및 관세 등의 세액, ❷지정받은 물품별 내국신용장 등에 의한 매입량 및 관세 등의 세액 또는 ❸그 밖에 평균세액 증명과 관련된 사항으로서 관세청장이 정하는 사항의 전부 또는 일부가 변경된 때는 다음의 방법으로 이미 발급된 평세증을 변경 발급한다. (환급특례법 시행령 제12조제3항 및 환급특례법 시행규칙 제10조)

① 평세증을 환급 등에 사용하지 아니하였거나 일부만 사용한 경우에는 기존 평세증을 회수하고 다시 발급한다.

② 평세증이 관세 등의 환급에 전부 사용된 경우에는 다음 달 평세증을 발급할 때에 그 사실을 참작하여 발급한다. 다만, 다음 달의 평세증(다음 달의 평세증이 관세 등의 환급에 전부 사용되었거나 없는 경우에는 그 다음 달의 평세증을 말한다.)가 발급된 경우에는 이를 회수하고 다시 발급한다.

4   평균세액증명서의 제한

(1) 수출이행기간 기준일은 초일(1일)

평세증의 수출용 원재료는 수출이행기간을 계산할 때 해당 월의 1일에 수입신고 수리(국내거래)된 것으로 보아 기간을 계산한다.

(2) 수입신고필증 등 사용 불가 원칙

평세증은 발급신청인의 모든 원재료에 대하여 평균세액을 증명하는 서류로써 발급된 것이므로, 수입신고필증, 분할증명서, 기납증 등에 의한 환급 등의 신청은 허용되지 않는다.

(3) 내수용 수입신고필증의 제한적 환급허용

평세증 발급업체의 내수용 원재료에 대한 환급 등을 허용하여야 평세증 이용에 불이익을 배제할 수 있으나, 평세증 제도 자체로 인한 부당한 과다환급의 발생이 우려되어 내수용 원재료의 수입신고필증은 해당 월의 평세증을 환급에 모두 사용한 경우만 해당 수입신고필증을 환급에 사용할 수 있도록 제한하고 있다. (환급특례법 제11조제3항)

환급신청의 이해와 실무

1 일반적인 환급신청권자

①환급신청권은 수출신고필증 ㉖란에 환급신청인으로 기재된 자가 행사할 수 있다. 환급신청인은 수출물품의 수출자 또는 생산자에 해당하여야 한다.

②다만, 수입한 상태 그대로 수출하고 환급신청하려는 경우에는 생산자를 알 수 없으므로 수출자만 환급신청인이 될 수 있다.

③그리고 간이정액환급을 신청하려는 경우에는 수출물품의 생산자만 환급신청인이 될 수 있다.

가. 생산자 수출

수출물품의 생산자가 곧 수출자인 경우는 수출신고필증 상 ②란과 ③에 동일인이 기재되므로, 수출신고필증 상 환급신청인은 생산자를 기재하면 된다.

나. 위탁수출

①위탁수출이란 수출물품을 생산한 자가 무역업자에게 수출대행을 의뢰하여 수출하는 것을 말하는데, 수출물품을 생산한 자는 수출위탁자 겸 수출화주가 되며, 무역업자는 수출대행자가 된다.

②따라서 이때의 환급신청인은 수출대행자가 될 수 없고 수출위탁자인 수출화주만 환급신청인이 될 수 있다.

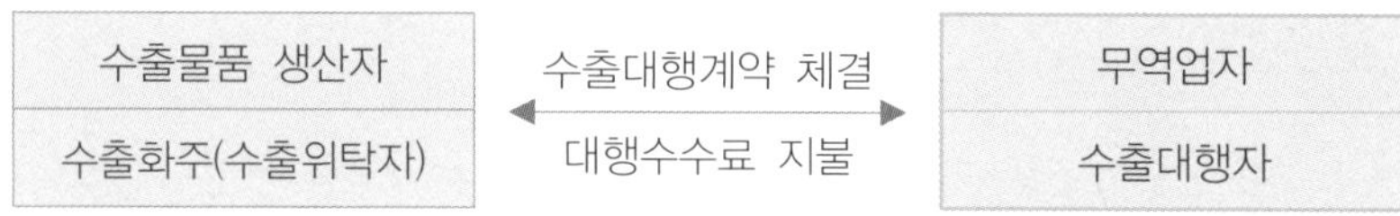

다. 완제품 구매 후 수출

외국으로부터 수출신용장을 받은 수출자가 국내 기반시설과 자본이 부족한 경우에는 국내 생산자로부터 완제품을 구매하여 수출할 수 있다. 이러한 경우에는 수출신고필증 ②수출화주란에는 수출자가 기재되고 ③제조란에는 생산자가 기재된다.

이러한 경우 ❶수출자가 환급신청을 하려는 경우에는 수출신고필증 ㉖란에 "1"(수출화주)를 기재한 후, 생산자가 세관장으로부터 발급받은 기납증을 인수하여 납부세액 증빙서류로 첨부하여 환급신청하면 되고, ❷생산자가 환급신청을 하려는 경우에는 수출신고필증 ㉖란에 "2"(제조자)를 기재한 후 생산자의 수입신고필증 등을 납부세액 증빙서류로 첨부하여 환급신청하면 된다.

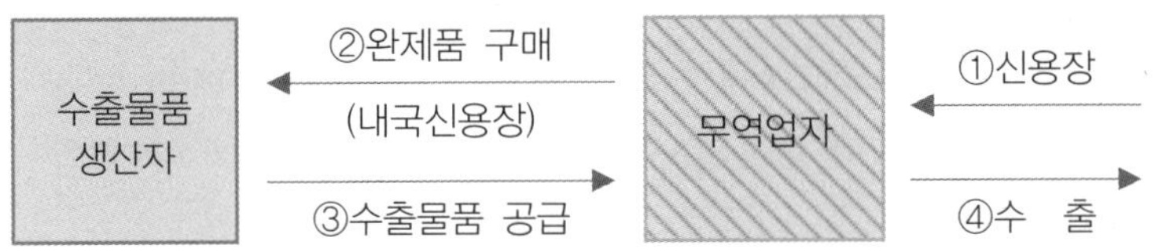

한편, 간이정액환급률표를 적용하는 경우에는 중소제조업체를 지원하기 위한 제도 본연의 취지상 수출물품 생산자만 환급을 신청할 수 있도록 제한하고 있다.

이 형태는 누가 환급신청권을 가지는가에 따라 완제품 공급가격에 관세를 포함할지가 결정되므로, 물품 가격을 결정하기 전에 환급신청인을 결정하여야 한다.

가. 박람회·전시회 등 무상수출

외국에서 개최되는 박람회·전시회 등에 출품하기 위하여 무상으로 반출하는 물품이 대한무역진흥공사 명의로 수출되어 수출신고필증이 발급된 경우에는, 박람회 등에 출품한 자가 환급신청권자가 된다.

나. 면세권자에게 판매·공사

환급특례법 시행규칙 제2조제2항에 규정한 외화를 획득하는 판매 또는 공사 등에 제공된 물품에 대해서는 해당 판매 또는 공사를 한 자가 환급신청권자가 된다.

다. 보세공장 등에 물품공급

보세창고·보세공장·보세판매장·종합보세구역 또는 자유무역지역 입주기업체에 공급하는 물품과 외항선(기)용 선(기)용품 및 원양어선용 선수품에 대해서는 공급자 또는 생산자가 환급신청권자가 된다.

라 임가공 수출물품

⬤ 전부 임가공의 경우

임가공위탁자에게 환급신청권이 있다. 임가공위탁이란 물품을 제조함에 있어 필요한 공장 및 제조설비만을 용역비를 주고 빌리는 형태이므로 임가공위탁자가 생산자로서 환급신청권을 가지며, 수탁자는 환급신청권이 없다.

⬤ 부분 임가공의 경우

소요원재료 전부를 위탁자가 수탁자에게 무상으로 공급하여 전부 임가공의 형태를 취하든지, 아니면 소요원재료 전부를 수탁자가 구입하여 국내거래형태를 취하여야 관세환급이 가능하게 되며, 이에 따라 환급신청권자도 앞에서 살펴본 바와 같이 결정된다.

①앞의 "일반적인 환급신청권자" 또는 "특수한 경우의 환급신청권자"가 법인(法人)인 경우로서 다른 법인과 합병하는 경우에는 합병 후 존속하는 법인 또는 합병으로 설립된 법인이 환급신청권자가 될 수 있으며,

②"일반적인 환급신청권자" 또는 "특수한 경우의 환급신청권자"가 자연인(自然人)인 경우에는 「민법」 제1000조, 제1001조, 제1003조 및 제1004조에 따른 상속인(「상속세 및 증여세법」 제3조제1항 본문에 따른 수유자(受遺者)를 포함한다.) 또는 「민법」 제1053조에 규정된 상속재산관리인이 환급신청권자가 될 수 있다.

③합병 후 존속하는 법인 또는 합병으로 설립된 법인이 환급신청권자가 인정받기 위해서는, "환급신청인 지위승계 신고서"에 다음의 서류를 첨부하여 관할지 세관장에게 신고하여야 한다.

첨부서류	비고
1. 폐업사실증명원(필수) 2. 가족관계증명서 3. 사업자등록증 4. 법인등기부등본 5. 포괄양수도 사업계약서 6. 포괄출자신고서 7. 포괄승계 입증서류 8. 이사회 회의록 9. 실적연계 동의서 10. 법원 선임서 11. 기타 입증 자료 등 (별도용지에 추가 가능)	• 제2호부터 제11호까지의 서류는 상속인 또는 승계법인 확인에 필요한 서류에 한정한다. • 행정정보 공동이용을 통한 세관장의 확인에 동의하는 경우에는, 제2호부터 제4호까지의 서류는 제출하지 아니한다.

④신고를 받은 세관장은 환급신청인 자격 승계의 적법 여부를 확인한 후 즉시 수리하여 그 사실을 신고인에게 통보하게 된다.

환급신청인 지위승계 신고서

※ [ ]에는 해당되는 곳에 √표를 합니다.

접수일자			처리기간	즉시

	상호		대표자	
신청인	사업자등록번호		통관고유번호	
	주소			
	담당관세사		연락처	

지위변동 발생사유	피상속인 사망 [　] 피승계법인 해산 [　]·

승계 당사자

피승계자	승계자
상호	상호
사업자등록번호	사업자등록번호
통관고유부호	통관고유부호

　「수출용원재료에 대한 관세 등 환급사무처리에 관한 고시」 제4조제3항에 따라 환급신청인의 지위승계를 신고합니다.

20   년   월   일

신고인　　　　　　　　　　　　　　　　(서명 또는 인)

○○세관장 귀하

첨부서류	1. 폐업사실증명원(필수) 2. 가족관계증명서(행정정보의 공동이용을 통한 세관장의 확인에 동의하는 경우에는 제출 생략) 3. 사업자등록증(행정정보의 공동이용을 통한 세관장의 확인에 동의하는 경우에는 제출 생략) 4. 법인등기부등본(행정정보의 공동이용을 통한 세관장의 확인에 동의하는 경우에는 제출 생략) 5. 포괄양수도 사업계약서 6. 포괄출자신고서 7. 포괄승계 입증서류 8. 이사회 회의록 9. 실적연계 동의서 10. 법원 선임서 11. 기타 입증자료 등(별도용지에 추가 가능) ※ 제2호부터 제11호까지의 서류는 상속인 또는 승계법인 확인에 필요한 서류만 제출하면 됩니다.

행정정보 공동이용 동의서

본인은 이 건 업무처리와 관련하여 「전자정부법」 제36조 및 제38조, 제42조에 따른 행정정보의 공동이용을 통하여 세관장이 가족관계증명서, 사업자등록증, 법인등기부등본을 확인하는 것에 동의합니다.

※ 신청인이 담당 공무원의 확인에 동의하지 아니하거나 전산정보처리조직 및 전자정부법 제36조제1항에 따라 행정정보의 공동이용을 통하여 확인할 수 없는 경우에는 해당 서류를 신청인이 직접 제출하여야 합니다.

신고인　　　　　　　　　(서명 또는 인)

4　　　　환급신청권 사례

가. 환급신청인 정정 사례

수출신고필증에 환급신청인이 잘못 기재된 경우에는 세관장에게 관련 증빙서류를 갖추어 다음의 방법으로 수출신고필증 정정을 신청하면 가능하다.

① 수출자인 환급신청인을 생산자로 정정하는 경우: 수출자의 인감증명서가 첨부된 환급신청권 합의서

② 생산자가 잘못 기재되고 생산자를 환급신청인으로 정정하는 경우: 완제품내국신용장, 완제품구매확인서 또는 수출대행계약서와 수출자의 인감증명서가 첨부된 환급신청권 합의서

나. 환급신청인의 결정 시기 사례

생산자가 수출자에게 판매하는 수출물품의 가격에 환급받는 관세의 포함 여부가 결정되어야 하므로 판매계약 전에 환급신청인이 결정되어야 한다.

다. 임가공 수출물품에 관한 환급신청권자 사례

임가공의 경우는 완제품 공급이라 하더라도 수탁자가 환급을 신청할 수 없다. 임가공은 위탁자가 모든 원재료를 무상으로 공급하고, 생산자는 가공임을 받고 가공만 하는 것이므로 수출물품의 생산자로 볼 수 없기 때문이다.

라. 포괄양수도계약에 의한 환급신청권의 양도사례

환급신청은 수출자 또는 생산자만 할 수 있으므로 포괄양수도계약으로 사업의 전부 또는 일부가 양도된 경우에도 양도 시점 이전에 수출신고 수리된 물품에 대한 환급신청은 수출물품 생산자가 신청해야 하며, 환급받지 않은 수출신고필증에 대한 환급신청권을 신설되는 무역업체로 양도하는 것은 불가능하다.

<table><tr><td>5</td><td>환급신청기관</td></tr></table>

가. 환급신청 불가

환급신청은 전국의 모든 세관장과 비즈니스센터장에게 할 수 있다. 그러나 관할구역이 없는 다음에는 관할지 세관장을 등록할 수 없으므로 환급 등을 신청할 수 없다

1. 김포공항세관장
2. 인천공항국제우편세관장
3. 김해공항세관장, 도라산세관 비즈니스센터장
4. 부산국제우편세관 비즈니스센터장
5. 고성세관 비즈니스센터장

나. 관할지 세관장

환급특례법 시행령 제19조에 환급업무의 효율화를 위해 환급신청세관(관할지 세관장)을 지정하게 되어 있는데, 관할지 세관장은 제조장의 소재지를 관할하는 세관장(비즈니스센터장을 포함한다)을 말한다.

다만, 주된 사무소(법령에 의하여 사업장으로 등록된 사무소를 포함한다)에서 모든 제조장의 환급업무를 취급하는 업체의 경우에는 주된 사무소 소재지를 관할하는 세관장을 말한다.

다. 관할지 세관장의 변경

환급을 신청하는 관할지 세관장을 변경하려는 자는 변경 전 세관장 또는 변경하려는 세관장에게 환급신청기관변경신청서(환급고시 별지 제2호서식)를 제출하여 승인을 받아야 한다. (환급고시 제6조제2항·제3항)

 4장 환급신청의 이해와 실무

1   환급신청의 기간

가. 일반적인 환급신청의 기간(일반환급신청권)

①환급신청은 환급신청 기간 내에 원칙적으로 수출물품에 사용된 원재료 전부에 대한 납부세액을 환부하여 줄 것을 일괄하여 신청하여야 한다.

②환급을 받으려는 자는 물품이 수출 등에 제공된 날부터 2년 이내에 관세 등의 환급신청을 하여야 한다. (환급특례법 제14조제1항)

③이 기간은 관세법상 관세부과 제척기간과 같은 환급신청권 제척기간으로서, 2년이 경과하면 환급신청권이 소멸되어 환급기관에 환급을 신청할 수 없는 불변기간이며, 세관장도 기속되어 환급신청을 받지 못한다.

> 참고 | 제척기간 : 어떤 권리에 대하여 법률상으로 정하여진 존속기간. 일정 기간 동안 행사하지 않으면 해당 권리가 소멸된다는 점은 소멸시효와 비슷하나, 소멸시효와는 달리 존속기간의 정지나 중단이 없음

나. 환급신청 유효기간의 연장

환급특례법령이 개정되어 2015.12.15.부터는 「대외무역법」 제32조제1항에 따른 플랜트수출에 제공되는 물품에 대하여 "무역 상대국의 전쟁·사변, 천재지변 또는 중대한 정치적·경제적 위기로 인하여 불가피하게 수출 등이 지연되었다고 관세청장이 인정하는 경우에는 3년 이내 수입된 원재료로 환급신청하는 것이 가능하다. (환급특례법 제9조제1항 및 환급특례법 시행령 제9조의2)

> ▨ 환급특례법 시행령 제9조의2
>
> 제9조의2(수출이행기간 연장 대상 등) ① 법 제9조제1항 단서에서 "대통령령으로 정하는 물품"이란 「대외무역법」 제32조제1항에 따른 플랜트수출에 제공되는 물품을 말한다.
>
> ② 법 제9조제1항 단서에서 "대통령령으로 정하는 불가피한 수출등의 지연사유가 있는 경우"란 무역 상대국의 전쟁·사변, 천재지변 또는 중대한 정치적·경제적 위기로 인하여 불가피하게 수출등이 지연되었다고 관세청장이 인정하는 경우를 말한다.

「대외무역법」 제32조제1항에 따른 플랜트수출은 다음과 같다.

① 농업·임업·어업·광업·제조업, 전기·가스·수도사업, 운송·창고업 및 방송·통신업을 경영하기 위하여 설치하는 기재·장치 및 대통령령으로 정하는 설비(발전설비, 담수 설비 및 용수처리설비, 해양설비 및 수상구조설비, 석유 처리설비 및 석유화학설비, 정유설비 및 송유설비, 저장탱크 및 저장기지설비, 냉동 및 냉장설비, 제철·제강설비 및 철강재구조설비, 공해방지설비, 공기조화설비, 신에너지 및 재생에너지 설비, 정치식(定置式) 운반하역설비 및 정치식 건설용설비, 시험연구설비, 그밖에 산업 활동을 위하여 필요한 설비) 중 FOB가격으로 미화 50만 달러 상당액 이상인 산업설비의 수출

② 산업설비·기술용역 및 시공을 포괄적으로 행하는 수출(이하 "일괄수주방식에 의한 수출"이라 한다)

다. 특수한 경우의 환급신청 기간(특별 환급신청권)

◉ 환급 대상 원재료에 관세법상 보정, 수정 또는 경정이 있는 경우

관세율이 0%인 원재료는 수출물품 생산에 사용되더라도 수입할 때 납부한 세금이 없으므로 환급을 받지 못한다. 그런데, 1번 뿐인 환급신청권을 행사하고 난 뒤에, 그리고 환급신청권을 행사할 수 있는 기간인 2년이 경과된 뒤에, 이러한 원재료의 관세율이 변경(예:

0% → 8%)되면, 환급신청인은 제도적 한계로 환급을 받을 수 없게 된다.

이를 개선하여, 2007.4.1..부터는 환급에 사용한 원재료의 납부세액에 대하여 세관장 또는 납부의무자에 의한 관세법상 보정, 수정 또는 경정이 있는 경우에는 그 보정, 수정 또는 경정이 있는 날부터 2년 이내에 1번 더 환급을 신청할 수 있게 되었다.

해석

> **관세청 세원심사과–2422호(2013.7.9.)**
>
> **사례** 보세공장에 반입한 원재료(FTA 0%, 관세 0원)에 대하여 2년 내 환급신청이 없다가, 사후심사에 따라 세율 변경(협정 6.5%)으로 추징(수정)된 경우 추징 일로부터 2년 이내 최초 환급신청을 하는 것이 가능한지 여부
>
> | 2009.7.27. | 2009.8.1. | 2012.7.24. | 2013.4.30. | 2013.5.14. |
> |---|---|---|---|---|
> | | | | (2년 경과) | |
> | (0%) | 보세공장 | (6.5%) | 반입확인서 | |
> | 수입 | 물품공급 | 추징 | 사후발급 | 환급신청 |
>
> **해석** 환급특례법 제14조제1항 단서규정은 본문(수출 등에 제공된 날부터 2년 이내에 환급신청을 하여야 한다)과 연계하여 적용되는 규정으로서,
> 1. 환급신청이나 환급금 지급 이후 추가로 관세 등의 보정, 수정 또는 경정 등이 있는 경우
> 2. 부세액이 없는 원재료가 수출 등에 제공된 이후 세율변경(예: 0→8%)으로 관세 등의 보정, 수정 또는 경정 등이 있는 경우에 대하여 환급신청 기간 2년이 경과되어 환급을 받지 못하는 경우에 한하여 적용되는 것임
>
> 따라서 한·아세안FTA관세율 0%를 적용하여 수입한 원재료가 사후심사 결과 원산지 결정기준을 불충족하여 관세율이 변경(FTA관세율 0% → 양허관세율 6.5%)됨에 따라 납부세액을 수정한 경우에는, 「수출용 원재료에 대한 관세 등 환급에 관한 특례법」 제14조제1항 단서를 적용하여 관세법 제38조의3에 따른 수정이 있었던 날부터 2년 이내에 환급신청할 수 있음

환급금액에 대한 세관장의 추징 또는 환급신청인의 자진신고가 있는 경우

환급을 받은 원재료가 잘못된 규격의 원재료라는 것이 확인되거나 간이정액환급을 받은 수출물품의 품목분류 등에 착오가 있는 것이 확인되면, 해당 과다환급금을 세관장이 추징하거나 환급신청인이 자진신고·납부하여야 한다. (환급특례법 제21조)

그런데, 이러한 경우에도 환급신청권의 행사를 1번 밖에 사용하지 못한다면 환급신청인은 제도적 한계로 환급을 받을 수 없게 된다.

이를 개선하여, 2012.1.1.부터는 환급받은 금액이 다음 중 어느 하나에 해당되는 경우에는 그에 따른 과다환급금을 세관장이 징수하거나 환급신청인이 자진신고·납부한 날부터 2년 이내에 한 번 더 환급을 신청할 수 있게 되었다.

① 환급특례법에 따라 환급받아야 할 금액보다 과다하게 환급받은 경우

② 환급특례법(제12조)에 따른 기납증 또는 분할증명서의 세액을 과다하게 증명받은 경우로서 그 기납증 또는 분할증명서가 환급 등에 이미 사용되어 수정·재발급이 불가능한 경우

③ 선적(船積)이나 기적(機積)을 하지 아니하고 관세 등을 환급받은 경우(다만, 해당 금액을 징수하기 전에 선적되거나 기적된 경우는 제외)

④ 환급특례법상(제13조제1항) 정액환급률표를 적용할 수 없는 물품에 대하여 정액환급률표에 따라 환급받은 경우

다. 환급청구권

환급신청인이 환급신청권을 행사하여 환급금이 결정되면 환급금이 지급되어야 하는데, 환급금이 결정된 다음 날까지 환급금이 지급되지 않으면 환급신청인은 환급청구권을 행사할 수 있다.

환급청구권에 대해서는 환급특례법에 별다른 규정이 없어 관세법을 따라야 하는데, 관세법상 환급청구권은 환급결정일부터 소멸시효가 기산되며, 환급청구권을 행사할 수 있는 날부터 5년간 행사하지 않으면 소멸시효가 완성된다. (관세법 제22조제2항) 그리고, 환급청구권의 행사로 인하여 소멸시효는 중단된다. (관세법 제23조제2항)

라. 환급신청 사례

▪ 사례

① 두 품목 이상을 제조하여 수출하는 업체에서 모든 수출신고필증을 한 건의 환급신청 서류로 묶어 신청할 수 있는지 여부
- 환급전산시스템상 동일한 품목번호별 수출물품을 묶어서 매 월별로 환급신청서류를 작성하도록 되어 있음

② 수출물품의 수출신고필증이 2건 이상 있을 경우 묶어서 한 건으로 환급신청서류를 작성할 수 있는지 여부
- 수출형태와 품목번호(HSK)가 동일한 수출물품은 아무리 많은 수출신고필증이라도 매 월별로 모두 묶어 한 건으로 환급신청을 할 수 있다. 이는 수출이행기간을 전산으로 확인하기 위함임. 그러므로 수출이행기간이 없는 간이정액환급은 간이정액환급률표 적용기간별로 묶어 한 건으로 신청할 수 있음

③ 감사 시에 수입신고필증이 선수출·후수입(先輸出·後輸入)에 해당되어 추징 당한 경우 적법한 수입신고필증 등으로 추가환급 가능 여부

- 환급특례법 제21조에 따른 과다환급으로 추징된 경우이므로 추징이 있었던 날부터 2년 이내에 적법한 수입신고필증 등으로 환급신청을 할 수 있음

④ 수출물품 생산에 실제 사용된 원재료와 다른 수입신고필증 등으로 환급하여 감사기관에 의하여 추징당한 경우, 실제 사용된 원재료의 수입신고필증 등으로 추가환급이 가능한지 여부

- 환급특례법 제21조에 따른 과다환급으로 추징된 경우이므로 추징이 있었던 날부터 2년 이내에 실제 수출물품 생산에 사용된 적법한 수입신고필증 등으로 환급신청을 할 수 있음

2   일괄환급신청

가. 일괄환급신청제도 의의

①일괄환급신청이란 수출물품에 대한 환급신청권을 1회만 행사할 수 있다는 것인데(환급특례법 시행령 제18조제3항), 관세청장이 정한 사유가 있는 경우에는 추가환급신청을 허용하고 있다.

②이는 환급업무가 원재료의 수입, 생산, 수출 등 수많은 작업의 결과물이기 때문에 일부 원재료가 누락되었다고 해서 다시 환급신청을 하는 것은 행정기관에도 부담이 되지만 환급신청인에게는 더 큰 부담이 되기 때문이다.

③만약, 일괄환급신청에 관한 규정에 환급특례법령에 없다면, 환급절차 종료 후 기납증이나 분증을 제시하는 양도인에게 환급신청에 누락된 세액을 환급받아 되돌려주기 위해 환급신청인은 복잡한 작업을 할 수밖에 없다.

> 📖 하도급거래 공정화에 관한 법률 제15조제1항 및 제2항
> - 수출용 원재료를 공급받은 수출자가 환급특례법상 환급을 받으면 15일 이내에 원재료의 환급금을 지급하여야 하며, 공급자의 책임이 없으면 60일 이내 환급상당액을 지급해야 함

④추가환급을 신청하려는 환급신청인은 환급프로그램 수정, 원재료·제품수불대장 기록 수정, BOM 수정, 부산물관리내역 수정 등의 작업을 해야 하므로 수십만 또는 수백만 원의

비용이 발생할 수도 있다. 그런데, 누락된 세금이 몇만 원 또는 몇십만 원이라면 포기하는 것이 좋겠지만, 환급신청권 제한이 없다면 이러한 작업을 필연적으로 수행해야 하는 수출기업에는 부담이 된다.

⑤이러한 부작용을 감안하여 일괄환급신청제도를 법령에 규정하게 되었는데, 한편으로는 일괄환급신청제도로 인한 부작용이 생기지 않도록 환급신청권의 행사를 2년 동안 할 수 있도록 허용하고 있다. (환급특례법 제14조제1항)

⑥그러므로 환급신청인은 수출물품 생산에 사용된 원재료가 누락되지 않도록 2년 동안 충분히 살핀 후에 환급신청을 하여야 할 것이다.

▶ 사례

사례 수입원재료와 국내구매원재료로 수출물품을 생산하는 자가 국내구매원재료에 대한 기납증이 없어 수입신고필증만으로 먼저 환급받았다가 나중에 기납증을 인수하게 되는 경우 추가환급이 가능한지 여부

해석 일괄환급신청의 원칙에 위배되므로 불가능

나. 일괄환급신청의 예외(추가환급신청)

환급특례법 시행령 제18조제3항은 일괄환급신청의 규정에도 불구하고 환급신청인이 어찌할 수 없는 불가피한 사유가 생기는 경우에는 추가환급을 신청할 수 있는 경우를 관세청장이 정하여 운영하도록 하는 규정인데, 현재 예외로 인정되는 경우는 다음과 같다. (환급고시 제22조제1항)

① 일괄하여 환급 신청하였으나 세관장의 착오로 일부 환급금이 부족하게 지급된 경우

② 원재료를 수입할 때 세율적용 착오 등(관세율이 무세인 경우로서 환급 신청하지 아니한 원재료와 과세가격 변경으로 인한 관세 등의 세액이 경정된 경우를 포함한다)의 사유로 추징된 관세 등이 환급신청 시에 누락되었거나 환급이 결정된 후에 추징된 경우

③ 환급신청 또는 수출신고 할 때 착오로 수출가격을 과소하게 기재 또는 신고하거나 품목번호를 잘못 신고하여 간이정액환급을 과소하게 받은 경우

④ 환급신청인의 착오로 소요원재료와 규격이 상이한 원재료로 환급받는 등의 사유로 해당 원재료에 대한 관세 등이 추징되고 정당한 원재료로 추가환급 신청하는 경우

⑤ 관세 등의 환급을 받은 물품에 대한 기납증 및 분증의 세액이 제60조에 따라 정정된

경우 또는 기납증과 분증이 취하 후 새로 발급된 경우

⑥ 환급 신청한 소요원재료의 소요량 산정 시 단위실량을 과소산정하거나 소요원재료의 수량 단위를 착오로 기재하여 과소환급된 경우

⑦ 품목분류나 세율 결정에 오랜 시간이 걸려 「수입통관 사무처리에 관한 고시」 제38조에 따라 신고 수리 전 반출승인을 받은 경우로서 환급이 결정된 후에 품목분류나 세율 결정이 된 경우

⑧ 그 밖에 일괄환급신청의 의사표시가 확인[예: 환급신청서에 누락된 원재료의 수입신고필증이 첨부되어 있거나 제11조제1항에 따라 제출된 소요량 계산서류, 조견표, 자재명세서(BOM) 등에 누락된 원재료가 표시되어 있는 경우 등]되었고 환급신청인의 착오 또는 부득이한 사유로 인해 과소환급된 경우로서, 세관장이 추가환급하는 것이 타당하다고 인정하는 경우

다. 자진신고 후 환급신청

①환급신청인이 과다환급을 먼저 발견하면 세관장이 추징하기 전에 자진신고를 할 수 있고, 자진신고한 후에는 추가환급을 신청할 수 있게 되어 있다.

이는 환급특례법상 일괄환급신청 원칙에 따라 수출물품 생산에 사용된 모든 원재료를 사용하여 환급받았으나, 사후에 잘못 환급받은 것이 발견되어 세관장의 징수 또는 환급신청인의 자진신고·납부가 있는 경우에는 부득이한 사유에 해당되므로 추가환급신청이 가능하도록 한 것이다.

②하지만, 과다환급이 아니더라도, "환급신청인의 착오 등의 사유로 이미 지급받은 환급금을 자진하여 납부하고자 하는 경우에는 자진신고·납부할 수 있으며, 따라 수출한 날부터 2년 이내인 경우 환급신청을 할 수 있다.

이는 환급신청인이 환급액이 높은 원재료를 우선 사용함에 따라 발생하는 문제를 해결하고자 함이었다.

③예를 들면, 수입 타이어로 자동차를 생산하는 자가 환급액이 많은 원재료를 수출 자동차 환급신청에 우선 사용함에 따라, 나중에 수출한 자동차에는 환급신청에 사용할 수입신고필증이 없어 환급을 신청하지 못하게 될 수 있다.

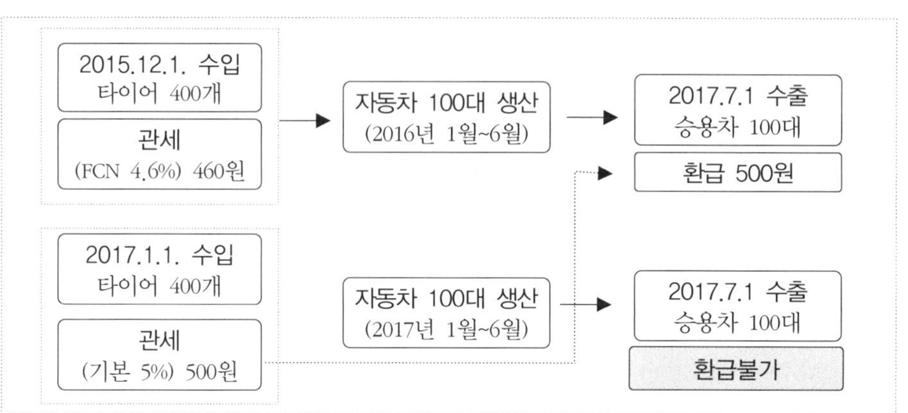

④또 다른 예로는, 환급액이 높은 원재료의 수입신고필증을 환급신청에 사용한 후 누락된 수출신고필증이 발견되어, 해당 수출신고필증 상 수출신고일보다 수입일이 늦은 수입신고필증밖에 없어 환급을 신청하지 못하게 될 수도 있다.

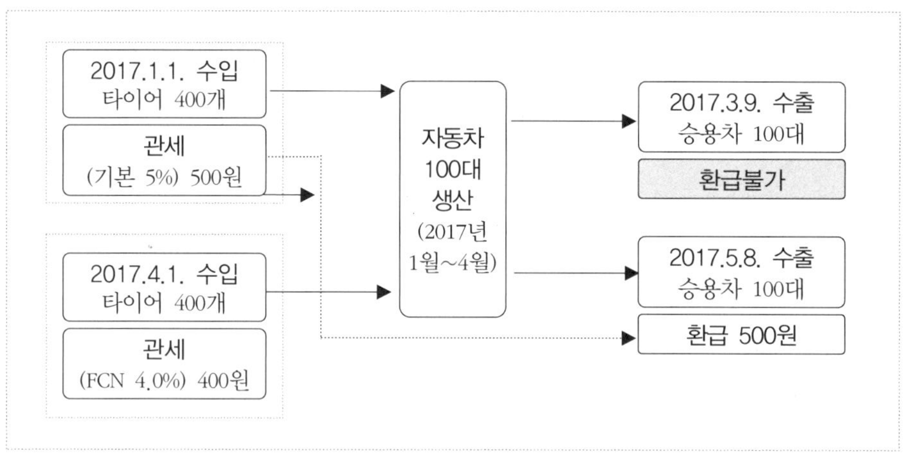

⑤이를 해결하기 위하여 관세청장은 기획재정부 장관의 협의를 거쳐 2004.11.1. 환급고시를 개정하여 현재의 규정을 도입하였다.

⑥따라서, 현행 환급고시 제26조제1항제4호의 규정은 환급특례법상 과다환급금의 추징·자진신고에 관한 규정이나 환급특례법 시행령상 일괄환급신청 제도와 무관하게 운영되는 것이므로, 자진신고 시 납부했던 환급가산금을 돌려받지 못하며 환급신청기한 역시 당초 수출한 날부터 2년 이내에만 환급신청을 허용하고 있음에 유의하여야 한다. (환급고시 제26조제2항)

3   환급신청 서류

환급신청은 전자문서로 하는 것을 원칙으로 하고 있어(환급고시 제5조), 현재 종이문서의 제출은 받지 않고 있다. 다만, 서류제출대상으로 선별되면 환급신청인은 관련 서류를 첨부한 환급신청서를 3일 이내에 세관장에게 제출하여야 한다.

환급신청서에 첨부하는 관련 서류는 수출물품의 제조 여부 및 환급액 산출방법에 따라 다음과 같이 다르다.

가. 원상태 수출물품

(1) 수입자가 직접 수입한 상태 그대로 수출하는 경우

환급신청서에 수입신고필증(⑫란의 납세의무자가 환급신청인과 같아야 함)과 수출신고필증(②란의 수출자가 환급신청인과 같아야 하며, ③란의 제조자는 "미상"이어야 함)을 첨부하여 환급신청 하여야 하는데, 수입신고필증 상의 품명·규격 등과 수출신고필증 상의 품명·규격 등이 일치하여야 한다.

> 환급액 = (수입신고필증 상 납부세액 ÷ 수입신고필증 상 수입수량) × 수출수량

(2) 도매상이 국내 매입한 상태 그대로 수출하는 경우

환급신청서에 수출신고필증(②란의 수출자가 환급신청인과 같아야 하며, ③란의 제조자는 "미상"이어야 함)과 수입분증(갑지의 3. 양수자가 환급신청인과 같아야 함)을 첨부하여야 한다. 환급액 산출은 다음과 같다.

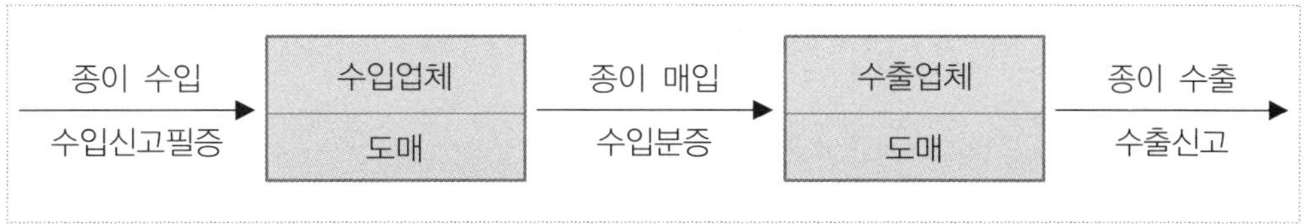

(3) 수출물품 생산자가 매입한 상태 그대로 수출하는 경우

면직물 생산자인 A(방직업체)가 환급을 신청할 수 있고, 면직물을 매입한 상태 그대로 수출한 B(패션업체)도 환급을 신청할 수 있다.

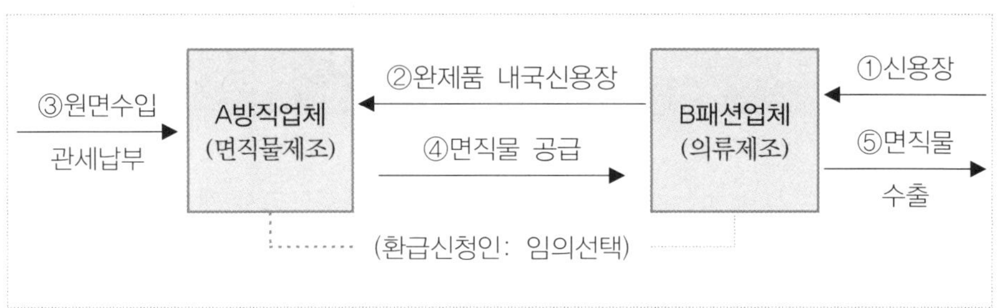

A방직업체가 환급을 신청하려는 경우에는 후술하는 "생산된 수출물품"에 대한 환급방법을 따르면 되고,

B패션업체가 환급을 신청하려는 경우에는, 먼저 면직물에 대한 기납증을 A가 세관장에게 신청하여 발급받은 후 그 기납증을 인수한 B가 환급신청서에 수출신고필증(②란의 수출자가 환급신청인과 같아야 하며, ③란의 제조자는 "A방직업체"가 기재됨)과 기납증(갑지의 3. 양수자가 환급신청인과 같아야 함)을 첨부하여 환급신청을 하면 된다.

나. 생산된 수출물품

생산된 수출물품에 대한 환급신청서류는 환급액 산출방법에 따라 다음과 같이 다르다.

환급액 산출방법	구비서류
㉠ 간이정액환급률표를 적용하는 경우	1. 환급신청서(갑, 을) 2. 환급 대상 수출증명서류: 수출신고필증 등
㉡ 개별환급방법에 의하는 경우	1. 환급신청서(갑, 을, 병, 정, 정B) 2. 환급 대상 수출증명서류 : 수출신고필증 등 3. 소요량계산서 4. 원재료 납부세액 증명서류: 수입신고필증, 기납증, 분증, 평세증

(1) 간이정액환급률표를 적용하는 경우

◈ 환급신청서 첨부서류

① 환급 대상 수출을 증명하는 서류: 수출신고필증, 반입(적재)확인서 등
② 소요량계산서 등 환급액 계산 명세서는 제출하지 않는다.

◈ 수출신고필증의 요건

① 수출물품 생산자(임가공위탁자 포함)가 중소기업으로서 최근 2년간(해당 연도 포함)
   매년 총환급액이 6억원 이하 업체일 것(세관장이 확인)
② 수출신고수리일에 시행되는 간이정액환급률표에 수출물품의 품목번호가 있을 것
③ 수출물품의 품목번호(HSK)가 정확하게 분류되었을 것

(2) 개별환급을 신청하는 경우

◈ 환급신청서 첨부서류

① 환급 대상 수출을 증명하는 서류: 수출신고필증, 반입(적재)확인서 등
② 원재료 납부세액 증명서류: 수입신고필증, 기납증, 분증 또는 평세증
③ 소요량계산서

◈ 수출신고필증 등의 요건

환급신청인이 수출신고필증 상의 수출자 또는 생산자이며 ㉖환급신청인 란에 환급신청
인으로 기재될 것

◈ 수입신고필증 등의 요건

① 환급 신청한 원재료(수입신고필증 등의 원재료)가 수출물품 생산에 실제 사용된 원
   재료와 동일성이 인정될 것
② 수출이행기간(2년) 내에 수입(매입)된 수입신고필증 등일 것
③ 수입신고필증 상의 납세의무자 또는 기납증, 분증 등의 양수자가 수출신고필증 상의
   환급신청인과 일치할 것

◈ 소요량계산서의 요건

소요량계산서상의 ④제출자가 수출신고필증 상의 ㉖환급신청인과 일치하여야 한다. 수

출물품이 위탁 생산된 경우 소요량계산서는, 환급신청이라는 재산권을 행사하고 과다환급
에 대한 책임을 져야 하는 위탁자가 작성하여야 한다.

다. 추가환급신청

추가환급을 신청하려는 자는 다음의 종이서류를 관할지 세관장에게 제출하여야 한다.
(환급고시 제23조)

  1. 당초 환급신청서 사본
  2. 추가환급신청사유서
  3. 추가환급과 관련된 원재료의 수입신고필증 등 관련 서류

가. 환급신청서의 구성

환급신청서는 공통사항(갑), 수출물품(을), 수입원재료(병), 부산물(정), 부산물용 수입원
재료(정B)로 구성되어 있다.

  ① 공통사항(갑): 환급신청인과 수출물품의 총환급액 등 신청서의 개요를 기재
  ② 수출물품(을): 환급을 신청하는 수출신고 건을 기재
  ③ 수입원재료(병): 환급을 신청하는 수출물품 생산에 사용된 원재료 별로 수입(매입)근
     거와 환급금 내역을 기재
  ④ 부산물(정): 수출물품 생산과정에서 발생된 부산물내역을 기재하며, 추후 부산물이
     수출 등에 제공되었을 때 환급세액 산출의 근거가 되는 서식
  ⑤ 부산물용 수입원재료(정B): 부산물 발생의 근거가 되는 원재료내역을 기재

나. 작성 원칙(방법)

  ① 환급신청서는 수출물품의 품목번호(HSK) 별로 수출물품이 수출 등에 제공된 월별,
     목적국(EU, 미국, 중국, 기타)별로 구분 작성한다.

예시 2018.1.1.부터 2018.1.31.까지(같은 달) 동일한 품목번호(HSK)의 물품을 50건 수출
하였을 경우, 50건 수출에 대한 환급신청서를 1건으로 작성하거나 10건씩 5건으로 작
성할 수 있음

② 간이정액환급의 경우에는 월별·목적국별 구분 없이 작성하되, 동일한 간이정액환급
률표를 적용하는 수출신고 건별로 구분하여 작성한다.

③ 환급신청서는 수출물품의 환급방법(원상태환급, 간이정액, 개별환급)별로, 생산자별
로 구분하여 작성한다.

④ 수출물품의 품목번호(HSK)가 동일하더라도 환급수출형태가 다를 경우에는 환급수출
형태별로 구분하여 환급신청서를 작성한다.

⑤ 부산물이 발생되어 수입원재료(병)에서 부산물비율을 공제하였어도 부산물이 전부
내수판매 되어 부산물에 대한 환급이 필요 없는 경우에는 부산물(정)과 부산물용 수
입원재료(정B) 서식은 작성할 필요가 없다.

⑥ 숫자 기재방법: 세액과 금액은 원 단위까지 기재(소수점 이하 절사)하되, 공통사항
(갑)의 세종별 환급세액은 원 단위 이하를 절사하며, 물량을 소수점으로 기재할 경우
에는 소수점 4자리에서 반올림하여 3자리까지 기재한다.

다. 환급신청서(공통사항, 갑) 작성

환급신청서 (공통사항, 갑)

제출번호 :　　　　　　　　　　　　　　　　　　　　　　접수번호 :

1. 신청내역　　　　　　　　　　　　　　　　　　　　　　　　　　　　(처리기간 : 3월)

① 접수번호(접수일)	（　　　　）	신청 관세사	③상 호 :	⑤ 환급구분	
② 당초 접수번호 (추가환급 시)			④관세사 부호 :	⑥ 소요량구분	

2. 환급신청인　　　　　　　　　　　　　　　　　　　　　　　　　3. 지급계좌

①상호		③사업자번호		⑤통관고유부호	
②성명		④주소		⑥연락처	

①은행명	본(지)점
②지급은행코드	
③지급계좌번호	

4. 제조자

①상호		③사업자번호		⑤통관고유부호	
②성명		④주소			

5. 수출물품(개요)

①대표 품명규격		②환급 수출형태		③품목번호	
		④총수출 물량(단위)		（　　　）	
		⑤총 수출 금액(FOB)		⑥목적국	

6. 환급세액	관　세	
	개별소비세	
	교통세	
	주　세	
	교육세	
	농특세	
	합　계	

7. 신청처리내역(세관 기재사항)

결정일자		세관		담당자	

결재 사항	담당자	주무	과장	세관장

(1) 제출번호

환급신청서를 전자문서로 전송하면 전산심사결과 오류통지 및 환급결정통지 등을 확인하기 위하여 필요한 번호로써, 신청자(5자리)-연도(2자리)-일련번호(6자리)를 기재한다. 신청자부호는 관세사 또는 신고자 부호를 말한다.

단, 접수된 환급신청서의 환급결정통지 및 환급금지급보류통지를 원하지 않는 경우에는 제출번호 일련번호의 첫글자를 A로 기재

(예시) 12345-18-A00001

(2) 신청내역 등 그 밖의 기재사항

① 환급신청서가 전산으로 관세청에 접수되면 신청서 구분값(환급-H, 평세증-P, 기납증-G, 분증-D)으로 구분된 접수번호가 생성되어 통보된다.

> 예시 환급신청 접수번호 : 010-18-H123456
> - 세관부호: 환급신청하는 세관부호, 서울세관 → 010
> - 연도: 환급신청하는 해당연도, 2018년→18

② 그 외에 환급을 신청하는 관세사, 추가환급을 위해 필요한 당초 환급신청서 접수번

호, 환급 구분, 소요량 구분, 환급신청인·생산자 인적사항, 수출물품 개요, 환급금을 지급받을 계좌, 환급세액 합계 내역 등을 기재한다.

③ 환급 구분은 [1]연산품, [2] 간이, [3]개별, [4]자동간이, [5]원상태 중 선택하여 기재한다.

④ 소요량 구분은 개별환급인 경우만 소요량적용방법을 기재하는데, [01]단위실량, [02]단위설계소요량, [03]수출건별등총소요량, [04]일정 기간별 단위소요량, [05]1회계년도 단위소요량, [06]위탁건별총소요량 중에서 하나를 기재한다. 원상태환급과 간이정액환급은 기재하지 않는다.

⑤ 수출물품은 환급신청하는 수출물품의 대표 품명 및 규격을 기재하며, 환급수출 형태부호는 다음의 환급신청물품의 수출형태부호를 기재한다.

> 예시 관세법에 따라 수출신고가 수리된 유환수출물품 "01"

환급수출 형태부호	내용	법령 규정
1	관세법에 따라 수출신고가 수리된 유환수출물품	법 §4 1호
2	유환수출신고 수리물품 중 수입 원상태 수출물품	법 §4 1호
3	관세법에 따른 보세구역 중 기획재정부령으로 정하는 구역 또는 FTZ법에 따른 자유무역지역 입주기업체에 대한 제조·가공 후 공급물품	법 §4 3호
4	관세법에 따른 보세구역 중 기획재정부령으로 정하는 구역 또는 FTZ법에 따른 자유무역지역 입주기업체에 대한 수입 원상태 공급물품	법 §4 3호
5	외국무역선(기)에 선(기)용품으로 제조·가공 후 공급하는 물품	규칙 §2④1호
6	외국무역선(기)에 선(기)용품으로 수입 원상태 공급하는 물품	규칙 §2④1호
7	원양어선에 선수품으로 제조·가공 후 공급하는 물품	규칙 §2④2호
8	원양어선에 선수품으로 수입 원상태 공급하는 물품	규칙 §2④2호
9	박람회 등에 출품 물품	규칙 §2①1호
10	해외투자, 건설용역 등의 물품 중 제조·가공 후 반출하는 물품의 수출	규칙 §2①2호
11	계약조건과 상이하여 반품된 물품의 대체수출	규칙 §2①3호
12	주한미군에 판매 물품	규칙 §2②1호
13	주한외국기관의 공사용품	규칙 §2②2호
14	주한외국기관에 판매하는 국산자동차	규칙 §2②3호
15	외국인투자촉진법상 출자한 자본재	규칙 §2②4호
16	차관자금에 의한 국제경쟁 낙찰물품	규칙 §2②5호
17	(빈란)	
18	수출계약을 위해 무상으로 송부하는 견본용 물품	규칙 §2①4호
19	수탁가공물품 및 잔존원재료의 수출	규칙 §2①5호
20	외국에서 위탁가공할 목적으로 반출하는 물품 중 제조·가공 후 반출하는 물품의 수출	규칙 §2①5의2호

21	위탁판매를 위한 반출물품	규칙 §2①6호
22	연계무역에 의한 물품의 수출	
23	북한에서의 위탁가공용 반출물품으로서 가공 후 국내에 반입되지 않고 현지판매 및 제3국 수출	
24	전자상거래 수출	법 §4 1호
25	유환 수출신고수리물품 중 국내 생산물품을 구매한 상태 그대로 수출	법 §4 1호
26	외국에서 위탁가공할 목적으로 국내 생산물품을 구매한 상태 그대로 수출	규칙 §2①5의2호
27	관세법에 따른 보세구역 중 기획재정부령으로 정하는 구역 또는 FTZ법에 따른 자유무역지역의 입주기업체에 국내 생산물품을 구매한 상태 그대로 공급	법 §4 3호
28	외국무역선(기)에 선(기)용품으로 국내 생산물품을 구매한 상태 그대로 공급	규칙 §2④1호
29	원양어선에 선수품으로 국내 생산물품을 구매한 상태 그대로 공급	규칙 §2④2호
30	현물차관 수출 등 그 밖의 유상수출	법 §4 1호
31	관세 등의 일괄납부업체의 사후정산결과 환급금 지급 (환급액 〉 징수액)	
32	해외투자, 건설용역 등의 물품 중 수입원상태로 반출하는 물품의 수출	규칙 §2①2호
33	해외투자, 건설용역등의 물품중 국내 생산물품을 구매한 상태 그대로 수출	규칙 §2①2호
34	외국에서 위탁가공할 목적으로 반출하는 물품 중 수입원상태로 반출하는 물품의 수출	규칙 §2①5의2호
35	수탁가공물품 수출 후 계약조건과 상이(하자)하여 반품된 물품의 대체수출	규칙 §2①3호
36	개성공단에서 위탁생산하여 다시 반입한 후 외국으로 수출하는 물품	
37	개성공단 이외의 북한 지역에서 위탁생산하여 다시 반입한 후 외국으로 수출하는 물품	

⑥ 수출물량은 환급신청서 수출물품(을)에 기재한 수출 건의 총 수출물량 및 단위을 기재하되, 수출신고필증 등에 기재된 단위가 다양한 경우에는 KG 등 공통된 단위를 기준으로 작성할 수 있음

> 예시 수출신고필증 상의 수량단위가 kg 또는 ㎡로 기재되어 있더라도 YD로 거래한 경우에는 YD단위로 수출물량을 기재

⑦ 수출물품 품목번호(HSK) 4단위가 8519, 8521, 8525, 8526, 8527, 8528, 8703인 경우에는 목적국 코드를 기재(기타 품목번호인 경우에는 생략 가능)하되, EU, 미국, 중국만 목적국을 구분 기재

> 예시 [EU] EU, [US] 미국, [CN] 중국, [ZZ] 기타

라. 환급신청서(수출물품, 을) 작성

<table>
<tr><td colspan="10" align="center">환급신청서 (수출물품, 을)
접수번호 :</td></tr>
<tr>
<td>ⓐ
연번</td>
<td>ⓑ
물품식별번호</td>
<td>ⓒ
신고번호</td>
<td>ⓓ
란</td>
<td>ⓔ
규격</td>
<td>ⓕ
수리일자</td>
<td>ⓖ
수출물량</td>
<td>ⓗ
단위</td>
<td>ⓘ수출금액
(FOB, 원)</td>
</tr>
<tr><td></td><td></td><td></td><td></td><td></td><td></td><td></td><td></td><td></td></tr>
<tr><td></td><td></td><td></td><td></td><td></td><td></td><td></td><td></td><td></td></tr>
<tr><td></td><td></td><td></td><td></td><td></td><td></td><td></td><td></td><td></td></tr>
<tr><td></td><td></td><td></td><td></td><td></td><td></td><td></td><td></td><td></td></tr>
<tr><td></td><td></td><td></td><td></td><td></td><td></td><td></td><td></td><td></td></tr>
</table>

① 물품식별번호는 수출물품을 식별하는 번호로써, 업체에서 자율적으로 부여한 번호를 기재한다. 연번과 관계없이 동일한 물품이면 동일한 식별번호를 사용(업체에 따라 파트번호, 자재번호, 제품번호, 관리번호 등으로 다양하게 사용, 모델규격 번호도 가능)하는데 수출신고필증의 '제품번호'와 동일한 의미이다.

② 수출증빙번호: 물품식별번호의 수출근거를 기재하되, 환급 대상 수출물품 반입(적재) 확인(신청)서의 경우 규격번호는 '01'로 기재

예시 구분	ⓒ신고번호	ⓓ란	ⓔ규격
수출신고서	12345-18-1234567X	001	01
반입(적재)확인서	010-46-18-123456-1	001	01

③ 수출금액(FOB, 원)은 수출신고필증 상의 규격별 단가를 기준으로 환급신청 수출물량에 해당하는 수출금액을 원화로 기재하며, 수출신고필증 이외인 경우로서 거래통화가 외국통화인 경우에는 반입(공급, 판매, 적재 등)일의 수출환율을 적용하여 원화로 환산한 금액을 기재한다.

마. 환급신청서(수입원재료, 병) 작성

① 물품식별번호는 수출물품(을)에 기재된 물품식별번호를 기재한다.

② 원재료식별번호는 물품식별번호에 해당하는 수출물품의 생산에 사용된 원재료를 식별하는 번호를 기재한다. 번호는 업체에서 자율적으로 부여하면 되고, 동일성이 있는 원재료는 동일한 식별번호를 사용(업체에 따라 파트번호, 자재번호, 관리번호 등으로 다양하게 사용, 모델규격 번호도 가능)한다. 수입신고필증의 '부품번호'와 동일한 의미

이다.

<table>
<tr><td colspan="13" align="center">환급신청서 (수입원재료, 병)
접수번호 :</td></tr>
<tr>
<td rowspan="2">ⓐ연번</td>
<td rowspan="2">ⓑ물품식별번호</td>
<td rowspan="2">ⓒ원재료식별번호</td>
<td colspan="2">ⓓ(원재료구분)신고번호-란-규격</td>
<td>ⓖ사용량(단위)</td>
<td>ⓘ관 세</td>
<td>ⓙ개별소비세</td>
<td>ⓚ교 통 세</td>
<td rowspan="2">ⓞ세액합계</td>
<td>ⓟ공제구분</td>
</tr>
<tr>
<td>ⓔ수입(매입)일자</td>
<td>ⓕ품목번호</td>
<td>ⓗ원재료단가</td>
<td>ⓛ주 세</td>
<td>ⓜ교 육 세</td>
<td>ⓝ농 특 세</td>
<td>ⓠ비율</td>
</tr>
<tr><td></td><td></td><td></td><td></td><td></td><td></td><td></td><td></td><td></td><td></td><td></td></tr>
<tr><td></td><td></td><td></td><td></td><td></td><td></td><td></td><td></td><td></td><td></td><td></td></tr>
<tr><td></td><td></td><td></td><td></td><td></td><td></td><td></td><td></td><td></td><td></td><td></td></tr>
<tr><td></td><td></td><td></td><td></td><td></td><td></td><td></td><td></td><td></td><td></td><td></td></tr>
<tr><td></td><td></td><td></td><td></td><td></td><td></td><td></td><td></td><td></td><td></td><td></td></tr>
<tr><td></td><td></td><td></td><td></td><td></td><td></td><td></td><td></td><td></td><td></td><td></td></tr>
</table>

③ 원재료 납부세액을 증명하는 서류는 괄호 안에 원재료 구분부호를 기재한 후 수입신고번호 또는 기납증·분증의 번호를 기재하되 신고번호-란번호-규격번호 순으로 기재하며, 수입(매입)일자와 품목번호를 기재한다.

   1. 원재료구분 부호는 다음과 같다.

원재료구분 부호	증빙 서류	원재료구분 부호	증빙 서류
00	수입신고필증	04	분할증명서
02	기초원재료납세증명서	05	부산물
03	평균세액증명서		

   2. 란 번호가 없는 기납증, 분증인 경우에는 ‘001’을 기재한다. 단, 부산물인 경우에는 ‘003’으로 기재한다.

   3. 사용한 원재료별로 수입신고필증은 규격번호를, 기납증·분증인 경우에는 ‘양도물품’(을) 또는 ‘증명물품’(을)의 연번을, 부산물인 경우에는 환급신청서 또는 기납증의 부산물(정) 연번을 기재한다.

   4. 수입(매입)일자는 수입신고필증(증명서) 상의 신고수리(매입)일자를 기재하되, 분증인 경우에는 최초 수입신고 일자를 기재하고, 평세증은 발급받은 수입(매입)월의 초일을 기재하며, 부산물은 부산물(정)을 발생시킨 환급신청서 또는 기납증의 접수일자를 기재한다.

④ 사용량에 해당하는 관세 등 각각의 세금과 세액합계를 해당 연번별로 원 단위까지 기재한다. 부산물이 발생되는 원재료는 부산물공제비율을, 지급제한대상 물품은 지급제한 비율을 다음과 같이 공제하고 실제 환급액을 기재한다.

> ※ 사용원재료 세액 × (1 − 공제(제한)비율) = 사용원재료에 대한 환급신청금액

⑤ 해당 원재료의 지급제한 또는 부산물공제를 하여야 하는 경우에는 공제구분란에 다음의 구분부호를 기재하고, 비율 란에 공제비율 또는 제한비율을 기재한다.

공제 구분 부호	증빙서류
A	지급제한(덤핑, 보복, 상계관세 적용 물품)
B	부산물(부산물내역서 정, 정B 작성)
C	부산물(부산물내역서 작성 생략)

1. 지급제한비율이 0.1857인 경우 ⓟ공제구분은 A, ⓠ비율은 18.57을,

2. 부산물공제비율이 0.2612인 경우 ⓟ공제구분은 B, ⓠ비율은 26.12를

3. 부산물공제비율이 0.2612이나, 부산물이 수출되지 않아 부산물에 대한 환급신청을 하지 않는 것이 확실한 경우에는 ⓟ공제구분은 C, ⓠ비율은 26.12를 기재한다. 공제구분이 "C"인 경우에는 부산물용 수입원재료(정)와 수입원재료(정B)는 불필요한 서류이므로 작성하지 않는다.

바. 환급신청서(부산물, 정) 작성

						ⓖ관 세	ⓗ개별소비세	ⓘ교 통 세	
ⓐ연번	ⓑ부산물식별번호	ⓒ품명 및 규격	ⓓ품목번호	ⓔ물량 (단위)	ⓕ가격 (원)	ⓙ주 세	ⓚ교 육 세	ⓛ농 특 세	ⓜ세액합계

접수번호 :

① 부산물식별번호는 부산물을 식별하는 번호로써 업체에서 자율적으로 부여한 번호를 기재한다. 업체에 따라 파트번호, 관리번호 등으로 다양하게 사용하는 번호이며, 모델규격 번호도 가능하다.

② ⓖ~ⓜ란에는 부산물 발생과 관련된 관세, 개별소비세, 교통세, 주세, 교육세, 농특세 및 세액합계를 원 단위까지 기재한다.

사. 환급신청서(부산물, 정B) 작성

<table>
<tr><td colspan="9" style="text-align:center">환급신청서 (부산물용 수입원재료, 정B)
접수번호 :</td></tr>
<tr><td rowspan="2">ⓐ연번</td><td rowspan="2">ⓑ부산물식별번호</td><td rowspan="2">ⓒ원재료식별번호</td><td colspan="2">ⓓ(원재료구분)신고번호-란-규격</td><td>ⓖ관 세</td><td>ⓗ개별소비세</td><td>ⓘ교 통 세</td><td rowspan="2">ⓜ세액합계</td></tr>
<tr><td>ⓔ수입(매입)일자</td><td>ⓕ품목번호</td><td>ⓙ주 세</td><td>ⓚ교 육 세</td><td>ⓛ농 특 세</td></tr>
<tr><td></td><td></td><td></td><td></td><td></td><td></td><td></td><td></td><td></td></tr>
<tr><td></td><td></td><td></td><td></td><td></td><td></td><td></td><td></td><td></td></tr>
<tr><td></td><td></td><td></td><td></td><td></td><td></td><td></td><td></td><td></td></tr>
<tr><td></td><td></td><td></td><td></td><td></td><td></td><td></td><td></td><td></td></tr>
<tr><td></td><td></td><td></td><td></td><td></td><td></td><td></td><td></td><td></td></tr>
<tr><td></td><td></td><td></td><td></td><td></td><td></td><td></td><td></td><td></td></tr>
</table>

① 부산물식별번호는 부산물(정)에 기재한 부산물식별번호를 기재한다.

② 원재료식별번호는 부산물식별번호에 해당하는 부산물의 원재료를 식별하는 번호로써, 환급신청서(수입원재료, 병)에 기재하는 원재료식별번호와 동일하다.

③ 원재료 납부세액을 증명하는 서류는 괄호 안에 원재료 구분부호를 기재한 후 수입신고 번호 또는 기납증·분증의 번호를 기재하되 신고번호-란번호-규격번호 순으로 기재하며, 수입(매입)일자와 품목번호를 기재한다. 원재료 구분부호와 세액사항 등의 기재방법은 위 환급신청서(수입원재료, 병) 작성방법을 참조하면 된다.

<table><tr><td>5</td><td>환급금 지급절차</td></tr></table>

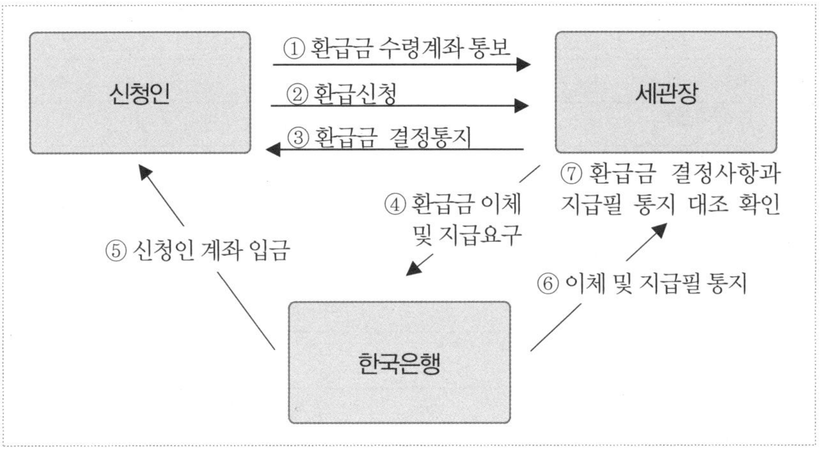

① 환급금 수령계좌 통보(환급고시 제17조): 환급신청인은 국내 은행과 우체국에 법인 또는 대표자 명의로 환급금을 지급받을 계좌를 개설한 후, 최초 환급을 신청하기 전까지 "환급금 계좌(신규·변경) 통보서"(환급고시 별지 제6호서식)에 다음의 서류를 첨부하여 관할지 세관장에게 제출하여야 한다.

1. 인감증명서(3개월 이내의 것으로서 대표자가 2인 이상인 경우에는 각 대표자의 인감증명서) 또는 본인서명사실확인서
2. 환급금계좌 통장 사본(인터넷 통장인 경우 은행장이 발급한 계좌개설확인서 사본 또는 통장표지 사본)

②환급신청인이 환급신청서를 전자문서로 신청하면 세관장은 환급금 결정내용을 전자문서로 신청인에게 통지함과 동시에 한국은행에 환급금 이체 및 지급요구를 하게 된다.

③한국은행에서는 세관장의 요청대로 신청인계좌에 입금하고 세관장에게 이체 및 환급금 지급필 통지를 하게 된다. 세관장은 환급금 결정사항과 한국은행에서 송부한 지급필 통지내용을 대조 확인하여 이상 유무를 확인하게 된다.

④위와 같은 환급금의 지급절차가 전자문서로 이루어져 환급금의 결정 즉시 환급금을 지급하게 된다. 이는 한국은행에서 '실시간 국고금 이체시스템'이 구축되었기 때문에 가능하게 되었다.

환급금 계좌 [　]신규 [　]변경 통보서

※ [　]에는 해당되는 곳에 √표를 하고 해당되는 부분만 기재합니다.

접수일자	처리기간 **즉시**

신고인	상호		대표자	
	통관고유번호		사업자등록번호	
	주소			

[　] 간이정액환급 적용/비적용 승계 여부(제32조제7항)

기존상태 승계 여부 [　]승계 [　]비승계	기존 통관고유번호	기존 간이정액 [　]적용 [　]비적용	적용/비적용 최종 승인일자

[　] 신규

지 급 은 행 명		지 급 은 행 코 드	
지 급 계 좌 번 호		예　　금　　주	
실 명 확 인 번 호 1 (사업자등록번호)		실 명 확 인 번 호 2 (주 민 등 록 번 호)	

[　] 변경

구분	변경 전	변경 후
지 급 은 행 명		
지 급 은 행 코 드		
지 급 계 좌 번 호		
예 금 주 성 명		
실명확인번호1(사업자등록번호)		
실명확인번호2(주민등록번호)		

변경사유 :

「수출용원재료에 대한 관세 등 환급사무처리에 관한 고시」 제17조제1항에 따라 위와 같이 통보합니다.

20 년 　 월 　 일

신고인　　　　　　　　　　　　　　　　　　(서명 또는 인)

○ ○ 세 관 장 귀하

첨부 서류	1. 인감증명서(3개월 이내의 것으로 대표자가 2인 이상인 경우 각 대표자의 인감증명서) 또는 본인서명사실확인서　1부. 2. 환급금계좌통장 사본(인터넷 통장인 경우 은행장이 발급한 계좌개설확인서 사본 또는 통장표지 사본)　1부.	결 재	담당	주무	과장

※ 승계여부 선택란은 통관고유부호가 변경되는 업체가 기존 업체와 동일한 경우에만 기재할 것
※ 환급금 계좌는 법인 또는 대표자명의로 개설해야 하며, 실명확인번호는 환급금 계좌계설시 은행에서 실명확인을 위한 사업자등록번호 또는 대표자 주민등록번호를 기재함.

<table><tr><td>6</td><td>환급금 충당</td></tr></table>

가. 체납된 관세 등의 충당

관세 등을 체납하고 있는 자가 환급을 신청하는 경우, 세관장은 환급신청자가 세관에 납부하여야 체납된 관세 등(이 경우에는 체납된 부가가치세도 포함한다.)과 가산금, 가산세 및 체납처분비를 결정된 환급금에서 우선 충당한 후 남은 금액을 환급신청자에게 지급한다.

다만, 관세법 시행령 제10조제9항제2호에 따라 납세의무자가 수입신고 후 10일 이내에 담보를 제공하지 않아 세관장이 납세 고지한 것으로 보세구역으로부터 해당 물품이 반출되지 않은 체납은 제외한다.

나. 잠정가격과 확정가격 간 차액에 따른 관세 등의 충당

관세법 제28조제4항에 따라 잠정가격을 기초로 신고납부한 세액과 확정된 가격에 다른 세액의 차액으로서 징수하여야 하는 금액이 있는 경우에도, 세관장은 환급신청자가 세관에 납부하여야 할 차액을 결정된 환급금에서 우선 충당한 후 남은 금액을 환급신청자에게 지급할 수 있다.

다만, 잠정가격과 확정가격 간 차액에 따른 관세 등을 결정된 환급금에서 충당하기 위해서는 환급신청인의 충당 신청이 있는 경우에만 우선 충당할 수 있다. 이 경우 충당을 신청한 날에 충당된 세액을 납부한 것으로 본다.

다. 체납된 국세 등의 충당

국세징수법, 지방세법, 국민건강보험법에 따른 체납이 있는 경우에도 세관장은 해당 체납이 있는 환급신청인의 환급금에서 체납된 국세 등을 우선 충당할 수 있다. 충당절차는 국세 등의 충당과 건강보험료 등의 보험료 충당에 약간의 차이는 있으나, 다음의 절차에 따라 충당절차를 진행한다.

《 국세 등 체납자의 관세 환급금 발생 시 업무처리 절차 》

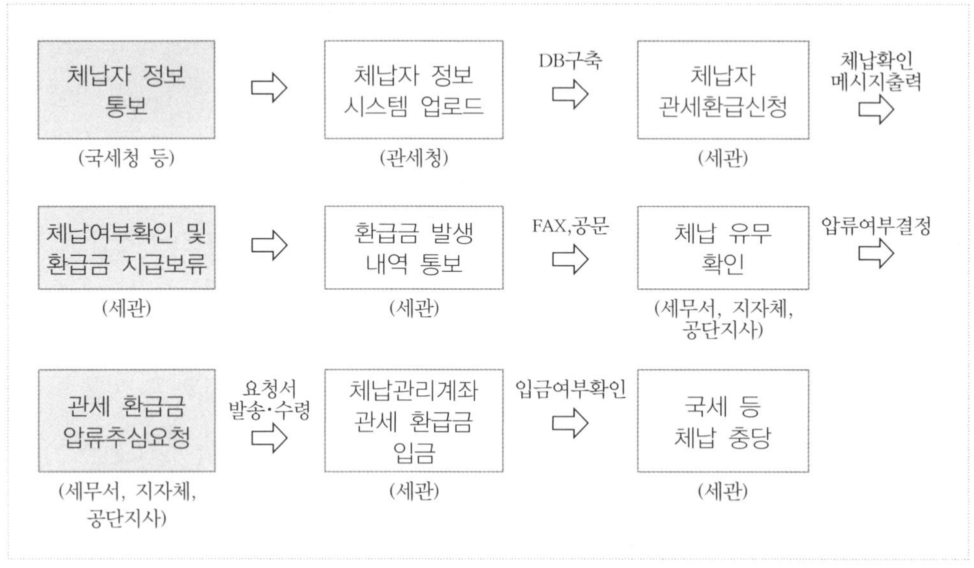

국세징수법과 지방세법에 따른 체납된 국세 등의 충당

국세청장 또는 행정안전부 장관이 국세징수법 또는 지방세법에 따라 관세청장에게 제공한 체납자의 체납된 국세 등은 관세법과 환급특례법상 환급금으로 충당할 수 있다.

국민건강보험법에 다른 체납된 건강보험료 등 보험료의 충당

국민건강보험공단 이사장이 국민건강보험법에 따라 관세청장에게 제공한 체납자의 체납된 건강보험료 등 보험료는 환급특례법상 환급금만으로 충당할 수 있다.

체납자료의 제공

국세청장, 행정안전부 장관과 국민건강보험공단 이사장("체납관리기관장"이라 한다.)은 관세청장에게 "체납자명, 주민등록번호(사업자등록번호), 관할기관, 담당자명, 전화번호, FAX번호" 정보가 수록된 체납자료를 관세청장에게 제공하여야 한다. 자연인(自然人)인 체납자는 주민등록번호로, 법인(法人)인 체납자는 사업자등록번호(지점 사업자등록번호 포함) 단위로 제공하여야 한다.

체납자료는 정보통신시스템을 통해 전산으로 제공되어 관세청 시스템으로 관리되므로 체납자 해당 여부를 환급금 결정 시 자동으로 확인할 수 있는데, 체납관리기관장의 체납자료 제공 시기는 다음과 같다.

① 국세청장은 월 단위로 변동(신규, 변경, 해지)되는 체납자료

② 행정안전부 장관은 매일 1회 전체 체납자료

③ 국민건강보험관리공단 이사장은 매월 2회 전체 체납자료

✤ 환급액 지급보류 및 환급금 발생 사실 통보

관세청 시스템에 등록된 국세 등의 체납자가 환급을 신청하면 세관장이 지급 결정을 하더라도 해당 환급신청 건의 관세 환급금은 지급이 보류된다.

세관장은 지급이 보류된 체납 건에 대하여 체납관리기관의 해당 체납부서(세무서, 지방자치단체, 국민건강보험관리공단지사)에 "관세 환급금 발생 사실 통보서"를 송부한다. (환급신청 건당 10만 원 이상인 건에 한정한다.)

✤ 체납관리기관의 조치

세관장으로부터 관세 환급금 발생 사실 통보를 받은 체납관리기관의 해당 부서장은 즉시 체납유무를 확인하여, 해당 체납자의 체납액이 소멸된 경우 그 사실을 해당 세관장에게 통보하여 환급금 지급보류를 해제할 수 있도록 하여야 하며, 체납액이 있는 경우에는 2근무일 이내에 환급금의 압류 및 추심을 해당 세관장에게 요청하여야 한다. 이때 체납관리부서장은 체납자에게 압류 사실을 별도로 통지하여야 한다.

✤ 압류 및 추심요청 시 세관장 조치

환급금에 대한 채권압류통지서를 수령한 세관장은 압류등록 요청한 관서를 등록하여 환급금이 지급되도록 조치하되, 등록 우선순위는 국세, 지방세, 건강보험료 등 보험료 순서로 등록하되, 동일한 체납관리기관의 2개 이상 부서장이 압류요청을 하는 경우에는 압류요청서가 도착한 순서에 따른다.

✤ 법원 관세 환급금 압류 시 준용

체납된 국세 등의 충당절차는 법원의 관세 환급금 압류요청 시에도 준용한다.

가. 환급신청서류의 제출

(1) 전자문서 제출원칙

환급신청서류는 전자문서로 제출하는 것이 원칙이다. 이는 환급절차의 정확성과 신속성을 높이기 위해서다. 다만 정확하게 환급신청 되었는지를 세관에서 심사하는 과정에서 필요하다는 이유로 세관장이 종이문서로 제출토록 요구할 때에는 종이문서를 제출하여야 한다. (환급고시 제5조제1항)

(2) 전송방식의 선택

①환급신청인은 환급서류를 직접 작성하여 전자서류로 송부할 것인지 여부를 먼저 결정하고, 관세사를 이용하는 경우에는 환급업무를 전부 대행시킬 것인지, 전송업무만 대행시킬 것인지를 결정하여야 한다. 전자문서를 송부하는 방법에는 웹화면입력방식과 일괄전송방식이 있다.

②일괄전송방식은 관세청 전자문서중계사업자인 (주)한국무역정보통신 또는 (주)케이씨넷이 설치한 전자문서 중계시스템을 이용하는 것이므로 KTNET 또는 KCNET에 가입하고, 환급신청용 S/W를 직접 개발하거나 개발자로부터 구매하며, 전송료를 부담해야 하나, 기존의 방식이므로 안정적으로 다량의 내용을 신속하게 전송할 수 있는 장점이 있다.

③웹 화면입력방식은 관세청 국가 관세종합정보망 서비스를 직접 이용하는 것인데, 접속절차가 간편하고 전자통관시스템에서 환급신청화면을 제공하므로 별도의 환급신청용 S/W가 없어도 환급신청을 할 수 있다.

④환급신청서 작성 도우미를 이용할 때는 관세청 전산에 등록된 자기 회사의 수출입 내역 등을 쉽게 조회할 수 있고 부정확한 환급신청을 방지할 수 있어 편리하다. 또한 ,별도의 비용이 들지 않아 경제적이므로 2005년 10월 도입된 이후 이용률이 계속 증가하는 추세에 있으며 특히 2016.4.23. 4세대 국가관세정보망 개통으로 사용자 편의성이 강화되었다.

(3) 일괄전송방식

　일괄전송 방식을 이용하려면 (주)한국무역정보통신 (homepage.ktnet.co.kr) 또는 (주)케이씨넷(www.kcnet.co.kr)에 가입하여 전산장비 구비와 환급신청용 S/W를 설치하는 등 시스템 구축에 대하여 안내를 받으면 되고, 환급신청용 S/W 개발자는 다음의 업체명단을 참고하면 된다.

지역	회사명	전화번호	홈페이지
서울	READYKOREA (주)매트릭스투비	(02) 3466-5000 (02) 890-6700	www.readykorea.co.kr www.matrix2b.com
부산	(주)엔컴 이씨스	(051) 932-0001 (051) 966-7000	www.e-ncom.co.kr www.ecis.co.kr
인천	(주)휴먼정보기술	(032) 744-8112	

(4) 웹화면 입력 방식

⚙ 관세청 전자통관시스템에 등록하기

　①인터넷을 통한 국가관세종합정보망서비스를 이용하려는 자는 전자통관시스템(unipass.customs.go.kr)에 사용자 등록 화면에서 공인인증서를 먼저 등록하고 "국가관세종합정보망서비스 이용 신청서"(국가관세종합정보망의 이용 및 운영 등에 관한 고시 별지 제1호서식)를 작성하여 사업장 소재지 관할 세관장 또는 주소지 관할 세관장(개인인 경우에 한정)에게 제출하여야 한다.

　②신청서를 제출할 때 본인이 아닌 경우에는 위임장을 함께 제출하면 되는데, 제출된 신청서는 3일 이내 처리된다.

⚙ 환급신청 하기

　① 관세청 전자통관시스템(unipass.customs.go.kr)에 들어가서 "UNI-PASS ⇒ 전자신고 ⇒ 신고서작성 ⇒ 환급" 순으로 찾아가면 된다.

　② 간이정액환급과 원상태 수출환급 및 원재료 수가 적은 개별환급은 웹화면에서 환급신청이 가능하므로 이용하면 편리하다.

　③ 개별적인 환급프로그램의 제작에 대해서는 위 환급신청용 S/W 개발자 명단을 참고하기 바란다.

나. 분할사용 기록

환급을 신청할 때 또는 기납증·분증을 발급할 때 수출물품과 원재료는 전부 사용될 수도 있고 일부만 사용될 수도 있다. 이때 분할사용기록을 하지 않으면 이중환급 또는 환급신청 누락이 발생하기 쉽고, 이로 인한 과다환급이 발생하면 세관장은 환급금액과 함께 14.235%의 높은 가산금까지 징수하게 된다.

따라서 환급신청인은 수입신고필증, 기납증, 분증, 평세증 등을 환급신청에 사용할 때 잔량이 있는 경우에는 반드시 분할사용 기록을 하는 것이 좋다.

세관장은 원재료의 분할사용내역을 전산으로 확인할 수 있으므로 환급신청서에 분할사용기록표를 첨부할 필요가 없다. 하지만 환급신청인은 전산으로 기록·관리하거나 전산관리가 불가능한 경우에는 수입신고필증 등의 뒷면에 분할사용기록표를 작성하여 활용하여야 할 것이다.

다. 수출입신고필증 등의 제출 및 보관

(1) 수출입신고필증 등 제출 및 제출생략

환급 등을 신청할 때 제출하는 수출입신고필증 등은 증명서류이므로 세관장이 보관하여야 하나, 그 용도가 다양하므로 원본은 환급신청인에게 돌려주고 사본을 보관하도록 하고 있다.

그런데, 환급 등을 신청할 때 제출하는 수출입신고필증 등은 워낙 건수가 많아 사본작성에 상당한 비용이 소요되므로 세관장이 전산으로 확인할 수 있어 제출할 필요가 없다고 인정하는 때는 제출하지 않을 수 있도록 환급고시를 개정하여 운영하고 있다.

(2) 환급업체 의무

환급신청인은 세관장의 요구가 있는 때에는 즉시 환급 등의 증명서류를 제시하거나 제출할 수 있도록 다음과 같은 의무를 부여하고 있고 이를 지키지 않는 때에는 처벌하고 있다. (환급특례법 제20조 및 제23조)

◉ 보관의무(5년)

환급 등의 신청인은 신청과 관련된 수출입신고필증 등을 환급받은 날로부터 최대 5년까지 보관하여야 하는데, 서류별 보관 기간은 다음과 같다.

◉ 제출의무

환급 등의 신청인은 관세청장 또는 세관장으로부터 수출입신고필증 등의 제출요구가 있는 때에는 지체없이 이를 제시하여야 한다.

◉ 처벌

① 정당한 사유 없이 보관 기간 동안 환급 관련 서류 등을 보관하지 아니할 때는 2천만원 이하의 벌금을 물게 된다

② 정당한 사유 없이 세관장이 요구하는 환급 관련 서류 기타 관계자료를 제출하지 아니할 때는 천만원 이하의 벌금을 물게 된다

(3) 환급신청서류 등의 정리 및 보관

◉ 보관서류 및 보관 기간

보관 대상서류는 환급 등의 신청내용과 환급액(양도세액)의 산출방법에 따라 다음과 같이 서로 다르다.

① 간이정액환급 신청: 3호 및 5호의 서류

② 개별환급신청: 1호, 3호, 4호 및 5호의 서류

③ 간이기납증 발급신청: 2호 서류

④ 개별기납증 발급신청: 1호, 2호 및 4호 서류

⑤ 분할증명서 발급신청: 2호 및 4호 서류

구분	보관서류	보관 기간
1호	소요량계산근거서류 및 계산내역에 관한 서류 •소요량의 산출근거자료 •소요량의 산출근거 증명자료(원재료 및 제품수불부 등) •제품사양서 •중소기업의 원재료 수불대장과 수출물품 수불대장	환급신청일부터 5년 환급신청일부터 3년
2호	수출용 원재료의 거래관련 서류 •내국신용장 •구매확인서 •세관장이 인정한 매매계약서 등	기납증(분증) 발급일부터 3년

3호	수출 사실을 증명할 수 있는 서류 •수출신고필증 •물품 반입확인서 •납품(공사)완료증명서 등	환급신청일부터 3년
4호	원재료의 납부세액 증명서류 •수입신고필증 •기납증 •분할증명서 •평세증	환급신청 등에 사용한 날부터 3년
5호	그 밖의 관세청장이 정하는 서류 •환급받은 수출물품의 수출신용장 또는 수출거래 계약서 •완제품을 구매하여 수출한 경우에는 완제품내국신용장 또는 완제품구매확인서 •수출위탁을 받아 수출한 때에는 수출대행계약서 •조견표 •환급 대상 수출물품 반입(적재)확인서 발급관련 거래서류	환급신청 등에 사용한 날부터 3년

관세청장이 정하는 서류

제5호의 서류는 환급 등의 위법성을 파악하는데 필요한 서류이므로 환급신청 등에 필요한 서류는 아니지만 3년간 보관하여야 한다.

신청 건별 합철 보관

환급신청 관련 서류는 환급 등의 신청 건별로 합철하여 보관함이 편리하다. 다만, 합철하기 곤란할 때는 연도별, 수입신고수리일 또는 발급일자순으로 편철하여 보관하는 것도 좋은 방법이 될 수 있다.

자료보관 매체에 의한 보관 가능

환급신청 관련 자료는 마이크로필름, 광디스크 등의 자료보관 매체에 담아 보관할 수 있다. 이 경우에는 환급신청 관련 자료 전부를 자료보관 매체에 담아 보관하여야 한다.

8   환급신청 서류의 심사

가. 심사원칙

환급신청을 받은 세관장은 ① 신청서 기재사항과 환급특례법상의 확인사항은 환급금을 결정하기 전에 심사하고, ② 환급금의 정확 여부는 환급금을 결정하여 지급한 후에 심사한다.

(1) 환급금 결정 전에 심사하는 사항

✥ 신청서 기재사항

① 수출신고필증의 신고번호 및 란번호, 품목번호, 수량, 수출신고수리일, 수출금액 등
② 수입신고필증, 기납증, 분할증명서, 평세증의 신고번호(증명번호)및 란번호, 품목번호, 수량, 납부세액(양도세액), 수입신고수리일(양도일) 등

✥ 환급특례법상의 확인사항

① 수출신고필증 등의 이중환급 여부
② 수입신고필증 등의 이중사용 여부
③ 수출이행기간
④ 간이정액환급률표 적용의 정확 여부
⑤ 지급제한 대상 여부

(2) 환급금을 지급한 후에 심사하는 사항

✥ 환급금의 정확 여부

① 소요량계산서상 소요량 산정 적정 여부
② 실제 사용된 원재료와 환급신청 원재료의 동종동질 여부(동일성 여부)
③ 필수규격의 기재누락으로 과다환급 발생 여부
④ 부산물공제 해당 여부 및 부산물공제비율 산정 적정 여부

나. 환급심사 방법

(1) 환급 후 심사

⊕ 의의

환급신청서에 대한 심사사항 중 전산으로 심사가 곤란한 환급액 산출의 정확 여부는 환급금을 지급한 후에 심사하는데, 이를 환급 후 심사 또는 사후심사라 한다.

⊕ 환급 후 심사방법

사후심사는 소요량 산정과 환급금의 정확 여부에 대한 사후심사가 필요한 일부 업체만 조사하게 되며, 조사 방법은 서류를 제출받아 심사하는 서면심사와 서면심사만으로 심사의 목적을 달성할 수 없는 경우에 해당 업체를 방문하여 각종 장부와 현품을 조사하는 실지 심사의 방법이 있다.

(2) 환급 전 심사

⊕ 의의

환급 전에 신청서 기재사항의 적정 여부와 법령상의 확인사항뿐만 아니라 환급액 산출의 적정 여부까지 모두 심사하는 것을 환급 전 심사 또는 사전심사라 한다. 환급 전 심사는 부정환급의 우려가 있는 업체 또는 물품에 적용하게 된다.

⊕ 환급 전 심사대상 물품

① 거짓이나 그 밖의 부정한 방법으로 관세 등의 환급 또는 기납증 발급을 받아 처벌을 받은 자가 신청하는 물품
② 환급 관련 자료의 보관 기간(5년 이내) 동안 보관하지 않거나 세관장의 자료제출 요구를 이행하지 아니하여 처벌받은 자가 신청하는 물품
③ 부정환급 등의 우려가 있다고 관세청장이 따로 정한 품목
④ 세관장에게 소요량신고를 하지 아니하고 소요량계산서를 발급한 자의 신청 물품
⑤ 그 밖에 세관장이 환급 후에 심사하는 것이 부적합하다고 인정하는 물품

3절 가산금 제도와 환급

1 가산금 제도

가. 환급특례법상 가산세와 가산금

(1) 1974년~1984년: 세관장이 환급금 정확 여부 심사 후 환급금을 지급

1974년 환급특례법을 제정하여 시행할 때는 환급신청인이 환급 신청한 금액을 사전에 심사하고 지급하였기 때문에 과다 또는 과소환급은 세관장의 귀책사유로 보고 가산금을 징수하지 않았다.

(2) 1984년~1996년: 개산환급금 미정산 가산세 징수

이후 1984년 개산환급제도가 도입되면서 평균환급액으로 환급금(개산환급금)을 지급받은 자가 일정한 기간 내에 정산하지 않으면 개산환급금의 10%에 해당하는 가산세를 징수하였는데, 1996년 개산환급제도의 폐지로 환급특례법상 가산세 제도는 폐지되었다.

한편, 납세고지의 유예를 받은 수출용 원재료를 수출물품 생산에 사용하고 그 수출물품이 수출된 경우에 대한 상계제도를 운용하였는데, 해당 수출물품이 수출되지 않은 경우에는 25%의 가산세를 징수하였는데, 이 제도 역시 1996년 상계제도의 폐지로 함께 폐지되었다.

(3) 1997년~현재: 선(先) 환급금 지급, 후(後) 환급금 심사로 가산금 징수

환급신청인이 신청한 서류의 형식적인 요건만 심사하여 환급금을 결정·지급한 후에 환급금의 정확 여부는 사후에 심사하는 현재의 환급제도는 1997년 환급특례법 전부 개정으로 도입되었는데, 이때 부정 또는 과다환급을 방지하고 성실신고를 유도할 목적으로 가산금 제도도 함께 도입되었다.

조세법률에서 가산금은 부당이득에 대한, 이자 성격이라 일반적으로 시중은행의 정기예금 이자율이 적용되고, 가산세는 불성실 행위에 대한 제재로서 과태료 성격이라 일반적으로 시중은행의 연체대출금 이자율이 적용되어 가산금 이율보다 높은 편이다.

환급특례법상 선 환급금 지급 후 환급금 정확 여부 심사제도가 도입되었을 때 성실환급신청 유도가 목적이었다면 불성실 환급신청에 대하여 가산세를 부과하도록 해야 하였으나, 과다환급이 부당이득에 해당한다고 보고 부당이득에 대한 이자를 징수할 목적으로 가산금이 도입되었다.

나. 가산금 이자율

(1) 세관장의 과다환급금 징수

환급특례법상 다음의 경우와 같이 과다환급을 받은 것이 확인되어 세관장이 징수하는 경우에는 해당 과다환급금에 대하여 연 14.235%(1日 10만분의 39)의 이율에 해당하는 가산금을 함께 징수한다.

> 가산금 = 과다환급금액 × (39 ÷ 100,000) × 경과일수(환급일의 익일~징수결정일)

① 환급특례법에 따라 환급받아야 할 금액보다 과다하게 환급받은 경우
② 기납증 또는 분할증명서상 양도세액을 과다하게 증명받은 경우로서 그 기납증 또는 분할증명서가 환급 등에 사용되어 수정·재발급이 불가능한 경우
③ 선(기)적하지 않고 관세 등을 환급받은 경우(해당 금액을 징수하기 전에 선(기)적된 경우는 제외)
④ 간이정액환급률표를 적용할 수 없는 물품에 대하여 정액환급률표에 따라 환급받은 경우

(2) 환급신청인의 과다환급금 자진신고·납부

그런데 과다환급 사실을 환급신청인이 먼저 확인한 경우에는 환급신청인이 그 과다환급 내역을 자진신고하고 과다환급금을 자진신고할 수 있다. 환급신청인이 과다환급액을 자진신고하는 경우에는 다음의 서류를 "과다환급금 자진신고서"(환급고시 별지 제14호서식)에 첨부하여 제출하여야 한다.
① 과다환급금 계산내역

② 그 밖의 수입신고필증 등 관련 서류

환급신청인이 해당 과다환급금을 자진신고하고 납부하는 경우에는 연 3.65%(1日 10만
분의 10)의 이율에 해당하는 가산금을 함께 징수하며, 환급받은 날부터 3개월 이내에 자진
신고를 하는 경우에는 연 1.6%의 이율에 해당하는 가산금만 징수한다.

❖ 가산금 = 과다환급금액 × (10 ÷ 100,000) × 경과일수(환급일의 익일~징수결정일)
❖ 3개월 이내 자진신고 가산금 = 과다환급금액 × 0.016 × (경과일수 ÷ 365)

과다환급금 자진신고서

접수일자	처리기간 **15일**

신고인	상호		대표자	
	통관고유번호		사업자등록번호	
	주소			

과다환급과 관련된 환급신청 등의 내역

환급신청번호	환급결정일자	환급결정액	정당환급액	과다환급액	비고

과다환급 받은 사유	과다환급액 계산내역 (환급신청건별로 작성하여 별도 첨부)

　「수출용원재료에 대한 관세 등 환급에 관한 특례법 시행령」 제31조제1항 및 「수출용원재료에 대한 관세 등 환급사무처리에 관한 고시」 제25조에 따라 과다환급 받은 사실을 신고합니다.

20 년 월 일

신고인 (서명 또는 인)

○ ○ 세 관 장 귀하

첨부서류	수입신고필증등 과다환급과 관련된 서류		결 재	담당	주무	과장

2   가산금의 환급

가. 가산금 환급제도

환급특례법상 가산금이 시중은행의 정기예금 이자율(연 1.6%)보다 높은 연 14.235%(자진신고의 경우는 연 3.65%)로 정해진 이유는 성실신고를 전제로 운영하는 "선(先) 환급금 지급 후(後) 환급금 심사제도"의 운영을 저해하는 행위에 대응하려는 목적이 있었다.

그렇지만, 조세법률주의에 따라 가산금은 부당이득에 대한 이자이므로, 과다환급금액을 징수한 후에 추가환급을 통해 환급금을 지급받는 경우에는 추가환급금액만큼은 부당이득이 아니라고 해석되면서 2014.1.1.부터 가산금 환급제도가 시행되었다. (환급특례법 제21조 제6항 및 제7항)

나. 가산금액 지급신청

(1) 가산금액 지급신청인

①가산금액의 환급을 신청하는 자는 다음의 3가지 요건을 모두 충족하여야 한다.

1. 환급특례법에 따라 환급받아야 할 금액보다 과다하게 환급받았을 것
2. 해당 과다환급금액과 그 금액에 가산할 가산금을 세관장으로부터 징수당하거나 환급신청인이 자진신고·납부할 것
3. 환급특례법 제14조제1항 단서에 따라 그 징수 또는 자진신고·납부가 있었던 날부터 2년 이내에 추가환급을 신청할 것

②따라서 과다환급금액에 해당하여 세관장으로부터 징수를 당하거나 환급신청인이 자진신고·납부하더라도 다음의 경우에 해당되는 과다환급금액은 가산금액 지급신청을 할 수 없다.

1. 기납증 또는 분할증명서상 양도세액을 과다하게 증명받은 경우로서 그 기납증 또는 분할증명서가 환급 등에 사용되어 수정·재발급이 불가능한 경우
2. 선(기)적하지 않고 관세 등을 환급받은 경우(해당 금액을 징수하기 전에 선(기)적된 경우는 제외)
3. 간이정액환급률표를 적용할 수 없는 물품에 대하여 정액환급률표에 따라 환급받은 경우

(2) 지급신청 기간

가산금액의 지급신청은 환급특례법 제21조제1항제1호의 과다환급금액과 그 금액에 가산할 가산금을 세관장으로부터 징수당하거나 환급신청인이 자진신고·납부한 날부터 2년 이내에 하여야 한다.

(3) 신청금액 계산

가산금액 지급신청 금액은 다음의 계산식에 따라 계산한 후 원 단위를 절사하되, 당초 세관장으로부터 징수당하거나 환급신청인이 자진신고·납부한 가산금을 초과할 수 없다.

> 📓 신청금액 = 가산금액(B) × (추가환급금(C) ÷ 과다환급금(A))
> A: 세관장으로부터 징수당하거나 환급신청인이 자진신고·납부한 과다환급금
> B: 세관장으로부터 징수당하거나 환급신청인이 자진신고·납부한 가산금
> C: 추가환급을 신청하는 금액

(4) 지급신청 방법

①가산금액을 지급 신청하려는 자는 "가산금액 지급신청서"(환급고시 별지 제5호의2서식)를 전자문서로 관세환급시스템에 전송하여야 한다.

②세관장은 가산금액 지급신청서가 관세환급시스템에 등록되어 접수번호가 부여된 때부터 3일 이내에 해당 가산금액 지급신청서의 기재사항을 확인한 후 가산금액 지급신청서를 처리하여야 한다. (다만, 서류제출 기간은 처리 기간에 산입하지 않음)

③서류제출대상으로 선별되면, 신청인은 그 통지를 받은 날부터 3일 이내에 다음의 서류를 세관장에게 제출하여야 한다. (세관장이 전산으로 확인이 가능한 서류 등 제출할 필요가 없다고 인정하는 서류는 제출하지 않음)

    1. 과다환급 추징세액 내역 자료

    2. 추가환급신청서(사본)

④신청서 처리기한 내에 제출된 서류만으로 신청한 가산금액이 정확한지 여부를 확인할 수 없는 경우에는 우선 신청금액을 지급한 후에 심사한다.

다. 가산금액 지급신청서 작성요령

(1) 작성 원칙

①가산금액 지급신청은 환급금액이나 과다환급금의 징수 또는 자진신고·납부한 날부터 2년 이내에 신청할 수 있다.

1. 과다환급금(가산금액 포함) 징수 고지일자가 2017.12.20.이고, 해당 과다환급금 수납일자가 2018.1.5.이며, 추가 환급받은 날이 2018.2.9.인 경우에는 해당 과다환급금 수납일자 2018.1.5.을 기준으로 2018.1.6.부터 2020.1.5.까지 가산금액을 지급신청할 수 있으며, 2020.1.5.이 토요일 또는 공휴일에 해당하면 그다음 날까지 지급 신청할 수 있음

2. 과다환급금 고지 후 누락된 가산금액을 별도로 고지함에 따라 과다환급금 수납일자는 2018.1.5.이고 가산금액의 수납일자가 2018.1.10.인 경우에는 추가환급과 관련된 해당 가산금액의 지급신청은 2018.1.10.을 기준으로 함

②환급특례법 제21조제1항제1호에 따른 환급금액이나 과다환급금을 징수 또는 자진신고·납부한 후, 같은 법 제14조제1항제3호에 따라 환급 신청한 건에 대한 과다환급금의 가산금액 중 추가 환급받은 금액에 해당하는 가산금액을 지급 신청할 수 있다.

> 📗 환급특례법 제21조제1항
>
> ①세관장은 제16조에 따라 지급한 환급금이 다음 각 호의 어느 하나에 해당하는 경우에는 그 환급금액 또는 과다환급금액을 관세법 제47조제1항에 따라 관세 등을 환급받은 자(기초원재료납세증명서 또는 수입세액분할증명서를 발급받은 자를 포함한다. 이하 이 조에서 같다)로부터 징수한다.
> 1. 이 법에 따라 환급받아야 할 금액보다 과다하게 환급받은 경우
> 2. 제12조에 따른 기초원재료납세증명서 또는 수입세액분할증명서에 관세 등의 세액을 과다하게 증명받은 경우로서 그 기초원재료납세증명서 또는 수입세액분할증명서가 환급 등에 이미 사용되어 수정·재발급이 불가능한 경우
> 3. 선적(船積)이나 기적(機積)을 하지 아니하고 관세 등을 환급받은 경우. 다만, 해당 금액을 징수하기 전에 선적되거나 기적된 경우에는 그러하지 아니하다.
> 4. 제13조제1항에 따른 정액환급률표를 적용할 수 없는 물품에 대하여 정액환급률표에 따라 환급받은 경우
>
> 📗 환급특례법 제14조제1항.
>
> ①관세 등을 환급받으려는 자는 대통령령으로 정하는 바에 따라 물품이 수출등에 제공된 날부터 2년 이내에 관세청장이 지정한 세관에 환급신청을 하여야 한다. 다만, 수출등에 제공된 수출용 원재료에 대한 관세 등의 세액에 대하여 다음 각 호의 어느 하나에 해당하는 사유가 있은 때에는 그 사유가 있었던 날부터 2년 이내에 환급신청을 할 수 있다.
> 1. 관세법 제38조의2에 따른 보정(補正)

2. 관세법 제38조의3에 따른 수정 또는 경정
3. 제21조에 따른 환급금액이나 과다환급금액의 징수 또는 자진신고·납부

(2) 가산금액 지급신청서(갑) 작성

①제출번호는 신청서의 접수, 접수된 신청서의 전산심사결과 오류통지 및 가산금액 지급 결정통지 등을 위하여 필요한 번호로써 신청자가 연도별로 제출순서에 따라 일련번호를 부여하여 6자리로 기재하되, 종전 제출번호와 중복되면 안 된다.

②접수번호는 신청자가 가산금액을 지급 신청한 건별(제출번호별)로 환급시스템에서 형식적 요건을 확인하여 환급시스템에서 자동으로 부여해주는 번호로써 가산금액 지급신청 시 기관부호 및 연도만 기재한다. 일련번호 구분 값은 K로 시작하는 접수번호가 통보된다.

> 예시 가산금액 지급신청서 접수번호 : 010-18-K123456
> - 세관부호: 환급신청하는 세관부호, 서울세관 → 010
> - 연도: 환급신청하는 해당연도, 2018년→18

③신청인 내역과 입금받을 지급은행 내역을 기재하고, 각 세목별 가산급액 지급신청금액과 합계를 기재하며, 가산금액 지급신청 상세내역은 "가산금액 지급신청서(을)" 작성요령을 참고하면 된다.

가산금액 지급신청서 (갑)

제출번호	신청관세사	접수번호			접수일자	처리기간
		세관부호	연도	일련번호		3일

신청인	상호		대표자	
	통관고유부호		사업자등록번호	
	도로명주소			

지급신청 가산금액 합계

관세가산금	개소세가산금	교통세가산금	교육세가산금	주세가산금	농특세가산금	합계

가산금액 지급신청 상세 내역

행 번호	최초환급 접수번호	추징내역					추가환급내역		지급신청 가산금액 $(b \times \dfrac{c}{a})$
		개별 납부 고지서번호	납부 일자	세목	과다환급금(a)	가산금(b)	환급 접수번호	추가환급금(c)	

※ 지급신청 건이 추가로 있을 경우 가산금액 지급신청서 (을)지에 기재

지급은행	은행명	본(지점)	코드번호
	온라인구좌번호		

「수출용원재료에 대한 관세 등 환급에 관한 특례법」 제21조제6항에 따라 같은 법 제14조제1항 제3호에 따른 환급금에 해당하는 가산금액을 지급신청합니다.

20 　 년 　 월 　 일

신청인　　　　　　　　　(서명 또는 인)

○ ○ 세 관 장 귀하

첨부서류	※ 세관장이 제출요구하는 경우에 한함 1. 과다환급 추징세액내역서 2. 추가환급신청서(사본)	결재	담당	주무	과장

가산금액 지급신청서 (을)

	접수번호	
세관부호	연도	일련번호

가산금액 지급신청 상세 내역

행번호	최초환급 접수번호	추징내역					추가환급내역		지급신청 가산금액
		개별 납부 고지서번호	납부일자	세목	과다환급금(a)	가산금(b)	환급 접수번호	추가환급금(c)	$(b \times \dfrac{c}{a})$

※ 세목 : 1.관세, 2.개별소비세, 3.교통·에너지·환경세, 4.교육세, 5.주세, 6.농특세

(4) 가산금액 지급신청 상세내역 기재 예시

➕ 세목이 관세만 있는 경우

행 번호	최초환급 접수번호	개별 납부 고지서번호	납부 일자	세목	과다환급금	가산금	환급 접수번호	추가환급금	지급신청 가산금액
		추징내역					추가환급내역		
001	040-17-H0 91171	040-64-17-0 0006	2018.0 1.05.	1	12,111,200	727,390	040-18-H0 03129	10,870,210	652,850

- 727,390 × (10,870,210 / 12,111,200) = 652,857 ⇒ 652,850

➕ 세목이 관세, 개별소비세, 교육세 등 여러 개인 경우

행 번호	최초환급 접수번호	개별 납부 고지서번호	납부 일자	세목	과다환급금	가산금	환급 접수번호	추가환급 금	지급신청 가산금액
		추징내역					추가환급내역		
001	040-17-H0 03858	040-64-17-0 0107	2017.0 9.11.	1	792,370	15,050	040-17-H01 8482	520,370	9,880
002	040-17-H0 03858	040-64-17-0 0107	2017.0 9.11.	2	1,357,830	25,790	040-17-H01 8482	891,720	16,930
003	040-17-H0 03858	040-64-17-0 0107	2017.0 9.11.	4	407,360	7,730	040-17-H01 8482	267,520	5,070

- 관 세 : 15,050 × (520,370 / 792,370) = 9,884 ⇒ 9,880
- 개소세 : 25,790 × (891,720 / 1,357,830) = 16,937 ⇒ 16,930
- 교육세 : 7,730 × (267,520 / 407,360) = 5,076 ⇒ 5,070

➕ 과다환급금(추가환급금)인 경우 지급신청 가산금은 추징가산금 범위

(※지급신청 가산금액은 추징가산금을 초과할 수 없음)

행 번호	최초환급 접수번호	개별 납부 고지서번호	납부 일자	세목	과다환급금	가산금	환급 접수번호	추가환급금	지급신청 가산금액
		추징내역					추가환급내역		
001	040-17-H0 00347	040-64-17-0 0028	2017.0 7.25.	1	75,640	1,280	040-17-H0 01628	805,890	1,280

- 관 세 : 75,640 〈 805,890 ⇒ 1,280

<table><tr><td>4절</td><td>과다환급의 추징과 벌칙</td></tr></table>

<table><tr><td>1</td><td>과다환급의 추징</td></tr></table>

가. 제도적 요인에 의한 과다환급 또는 과소환급

환급특례법은 능률적인 수출 지원과 균형 있는 산업의 발전을 목적으로 하고 있어, 제도 운영과정에서 다양한 이유로 과다 또는 과소환급 현상이 발생하고 있다.

이러한 제도적 과다 또는 과소환급의 발생은 불가피한 것이므로, 이러한 과다 또는 과소환급이 발생할 우려가 큰 다음의 경우에 대하여 관세청장은 기획재정부과 장관과 협의하여 환급방법을 조정할 수 있다. (환급특례법 제10조제4항, 환급특례법 시행규칙 제9조)

① 수출용 원재료(수입된 원재료의 경우로 한정한다)에 대하여 다음 중 어느 하나의 사유가 있는 경우

1. 관세율 변동
2. 수입가격 변동
3. 둘 이상의 관세율 적용

② 국내에서 생산된 원재료와 수입된 원재료가 제3조제2항에 해당하여 수출용 원재료가 되는 경우로서 각 원재료가 생산과정에서 수출물품과 국내공급물품에 구분하지 아니하고 사용되는 경우

관세청장은 현재 위 규정을 근거로 과다환급이 발생하지 않도록 조정고시를 제정하여 운영하고 있는데, 자세한 내용은 제3장 제4절 4. 과다환급 우려 물품에 대한 환급방법 조정 편에 설명되어 있다.

> 🔖 환급특례법 시행규칙
> 제9조(관세 등 환급방법의 조정) 관세청장이 법 제10조제4항에 따라 환급을 받을 수 있는 수입신고필증의 유효기간 및 환급에 사용할 수 있는 수출용 원재료의 물량을 따로 정하는 경우

관세율의 변동 정도, 수출물품의 생산공정, 해당 업종의 재고자산 회전기간 및 수출입절차에 소요되는 기간 등을 종합적으로 참작하여 적정한 환급이 이루어지도록 하되, 그 내용이 다음 각 호의 어느 하나에 해당하는 경우에는 미리 기획재정부 장관과 협의를 하여야 한다.
1. 수출용 원재료에 대하여 환급받을 수 있는 수입신고필증의 유효기간을 6개월보다 짧게 정하려는 경우
2. 업체별 수출용 원재료의 재고물량, 수출비율 또는 수입비율 등을 기준으로 하여 환급에 사용할 수 있는 수출용 원재료의 물량을 정하려는 경우

나. 과다환급금의 추징

환급신청인이 소요량 계산 또는 환급금의 산정을 잘못한 경우 또는 수출되지 않은 물품에 대한 환급신청, 잘못 발급된 기납증·분증 등에 기인한 환급신청 등으로 과다환급이 된 경우, 세관장은 환급을 받은 자 또는 기납증·분증을 발급한 자에게 해당 과다환급금을 징수하게 된다. ("추징"이라 한다.)

추징하는 금액의 범위는 과다환급한 금액에 대하여 추징을 하게 되는데, 추징 사유별로 추징하는 금액의 범위는 달라질 수 있다.

① 환급특례법에 따라 환급받아야 할 금액보다 과다하게 환급받은 경우

  1. 단위소요량의 산정 절차에 오류가 있거나 적용할 수 없는 소요량 산정방법을 적용한 경우 또는 부산물공제를 하지 않은 경우로서, 환급신청과 관련된 소요량계산서 또는 부산물 산정을 위한 자료 등을 보관하지 않거나 환급신청인이 협조하지 않아 과다하게 환급받은 부분을 구분할 수 없는 경우
  - 환급받은 금액 전부

  2. 단위소요량의 산정 절차에 오류가 있거나 적용할 수 없는 소요량 산정방법을 적용한 경우 또는 부산물공제를 하지 않은 경우나, 환급신청 시 소요량계산서 또는 부산물 산정을 위한 자료 등을 보관하고 있어 과다 환급받은 부분을 구분할 수 있는 경우
  - 해당 과다 환급받은 금액

  3. 특정 원재료의 규격이 다르거나 대체할 수 없는 원재료를 사용하여 환급을 받은 경우로서, 해당 원재료에 대한 환급금이 구분되는 경우
  - 해당 원재료로 인해 과다 환급받은 금액

② 환급특례법 제12조에 따른 기납증 또는 분증에 관세 등의 세액을 과다하게 증명받은

경우로서 그 기납증 또는 분증이 환급 등에 사용되어 수정 또는 재발급이 불가능하는 경우

- 환급에 사용되었거나 기납증·분증의 발급에 사용된 기납증 또는 분증의 과다증명세액(이 경우 전부를 추징하는지 또는 과다 환급받은 금액만 추징하는지의 구분은 위의 구분을 따르면 된다. 그리고 이 경우 세관장은 기납증 또는 분증을 발급받은 자로부터 추징하는데, 그 이유는 기납증 또는 분증 발급의 귀책사유가 기납증 또는 분증 등을 발급받은 자에게 있기 때문이다.)

③ 선적 또는 기적을 하지 아니하고 관세 등을 환급받은 경우

- 환급받은 금액 전부(다만, 해당 과다환급금을 추징하기 전에 환급신청인이 해당 수출물품을 선적 또는 기적한 경우에는 추징하지 않는다.)

④ 환급특례법 제13조제1항에 따른 정액환급률표를 적용할 수 없는 물품(환급고시 제33조에 따른 원상태 수출물품, 비적용승인을 받은 자의 수출물품 등 간이정액환급률표를 적용할 수 없는 물품을 말한다.)에 대하여 정액환급률표에 따라 환급받은 경우

- 환급받은 금액 전부

간이정액환급률표에 따라 간이정액환급을 받은 물품의 품목번호가 변경되어 과다환급이 된 경우에는 해당 수출물품의 정당한 품목번호에 대한 간이정액환급금과 품목분류 오류에 따른 간이정액환급금의 차액이 과다환급금액이 되며, 그 금액을 기준으로 산정한 가산금을 함께 추징한다.

한편, 과다환급금을 추징하는 경우에는 해당 과다환급금에 대하여 연 14.235%(1日 10만분의 39)의 이율에 해당하는 가산금을 함께 징수한다.

2 과다환급 자진신고

가. 자진신고의 특혜

환급특례법은 과다환급금액을 자진 신고하는 경우에는 적극적인 세정협조자로 보아 과다환급금액에 가산하는 가산금의 이율을 연 3.65%(세관장이 추징하는 경우에는 연 14.235%)를 적용하고 있다.

특히 환급신청인이 3개월 이내에 과다환급을 발견하여 자진신고하는 경우에는 연 1.8%

의 가산금 이율만 적용하므로, 환급신청인은 환급 후 환급금 적정 여부를 재검토하는 것이 좋다.

나. 자진신고 대상

자진신고를 할 수 있는 대상이 세관장이 과다환급으로 추징하는 대상과 동일하므로, 환급특례법 시행령 제18조제3항에 따라 일괄환급신청 시 누락된 원재료에 대하여 새로 환급받을 목적으로 자진신고를 할 수 없는 것이 원칙이나, 환급고시에는 이러한 경우 가산금 납부에 따른 불이익을 감수하여서라도 새로 환급을 받으려는 자에게 과다환급 자진신고가 허용되고 있다.

다. 과다환급이 아닌 경우 자진신고의 불이익

과다환급이 아님에도 환급신청인이 새로 환급신청할 목적으로 해당 환급금액을 자진신고하여 납부한 경우에는, 환급특례법 제14조제1항 단서에 따른 환급신청권의 행사기한 연장 혜택을 부여하지 않으며, 환급특례법 제21조제6항에 따른 가산금액 지급신청 혜택을 부여하지 않으므로 유의하여야 한다.

따라서, 과다환급이 아닌 경우로서 자진신고하려는 자는 새로 환급신청하여 환급받을 금액과 가산금 부담을 비교할 필요가 있고, 수출한 날로부터 2년이 경과되어 새로 환급신청할 수 있는지 없는지를 먼저 파악하여야 한다.

3　　부정환급에 대한 제재

가. 부정환급자 등에 대한 벌칙

부정한 방법으로 환급특례법에 따른 환급을 받거나 서류보관 의무를 지키지 않은 자 등에 대해서는 다음과 같이 벌칙을 각각 부과하고 있으며, ①과 ②의 벌칙에 해당하는 경우에는 의무를 지키지 않은 자가 환급받은 관세 등을 즉시 징수한다.

① 거짓이나 그 밖의 부정한 방법으로 관세 등을 환급받은 자: 3년 이하의 징역 또는 환급받은 세액의 5배 이하에 상응하는 벌금

② 다음에 해당하는 자: 3년 이하의 징역 또는 2천만원 이하의 벌금

    1. 환급특례법 제10조제1항에 따른 소요량계산서를 거짓으로 작성한 자

    2. 거짓이나 그 밖의 부정한 방법으로 제12조제1항 또는 제2항에 따라 세관장 또는 관세사로부터 기초원재료납세증명서 또는 수입세액분할증명서를 발급받은 자

    3. 환급특례법 제12조제2항에 따라 기초원재료납세증명서 또는 수입세액분할증명서를 발급하는 자로서 기초원재료납세증명서 또는 수입세액분할증명서를 거짓으로 발급한 자

③ 정당한 사유 없이 환급특례법 제20조제1항에 따른 환급에 관한 서류의 보관의무를 위반한 자: 2천만원 이하의 벌금

④ 정당한 사유 없이 환급특례법 제20조제3항에 따라 관세청장이나 세관장이 요청한 서류나 그 밖의 관계자료를 제출하지 아니한 자: 1천만원 이하의 벌금

나. 미수범 등의 처벌 및 양벌규정 등

위의 가① 또는 가②에 해당하는 행위를 교사하거나 방조한 자는 정범에 준하여 처벌하며, 가①에 해당하는 행위의 미수범은 본죄에 준하여 처벌한다.

그리고 가①에 해당하는 죄를 범할 목적으로 예비를 한 자에게는 본죄에 정한 형의 1/2을 감경하여 처벌한다.

가① 또는 가②의 죄를 범한 자에게는 정상(情狀)에 따라 징역과 벌금을 병과할 수 있다.

법인의 대표자나 법인 또는 개인의 대리인, 사용인, 그 밖의 종업원이 그 법인 또는 개인의 업무에 관하여 환급특례법상 벌칙규정의 위반행위를 하면 그 행위자를 벌하는 외에 그 법인 또는 개인에게도 해당 조문의 벌금형을 부과한다.

다만, 법인 또는 개인이 그 위반행위를 방지하기 위하여 해당 업무에 관하여 상당한 주의와 감독을 게을리하지 아니한 경우에는 예외로 한다.

환급특례법상 벌칙이 관세법 등 다른 법률의 벌칙과 비교하여 다소 엄하다고 볼 수 있으나, 세관장이 환급금을 지급하기 전에 심사를 하지 않고 일부 환급신청 건에 대하여만 사후심사를 하는 현실을 감안하면, 관세환급이라는 특혜를 부여하는 환급특례법령 원리상 부정한 자에 대한 엄한 처벌이 전제되어야 고의적·상습적인 과다환급을 원천적으로 봉쇄할 수 있다.

5장

간접환급의 이해와 실무

1 간접환급의 의의

가. 직접환급과 간접환급

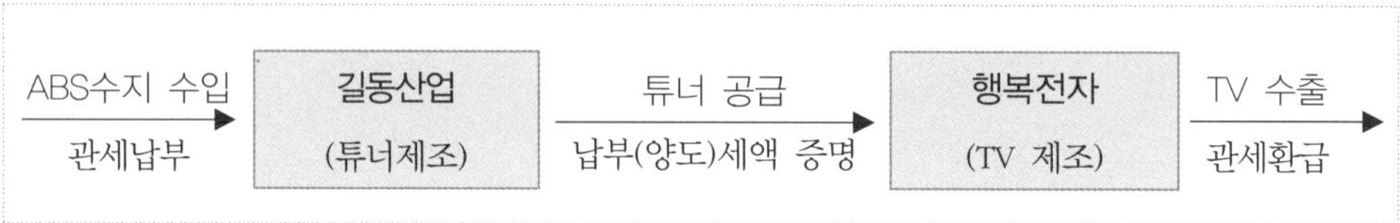

①수출용 원재료를 수입한 자가 직접 수출물품을 생산하여 수출하는 직접수출의 경우에는 관세의 납부자와 환급자가 동일하여 문제가 없으나, 위 그림에서 보는 바와 같이 수출용 원재료의 수입자와 수출자가 다른 경우에는 관세의 납부자와 환급자가 다르게 되어 납부자가 환급자로부터 관세를 돌려받아야 한다.

②수출 후 세관장으로부터 직접 환급금을 받는 관세환급을 '직접환급'이라 한다면 수출용 원재료의 수입자가 '직접환급'을 받은 수출자로부터 양도세액에 해당하는 금액을 받는 것을 '간접환급'이라 할 수 있을 것이다. 직접환급과 간접환급의 용어는 환급특례법상 용어가 아니며, 독자의 이해를 돕고자 필자가 붙인 것임을 밝혀 둔다.

나. 간접환급의 필요성

(1) 효과

수출업체는 경쟁력을 높이기 위해 품질 고급화와 제조원가 절감에 노력하고 있는데, 간접환급은 환급액만큼 원자재의 납품단가를 인하하는 데 도움이 되기 때문에 수출물품 원가절감의 한 방안으로 적극적으로 활용하면 좋다.

(2) 이용 형태

⚙ **수출물품 생산자가 납품단가를 인하하기 위하여 유도**

수출물품 생산자가 원자재 구매금액 단가를 인하하기 위하여 간접환급을 받도록 유도하는 경우이며 이러한 경우가 대부분이다.

⚙ **납품업체가 납품단가를 보전하기 위하여 요구**

수출물품 생산자가 비합리적으로 무턱대고 원자재 공급가격의 인하를 주장할 때에 납품업체에서 납품단가 인하에 대한 보전책으로 간접환급을 해 달라고 요청하는 경우이다.

(3) 바람직한 이용 형태

①수출용 원재료의 납품업체는 간접환급을 받을 필요가 있는지 여부를 미리 파악해 둘 필요가 있다. 이는 납품가격의 인하를 영업전략으로 활용할 수도 있고, 수출업체로부터 납품단가의 인하 요구가 있는 경우에 그 보전책으로 활용할 필요도 있기 때문이다.

②간접환급액의 크기는 구매 원자재가 수입자재 인지, 국내에서 생산된 자재인지에 따라 다르다. 일반적으로는 원자재를 직접 수입하거나 수입자재를 구매하는 경우가 환급액이 크다.

다. 국내거래의 증명

①원재료가 국내에서 수출용 원재료로 거래되는 경우에는 동 거래가 서류상으로 증명되어야 간접환급이 가능해진다. 환급제도가 수출용 원재료를 수입하여 제품을 생산하고 그 제품을 수출하는 모든 과정을 서류로 확인하여 납부한 관세 등을 되돌려주는 제도이기 때문이다.

②현재 수출용 원재료의 국내거래 사실을 증명하는 서류는 외국환은행에서 발급하는 내국신용장과 구매확인서가 주로 이용되는데, 세관장이 인정하는 수출용 매매계약서 등의 이용이 확대되는 추세다.

라. 양도(납부)세액의 증명

①환급제도는 수출물품을 생산할 때 사용된 원재료의 납부세액을 되돌려주는 제도이므로 국내 거래되는 수출용 원재료에 얼마만큼의 납부세액이 포함되어 있는지를 국내거래

단계마다 증명할 수 있어야 최종 수출물품 생산에 사용된 원재료의 납부세액도 증명할 수 있게 된다.

②간접환급은 이러한 각각의 국내거래단계마다 원재료의 납부세액이 얼마인지를 증명하는 것이다. 국내거래 물품에 포함된 원재료의 납부세액을 양도세액 또는 전가(轉嫁) 세액이라 한다.

마. 수출용 원재료의 국산화를 위한 지원조치

①실질적인 수출액 즉 외화가득(稼得)액을 증가시키려면 경제정책의 목표를 수출물품에 대한 국내 부가가치의 증대에 두지 않을 수 없으며, 이를 위해서는 수입되는 수출용 원재료의 상태를 고(高) 가공상태에서 미(未)가공 또는 저(低) 가공상태로 전환하여야 하는바, 이를 통상 수출용 원재료의 국산화 촉진이라고 한다.

②이러한 수출용 원재료의 국산화 촉진은 제조·가공을 거치는 국내거래만이 부가가치가 증대되므로 이에 기여하게 되며, 원상태 국내거래는 제조·가공을 거치지 않아 부가가치의 증대 및 수출용 원재료의 국산화에 도움이 되지 않는다. 그러므로 수출용 원재료의 국산화를 촉진하기 위하여 정부에서는 제조·가공을 거치는 국내거래에 대하여는 다음과 같은 특혜를 베풀고 있다.

(1) 수출이행기간의 연장

①현행 환급특례법상 수출이행기간이 2년(플랜트수출로서 불가피한 사유가 있는 경우 3년)이지만, 그러나 수출물품에 대한 부가가치를 증대시키기 위해서는 국내에서 여러 단계의 생산과정을 거쳐야 하며 이를 지원하기 위하여 수출이행기간의 연장이 필요하다.

②이러한 필요에 따라 수출용 원재료가 국내에서 생산과정을 거쳐 국내 거래되는 경우에는 그 거래단계마다 1년의 범위(세관장의 승인을 받은 경우에는 1년 6개월의 범위)에서 생산에 걸린 기간만큼 수출이행기간을 연장해 주도록 규정하고 있다. (환급특례법 제9조 제2항)

④따라서 수입원재료를 사용하여 1년 또는 1년 6개월 이내 제조·가공을 거친 수출용 원재료를 국내 거래하는 경우에는 수출이행기간에 전혀 구애받지 않고 국내 거래할 수 있는 것이다.

(2) 부가가치세 환급

부가가치세법령에서는 수출물품에 대해서는 부가가치세의 세율을 영(Free 또는 Zero%)
으로 함으로써 수출용 원재료의 수입 시에 납부한 부가가치세를 환급해 주고 있는데, 수
출용 원재료를 내국신용장·구매확인서 등에 의하여 거래하는 때에도 수출용으로 공급한
것으로 보아 부가가치세를 환급해 준다.

(3) 수출금융지원

제조·가공을 거치는 국내거래를 지원하기 위하여 국내에서 제조·가공한 수출용 원재료
에 대하여 구매자금을 융자해 주고 있는데, 이것이 내국신용장제도이다.

(4) 수출실적의 인정

수출실적이 수출업체 지원기준이 되는 경우, 제조·가공을 거친 수출용 원재료의 국내공
급실적도 수출실적에 포함된다. 이는 수출용 원재료의 제조·가공을 통하여 수출물품의 외
화가득액 제고에 실질적으로 기여하기 때문이다.

2	국내거래형태와 양도세액 증명서류

가. 국내거래의 형태

국내거래형태는 수입(매입)원재료를 사용하여 생산한 물품을 수출용 원재료로 공급하는
국내거래와 수입(매입)원재료를 수입(매입)한 상태 그대로 수출용 원재료로서 공급하는 형
태가 있다.

(1) 생산된 수출용 원재료의 국내거래

생산과정을 거치는 국내거래는 외국으로부터 수입하거나 국내에서 매입한 원재료로 생
산한 물품을 수출물품 생산자(다음 단계의 수출용 원재료 생산자 포함)에게 수출용 원재
료로 공급하는 경우로서,

다음 그림에서 보는 바와 같이 수입(매입)물품의 형태(원면)와 공급물품의 형태(면직물)
가 서로 다르다.

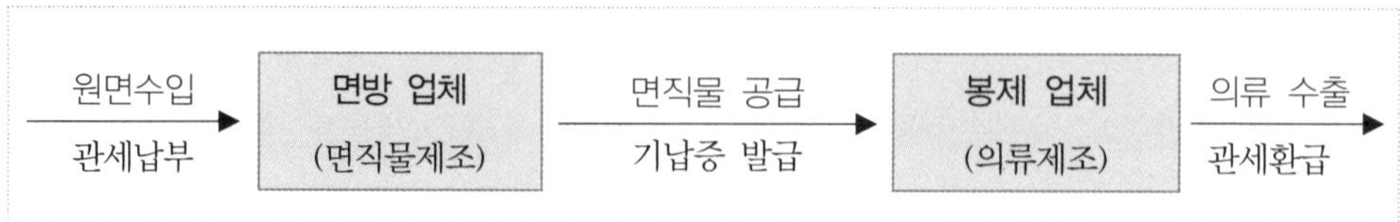

(2) 수입한 상태 그대로인 수출용 원재료의 국내거래

원상태 국내거래는 외국으로부터 수입하거나 국내에서 매입한 원재료를 생산단계를 거치지 않고 수입 또는 매입한 상태대로 수출용 원재료로 공급하는 형태이다.

다음 그림에서 보는 바와 같이 길동산업이 제조업체로 공급한 거래가 원상태 국내거래이며, 수입물품과 공급물품의 형태(PE수지)가 동일하다.

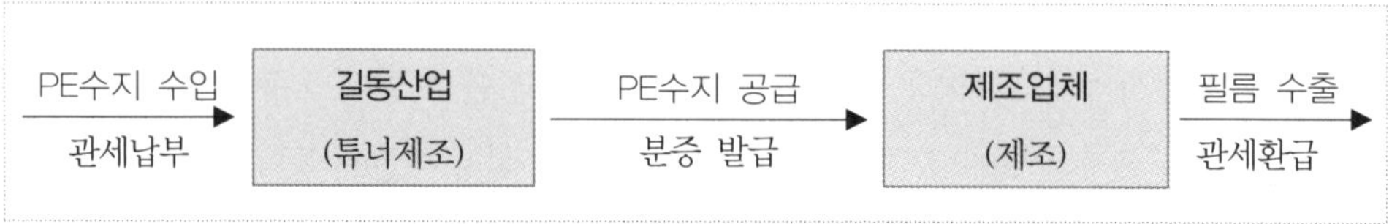

나. 양도세액 증명서류

①양도세액 증명서류는 국내거래형태에 따라 다르다. 즉 생산과정을 거치는 경우에는 기납증을, 생산과정을 거치지 않고 그대로 거래되는 경우에는 분할증명서(수입분증, 수입분증의 분증, 기납분증, 기납분증의 분증, 평세분증)를 쓰고 있다.

②이렇게 양도세액 증명서류를 구분하는 이유는 생산과정을 거치는 경우에는 수출산업 발전에 크게 기여하기 때문에 정부에서 각종 혜택을 제공하고, 원상태인 경우에는 그렇지 않기 때문에 그런 혜택을 제공하지 않으려는 것이다.

②국내거래형태는 생산된 원재료인지 또는 원상태 원재료인지에 따라 크게 달라지나, 실물거래에서는 이들이 혼용되어 여러 형태가 발생할 수 있으며,

기본형태는 다음 9가지 형태로 정리할 수 있다. 6·7형태와 8·9형태의 차이는 "원상태 평세증 분증"인지 "생산 평세증 분증"인지를 구분하는 것으로 "생산 평세증 분증"인 경우에는 수출이행기간의 연장 혜택을 받는다.

다. 임가공거래

①원자재 전부를 무상으로 공급하며, 가공임을 주고 가공만을 맡기는 거래를 임가공거래라고 한다. 임가공거래는 원재료의 소유권이 이전되는 것이 아니므로 환급제도에서는 국내거래로 인정하지 아니하고 임가공을 맡기는 자가 생산한 것으로 본다.

②아래 그림과 같이 원재료의 수입자와 제품의 수출자가 동일인이어서 관세의 납세자와 환급신청인이 동일하기 때문이다.

《 임가공형태거래 》

가. 공급자와 양수자의 상호협조

간접환급을 위해서는 수출용 원재료의 양도자와 양수자가 상호 협조하여 권리와 의무를 서로 성실히 이행하여야 간접환급이 가능하다. 어느 한쪽이라도 이를 성실히 이행하지 아니하면 간접환급이 불가능하다. 양수자와 양도자의 권리와 의무사항을 논함에 있어 한쪽의 권리는 상대방의 의무가 되는 관계에 있으므로 의무사항만 기재하기로 한다.

나. 국내거래 시 양수자의 의무사항

(1) 내국신용장 등의 인도

①간접환급을 위한 첫 단계의 시작은 양수자가 수출용 원재료를 구매한다는 증명서류로써 내국신용장 등(구매확인서를 포함하며, 이 책에서 같다)을 외국환 은행장에게 신청하여 발급받아야 한다. 내국신용장 등은 구매계약서류의 일종이므로 물품의 공급 전에 발행되어야 함이 원칙이다.

②참고로 2017.10.31. 「하도급거래 공정화에 관한 법률」 제7조가 개정됨에 따라, 양수자는 다음의 요건을 모두 충족하는 경우에는 사전 또는 사후에 구매확인서를 양도자에게 발급해 주어야 한다.

　　1. 양수인이 내국신용장 개설 한도 부족 등 정당한 사유로 인하여 내국신용장 발급이 어려운 경우
　　2. 양도자의 구매확인서 발급 요청이 있는 경우

③기납증과 분증 등의 발급은 양수자가 내국신용장 또는 구매확인서를 발급해 주어야 가능하므로, 양수자는 이 점을 유의하여 수출용 원재료로 납품받는 물품에 관하여 구매확인서 발급에 적극적으로 협조할 필요가 있다.

《 내국신용장과 구매확인서 비교 》

구분	내국신용장	구매확인서
개 념	수출업자가 국내에서 수출용 원·부자재, 완제품을 조달할 때 제조업자(공급자)를 수익자로 하여 외국환은행이 지급보증하는 국내용 신용장	수출업자가 국내에서 수출용 원·부자재, 완제품을 조달할 때 외국환은행 또는 전자무역기반사업자(KTNET)가 내국신용장에 준하여 수출용 공급임을 확인하는 증서
용 도	• 수출실적 인정 • 부가가치세법상 영세율 적용 • 무역금융 지원, 관세 환급 • 개설은행이 지급보증	• 수출실적 인정 • 부가가치세법상 영세율 적용 • 무역금융 지원, 관세 환급 • 지급보증 기능 없음
발급절차	매매계약 체결 후, 구매자가 외국환은행에 개설 신청하면 외국환은행의 심사 후 발급	매매계약 체결 후, 구매자가 외국환은행 또는 전자무역기반사업자에게 신청하여 발급
발급비용	개설수수료: 개설금액의 0.4~0.8% 매입수수료: 매입금액의 1.85%	건당 7,000원~9,000원
발급제한	수출업체의 무역금융 한도(여신 한도 범위) 내에서 발급 가능	발급제한 없음

(2) 물품수령증명서 등 발급

공급자가 내국신용장에 의거 공급한 물품을 수령한 때에는 즉시 인수증(물품수령증명서)을 발급하여야 한다. 이 인수증은 공급자가 물품대금을 외국환은행에서 받는데 필수서류이다.

(3) 간접환급액의 지급

양수자는 공급자가 인도한 양도세액 증명서류를 이용하여 세관에 가서 환급을 받을 수 있기에 양도세액 증명서류 상 양도세액을 공급자에게 지급하여야 한다.

다. 국내거래 시 양도자의 의무사항

(1) 물품의 공급

내국신용장 등에 기재된 요건대로 기한 내에 물품을 공급하여야 한다.

(2) 양도세액증명서류의 인도

💠 인수증 수령 즉시 발급·인도

인수증을 받은 공급자는 즉시 세관에 양도세액 증명서류(기납증 또는 분할증명서)를 신청·발급받아 양수자에게 인도하여야 한다. 양수자는 이 양도세액 증명서류로 관세환급을 받게 되므로 관세환급에 지장이 없도록 빨리 인도하여야 한다.

💠 일괄환급신청의 원칙

수출 후 환급을 신청하는 경우, 그 수출물품 생산에 사용된 원재료 전부에 대하여 한꺼번에 환급신청 하도록 환급특례법령에서 규정하고 있으므로, 만약 환급신청 시에 누락된 원재료에 대한 양도세액 증명서류가 환급신청 후에 발급되더라도 추가환급을 받을 수 없다. 그러므로 양도자는 양수자로부터 인수증을 수령하면 반드시 양수자와 협의한 기한 내에 양도세액 증명서류를 인도하여야 한다.

(3) 과다증명된 세액의 납부

양도세액이 과다 증명되는 때도 있다. 계산 착오, 소요량 과다계산 및 간이정액환급률표의 적용 착오 등에 의한 과다증명이 이에 해당하며, 이러한 경우 과다증명의 책임은 양도자에게 있다. 과다증명된 양도세액에 대한 처리방법은 다음과 같다. (환급특례법 제21조 제1항제2호 참조)

① 과다증명된 기납증, 분할증명서 등을 양수자로부터 회수할 수 있을 때는 이를 세관장에게 제출하여 변경 발급을 받고, 양도세액을 환급받기 전에 미리 양수자로부터 받았을 때는 그 차액을 양수자에게 지불한다.

② 과다증명된 기납증, 분할증명서 등이 환급신청에 사용되어 양수자로부터 회수할 수 없을 때는 양도자가 그 차액(과다증명된 세액)을 세관장에 납부하여야 한다. 이는 양수자는 세관장으로부터 받은 환급금 중 과다증명된 양도세액을 양도자에게 지급하였을 것이기 때문이다.

라. 간접환급금 지급 시기

(1) 사적(私的) 자치의 원칙

수출물품 생산자에게 수출용 원재료를 공급하면서 기납증 또는 분할증명서 등을 발급하여 양도한 자는 「하도급거래 공정화에 관한 법률」 제15조에 따라

① 수출물품 생산자가 환급을 받은 경우에는 환급을 받은 날부터 15일 이내에 간접환급금을 양도자에게 지급하여야 하고,

② 수출물품 생산자의 환급 여부와 관계없이 수출물품 생산자가 수출용 원재료 수령한 날부터 60일 이내에 간접환급금을 양도자에게 지급하여야 한다.

이 기간이 지난 후에 지급하는 경우에는 그 초과기간에 대하여 연 15.5%의 이자(공정거래위원회 소관 「선급금 등 지연지급 시의 지연이율 고시」 참고)를 지급하여야 한다.

하지만 법률에도 불구하고 이는 '사적 자치의 원칙' 또는 '계약 자유의 원칙'에 속하는 부분이기 때문에 물품대금과 함께 지급할 수도 있고, 양도세액증명서류 교부 시 또는 그 양도세액의 직접환급 후에 지급하는 방법의 3가지 형태가 있을 수 있다. 현재 이 중 어느 형태를 취할 것인가는 공급자와 양수자의 합의에 의하여 결정되고 있다.

(2) 양도세액 지급 시기

❶ 물품대금과 함께 지급하는 방법

이 방법은 양도세액이 확정되기 전에 양도세액을 지급하기 때문에 양도세액증명서류의 발급 후 정산을 해야 하는 불편함이 있고, 양수자로서는 세관에서 직접환급을 받을 수 있는 상태에 있지 않은 경우에도 양도세액을 지급해야 하는 불리한 처지에 있다.

❷ 직접환급 후 지급하는 방법

이 방법은 양수자가 직접환급을 받고도 공급자에게 지급하지 않는 사고가 발생할 위험이 있으며, 공급자에게는 양수자가 직접환급을 받을 수 있는 위치에 있음에도 관세부담을 지는 불리한 처지에 있다.

❸ 양도세액증명서류를 인도할 때 지급하는 방법

이 방법은 위의 ❶과 ❷의 두 방법의 결점을 모두 해결하는 방법이다. 즉 공급자가 양도세액증명서류를 인도하는 때에 양수자는 동 증명서류에 게기된 양도세액을 지급하는 방법이다.

1   간접환급 요건의 이해

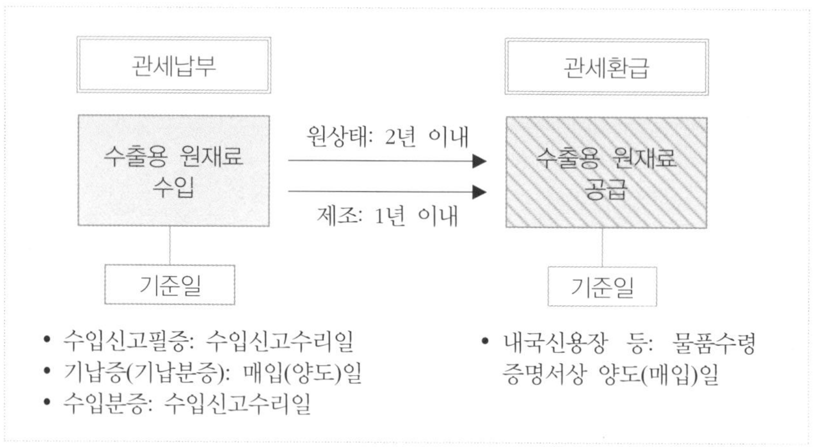

가. 간접환급의 요건

간접환급을 받으려는 자가 갖추어야 할 요건을 간접환급요건이라 한다. 간접환급은 일정한 기간 내에 수출용 원재료로 국내 공급하는 때에 양도세액 증명서류를 인도한 후 수출물품 생산자 등으로부터 수출용 원재료를 수입하는 때에 납부한 관세 등을 되돌려 받는 것으로 정의할 수 있다.

그러므로 간접환급의 요건은 다음의 3가지를 모두 갖추어야 한다.

① 수출물품을 생산하기 위한 원재료로 공급하여야 하고,

② 그 공급하는 물품 제조에 소요되는 원재료를 수입하거나 국내 구매할 때 관세 등을 납부하거나 간접환급 금액을 지급하여야 하며,

③ 소요되는 원재료의 수입 또는 국내 매입일부터 일정한 기간 내에 수출용으로 공급하
여야 한다.

제도의 기본은 직접환급 요건과 유사한 점이 많으나 구체적인 내용에는 다른 점이 있으
니 유의하기 바란다.

나. 증명서류

간접환급도 수입한 원재료로 제조한 물품을 수출물품 제조용으로 공급한 후에 양도세액
증명서류를 신청하는 것이므로 해당 요건을 서류로 증명하여야 한다.

(1) 수출용 원재료 공급 사실의 증명서류

수출용 원재료로 공급한 물품의 품명·규격·수량 및 소요원재료 등은 내국신용장 등에
의하여 증명하여야 한다.

(2) 원재료수입 시 납부세액 증명서류

직접환급의 경우와 동일하다. 즉 외국에서 수입하는 때는 수입신고필증, 국산 원재료를
구매하는 때는 기납증, 수입자재를 국내에서 구매한 때에는 분할증명서로 증명한다.

(3) 수출이행기간의 증명서류

수출용 원재료로 공급한 사실의 증명서류와 원재료 수입 시 납부세액 증명서류에 의하
여 수출이행기간을 확인한다.

다. 국내거래일

다음 서류상의 인수일 또는 공급일과 실제 물품 공급일이 다른 경우에는 실제 공급일을
확인하여 기납증·분증 양도일자란에 기재한다.

① 내국신용장: 물품수령증명서 상의 인수일
② 구매확인서: 세금계산서상의 물품공급일

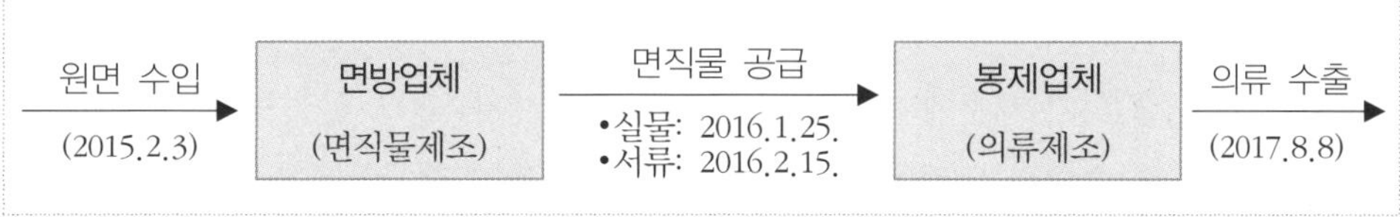

(1) 의의

국내거래 물품의 거래일은 양도세액 산출과 관련하여, 간이정액환급률표를 적용하는 경우에는 간이정액환급률표 적용기준일이 되고, 개별환급방법의 경우에는 수출이행기간 기준일이 되므로 간접환급제도에서도 거래일은 중요한 의미가 있다. 현행 환급특례법의 거래 물품의 양도(매입)일을 기준으로 한다.

(2) 국내거래일의 확인방법

국내거래 계약서류의 물품 거래일은, 내국신용장(로칼 L/C)인 경우에는 물품수령증명서상의 인수일(인수일이 없는 경우에는 물품수령증명서 발급일), 그 밖의 계약서류이면 세금계산서의 거래일을 국내거래일로 하도록 규정하고 있다. 다만, 다음과 같은 예외가 인정된다. (환급고시 제49조)

① 실제 공급일과 서류상의 공급일이 다를 때에는 물품수령증명서나 세금계산서 여백에 실제 공급일과 확인자를 기재하면 실제 공급일을 국내거래일로 변경할 수 있다. 실제 공급일의 성실신고 여부는 사후에 심사한다.

② 하나의 내국신용장 등으로 2회 이상 분할 공급한 때에는 반입 일자별로 구분하여 기납증 등을 발급하여야 하나, 최초 거래일에 수출용 원재료가 모두 거래된 것으로 기납증 발급이 가능하다.

③ 법인분할 등으로 세금계산서가 발급되지 않는 경우에는 법인등기일을 국내거래일로 한다.

2	수출용 원재료로 국내공급의 증명

가. 수출용 원재료의 공급확인

(1) 내수용 판매의 경우

관세는 전가(轉嫁)되기 때문에 관세를 납부하는 자(납세자)와 그 관세를 부담하는 자(담세자)가 다르다. 즉 수입하는 때에 수입자가 납부한 관세는 판매금액에 포함되어 전가되므로 최종 소비자가 담세자가 된다.

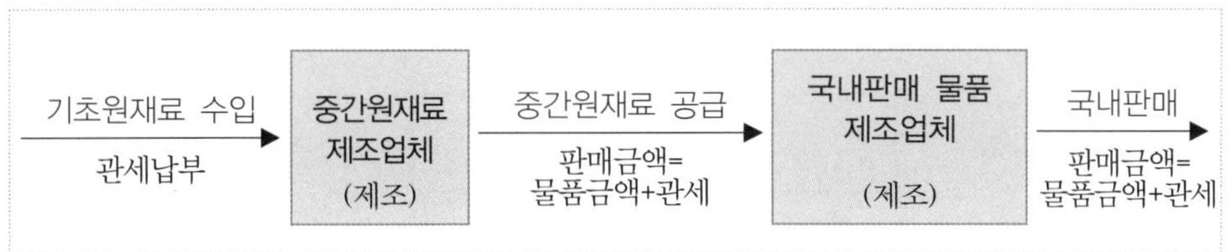

(2) 수출용으로 공급한 경우

수출물품 생산용으로 공급한 경우에는 공급물품에 전가되는 양도세액이 확인되어야 관세의 간접환급이 가능하게 되는 것이므로 내수용으로 거래하는 경우와 달리 수출용으로 공급함을 증명하여야 한다.

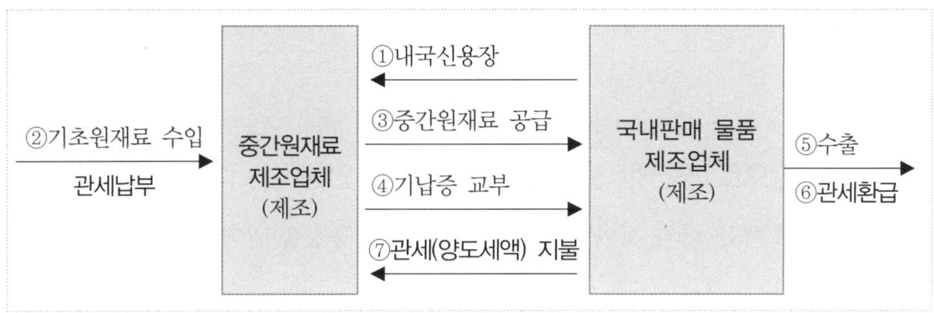

(3) 확인서류

실물로는 수출용인지 여부를 구분할 수 없으므로 수출용 원재료로 공급되는 사실은 서류로만 확인하여야 한다. 현재 한국은행 「한국은행 총액한도대출 관련 무역금융 취급절차」에 따른 내국신용장으로 확인하고 있으며, 내국신용장을 발급받지 못한 경우에는 대외무역법령상 구매확인서나 세관장이 인정하는 수출용 매매계약서 등으로 이를 보완하고 있다.

나. 내국신용장

(1) 내국신용장의 의의

다음 그림과 같이 내국신용장제도는 국가 간의 무역을 원활하게 하는 신용장제도를 국내거래에 옮겨 놓은 것이다. 즉 내국신용장은 동 내국신용장상의 물품을 동 조건대로 공급하기만 하면 물품대금은 발급은행에서 지급하겠다는 증서이다.

이 제도는 수출을 위하여 금융을 지원하는 제도로써 한국은행 「한국은행 총액한도대출 관련 무역금융 취급절차」 제3장에서 정하고 있다.

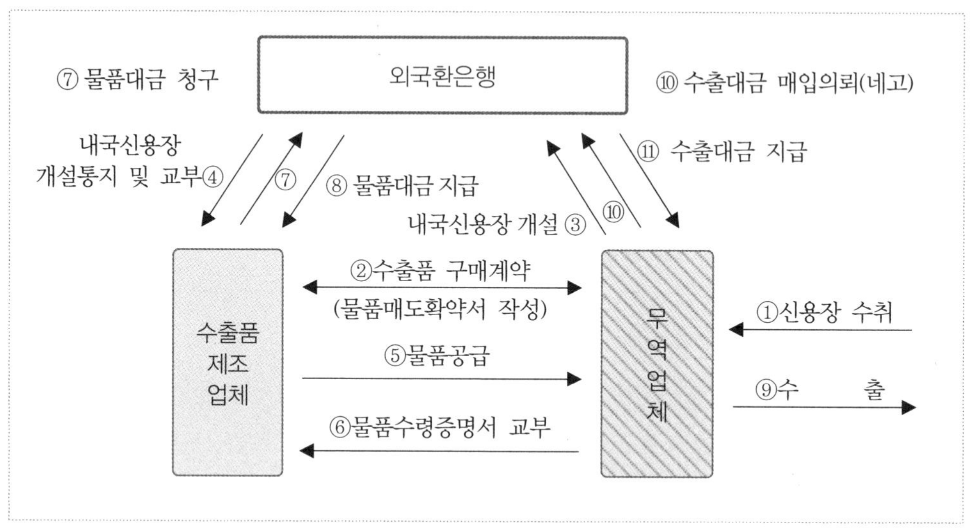

(2) 내국신용장으로 공급한 물품을 수출용으로 인정하는 이유

아래 그림에서 보는 바와 같이 내국신용장은 수출신용장을 근거로 발급되기 때문이다.

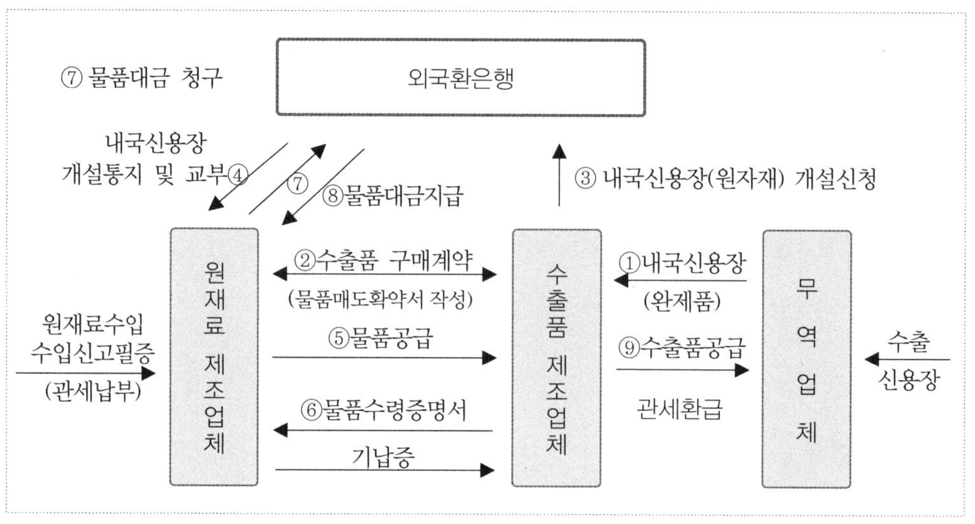

원재료 제조업체도 수출물품 제조업체로부터 받은 원자재 내국신용장을 근거로 다시 원자재 내국신용장을 발급하여 원자재를 구매할 수 있다.

예외적으로 주거래 외국환은행으로부터 실적기준 포괄금융 수혜업체로 선정된 수출물품 제조업체는 수출신용장 등이 없어도 거래 외국환은행이 정한 금액한도 내에서 내국신용장을 개설할 수 있다. 이는 수출신용장 등을 받은 후 내국신용장을 발급하는 경우, 원자재 조달 시한에 쫓기는 것을 예방하려는 것이다.

(3) 내국신용장의 종류

- 구매의 경우
  - 완제품 내국신용장(수출물품 구매 시)
  - 원자재 내국신용장(국산원자재 구매 시)
  - 수입원자재 내국신용장(수입원자재 국내구매 시)
- 임가공의 경우
  - 완제품 임가공 내국신용장(수출물품 임가공 시)
  - 원자재 임가공 내국신용장(원자재 임가공 시)

◈ 완제품 내국신용장

수출신용장을 받은 수출(무역)업체가 수출물품을 생산하는 업체로부터 수출물품을 구매하는 때에 수출신용장을 담보로 발급하는 내국신용장을 말한다. 그러므로 국내에서 생산된 수출물품에 한하여 발급할 수 있다. 완제품 내국신용장은 수출신용장과 공급물품의 품명·규격이 동일하다. 수출물품 생산자가 직접 수출신용장을 받은 경우에는 완제품 내국신용장을 발급할 필요가 없다.

◈ 원자재 내국신용장

수출물품 생산자가 국내에서 생산된 원자재를 구매할 때, 수출신용장이나 무역업체로부터 받은 완제품 내국신용장 등을 수출 증빙서류로 제공하고 발급하는 내국신용장이다.

중간 원재료 생산자가 국내에서 생산된 원자재를 구매할 때도 납품처로부터 받은 원자재 내국신용장을 근거로 원자재 내국신용장을 발급할 수 있다. 그러므로 국내에서 생산된 원자재를 수출용 원재료로 구매하는 때에는 횟수와 관계없이 차례로 원자재 내국신용장의 발급이 가능하다.

원자재 내국신용장의 발급을 신청할 때 이용할 수 있는 수출 증빙서류에는 구매확인서도 이용될 수 있다. 원자재 내국신용장은 기납증의 발급신청 시에 수출용 원재료를 공급하였음을 증명하는 서류로 이용된다.

❖ 수입원자재 내국신용장

수출물품 생산자나 수출용 원재료 생산자가 수입원자재를 국내도매업체로부터 구매할 때 발급하는 내국신용장이다. 이 경우 수출용을 증빙하는 서류에는 수출신용장, 완제품 내국신용장과 원자재 내국신용장이 모두 이용될 수 있으며, 구매확인서도 이용될 수 있다.

그러나 수입원자재 내국신용장을 이용해서 다른 내국신용장을 발급할 수는 없다. 수입원자재 내국신용장은 분할증명서의 발급신청 시에 수출용 원재료를 공급하는 것을 증명하는 서류로 이용된다.

(4) 내국신용장 발급신청

❖ 발급신청 시기

내국신용장은 물품 구매를 계약한 후 바로 신청하는 것이 정상적이다. 물품공급이 완료된 후에는 당해 물품 대금결제를 위한 내국신용장을 개설할 수는 없다(「한국은행 총액한도대출 관련 무역금융 취급절차」 제17조).

❖ 발급신청 구비서류

내국신용장 개설신청 시에는 다음의 서류를 첨부하여야 한다.

① 수출용으로 공급하는 것을 증빙하는 서류

수출신용장, 완제품내국신용장, 원자재내국신용장 뿐만 아니라 구매확인서도 이용된다.

② 물품매도확약서

내국신용장의 발급신청 전에 구매할 물품의 품명, 규격, 수량, 가격과 구매처 등을 정한 후 내국신용장이 발급되면 그 조건에 따라 동 물품의 공급을 확약하는 공급자가 발행하는 서류이다.

❖ 발급신청서류

내국신용장 발급신청은 종이문서 또는 전자문서로 할 수 있다. 신속한 업무처리와 비용 절감을 위하여 전자문서로 무역환경이 급격히 변화되어 가는 점을 감안하면 전자문서를 이용하는 것이 바람직하다.

취소불능 내국신용장(전자문서교환방식)

전자문서 번호 :   통지일자 :
———————————————— < 개 설 내 역 >————————————

개설은행   :
개설일자   :
신용장번호   :
개설의뢰인(상호, 주소, 대표자, 전화번호, 사업자등록번호) :
수혜자(상호, 주소, 대표자, 전화번호, 사업자등록번호) :
내국신용장 종류   :
개설외화금액   :
개설원화금액   :
매매기준율   :
물품매도확약서 번호 :
물품인도기일   :
유효기일   :
제출서류   : 물품수령증명서   통
                        공급자발행 세금계산서 사본   통
                        공급자발행 물품매도확약서 사본   통
                        본 내국신용장 사본   통

* 이 내국신용장을 판매대금추심의뢰서로 결제하는 경우에는 공급자발행 물품매도확약서 사본
및 내국신용장 사본 제출을 생략할 수 있다.

기타 구비서류

당행은 귀하(사)가 위 금액의 범위내에서 상기의 서류를 첨부하여 물품대금 전액의 일람출급식 판매대금추
심의뢰서 또는 당행을 지급장소로 하고 개설의뢰인을 지급인으로 한 물품대금 전액의 일람출급환어음을 발
행할 수 있는 취소불능내국신용장을 개설합니다. 당행은 이 신용장에 의하여 발행되고 또는 이 신용장의 조
건에 일치하는 판매대금추심의뢰서 또는 환어음이 당행에 제시된 때에는 이를 이의없이 지급할 것을 판매대
금추심의뢰서의 발행인 또는 환어음의 발행인, 배서인, 기타 정당한 소지인에게 확약합니다.

대표공급물품명   :   (HS부호 :   )
분할인도 허용여부   :
서류제시기간   : 물품수령증명서 발급일로부터   영업일 이내
개설근거별 용도   :
기타   :
——————————————— < 원수출신용장 등 내역 > ———————————————

개설근거서류 종류   :
신용장(계약서) 번호   :
——————————————— < 발신기관 전자서명 > ———————————————

발신기관 전자서명   :

1. 이 전자문서는 「전자무역 촉진에 관한 법률」에 의거 발행된 전자문서교환방식 내국신용장으로서 이 문서
   를 전송받은 개설의뢰인 또는 수혜자는 동 법률 시행규정 제7조의 별표2(서류제출방법에 관한 특례) 제7
   조에서 정한 바에 따라 신용장 여백에 정당발급문서임을 표시하는 적색 고무인을 날인하여야 한다.
2. 이 신용장에 관한 사항은 다른 특별한 규정이 없는 한 국제상공회의소 제정 화환신용장 통일규칙 및 관
   례에 따릅니다.

내국신용장 물품수령증명서(전자문서교환방식)

전자문서 번호   :   통지일자   :
발급번호   :   인수일자   :
발급일자   :   인수금액   :
공 급 자   :

< 인수물품 내역 >

대표공급물품의 HS부호 :

물품/규격	수량	단가	금액

TOTAL

<관련 내국신용장 내역>

개설은행   :   인도기일   :
개설은행 전자서명   :   유효기일   :
신용장 번호   :   참조사항   :
신용장 금액   :

< 물 품 수 령 인>

기 관 명   :
대표자명   :
전자서명   :

<세칙 16조제③항 동의사항 >

* 동내용은 나머지 관계당사자(수혜자 및 개설은행) 전원동의시에만 유효함

* 유의사항
1. 이 물품수령증명서는 전자문서교환방식으로 내국신용장이 개설된 경우에 한하여 발급할 수 있음
2. 이 물품수령증명서는 관련세금계산서 건별로 대응하여 발급하여야 함
   다만, 내국신용장 조건에 따라 수출용원자재 또는 완제품을 분할 공급받는 경우에는 매반월 또는 동일 역월을 단위로 하는 경우에 한하여 동 기간중 분할공급시마다 교부된 세금계산서상의 공급가액을 일괄하여 물품수령증명서를 발급할 수 있음
3. 이 물품수령증명서는 공급자의 세금계산서 발행일로부터 10일 이내에 발급하여야 함
   다만 중소기업이 대기업으로부터 물품을 인수하는 경우에는 예외로 함
4. 이 물품수령증명서의 물품명세는 관련내국신용장상의 대표물품명세와 일치하여야 함
   다만, 일치 여부 확인은 HS부호를 기준으로 함
5. 물품수령증명서상의 물품수령인의 서명 또는 인감은 관련내국신용장의 개설의뢰시 신고한 서명 또는 인감(물품매도확약서상의 서명 또는 인감을 기준으로 함)과 일치하여야 함
6. 이 물품수령증명서의 물품 인수일자는 관련세금계산서상의 공급일자를 모두 기재하여야 함

이 전자문서는 「무역업무 자동화촉진에 관한 법률」에 의거 발행된 전자문서교환방식 물품수령증명서로서 이 문서를 전송받은 수혜자는 동 법률 시행규정 제12조의 별표2(서류제출방법에 관한 특례) 제7조에서 정한 바에 따라 물품수령증명서 여백에 정당발급문서임을 표시하는 적색 고무인을 날인하여야 한다.

다. 구매확인서

(1) 구매확인서의 의의

①수출물품(수출용 원재료 포함) 생산용으로 공급된다는 것을 내국신용장으로 증명하고 있으나 수출업체의 금융 한도 초과 등의 사유로 금융이 지원되지 못하는 경우에는 내국신용장이 발급될 수 없으므로 이러할 때를 대비하여 대외무역법령에서 정해 놓은 제도가 구매확인서제도이다.

②대외무역관리규정 제2조제18호에 따르면 "구매확인서란 외화획득용 원료·기재를 구매하려는 경우 또는 구매한 경우 외국환은행의 장 또는 「전자무역 촉진에 관한 법률」제6조에 따라 -이 지정한 전자무역기반사업자가 내국신용장에 준하여 발급하는 증서(구매한 경우에는 구매확인서 신청인이 세금계산서를 발급받아「부가가치세법 시행규칙」제9조의2에서 정한 기한 내에 신청하여 발급받은 증서에 한한다)를 말한다."라고 되어있다.

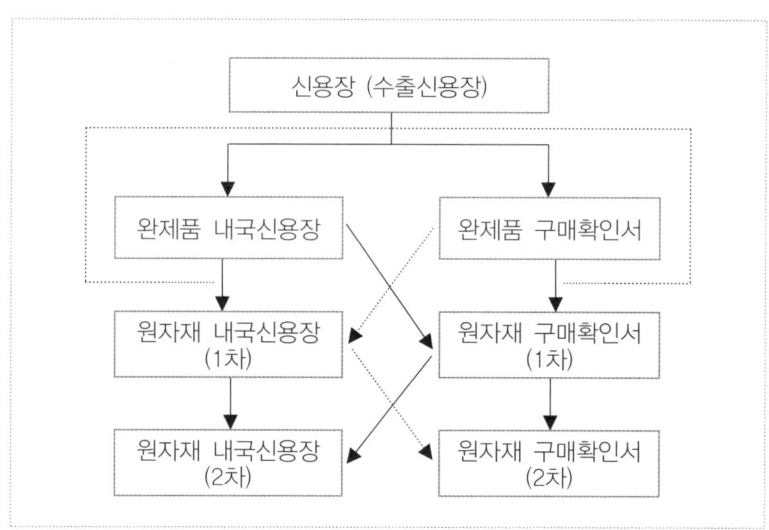

(2) 내국신용장과의 비교

🔅 동일한 점

발급기관이 외국환은행이고, 발급근거서류가 수출증빙서류(수출신용장 등) 이며, 부가가치세 영세율 적용, 수출실적인정 등의 효력이 동일하다.

❖ 다른 점

외국환은행장 외 전자무역기반사업자(현재 ㈜한국무역정보통신(KTNET)가 지정되어 있
다)도 발급할 수 있고, 발급근거법령이 다르고, 금융지원 여부가 다르며, 발급방법이 일부
다른 점이 있다.

(3) 구매확인서 발급신청방법

❖ 발급신청 시기

물품 구매를 계약한 후 바로 신청하는 것이 정상적이다.

❖ 발급신청 시 구비서류

구매확인서 발급신청 시에는 다음의 서류를 첨부하여야 한다. (대외무역관리규정 제36
조 참조)

① 수출용으로 공급한다는 것을 증빙하는 서류

1. 수출신용장, 수출계약서(품목·수량·가격 등에 합의하여 서명한 수출계약 입증
   서류)
2. 외화매입(예치)증명서(외화획득이행관련대금임이 관계 서류에 의해 확인되는 경
   우만 해당한다)
3. 내국신용장, 구매확인서, 수출신고필증(외화획득용 원료·기재를 구매한 자가 신
   청한 경우에만 해당한다)
4. 그 밖의 외화획득에 제공되는 물품 등을 생산하기 위한 경우임을 입증할 수 있는
   서류

② 물품매도확약서 또는 외화획득용원료(물품등)공급계약서

❖ 발급신청서류

구매확인서 발급신청도 종이문서 또는 전자문서로 할 수 있다. 신속한 업무처리와 비용
절감을 위하여 전자문서로 무역환경이 급격히 변화되어 가는 점을 감안하면 전자문서를
이용하는 것이 바람직하다.

외화획득용원료·기재구매확인신청서

<table>
<tr><td rowspan="4">① 구매자</td><td>(상호)</td></tr>
<tr><td>(주소)</td></tr>
<tr><td>(성명)</td></tr>
<tr><td>(사업자등록번호)</td></tr>
<tr><td rowspan="4">② 공급자</td><td>(상호)</td></tr>
<tr><td>(주소)</td></tr>
<tr><td>(성명)</td></tr>
<tr><td>(사업자등록번호)</td></tr>
</table>

1. 구매원료·기재의 내용

③ HS부호	④ 품명 및 규격	⑤ 단위 및 수량	⑥ 구매일	⑦ 단가	⑧ 금액	⑨ 비고

2. 외화획득용 원료·기재라는 사실을 증명하는 서류

⑩ 서류명 및 번호	⑪ HS부호	⑫ 품명 및 규격	⑬ 금액	⑭ 선적기일	⑮ 발급기관명

3. 세금계산서(외화획득용 원료·기재를 구매한 자가 신청하는 경우에만 해당)

⑯ 세금계산서 번호	⑰ 작성일자	⑱ 공급가액	⑲ 세액	⑳ 품목	㉑ 규격	㉒ 수량

㉓ 구매원료·기재의 용도명세 : 원자재구매, 원자재 임가공위탁, 완제품 임가공위탁, 완제품구매, 수출대행 등 해당용도를 표시하되, 위탁가공무역에 소요되는 국산원자재를 구입하는 경우는 "(위탁가공)" 문구를 추가표시

* 한국은행 총액한도대출관련 무역금융 취급절차상의 용도표시 준용

위의 사항을 대외무역법 제18조에 따라 신청합니다.

신청일자　　　　년　　월　　일

신 청 자

전자서명

* ⑳ 내지 ㉒은 1. 구매원료·기재의 내용과 금액이 다른 경우에는 반드시 기재하여야 합니다.

외화획득용 원료·기재 구매확인서

※ 구매확인서 번호 :

<table>
<tr><td rowspan="4">① 구매자</td><td>(상호)</td></tr>
<tr><td>(주소)</td></tr>
<tr><td>(성명)</td></tr>
<tr><td>(사업자등록번호)</td></tr>
<tr><td rowspan="4">② 공급자</td><td>(상호)</td></tr>
<tr><td>(주소)</td></tr>
<tr><td>(성명)</td></tr>
<tr><td>(사업자등록번호)</td></tr>
</table>

1. 구매원료·기재의 내용

③ HS부호	④ 품명 및 규격	⑤ 단위 및 수량	⑥ 구매일	⑦ 단가	⑧ 금액	⑨ 비고

2. 세금계산서(외화획득용 원료·기재를 구매한 자가 신청하는 경우에만 해당)

⑩ 세금계산서 번호	⑪ 작성일자	⑫ 공급가액	⑬ 세액	⑭ 품목	⑮ 규격	⑯ 수량

⑰ 구매원료·기재의 용도명세 : 원자재구매, 원자재 임가공위탁, 완제품 임가공위탁, 완제품구매, 수출대행 등 해당용도를 표시하되, 위탁가공무역에 소요되는 국산원자재를 구입하는 경우는 "(위탁가공)"문구를 추가표시

 * 한국은행 총액한도대출관련 무역금융 취급절차상의 용도표시 준용

위의 사항을 대외무역법 제18조에 따라 확인합니다.

확인일자　　　년　　월　　일
확인기관
전자서명

이 전자무역문서는 「전자무역 촉진에 관한 법률」에 따라 전자문서교환방식으로 발행된 것으로서 출력하여 세관 또는 무역유관기관 등 제3자에게 제출하려는 경우 업체는 동 법률 시행규정 제12조제3항에 따라 적색고무인을 날인하여야 합니다.

라. 수출업체 유의사항

(1) 수출용 원재료의 구매계약 시에 내국신용장 등을 개설

「한국은행 총액한도대출 관련 무역금융 취급절차」 제17조에 "내국신용장 개설 이전에 이미 물품공급이 완료된 것은 해당 물품대금 결제를 위한 내국신용장을 개설할 수 없다." 라고 규정되어 있으므로 구매 계약한 물품이 공급(인수)되기 전까지 내국신용장을 발급할 수 있다.

따라서 구매계약을 할 때 내국신용장을 개설하여야 발급 시기를 지나칠 우려가 없어진다.

(2) 관련 부서 간의 유기적인 협조

국내에서 수출용 원재료를 구매할 때 원자재 내국신용장 등을 발급받으려면 위 그림과 같이 부서 간 유기적인 협조가 되어야 한다.

특히 내수용 원자재와는 달리, 자재부서에서 국산원자재를 구매할 때 수출용 원재료는 무역부서에 내국신용장 등의 발급을 요청하여 구매하도록 협조가 되어야 한다.

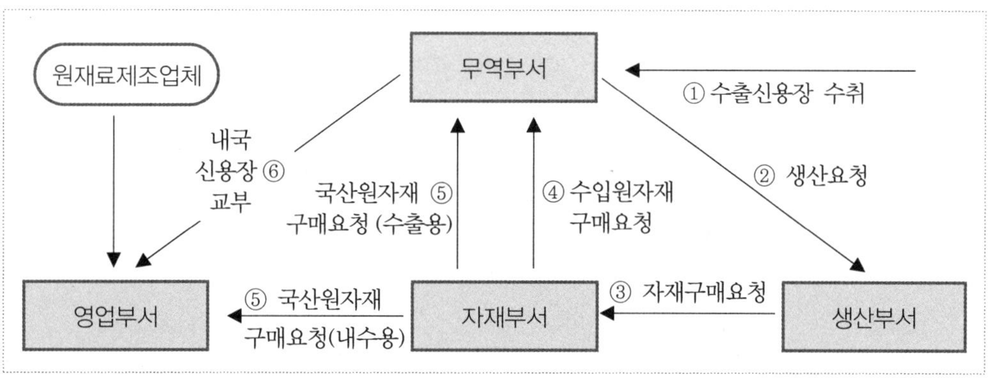

가. 양도세액의 산출방법

(1) 관세환급액 산출방법과 비교

관세 환급액은 수출물품 생산에 사용된 원재료의 납부세액이고 양도세액은 수출용 원재료로 공급하는 물품의 생산에 사용된 원재료의 납부세액이므로 산출방법이 동일하다.

그림에서 보는 바와 같이 중간원재료를 제조한 업체가 직접 수출한 경우와 수출용으로 공급한 경우의 납부세액은 동일하기 때문이다.

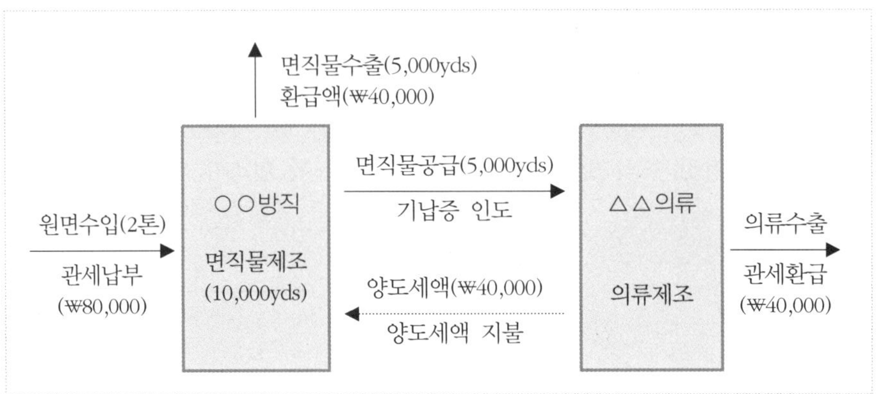

(2) 양도세액 산출방법과 간접환급의 요건

간접환급은 양도자가 양도세액 증명서류를 양수자에게 인도하여야 가능하다.

양도세액 증명서류의 발급을 세관장에게 신청하려면 수출용 원재료로 공급하는 물품에 포함된 수입원재료의 납부세액인 양도세액을 산출하여야 한다.

그러므로 양도세액 산출방법에 따라 간접환급의 요건이 달라진다. 간접환급의 요건은 수출용 원재료의 거래형태와 양도세액 산출방법에 따라 다음과 같이 다르다.

나. 원상태거래 시 간접환급요건

원상태거래일 때 분할증명서가 발급되는데, 원상태거래는 수입한 물품을 생산과정을 거치지 않고 수입한 상태 그대로 수출용 원재료로 공급하는 것이므로 양도세액 산출은 다음과 같이 아주 간단하다.

> 📦 양도세액 = 수입신고필증(기납증 포함) 상의 납부세액/수량 × 공급수량

그러므로 원상태거래 시의 간접환급에 필요한 서류는 ①공급물품을 수출용 원재료로 공급하였음을 증명하는 서류와 ②원재료 수입 시에 납부한 관세 등의 증명서류이다.

다. 간이정액환급률표를 적용하는 경우의 간접환급요건

생산된 물품을 수출용 원재료로 공급하면서 간이정액환급률표를 적용한 기납증 양도세액을 산출하는 방법은 다음과 같다.

> 📦 양도세액 = (국내공급물품 원화금액 ÷ 10,000) × 간이정액환급률

그러므로 간이정액환급률표를 적용하는 경우의 간접환급에 필요한 서류는 수출용 원재료로 공급하였음을 증명하는 서류만 있으면 된다.

라. 개별환급방법을 적용하는 경우의 간접환급요건

생산된 물품을 수출용 원재료로 공급할 때 개별환급방법에 따른 기납증 양도세액을 산출하는 방법은 다음과 같다.

수출용 원재료로 공급한 물품의 생산에 사용된 원재료 중 일정 기간(1년, 세관장 승인을 받은 경우에는 1년6개월) 이내에 구매한 원재료의 납부세액을 확인하여 산출한다. 즉 수출용 원재료로 공급한 물품확인, 그 공급물품 생산에 사용된 원재료 확인 및 사용된 원재료의 납부세액 확인을 통하여 산출한다.

그러므로 개별환급방법으로 양도세액을 산출하는 경우의 간접환급에 필요한 서류는 ①수출용 원재료로 공급하였음을 증명하는 서류, ②소요량계산서 및 ③일정 기간 이내에 구매한 원재료 납부세액 증명서류이다.

1 기납증의 발급요건

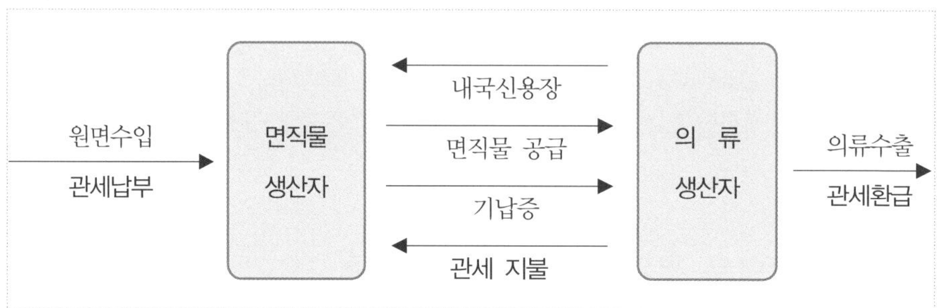

가. 기납증의 의의

기납증은 수입 원재료로 생산한 물품을 수출자, 수출물품 생산자 또는 다음 단계의 중간원재료 생산자에게 수출물품 또는 수출물품 생산용 원재료로 공급하는 경우에 양도자가 세관장에게 신청하여 그 공급물품에 포함된 기초 원재료의 납부세액과 물품공급 사실을 증명하는 서류이다.

① 양수자가 개별환급방법으로 환급을 신청하거나 기납증 발급을 신청하는 경우 수입신고필증 대신에 사용하는 원자재의 납부세액증명서류이다.

② 기납증이란 수입하는 때에 납부한 기초 원재료의 세액을 증명하는 서류라는 뜻이다. 기초 원재료는 중간 원재료와 완제품에 대응하는 개념이기는 하나 제조공법상의 개념은 아니다.

③ 수입신고필증이 있는 원재료를 기초 원재료라 하고, 기초원재료를 사용하여 생산된 물품을 중간원재료라 하며 수출물품과 같은 형태의 물품을 완제품이라 한다.

나. 기납증 발급대상 물품

수입원재료(수입원재료로 생산된 국내원재료 포함)로 생산한 물품을 수출물품 또는 수출물품(수출용 원재료 포함) 생산용으로 공급하는 물품이다. 환급고시 제46조에서 규정하고 있는 기납증 발급대상 물품의 요건은 다음의 세 요건을 모두 갖춘 물품으로 정리할 수 있다.

① 기납증 공급물품에 사용된 원재료가 수입한 원재료이거나 수입한 원재료로 생산된 원재료를 국내에서 구매한 것일 것
② 생산과정을 거쳐 수입일 또는 국내구매일로부터 일정 기간(1년, 세관장 승인을 받은 경우에는 1년6개월) 이내에 양도한 것일 것
③ 수출자, 수출물품 생산자 또는 수출용 원재료 생산자에게 양도한 것일 것

다. 기납증 발급요건

(1) 수출 또는 수출용 원재료로 공급하여야 한다.

수출용 원재료로 공급하는 사실을 증명하는 국내거래 인정서류는 다음과 같다.
① 원자재 내국신용장
② 국산원자재 구매확인서
③ 특수한 수출신용장 또는 수출계약서
　　1. 외국인으로부터 외화를 받고 물품은 외국인이 지정한 국내업체에 인도하는 수출신용장 또는 수출계약서로서 신용장 또는 수출계약서번호와 물품을 인도 받는 자가 기재된 것이 이에 해당한다. (환급고시 제48조제3호)
　　2. 이는 수출신용장이므로 국내거래증명서류로 인정하는 것에 무리가 있을 수 있으나. 이 신용장의 인도조건이 국내업체 인도이므로 사실상 국내 공급물품에 대하여 수출용 원재료로 공급됨을 증명할 서류가 없기 때문이다.
④ 세관장이 수출물품 생산을 위하여 거래가 된 것임을 인정하는 매매계약서
　　1. 수출용 원재료가 공급된 후에는 내국신용장을 발급받을 수 없다는 「한국은행 총액한도대출 관련 무역금융 취급절차」 제17조 등의 제약으로 내국신용장이 없거나 구매확인서가 없는 경우에, 양도자가 실질적으로 수출용 원재료를 공급한 것임을 입증할 수 있는 매매계약서가 있고 세관장이 이를 인정할 정도라면 수출용 원재료 매매계약서 등도 국내거래 인정서류가 된다.

⑤ 수출자에게 완제품 공급을 하고 수출자가 환급받으려는 경우의 완제품 내국신용장
또는 완제품 구매확인서

1. 원제품은 수출용 원재료가 아니므로 기납증을 발급할 것이 아니라 생산자가 환급신
청을 하면 된다. 그러나 생산자가 환급신청을 하려면 수출자로부터 수출신고필증을
받아야 하는데, 수출자가 해외거래처, 수출가격 등의 영업비밀을 이유로 수출신고필
증을 완제품 생산자에게 제공하지 않으면 생산자가 환급을 신청할 수 없다.

2. 이러한 상관행에 따른 환급제도의 한계를 해결하기 위하여 완제품 내국신용장 또는
완제품 구매확인서도 국내거래 인정서류에 포함하고 있다.

(2) 공급물품은 공급자가 국내에서 생산한 물품이어야 한다.

① 개별환급방법으로 양도세액을 산출하는 경우에는 다음의 납부세액증명서류를 기납
증 발급을 신청할 때 첨부하여야 한다.

  1. 수출용 원재료로 공급한 물품을 생산할 때 사용된 원재료가 직접 수입한 것이면
수입신고필증

  2. 사용된 원재료가 국내 생산자로부터 매입된 것이면 해당 기납증

  3. 사용된 원재료가 국내 도매업체로부터 매입된 것이면 해당 분할증명서

  4. 사용된 원재료가 평세증으로 발급된 것이면 해당 평세증

② 공급물품을 생산하는데 사용되는 원재료는 실제 공급일부터 소급하여 1년 이내 수입
되었거나 구매된 원재료이어야 한다.

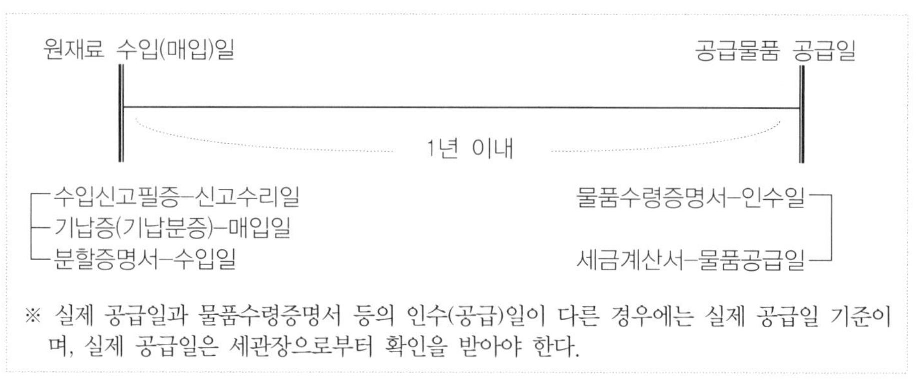

③ 간이정액환급률표를 적용하여 양도세액을 산출하는 경우에는 기납증 발급을 신청할
때 납부세액 증명서류를 제출하지 아니한다. 이는 수출용 원재료로 공급하는 물품
생산에 사용되는 원재료의 납부세액을 관세청장이 산출하여 정해 놓았기 때문이다.

라. 기납증 발급요건 사례

(1) 기납증 발급대상 사례

> **사례** 비(非)노광 인화지 원단을 Roll 상태(폭 1.39m × 길이 2,250m)로 수입하여 "폭 0.89m × 길이 175.3m"로 가공한 업체가 주한미군에게 사진을 납품하는 업체에 로칼 공급한 경우 기납증 발급대상이 되는지 여부

①기납증은 수입한 원재료로 생산한 물품을 수출용 원재료로 공급하는 때에 발급되는 것이다. ②본 사례는

1. 인화지 원단을 자르는 것이 제조·가공에 해당하고,
2. 사진을 인화하는 것이 수출물품 생산에 해당하며,
3. 생산된 인화지를 사진의 원재료로 공급한 것이므로,

③사진을 주한미군에 납부하는 자가 개설한 원자재 내국신용장 등의 서류에 의하여 기납증을 발급받을 수 있다.

(2) 제조범위에 관한 사례

> **사례** 국내 생산자로부터 내국신용장을 개설하여 Photo Transistor ST-7L을 구매한 자가 물품 전기적 특성만 검사하여 ST-7L-H-2002B라는 규격으로 원자재 내국신용장에 근거하여 수출물품 생산자에게 공급한 경우 기납증을 발급할 수 있는지 여부

①전기적 특성만 검사한 것은 생산으로 볼 수 없으므로 원자재 내국신용장으로 공급한 경우에도 기납증 발급을 신청할 수 없고,

②매입 물품(ST-7L)과 공급물품(ST-7L-H-2002B)의 규격이 동일한 것임이 확인되면 원자재 내국신용장으로 구매한 물품을 매입한 상태 그대로 공급한 것이므로 분할증명서를 발급받을 수 있다.

③분할증명서는 수출물품 생산자가 환급을 신청할 때 기납증의 용도와 동일하다.

(3) 동일업체의 제조장간 공급물품에 대한 기납증발급

> **사례** 동일업체 내에 제조장 마다 환급을 받는 제조장이 2곳 이상이 있는 경우 동일업체 내의 제조장 간 기납증 발급가능 여부 및 가능하다면 발급신청서 구비서류는?

① 제조장별로 환급을 받는 업체가 동일업체의 제조장 간 공급물품에 대한 기납증 발급

신청을 하려는 경우,

②관할지 세관장이 동일업체 제조장 간 공급물품에 대하여 기납증 발급이 필요하다고 인정하면, 동일업체 제조장 간에도 기납증 발급을 신청할 수 있다(환급고시 제51조).

③예를 들면 동일 수출물품의 생산공정 중 가공단계가 다른 두 공장이 따로 있는 경우에는 내국신용장 등의 국내거래서류와 물품수령증명서 등이 없으므로 제조장 간 공급서류로 대신 증명하여야 하며,

④개별환급방법으로 양도세액을 산출하는 때에 제출하는 소요량 계산서류나 납부세액 증명서류는 일반적인 기납증 발급의 경우와 동일하다.

(4) 해외 임가공 감세 수입물품의 원상태 양도 시의 기납증 발급

> **사례** 수입원재료로 생산한 전자부품을 중국 현지공장에 수출하여 임가공한 후 수입하면서 관세를 감세하고 가공으로 가치가 증가된 부분에 대해서만 관세를 납부한 물품을 수입한 상태 그대로 수출용 원재료로 공급한 경우

①원칙적인 절차는 임가공을 위하여 중국 현지공장으로 수출한 물품에 대하여 관세환급을 받고, 수입할 때 관세를 납부한 후 그 물품을 수입한 상태 그대로 수출물품 생산자에게 수출용 원재료로 공급할 때 분할증명서를 발급받아야 한다.

②하지만, 이렇게 되면 해외 임가공 감세제도도 이용하지 못하고 직접환급과 간접환급을 위해 2번이나 세관을 방문해야 하는 등 절차가 복잡해지므로, 관세청장은 2007.8.10. 환급고시를 개정하여 이러한 경우에도 기납증을 발급할 수 있도록 특례를 신설하였다. (환급고시 제52조)

③환급고시 제52조의 절차를 따르려는 경우에는 해외 임가공 감세를 받아 수입한 물품을 수출용 원재료로 수출물품 생산자에게 공급할 때, 임가공수출한 원재료의 납부세액과 해외 임가공 감세를 적용받아 수입한 물품에 대한 가치증가 분의 납부관세를 더하여 양도세액을 산출한다.

2   기납증의 양도세액 산출방법

가. 산출방법의 선택(중소기업자 특례)

①간이정액환급률표를 적용할 수 있는 중소기업자는 간이정액환급률표를 적용하여 기납증의 양도세액을 산출하고, 그 밖의 업체는 개별환급방법으로 기납증의 양도세액을 산출해야 한다.

②다만, 간이정액환급률표를 적용하여 기납증의 양도세액을 산출하는 경우에는 납부세액 증명자료가 없어도 기납증 발급을 신청할 수 있는 장점이 있으나 양도세액이 개별환급방법에 의한 경우보다 적을 수 있으므로 자신에게 유리한 방법을 신중하게 선택할 필요가 있다.

나. 간이정액환급률표 적용

(1) 적용 요건

다음의 요건을 모두 갖춘 자는 자기가 생산한 수출용 원재료를 공급하는 경우에 간이정액환급률표를 적용하여 기납증의 양도세액을 산출할 수 있다.

● 적용대상 업체

①올해 및 직전 2년간 매 연도의 총환급(기납증의 양도세액 포함)실적이 6억원 이하인 중소기업자이어야 한다.

②해당 중소기업자가 간이정액환급률표 비적용승인을 받지 않아야 한다. 간이정액환급률표 비적용승인을 받은 자는 개별환급방법으로 기납증 발급을 신청하면 된다.

● 적용대상 물품

①공급물품의 국내거래일(물품수령증명서 상의 인수일자 등)에 시행되는 간이정액환급률표에 해당물품의 품목번호(HSK)가 게기되어 있어야 하며, 원자재 내국신용장 등의 품목번호와 같아야 한다. 품목번호만 동일하면 품명은 달라도 상관없다.

②다만, 원자재 내국신용장상의 품목번호가 잘못 발급된 경우에는 정당한 품목번호를 확인하고 간이정액환급률표를 적용하여야 한다.

(2) 양도세액 산출방법

양도세액 = (내국신용장 등의 원화 물품금액 ÷ 10,000) × 간이정액환급률

① 내국신용장등 상의 물품금액(원화)을 10,000으로 나눈 값에 간이정액환급률표상 금액을 곱하여 양도세액을 산출한다.

② 내국신용장등 상에 물품대금과 세액이 다음과 같이 구분 표시된 경우에는 동 물품대금만으로 양도세액을 산출한다.

   1. tax excluded

   2. tax US $ 524 included

③ 내국신용장등 상에 물품대금과 세액이 구분하여 표시되지 아니한 경우에는 다음의 공식에 의하여 산출된 물품대금을 기준으로 결정하되 소숫점 이하는 절사한다.

$$물품대금 = 내국신용장\ 등의\ 원화\ 물품금액 ÷ (1 + \frac{간이정액환급률표\ 해당금액}{10,000})$$

(3) 수출업체가 간이정액환급률표를 적용할 때 유리한 점

① 기납증 발급을 신청할 때 필요한 구비서류가 적다.

간이정액환급률표를 적용하여 기납증 발급을 신청하는 경우에는 내국신용장 등과 물품수령증명서 등만 있으면 된다.

② 증명절차가 간편하다.

간이정액환급률표상 금액의 정확한 적용여부만 확인하면 되므로, 개별환급방법에 비하여 증명절차가 훨씬 간편하다.

③ 소요량계산서류와 수입신고필증 등의 납부세액 증명서류가 없어도 된다.

간이정액환급률표상 금액으로 양도세액을 계산하므로 소요량계산서류나 납부세액 증명서류(수입신고필증 등)가 필요 없다.

④ 수출이행기간의 제약을 받지 않는다.

수입신고필증 등 납부세액 증명서류를 제출하지 않으므로 해당 수입신고필증 등의 수출이행기간을 관리할 필요가 없다.

다. 개별환급방법 적용

(1) 개념

①개별환급방법에 의한 기납증 양도세액은 공급물품 생산에 사용된 원재료의 납부세액이다. 따라서 소요량계산서를 작성하여 사용된 원재료별로 납부세액을 산출하여야 한다.

②이는 개별환급을 신청할 때의 환급액 산출방법과 대비하면 소요량계산서, 납부세액증명서류, 부산물공제 및 지급제한 등 대부분 동일하나 수출이행기간이 다음과 같이 다르다.

(2) 수출이행기간

①기납증 발급을 신청할 때 공급물품 생산에 사용된 원재료의 수출이행기간은 1년(세관장 승인을 받으면 1년6개월)이다. 즉 수출용 원재료로 공급한 날부터 소급하여 1년(또는 1년6개월) 이내에 수입 또는 매입된 수입신고필증 등이 납부세액 증명서류가 된다.

②관세환급신청 시의 수출이행기간 2년(환급특례법 제9조제1항 단서규정이 적용되는 경우에는 3년)에 비하여 짧은 편이나 생산단계(생산된 물품이 원상태로 거래되는 것도 포함)마다 1년(또는 1년6개월) 이내에 거래되면 회수에 제한 없이 수출이행기간이 연장된다.

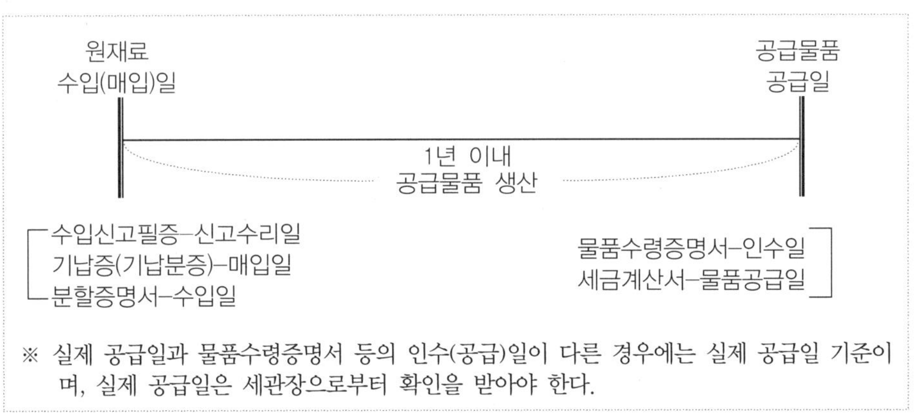

(3) 소요량계산서

소요량계산서의 작성방법은 환급의 경우와 동일하다. 수출물품 대신에 수출용 원재료가 수출물품에 해당하는 것이므로 발급 근거서류로 수출신고필증을 제출하는 대신에 원자재 내국신용장 등을 제출함이 다르다.

(4) 납부세액 증명서류

수출용 원재료로 국내공급한 물품을 제조하는데 소요된 원재료의 납부세액 증명서류는 환급신청의 경우와 동일하다. 즉 원재료를 외국에서 직접 수입한 경우에는 수입신고필증, 국내 생산자로부터 매입한 경우에는 기납증, 국내 도매업체로부터 원상태로 매입한 경우에는 분증(분증의 분증, 기납분증 등도 포함), 평세증이 발급된 경우에는 평세증도 이용할 수 있다.

(5) 부산물공제와 지급제한

지급제한과 부산물공제도 환급신청의 경우와 동일하다. 즉 수출용 원재료로 공급하는 물품을 생산할 때, 부산물이 발생되는 경우에는 해당 부산물의 가치비율에 해당하는 납부세액을 공제하고 양도세액을 산출하며, 덤핑방지관세가 부과된 물품 등 지급제한 원재료를 사용하여 공급물품을 제조한 경우에는 제한비율에 해당하는 세액을 공제하고 양도세액을 산출한다.

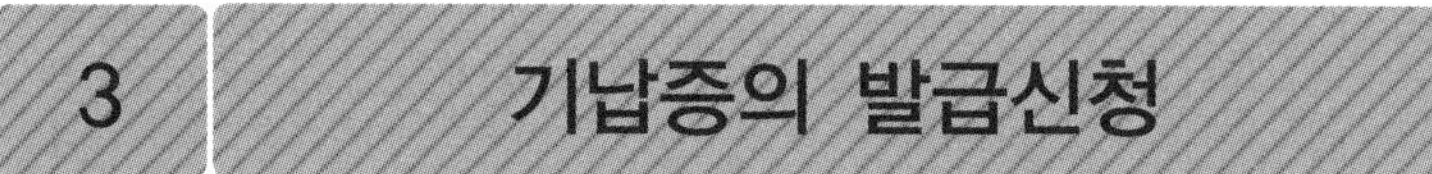

가. 발급신청방법

(1) 발급신청인

기납증은 수출물품 또는 수출용 원재료의 공급자가 세관장에게 발급신청하여야 한다. 내국신용장으로 거래한 때에는 수혜자가 발급신청인이 된다.

(2) 발급신청기관

기납증은 세관장이 발급하는 것이 원칙이나 관세청장이 정한 기준을 충족하여 세관장으로부터 지정을 받은 공급자 또는 공급자의 업무를 대행하는 관세사도 발급할 수 있는데, 이들을 "P/L 발급업체" 또는 "P/L 발급관세사"라고 한다. (환급특례법 제12조제2항 및 환급고시 제57조. 자세한 것은 제5장제5절 참조)

✦ 세관장에게 발급을 신청하는 경우

기납증의 발급신청은 전국의 모든 세관장과 비즈니스센터장에게 할 수 있다. 그러나 관할구역이 없는 김포공항세관장, 인천공항국제우편세관장, 김해공항세관장, 도라산세관비

즈니스센터장, 부산국제우편세관비즈니스센터장, 고성세관비즈니스센터장에게는 관할지
세관장을 등록할 수 없으므로 기납증 발급을 신청할 수 없다. 이는 환급신청의 경우와 동
일하다.

◉ 관세사(P/L 발급관세사)에게 발급을 위탁하는 경우

공급자는 다음 각 호의 요건을 갖추어 기납증을 발급할 수 있는 관세사로 세관장의 지
정을 받은 관세사에게 기납증의 발급을 위탁할 수 있다.
① 관세사법 제10조에 따라 세관장에게 업무개시를 신고한 자
② 자체 전산시스템에 의하여 기납증 등을 작성하고 전자문서로 발급신청할 수 있는 자

◉ 공급자(P/L 발급업체)가 직접 기납증을 발급하는 경우

기납증 등을 전자문서로 작성하여 발급할 수 있는 전산시스템을 갖춘 공급자는 다음 중
어느 하나의 요건을 갖추면 세관장으로부터 기납증 P/L 발급업체로 지정을 받을 수 있으
며 스스로 기납증을 발급할 수 있다.
① 환급고시 제81조에 규정된 신용담보업체 지정 요건을 갖춘 업체
② 외국인투자기업(외국인투자촉진법 제5조부터 제8조까지 및 제8조의2에 따라 외국인
　투자 또는 출자의 신고를 한 자)
③ 전체 환급업체의 성실도와 위험도를 평가한 결과 상위 30% 이내에 해당하는 업체
④ 관세 등에 대한 담보제도운영에 관한 고시 제3조와 제5조에 따른 담보제공생략 대상
　자 및 담보제공특례자

(4) 발급신청기한

기납증의 발급신청기한에 관한 규정은 없다. 그러나 수출물품에 대한 환급신청권은 1회
만 행사할 수 있게 되어있으므로, 환급신청권을 행사하기 전까지는 기납증 발급을 신청하
여 발급받아야 환급에 사용할 수 있다.

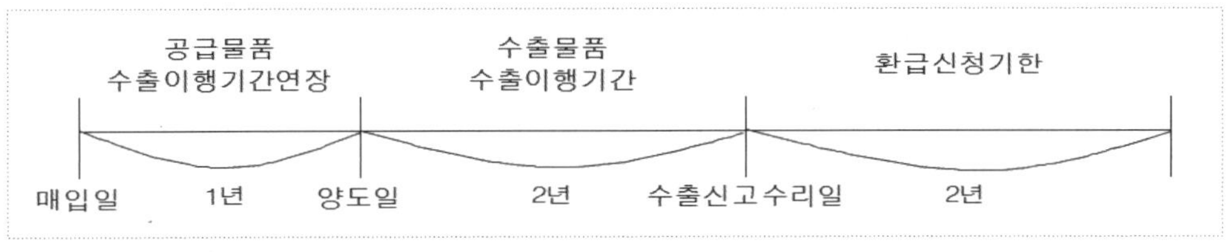

위 그림에서 보는 바와 같이 1차 원자재 내국신용장으로 공급한 물품은 양도일부터 2년

이내에 수출물품을 생산하여 수출하면 되고, 수출일부터 2년 이내에 환급신청을 할 수 있지만, 기납증을 받아 줄 수출물품 생산자가 환급을 받은 후에는 기납증을 발급받더라도 쓸모가 없으므로 수출물품 생산자가 환급신청권을 행사하기 전까지 기납증을 발급받아야 한다. 따라서 수출용 원재료를 공급할 때 기납증 인도기한을 반드시 협의할 필요가 있다.

나. 구비서류

(1) 기납증 발급신청에 필요한 서류

양도세액 산출방법	구비서류
㉮ 간이정액환급률표를 적용하는 경우	(1) 기납증(갑, 을) (2) 수출용 원재료로 공급했음을 증명하는 서류: 내국신용장과 물품수령 증명서, 구매승인서와 세금계산서, 특수한 수출신용장과 수출계약서, 세관장이 인정하는 수출용 원재료 매매계약서 등
㉯ 개별환급방법에 의하는 경우	(1) 기납증(갑, 을, 병, 정, 정B) (2) 수출용 원재료로 공급했음을 증명하는 서류: 내국신용장과 물품수령 증명서, 구매승인서와 세금계산서, 특수한 수출신용장과 수출계약서, 세관장이 인정하는 수출용 원재료 매매계약서 등 (3) 소요량계산서 (4) 원재료 납부세액 증명서류: 수입신고필증, 기납증, 분할증명서, 평세증

(2) 구비서류를 제출해야 하는 경우

다음의 사전심사대상 물품인 경우에는 기납증의 발급을 세관장에게 신청할 때 구비서류를 신청서에 첨부하여 제출하여야 한다.

① 거짓이나 그 밖의 부정한 방법으로 관세 등의 환급을 받거나 소요량계산서를 작성하여 처벌을 받은 자가 신청하는 물품

② 환급 관련 자료를 5년 이내의 기간에서 정해진 기간 동안 보관하지 않거나 세관장의 자료제출 요구를 이행하지 아니하여 처벌받은 자가 신청하는 물품

③ 과다 또는 부정환급 등의 우려가 있다고 관세청장이 따로 정한 품목

④ 세관장에게 소요량신고를 하지 아니하고 소요량계산서를 작성한 후 환급 또는 기납증 발급을 신청한 자의 신청 물품

⑤ 그 밖에 세관장이 기납증 발급 후에 심사하는 것이 적합하지 않다고 인정하는 물품

(3) 구비서류를 제출하지 아니하는 경우

위 사전심사대상 물품이 아니거나 세관장의 서류제출 요구가 없는 경우에는 신청서만
제출할 뿐 구비서류는 제출하지 아니한다.

다. 구비서류의 보관 및 관리

기납증 발급을 신청할 때 제출하거나 제출 생략된 구비서류는 다음의 기간 동안 기납증
발급 신청자가 보관·관리하여야 한다. 기납증 발급과 관련된 구비서류는 기납증 별로 세
트로 묶어서 관리하면 편리하다.

① 소요량계산근거서류 및 계산내역서류는 발급일로부터 5년
② 그 밖의 구비서류는 발급일로부터 3년

라. 발급방법별 신청방법

(1) 세관에 발급신청하는 경우

다음에 소개하는 기납증 작성요령에 따라 작성한 전자문서를 관할지 세관장에게 전송하
고 접수통지를 받으면, 접수번호가 기재된 기납증(종이문서)을 접수통지를 받은 날로부터
3일 이내에 세관장에게 제출하여야 한다.

(2) P/L 발급관세사에게 위탁하거나 P/L 발급업체가 자율발급하는 경우

기납증 작성요령에 따라 작성한 전자문서를 관할지 세관장에게 전송하고 관세환급시스
템에서 통지하는 바에 따라 기납증(종이문서)을 자체 발급한다.

마. 기납증 등 제(諸) 증명의 정정발급

(1) 정정발급기관

기납증의 정정발급신청은 당초 발급세관장에게 한다. P/L 발급관세사 또는 P/L 발급업
체가 자율발급한 기납증은 관할지 세관장만이 정정발급할 수 있다.

(2) 정정발급방법

❖ 정정·취하승인신청서

잘못 발급된 기납증 등 제증명서를 정정하려면 당초 발급세관장에게 정정·취하승인신

청서를 제출하여 승인을 받아야 한다.

● 정정방법 및 전산등록

잘못 발급된 사항이 환급에 사용된 경우에는 환급에 사용된 금액을 추징한 후에 정정·취하하며, 정정·취하사항은 관세환급시스템에 전산 등록한 후 승인서를 교부한다.

(3) 재발급

분실·도난 및 손실 등의 경우에는 재발급 사유서를 발급 세관장에게 제출하면 재발급이 가능하다.

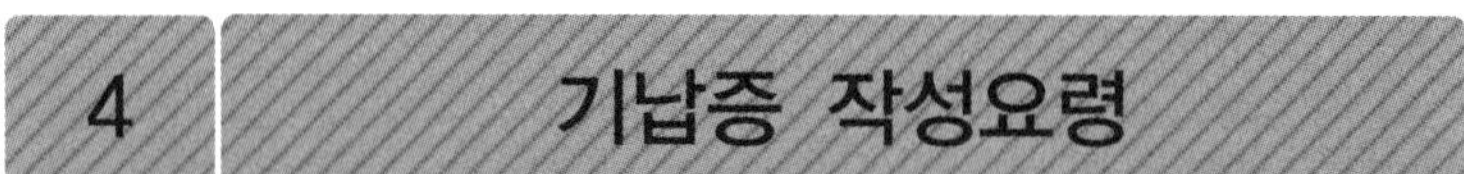

가. 기납증의 구성

기납증은 공통사항(갑), 양도 물품(을), 수입원재료(병), 부산물(정), 부산물용 수입원재료(정B)로 구성되어 있는데, 환급신청서와 거의 동일하다.

① 공통사항(갑): 신청내역, 양도자, 양수자, 양도 물품 내역 및 양도세액 등 신청서의 개요 사항을 기재. 기납증(갑)지로 통칭

② 양도 물품(을): 국내거래 인정서류(내국신용장 등)에 의하여 양도하는 물품의 내역과 양도하는 물품의 세액을 기재. 기납증(을)지로 통칭

③ 수입원재료(병): 양도 물품을 제조·가공하는 데에 사용된 원재료의 세액 및 수입(매입)근거를 기재. 기납증(병)지로 통칭

④ 부산물(정): 양도 물품 제조과정에서 발생된 부산물내역을 기재하며, 추후 부산물이 수출등에 제공되었을 때 환급세액 산출의 근거가 되는 서식. 기납증(정)지로 통칭

⑤ 부산물용 수입원재료(정B): 부산물 발생의 근거가 되는 원재료내역을 기재. 기납증(정B)지로 통칭

나. 작성 원칙(방법)

양수자별로, 품목번호(HSK)별로 구분하여 작성한다.

①국내거래 증명서류(내국신용장 등)별로 구분하여 작성하는 것이 원칙이나, 2건 이상

의 국내거래 인정서류(내국신용장 등)에 의하여 원재료가 공급되었으나 그 양도(매입)일자가 같은 경우에는 1건으로 발급 신청할 수 있다.

②한 건의 국내거래 인정서류(내국신용장 등)에 의하여 거래되는 물품이 2회 이상 분할하여 공급되는 경우에는 최초물품이 거래된 날에 당해 수출용 원재료가 전량 거래된 건으로 보아 신청서류를 작성할 수 있다.

③ 숫자기재 방법: 세액과 금액은 원 단위까지 기재(소수점 이하 절사)하되, 공통사항(갑)의 세종별 환급세액은 원 단위 이하를 절사하며, 물량을 소수점으로 기재할 경우에는 소수점 4자리에서 반올림하여 3자리까지 기재한다.

④신청서 작성순서 : 개별환급방법으로 양도세액을 산출하는 때에는 기납증(을)지의 품목별 원재료의 종류와 양을 확인하여 기납증(병)지를 작성하고, 기납증(병)지에 의해 산출된 양도세액의 합계를 기납증(갑)지에 기재한다.

다. 기납증(공통사항, 갑) 작성

기초원재료납세증명서 (공통사항, 갑)

처리기간 : 1일

재출번호 :　　　　　　　　　　　　　　　　　접수번호 :

1. 신청내역

| ①접수번호 | | 신청 관세사 | ③상호 : | ⑤환급구분 | |
| ②접수일 | | | ④관세사 부호: | ⑥소요량구분 | |

2. 양도자

| ①상호 | | ③사업자번호 | | ⑤통관고유부호 | |
| ②성명 | | ④주소 | | ⑥연락처 | |

3. 양수자

| ①상호 | | ③사업자번호 | | ⑤통관고유부호 | |
| ②성명 | | ④주소 | | |

5. 양도세액

구분	세액
관　　세	
개별소비세	
교　통　세	
주　　세	
교　육　세	
농　특　세	
합　　계	

4. 양도물품 내역

| ①품목번호 | | ②양도(매입)일자 | |
| ③총 물량(단위) | (　　) | ④총 공급가격(FOB) | |

7.증명인

6. 신청처리내역(세관 기재사항)

| 세관(증명일자) | | 결재사항 | 담당 | 주무 | 과장 | 세관장 |
| 담당자 | | | | | | |

(1) 제출번호

기납증을 전자문서로 전송하면 전산심사결과 오류통지 등을 확인하기 위하여 필요한 번호로써, 신청자(5자리)-연도(2자리)-일련번호(6자리)를 기재한다. 신청자부호는 관세사 또는 신고자 부호를 말한다.

(2) 신청내역 등 그 밖의 기재사항

① 기납증이 전산으로 관세청에 접수되면 신청서 구분값(환급-H, 평세증-P, 기납증-G, 분증-D)으로 구분된 접수번호가 생성되어 통보된다.

> 예시 기납증 접수번호 : 010-18-G123456
> - 세관부호: 환급신청하는 세관부호, 서울세관 → 010
> - 연도: 환급신청하는 해당연도, 2018년→18

② 그 밖에 기납증 발급신청을 하는 관세사, 환급 구분, 소요량 구분, 양도자·양수자 인적사항, 양도 물품 개요, 양도세액 합계 내역 등을 기재한다.

③ 환급 구분은 [1]연산품, [2]간이, [3]개별 중에 하나를 선택하여 기재하고, 환급 구분이 [3]개별인 경우에는 소요량 구분 부호(환급신청과 동일) 중 하나를 기재하는데, 간이 기납증 발급을 신청하는 때는 기재하지 않는다.

④ 양도(매입)일자는 물품인수증상 인수일 또는 세금계산서상의 공급일을 기재하는 것이 원칙이나 물품수령증과 세금계산서의 공급일자가 실거래일자와 다른 경우에는 실거래일자를 기재한다.

⑤ 총 물량(단위)은 기납증(을)지에 기재한 물품의 총 양도물량 및 단위를 기재하되, 단위가 다양하면 KG 등 단위를 통일시켜 작성할 수 있다.

⑥ 총 공급가격(FOB)은 기납증(을)지에 기재한 양도 물품 금액의 합계액(FOB)을 원화로 기재하되, 공급가격에 환급 관련 세액이 포함되는 경우에는 이를 제외한 물품대금만 기재한다.

라. 기납증(양도 물품, 을) 작성

@연번	ⓑ물품식별번호	ⓒ품명 및 규격	ⓓ물량 (단위)	ⓔ금액 (통화)	ⓕ관 세	ⓖ개별소비세	ⓗ교 통 세	ⓘ세액합계	ⓜ근거 서류번호
					ⓙ주 세	ⓘ교 육 세	ⓚ농 특 세		

① 물품식별번호는 양도 물품을 식별하는 번호로써, 업체에서 자율적으로 부여한 번호를 기재한다. 연번과 관계없이 동일한 물품이면 동일한 식별번호를 사용한다.

② 금액(통화)은 국내거래 인정서류(내국신용장 등)의 공급금액을 기재한다.

③ 근거서류번호는 국내거래 인정서류(내국신용장 등)의 번호 등 발급근거를 확인할 수 있는 번호를 기재하며 이때 "〔〕"안에 다음의 근거코드 기재 후 근거서류 상세내역을 기재한다. (예 [01] 신용장번호:12345678)

근거서류 구분 부호	근거 서류
01	내국신용장
02	구매확인서
03	수출신용장 또는 수출계약서
04	매매계약서 등

마. 기납증(수입원재료, 병) 작성

@연번	ⓑ물품식별번호	ⓒ원재료식별번호	ⓓ(원재료구분) 신고번호-란-규격	ⓖ사용량(단위)	ⓘ관 세	ⓙ개별소비세	ⓚ교 통 세	ⓞ세액합계	ⓟ공제구분
			ⓔ수입(매입)일자 / ⓕ품목번호	ⓗ원자재단가	ⓘ주 세	ⓜ교 육 세	ⓝ농 특 세		ⓠ비율(%)

① 물품식별번호는 기납증(을)지에 기재된 물품식별번호를 기재한다.

② 원재료식별번호는 물품식별번호에 해당하는 양도 물품의 생산에 사용된 원재료를 식별하는 번호를 기재한다. 번호는 업체에서 자율적으로 부여하면 되고, 동일성이 있는 원재료는 동일한 식별번호를 사용한다.

③ 원재료 납부세액을 증명하는 서류는 괄호 안에 다음의 원재료 구분부호를 기재한 후 수입신고번호 또는 기납증·분증의 번호를 기재하되 신고번호-란번호-규격번호 순으로 기재하며, 수입(매입)일자와 품목번호를 기재한다.

원재료구분 부호	증빙 서류
00	수입신고필증
02	기초원재료납세증명서
03	평균세액증명서
04	분할증명서
05	부산물

1. 란 번호가 없는 기납증, 분증인 경우에는 '001'을 기재한다. 단, 부산물인 경우에는 '003'으로 기재한다.

2. 사용한 원재료별로 수입신고필증은 규격번호를, 기납증·분증인 경우에는 기납증(을)지 또는 분증(을)지의 연번을, 부산물인 경우에는 환급신청서 또는 기납증의 (부산물, 정)지 연번을 기재한다.

3. 수입(매입)일자는 수입신고필증(증명서)상의 수리(매입)일자를 기재하되, 분증인 경우에는 최초 수입신고일자를 기재하며, 평세증은 발급받은 수입(매입)월의 초일을 기재하며, 부산물은 (부산물, 정)지를 발생시킨 환급신청서 또는 기납증의 접수일자를 기재한다.

④ 사용량에 해당하는 세종별 세금과 세액합계를 해당 연번별로 원 단위까지 기재한다. 부산물이 발생되는 원재료는 부산물공제비율을, 지급제한대상 물품은 지급제한 비율을 다음과 같이 공제하고 실제 환급액을 기재한다.

> ※ 사용원재료 세액 × (1 - 공제(제한)비율) = 사용원재료에 대한 환급신청금액

⑤ 해당 원재료의 지급제한 또는 부산물공제를 하여야 하는 경우에는 공제구분 란에 다음의 구분부호를 기재하고, 비율 란에 공제비율 또는 제한비율을 기재한다.

공제구분 부호	증빙 서류
A	지급제한(덤핑, 보복, 상계관세 적용 물품)
B	부산물(부산물내역서 정, 정B 작성)
C	부산물(부산물내역서 작성 생략)

1. 지급제한비율이 0.1857인 경우 ⓟ공제구분은 A, ⓠ비율은 18.57을,

2. 부산물공제비율이 0.2612인 경우 ⓟ공제구분은 B, ⓠ비율은 26.12를

3. 부산물공제비율이 0.2612이나, 부산물이 수출되지 않아 부산물에 대한 환급신청을 하지 않는 것이 확실한 경우에는 ⓟ공제구분은 C, ⓠ비율은 26.12를 기재한다. 공제구분이 "C"인 경우에는 기납증(정)지와 기납증(정B)지는 필요 없으므로 작성하지 않는다.

바. 기납증(부산물, 정) 작성

<table>
<tr><td colspan="13">기초원재료납세증명서 (부산물, 정)   접수번호 :</td></tr>
<tr><td rowspan="2">ⓐ연번</td><td rowspan="2">ⓑ부산물식별번호</td><td rowspan="2">ⓒ품명 및 규격</td><td rowspan="2">ⓓ품목번호</td><td rowspan="2">ⓔ물량(단위)</td><td rowspan="2">ⓕ가격(원)</td><td>ⓖ관 세</td><td>ⓗ개별소비세</td><td>ⓘ교 통 세</td><td rowspan="2">ⓜ세액합계</td></tr>
<tr><td>ⓙ주 세</td><td>ⓚ교 육 세</td><td>ⓛ농 특 세</td></tr>
<tr><td rowspan="2"></td><td rowspan="2"></td><td rowspan="2"></td><td rowspan="2"></td><td rowspan="2"></td><td rowspan="2"></td><td></td><td></td><td></td><td rowspan="2"></td></tr>
<tr><td></td><td></td><td></td></tr>
<tr><td rowspan="2"></td><td rowspan="2"></td><td rowspan="2"></td><td rowspan="2"></td><td rowspan="2"></td><td rowspan="2"></td><td></td><td></td><td></td><td rowspan="2"></td></tr>
<tr><td></td><td></td><td></td></tr>
<tr><td rowspan="2"></td><td rowspan="2"></td><td rowspan="2"></td><td rowspan="2"></td><td rowspan="2"></td><td rowspan="2"></td><td></td><td></td><td></td><td rowspan="2"></td></tr>
<tr><td></td><td></td><td></td></tr>
</table>

① 부산물식별번호는 부산물을 식별하는 번호로써 업체에서 자율적으로 부여한 번호를 기재한다.

② ⓖ~ⓜ란에는 부산물 발생과 관련된 관세, 개별소비세, 교통세, 주세, 교육세, 농특세 및 세액합계를 원 단위까지 기재한다.

사. 기납증(부산물, 정B) 작성

			ⓓ(원재료구분)신고번호-란-규격		ⓖ관 세	ⓗ개별소비세	ⓘ교 통 세	
ⓐ연번	ⓑ부산물식별번호	ⓒ원재료식별번호	ⓔ수입(매입)일자	ⓕ품목번호	ⓙ주 세	ⓚ교 육 세	ⓛ농 특 세	ⓜ세액합계

기초원재료납세증명서 (부산물용 수입원재료, 정B) 접수번호 :

① 부산물식별번호는 기납증(정)지에 기재한 부산물식별번호를 기재한다.

② 원재료식별번호는 부산물이 발생된 원재료를 식별하는 번호로써, 기납증(병)지에 기재한 원재료식별번호를 기재한다.

③ 원재료 납부세액을 증명하는 서류는 괄호 안에 원재료 구분부호를 기재한 후 수입신고번호 또는 기납증·분증의 번호를 기재하되 신고번호-란번호-규격번호 순으로 기재하며, 수입(매입)일자와 품목번호를 기재한다. 원재료 구분부호는 위 기납증(병)지 작성방법을 참조하면 된다.

아. 물품식별번호, 원재료식별번호, 부산물식별번호

물품식별번호, 원재료식별번호, 부산물식별번호는 업체에 따라 파트번호, 자재번호, 제품번호, 관리번호 등으로 다양하게 사용하며, 모델규격 번호도 가능하다.

1   발급의 요건

가. 수입세액분할증명서의 의의

(1) 용어풀이

①수입세액분할증명서란 말 그대로 수입세액을 분할하였음을 증명하는 서류라는 뜻이다(이하 "분할증명서" 또는 "분증"이라 한다). 분할하는 서류에는 수입신고필증과 기납증 및 평세증(이하 "수입신고필증 등"이라 한다)이 있다.

②수출용 원재료 또는 수출물품 생산용으로 국내에서 구매한 원재료를 수출물품 생산에 사용하지 않고 수입 또는 국내 구매한 상태 그대로 다른 수출물품 생산자에게 수출용 원재료로 공급하는 경우에 그 공급물품에 포함된 관세 등의 납부세액을 밝히고 소유권이 이전되었음을 증명하므로, 환급 등을 신청할 때 수입신고필증 등과 동일한 역할을 하는 서류다.

③그러므로 수출물품 생산자가 수출용 원재료를 국내 구매한 때에는 생산된 물품은 기납증, 원상태인 물품은 분할증명서를 공급업체로부터 제출받아 환급을 신청할 때 수입신고필증 등을 대신한 납부세액증명서류로 제출하여야 한다.

(2) 기납증과의 비교

①동일한 점: 수출용 원재료로 공급하는 물품에 대하여 수출물품 생산자가 환급 등을 신청할 때 납부세액 증명서류로 사용할 수 있도록 공급물품에 포함된 관세 등의 납부세액과 소유권의 이전을 증명하는 서류라는 점에서는 동일하다.

②다른 점: 기납증은 공급자가 생산한 물품을 수출용 원재료로 공급하는 경우에만 발급

될 수 있으나, 분할증명서는 수입한 물품을 수입(국내구매)한 상태 그대로 공급하는 경우에만 발급될 수 있다는 점에서 서로 다르다.

나. 발급대상 물품

수출용 원재료가 원상태로 국내에서 거래되는 형태는 수입물품과 국내생산물품으로 크게 두 가지이나 분할되는 서류를 보면 다음과 같이 4종류이다.

(1) 수입신고필증의 분할증명

수입자가 수입한 물품을 수입한 상태 그대로 수출물품 생산자에게 수출용 원재료로 공급하는 경우이다. 이 경우는 수입신고필증의 분할증명이므로 "수입분증"이라고 통칭된다.

(2) 기납증의 분할증명

수출물품 생산자가 기납증이 발급된 물품을 수출물품 생산에 사용하지 않고 국내 구매한 상태 그대로 다른 수출물품 생산자에게 수출용 원재료로 공급하는 경우이다. 이 경우는 기초원재료납세증명서의 분할증명이므로 "기납분증"이라고 통칭된다.

(3) 평세증의 분할증명

평세증 발급업체가 평세증 물품을 수출물품 생산에 사용하지 않고 수입 또는 국내구매한 상태 그대로 수출물품 생산자에게 수출용 원재료로 공급하는 경우이다. 이 경우는 평세증의 분할증명이므로 "평세분증"이라고 통칭한다.

(4) 분증의 분할증명

수출물품 생산자가 분할증명서가 발급된 물품을 수출물품 생산에 사용하지 않고 국내구매한 상태 그대로 다른 수출물품 생산자에게 수출용 원재료로 공급하는 경우이다.

발생 가능성이 극히 희박하나, 다음과 같이 다양하다.

1. 수입분증의 분증
2. 기납분증의 분증
3. 평세분증의 분증

다. 수입분증 발급요건

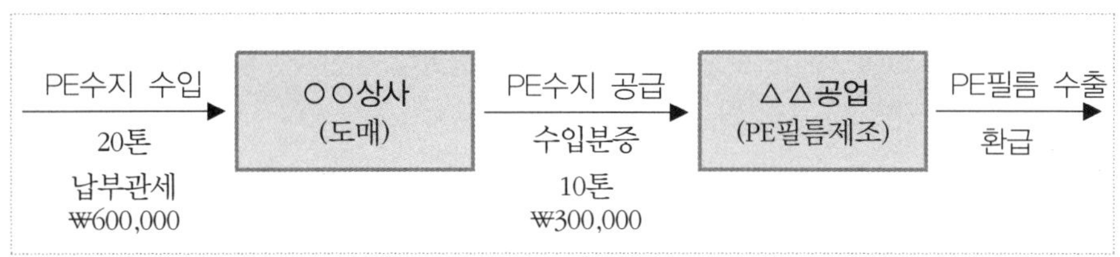

(1) 발급요건

◈ 수출용 원재료로 공급

수출자 또는 수출물품 생산자(수출용 원재료 생산자 포함)에게 수출용 원재료로 공급되어야 한다. 수출용 원재료로 공급함을 증명하는 서류는

1. 내국신용장, 양도승인서, 구매확인서
2. 수출신용장 및 수출계약서(기납증의 경우와 같이 특수한 수출신용장과 수출계약서를 말한다)
3. 세관장이 인정하는 수출용 원재료 매매계약서(소유권 이전을 목적으로 하는 계약서 포함)
4. 물품배정서(조합이 일괄 구매하여 실수요자에게 배정한 것으로 조합장이 확인한 것)
5. 비축물자배정통지서(조달청장 및 조달지청장이 발급한 것) 등이 있다.

◈ 수입한 상태 그대로 공급

공급자가 생산공정을 거치지 않고 수입한 상태 그대로 공급하여야 한다.

◈ 수입신고수리일부터 2년 이내 공급

수출물품에 대한 원재료의 수출이행기간이 수입신고수리일부터 수출신고수리일까지 최장 2년을 초과할 수 없으므로 공급받는 자의 입장에서는 수입신고수리일부터 빠른 기간 내에 원재료를 공급받는 것이 유리하다.

(2) 내수용 수입신고필증의 수입분증 발급대상 사례

 국내에서 소비할 목적으로 수입한 물품을 수출물품 생산자에게 원재료로 판매하는
경우, 수출자가 환급에 사용할 수 있는지 여부

수출용 원재료는 환급특례법 제3조제1항에 "관세 등을 환급받을 수 있는 원재료"라고
규정하고 있으므로, 내수용으로 수입된 원재료도 수출물품 생산용으로 사용한 때에는 관
세환급이 가능하다.

따라서 수입자가 국내거래 증명서류(쌍방의 인감증명서가 첨부된 매매계약서와 세금계
산서등)와 수입신고필증을 첨부하여 세관장에게 신청·발급 받은 수입분증을 수출물품 생
산자에게 인도하면 관세환급이 가능하다.

(3) 수입물품을 원상태로 수출자에게 공급한 경우 수입분증 발급대상 사례

수입물품을 원상태로 보세공장에 공급하고 반입확인서를 발급받아 환급해 왔으나 해당
보세공장 구매팀이 분사하여 별개의 도매법인을 설립하고 이 도매법인을 통하여 수입물품
을 공급하는 것으로 변경된 경우, 도매법인에 공급한 수입물품에 대하여 수입분증을 발급
하여 인도하고 그 수입분증 상의 양도세액을 도매법인으로부터 받으면 간접환급이 가능하
다.

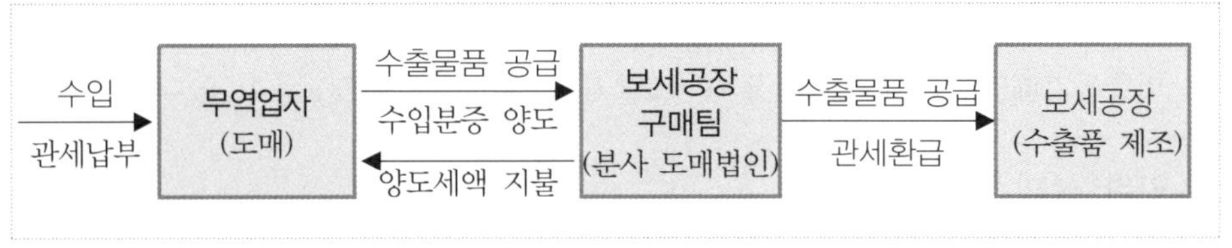

이 경우 도매법인은 보세공장에 납품하고 반입확인서를 발급받는 자이므로 환급특례법
령상 수출자로 볼 수 있고, 환급고시 제53조에 원재료를 수입한 상태 그대로 수출자에게
양도하는 것도 분증의 발급대상으로 하고 있기 때문이다.

(4) 수입분증의 발급시기 사례

 국내에서 소비할 목적으로 수입한 물품을 수출물품 생산자에게 공급하여 그 원재료
로 생산된 물품을 수출한 후 소급하여 수입분증을 발급신청할 수 있는지 여부

①수입분증은 수출용 원재료로 공급한 후에 계약서류와 물품공급 증명서류를 첨부하여

세관장에게 신청하는 것이므로 수출 후에도 가능하다. 수입분증의 발급신청은 수출용 원재료를 공급한 날부터 가능하며, 신청기한은 제한이 없다.

②그러나 환급신청인은 수출 후 환급신청권을 1회만 행사할 수 있으므로 환급신청권을 행사하고 난 이후에 수입분증이 발급되면 쓸모가 없다.

③수출용 원재료를 구매할 때 거래계약 서류로는 수입원자재 내국신용장(기초원자재 구매확인서 포함)이 주로 이용되고, 물품공급 사실은 물품수령증명서(세금계산서)로 증명한다.

④수입물품을 판매할 때 일반소비재로 판매하고 세금계산서를 발급받았으나 수출 후 관세환급을 위하여 수입분증을 요청하는 경우에는 거래 계약서류로는 소급하여 작성된 매매계약서를 이용할 수밖에 없다. 세금계산서를 발급하였음은 매매계약을 생략한 것이기 때문이다.

(5) 수입분증 발급 물품의 공급 시기 사례

사례 수입물품을 수출용 원재료로 공급하고 수입분증을 발급 받는 경우, 수입신고수리일부터 언제까지 공급해야 하는지

①수출용 원재료는 수입신고수리일부터 가까운 시일 내에 공급받는 것이 수출물품 생산자에게 유리하다.

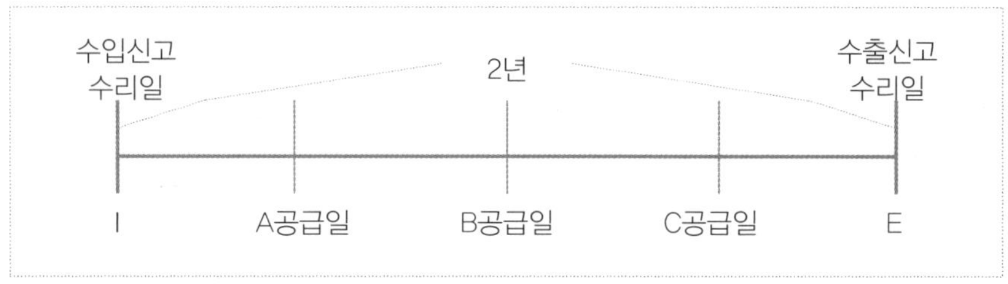

②수입분증의 수출이행기간은 수입신고수리일부터 2년(기납증이 매입일로부터 2년인 점과 다름에 유의)이므로 이론상으로는 수입신고수리일부터 2년 이내에는 공급이 가능하나, 위 그림에서 보는 것과 같이 공급일이 수입신고수리일에서 멀어질수록 수출물품 생산자가 생산활동에 활용할 수 있는 수출이행기간이 짧아지기 때문이다.

③위 사례를 보면 A일에 공급한 경우는 잔여 수출이행기간이 AE이나 C일에 공급한 경우는 CE에 불과하기 때문이다.

라. 기납분증의 발급요건

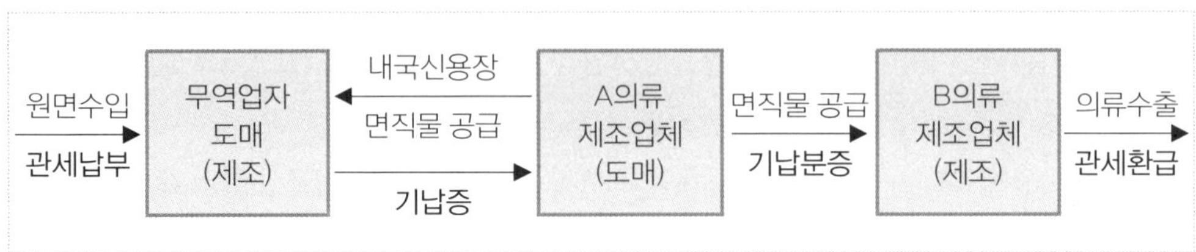

(1) 기납분증과 수입분증의 구분 필요성

기납분증을 발급받으려면 매입일부터 1년 이내에 원상태로 공급하여야 한다.기납분증이 발급되면 매일일부터 양도일까지의 해당 1년 이내의 기간(기납증 수출이행기간)은 수출자의 수출이행기간에 포함하지 않아, 수출자는 기납분증의 물품을 매입한 날부터 2년 이내 수출물품 생산에 사용하여 수출하여도 환급을 신청할 수 있다.

하지만 수입분증의 수출이행기간은 연장효과가 발생하지 않아 최초 수입신고수리된 날부터 2년 이내에 해당 원재료를 수출물품 생산에 사용하여 수출하여야 환급을 신청할 수 있다. 즉 수입분증의 수출이행기간 기산일은 원상태거래의 양도일과는 관계없이 수입신고필증의 수입신고수리일이 되는 것이므로 기납분증과 다르다는 것에 유의하여야 한다.

(2) 발급요건

기납분증을 발급신청하기 위해서는 다음의 두 요건을 모두 갖추어야 한다.

① 수출자 또는 수출물품 생산자(수출용 원재료 생산자 포함)에게 수출용 원재료로 공급하여야 한다. 국내거래 인정서류는 기납증의 경우와 같다.

② 공급자가 제조하지 않고 매입한 상태 그대로 공급하여야 한다. 원자재내국신용장 등의 품명·규격과 기납증 상의 품명·규격이 동일한 경우이다. 서로 다른 경우에는 생산된 것이므로 기납증을 발급받아야 한다.

마. 평세분증의 발급요건

(1) 발급요건

①수출자 또는 수출물품 생산자(수출용 원재료 생산자 포함)에게 수출용 원재료로 공급하여야 한다. 수출용 원재료로 공급하는 것을 증명하는 서류는 수입분증과 기납분증 발급 시의 증명서류가 모두 이용될 수 있다.

②공급자가 평세증 물품을 제조하지 않고 평세증 상 물품 그대로 공급하여야 한다. 수입신고필증만으로 발급된 평세증은 발급월의 초일로부터 2년 이내 공급하여야 하고, 기납증을 포함하여 발급된 평세증은 발급월의 초일로부터 1년 이내에 공급하여야 한다.

③다만, 기납증을 포함하여 발급된 평세분증은 1년 이내 거래되지만, 기납분증처럼 수출이행기간이 연장된다.

(2) 절차

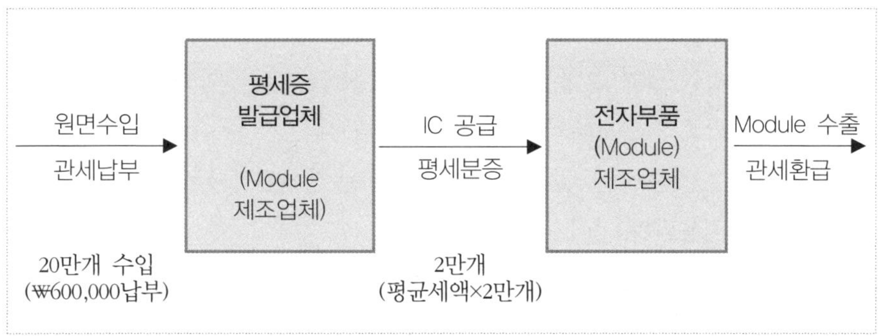

(3) 평세분증 발급 시의 규격표시

평세분증이 발급되는 경우를 보면 ①다른 평세증 발급지정업체에 원상태거래를 하는 경우와 ②평세증발급을 받지 않는 업체(이하 "비지정업체"라 한다)에 원상태거래를 하는 경우의 두 유형이 있다. 이 중

①의 경우 평세증 발급업체 간의 거래이므로 평세분증에 규격표시가 누락되어도 업무 처리에 지장이 없으나,

②의 비지정업체에 원상태거래를 하는 경우는 평세분증 상 규격을 생략한 채로 계속하여 거래하면 이들 업체에서는 개별 수입신고필증 등과 임의선택 사용하게 되어 과다 환급 등이 발생할 우려가 있다.

그러므로 평세증 비지정업체에 원상태 거래하여 평세분증을 발급하는 경우에는 동 분할증명서(을)지의 품명규격란에 양도된 물품의 규격을 전부 기재하여 발급하여야 한다.

공급물품의 규격을 확인하려면 실제 거래된 물품의 규격을 수입신고필증 또는 기납증 등을 통해 확인하고 기재한 후 평세분증을 발급하여야 한다.

이 경우에도 양도 물품에 대한 관세 등의 납부세액을 평균세액에 의하여야 한다. 그렇지 않을 경우 기존에 발급된 평세분증을 정정하여야 하는데, 이는 불가능하기 때문이다.

<table>
<tr><td>2</td><td>발급신청</td></tr>
</table>

가. 양도세액 산출방법

(1) 기납증의 양도세액과 다른 점

분할증명서는 수입한 상태 그대로 공급하는 때에 발급되는 것이므로 생산을 거쳐 공급할 때 발급되는 기납증의 양도세액 산출방법과는 다르다.

① 정액환급률표는 적용될 수 없다. 정액환급률표는 생산된 물품을 수출용 원재료로 공급하는 때에 적용되는 것이기 때문이다.

② 소요량계산서는 필요하지 아니한다.

(2) 관세환급과의 관계

분할증명서 발급을 신청할 때 양도세액을 산출하는 방법은 원상태 수출물품에 대한 환급액 산출방법과 동일하다. 생산과정을 거치지 않고 공급하는 것이므로 수입 또는 매입한 원재료의 품명·규격과 공급하는 물품의 품명·규격은 동일하다.

(3) 양도세액 산출방법

$$양도세액 = \frac{수입신고필증 \ 등의 \ 납부세액}{수입신고필증 \ 등의 \ 수량} \times 공급수량$$

유의사항: 위 공식을 적용할 때, 분할되는 서류(수입신고필증, 기납증 또는 평세증)상의 수량 단위와 공급물품의 수량단위가 동일하여야 한다.

나. 발급신청방법

(1) 발급신청인

분할증명서도 기납증과 같이 수출용 원재료의 공급자 즉 양도자가 발급을 신청하여야
한다.

(2) 발급신청기관

분할증명서도 기납증과 같이 세관장이 발급하는 것이 원칙이나 관세청장이 정한 기준을
충족하여 세관장으로부터 지정을 받은 공급자 또는 공급자의 업무를 대행하는 관세사도
발급할 수 있다. (환급특례법 제12조제2항 및 환급고시 제57조. 자세한 것은 5장 5절의
P/L 발급업체와 P/L 발급관세사 참조)

(3) 발급신청기한

분할증명서의 발급신청기한에 관한 규정도 없다. 그러나 기납증과 마찬가지로 수출물품
에 대한 환급신청권은 1회만 행사할 수 있게 되어 있으므로, 환급신청권을 행사하기 전까
지는 분할증명서 발급을 신청하여 발급받아야 한다. 따라서 수출용 원재료를 공급할 때
분할증명서 인도기한을 반드시 협의할 필요가 있다.

다. 발급신청 구비서류

(1) 수출용 원재료로 공급하는 것을 증명하는 서류

1. 내국신용장, 양도승인서, 구매확인서
2. 특수한 수출신용장 및 수출계약서(환급고시 제55조제4호)
3. 세관장이 인정하는 수출용 원재료 매매계약서(소유권 이전을 목적으로 하는 계약서
   포함)
4. 물품배정서(조합이 일괄 구매하여 실수요자에게 배정한 것으로 조합장이 확인한
   것)
5. 비축물자배정통지서(조달청장 및 조달지청장이 발급한 것)

(2) 물품공급과 대금 지급을 증명하는 서류

수출용 원재료의 국내공급을 서류상으로 증명하려면 거래계약서류에 물품의 공급과 대

금결제가 함께 확인되어야 한다. 이를 확인하는 서류는 다음과 같다.

    1. 내국신용장으로 계약한 거래는 양수인이 발급한 물품수령증명서

    2. 그 밖의 서류로 계약된 거래에 대하여는 세금계산서

(3) 발급신청 구비서류

① 분할증명서(환급고시 별지 제26호서식)

② 수출용 원재료로 공급하는 것을 증명하는 서류와 물품공급 및 대금지급을 증명하는 서류

③ 납부세액을 증명하는 서류

    1. 원재료를 직접 수입한 경우: 수입신고필증

    2. 수입원재료를 국내 도매업체로부터 매입한 경우: 수입분증

    3. 국산 원재료를 매입한 경우: 기납증

    4. 공급자가 평균세액증명서 발급업체인 경우: 평세증

    5. 국산 원재료를 국내도매업체로부터 매입한 경우: 기납분증

(4) 발급신청 서류의 구비요건

①수입신고필증 등 납부세액 증명서류상의 품명·규격이 내국신용장 등 수출용 원재료를 공급하는 증명서류 상의 품명·규격과 일치하여야 한다. 수입신고필증 등 납부세액 증명서류상의 납세의무자 또는 양수자가 내국신용장상의 수혜자 또는 구매승인서 등 국내거래 증명서류상의 양도자와 일치하여야 한다.

②수입신고수리일 또는 매입일이 양도일보다 앞서야 한다.

    1. 분할증명서는 수입 또는 매입된 물품을 수출용 원재료로 공급하는 때에 발급되는 것이므로 수입 또는 매입일이 수출용 원재료로 공급한 물품의 양도일보다 앞서거나 같아야 한다.

    2. 양도일의 기준: 분할증명서 발급대상 물품의 양도일도 기납증발급대상 물품의 양도일과 같이 내국신용장으로 거래된 경우에는 물품수령증명서상의 인수일, 그 밖의 서류로 거래된 경우에는 세금계산서상의 거래일자를 기준으로 하며, 실제공급일과 다른 때에는 물품수령증명서(세금계산서)의 여백에 실제 공급일과 확인자를 기재하면 실제 공급일의 분할증명서를 발급신청할 수 있다.

(5) 일괄발급 세금계산서와 수입분증 매입일 사례

 세금계산서를 월말에 일괄하여 발급하는 업체가 수입원자재를 구매하여 수입분증 상의 매입일이 월말로 기재된 경우, 수출용 원재료의 실제공급일을 증명하는 방법

수입분증의 발급을 신청할 때, 거래명세표등 거래물품의 매입일(공급일)을 증명할 수 있는 자료를 세금계산서와 함께 제출하거나 세금계산서(물품수령증명서)의 여백에 실제공급일을 기재하고 확인자를 기재하면 가능하다.

월말에 일괄하여 세금계산서를 발급하는 업체는 그 달에 거래된 모든 물품의 매입일을 월말에 거래한 것으로 세금계산서에 기재하고 있어, 이를 소홀히 할 경우 다음 그림과 같이 선(先)수출·후(後)매입으로 인정되어 환급신청을 할 수 없는 경우가 발생할 수 있다.

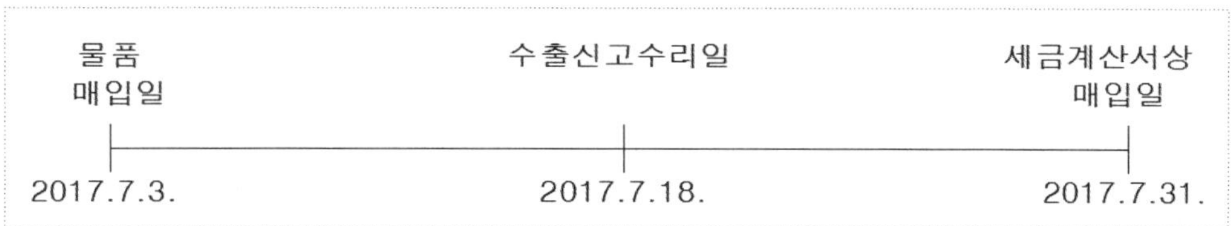

그러므로 세금계산서 일괄발급업체는 분할증명서 발급을 신청할 때 물품의 실제 공급일을 분할증명서의 양도(매입)일이 되도록 하여 발급하는데 필요한 조치를 하여야 한다.

3   분할증명서 작성요령

가. 분할증명서의 구성

분할증명서는 양도자가 수출물품을 생산하려는 자 또는 수출자에게 수입 또는 구매한 원재료를 원상태로 양도하려는 때에 양도자가 세관장에게 신청하여 발급받는 서류로서, 수입신고필증, 기납증, 분증 또는 평세증의 분할이 필요한 경우에 사용하는 서식이며, 공통사항(갑)과 양도 물품(을)로 구성되어 있다.

1. 공통사항(갑): 신청내역, 양도자, 양수자, 양수물품 내역 및 양도세액 등 신청서의 개요 사항을 기재. 분증(갑)지로 통칭
2. 양도 물품(을): 국내거래 인정서류(내국신용장 등)에 의하여 양도하는 물품 내역 및 양도세액을 기재. 분증(을)지로 통칭

나. 작성 원칙(방법)

(1) 분할증명서의 작성방법

①분할증명서는 다음과 같이 같은 날에 양도된 물품에 대하여 1건으로 발급신청할 수 있으나, 신청인이 원하지 않을 경우에는 1건의 수입신고필증(제증명)상의 동일 품목번호(HSK) 물품에 대하여 1건의 국내거래 인정서류(내국신용장 등)별로 별개 건으로 발급신청할 수 있다.

1. 여러 건의 수입신고필증(제증명)상의 동일 품목번호 물품이 1건의 국내거래 인정서류(내국신용장 등)에 의하여 양도되는 경우
2. 1건의 수입신고필증(제증명)상의 동일 품목번호 물품이 여러 건의 국내거래 인정서류(내국신용장 등)에 의하여 양도되는 경우
3. 여러 건의 수입신고필증(제증명)상의 동일 품목번호 물품이 여러 건의 국내거래 인정서류(내국신용장 등)에 의하여 양도되는 경우

②숫자기재 방법: 세액은 원 단위까지 기재(소수점 이하 절사)한다. 물량은 소수점 이하를 절사할 수 있으며, 소수점으로 기재할 경우에는 소수점 4자리에서 반올림하여 3자리까지 기재한다.

다. 분할증명서(공통사항, 갑) 작성

(1) 제출번호

분할증명서를 전자문서로 전송하면 전산심사결과 오류통지 등을 확인하기 위하여 필요한 번호로써, 신청자(5자리)-연도(2자리)-일련번호(6자리)를 기재한다. 신청자부호는 관세사 또는 신고자 부호를 말한다.

(2) 신청내역 등 그 밖의 기재사항

① 기납증이 전산으로 관세청에 접수되면 신청서 구분값(환급-H, 평세증-P, 기납증-G, 분증-D)으로 구분된 접수번호가 생성되어 통보된다.

> 예시 분할증명서 접수번호 : 010-18-D123456
> - 세관부호 : 환급신청하는 세관부호, 서울세관 → 010
> - 연　　도 : 환급신청하는 해당연도, 2018년→18

그밖에 분할증명서 발급신청을 하는 관세사, 양도자·양수자 인적사항, 양도 물품 개

요, 양도세액 합계 내역 등을 기재한다.

분할증명서 (공통사항, 갑)

제출번호 :　　　　　　　　　　　　　　　　　　　　　　　　　(처리기간 : 즉시)
접수번호 :

1. 신청내역

①접수번호		신청 관세사	③상　　호	
②접수일			④관세사 부호	

2. 양도자

①상호		①사업자번호	⑤통관고유번호	
②성명		④주소	⑥연락처	

3. 양수자

①상호		③사업자번호	⑤통관고유번호
②성명		④주소	

5. 양도세액

관　　세	
개별소비세	
교　통　세	
주　　세	
교　육　세	
농　특　세	
합　　계	

4. 양도물품 내역

① 품 목 번 호		②양도일자	
③ 총 물 량 (단위)			
④총 공급가격(통화)			

7. 증명인

6. 신청처리내역(세관 기재사항)

세　관 (증명일자)		결재 사항	담당	주무	과장	세관장
담 당 자						

② 양도(매입)일자는 물품수령증 상 인수일 또는 세금계산서 상의 공급일을 기재하는 것이 원칙이나 물품수령증과 세금계산서의 공급일자가 실거래일자와 다른 경우에는 실거래일자를 기재한다.

③ 총 물량(단위)은 분증(을)지에 기재한 물품의 총 양도물량 및 단위를 기재하되, 단위가 다양하면 KG 등 단위를 통일시켜 작성할 수 있다.

④ 총 공급가격(FOB)은 분증(을)지에 기재한 양도 물품 금액의 합계액(FOB)을 원화로 기재한다.

라. 분할증명서(양도 물품, 을) 작성

① 원재료식별번호는 양도 물품을 식별하는 번호로써, 업체에서 자율적으로 부여한 번호를 기재한다. 연번과 관계없이 동일한 물품이면 동일한 식별번호를 사용한다. 업체에 따라 파트번호, 자재번호, 관리번호 등으로 다양하게 사용하며 모델규격 번호도 가능하다.

② 상표 및 원산지는 수입신고필증을 분할하거나 수입신고필증의 분증을 재분할하는 경우 수입신고필증(재분할하는 경우에는 수입신고필증의 분증)상 원산지 국가부호 및 상표를 기재한다. 임의 기재사항이다.

<table>
<tr><td colspan="13" align="center">분할증명서 (양도물품, 을)
접수번호 :</td></tr>
<tr>
<td rowspan="2">ⓐ
연번</td>
<td rowspan="2">ⓑ원재료
식별번호</td>
<td rowspan="2">ⓒ품명 및 규격</td>
<td rowspan="2">ⓓ
상표</td>
<td rowspan="2">ⓔ
원산지</td>
<td>ⓕ(원재료구분)신고번호-란-규격</td>
<td>ⓘ물량(단위)</td>
<td>ⓚ관 세</td>
<td>ⓛ개소세</td>
<td>ⓜ교통세</td>
<td rowspan="2">ⓠ세액
합계</td>
<td rowspan="2">ⓡ근거
서류번호</td>
</tr>
<tr>
<td>ⓖ수입(매입)일자</td>
<td>ⓗ최초발생일</td>
<td>ⓙ공급가격</td>
<td>ⓝ주 세</td>
<td>ⓞ교육세</td>
<td>ⓟ농특세</td>
</tr>
<tr><td></td><td></td><td></td><td></td><td></td><td></td><td></td><td></td><td></td><td></td><td></td><td></td></tr>
<tr><td></td><td></td><td></td><td></td><td></td><td></td><td></td><td></td><td></td><td></td><td></td><td></td></tr>
<tr><td></td><td></td><td></td><td></td><td></td><td></td><td></td><td></td><td></td><td></td><td></td><td></td></tr>
<tr><td></td><td></td><td></td><td></td><td></td><td></td><td></td><td></td><td></td><td></td><td></td><td></td></tr>
</table>

③ 원재료 납부세액을 증명하는 서류는 괄호 안에 원재료 구분부호를 기재한 후 수입신고번호 또는 기납증·분증의 번호를 기재하되 신고번호-란번호-규격번호 순으로 기재하며, 수입(매입)일자와 품목번호를 기재한다.

  1. 원재료구분 부호는 다음과 같다.

원재료구분 부호	증빙 서류
00	수입신고필증
02	기초원재료납세증명서
03	평균세액증명서
04	분할증명서
05	부산물

  2. 란번호가 없는 기납증, 분증인 경우에는 '001'을 기재한다. 단, 부산물인 경우에는 '003'으로 기재한다.

  3. 분할하는 원재료별로 수입신고필증은 규격번호를, 제증명인 경우에는 기납증(을)지 또는 분증(을)지의 연번을 기재한다.

④ 수입(매입)일자는 분할하려는 수입신고필증(증명서)상의 신고수리(매입)일자를 기재하되, 기납증인 경우에는 기납증의 양도(매입)일자를, 평세증인 경우에는 발급받은 수입(매입)월의 초일을, 분증인 경우에는 분증의 양도일자를 기재한다.

⑤ 기납증, 분증, 평세증을 분할하는 경우에는 최초발생일을 기재하여야 한다. 최초발생일은 양도 물품을 환급에 사용할 수 있는 유효기간을 판단할 수 있는 기준일이 된다. 수입신고필증, 기납증 또는 평세증인 경우에는 수입(매입)일자를 동일하게 기재하며, 분증을 재분할 하려는 경우에는 최초 분증의 원인이 되는 수입신고필증(제증명)상의 신고수리일자 등을 기재한다.

  1. 수입분증을 재분할하려는 경우: 당초 수입신고필증 상의 신고수리일

2. 기납분증을 재분할하려는 경우: 당초 기납증의 양도일

3. 평세분증을 재분할하려는 경우: 당초 평세증 수입(매입)월의 초일

[예시] 기납증(양수일자:2017.7.3.)의 분증(양도일자:2018.1.2.)을 기납분증의 분증으로 재분할하려는 경우

연번	…	(원재료구분)신고번호-란-규격	수입(매입)일자	최초발생일
1		(41) 분증-001-0001	2018-01-02	2017-07-03

⑥ 물량과 단위는 국내거래 인정서류(내국신용장 등)에 근거하여 실제 공급하는 물량으로서 원재료 증빙번호의 단위를 기준으로 물량을 기재한다.

⑦ 공급가격은 국내거래 인정서류(내국신용장 등)의 실제 공급가격을 기재하되, 공급가격에 환급 관련 세액이 포함되는 경우에는 이를 제외한 순수한 물품대금만 기재하며 공급가격 뒤의 괄호 안에는 통화단위를 기재한다.

[예시] 1,785.953(USD), 2,000,000(KRW)

⑧ 세액 사항은 원재료식별번호별 수입원재료 공급물량에 해당하는 관세, 개별소비세, 교통세, 주세, 교육세, 농특세 및 세액합계를 기재한다.

⑨ 근거서류번호는 국내거래 인정서류(내국신용장 등)의 번호 등 발급근거를 확인할 수 있는 번호를 기재하며 이때 "[]"안에 다음의 근거코드 기재 후 근거서류 상세내역을 기재한다. (☞ 예시: "[01] 신용장번호:12345678")

근거서류 구분 부호	근거 서류
01	내국신용장
02	구매확인서
03	수출신용장 또는 수출계약서
04	매매계약서 등
05	양도승인서
06	물품배정서
07	비축물자배정통지서

1   P/L 발급

가. P/L 발급의 의의

세관장이 발급하는 국내거래증명서류 등을 세관장이 인정하는 성실 업체 또는 성실 관세사가 발급할 수 있도록 하는 제도를 말한다. P/L 발급제도는 환급비용을 절감하기 위하여 도입된 제도이다. 국내산업의 발전에 따라 급증하는 수출용 원재료 거래증명서류 등의 발급절차를 간소화하지 않고서는 환급비용 절감이 불가능하기 때문이다.

나. P/L 발급업체의 지정

수출용 원재료를 공급하는 자도 P/L 발급자("P/L 발급업체"라 한다)가 될 수 있고, 공급자의 위탁을 받아 업무를 처리하는 관세사도 P/L 발급자("P/L 발급관세사"라 한다)가 될 수 있다.

(1) P/L 발급업체 및 P/L 발급관세사의 지정 요건

P/L 발급업체 또는 P/L 발급관세사로 지정받으려면 다음 중 어느 하나의 요건을 갖추어야 한다.

① 신용담보업체 지정요건을 갖춘 업체일 것

② 외국인투자기업(「외국인투자촉진법」 제5조부터 제8조까지 및 제8조의2에 따라 외국인투자자 또는 출자의 신고를 한 자)일 것

③ 전체 환급업체의 성실도와 위험도를 평가한 결과 상위 30% 이내에 해당하는 업체일 것

④ 「관세사법」 제10조에 따라 세관장에게 개업신고를 한 관세사일 것

⑤ 「관세 등에 대한 담보제도 운영에 관한 고시」(이하 "담보고시"라 한다) 제3조와 제5
조에 따른 담보제공생략대상자 및 담보제공특례자일 것

(2) 지정신청방법

위 (1)의 지정요건을 갖춘 자는 "P/L 발급업체 지정신청서"(환급고시 별지 제27호서식)
를 작성하고 그 지정요건을 확인할 수 있는 서류를 첨부하여 관할지 세관장에게 신청을
하여야 한다. 다만, 신용담보업체 또는 외국인투자기업으로서 관세청장이 전산시스템으로
요건을 확인을 할 수 있는 경우에는 요건확인 서류의 첨부를 생략할 수 있다.

(3) P/L 발급업체 및 P/L 발급관세사 관리

❖ 세관장의 점검

관할지 세관장은 매년 1회 이상 ①지정요건에 적합하지 아니한 사유 발생 여부 ②업체
의 변동사항 및 ③P/L 발급제도 이용현황을 점검한다.

❖ 지정 및 지정취소

관할지 세관장은 다음의 경우 그 지정을 취소하고 해당 업체 또는 관세사에게 통지하여
야 한다.

① 지정요건에 적합하지 아니한 사유가 발생한 경우

② 지정받은 자의 요청이 있는 경우

③ 환급업체에 대한 성실도와 위험도를 평가한 결과 지정기준에 미달하는 경우 다만,
지정취소를 하는 대신에 6개월 범위에서 P/L 발급을 정지하게 할 수 있다.

P/L 발급업체 지정신청서

※ [ ]에는 해당되는 곳에 √표를 합니다.

지정번호		처리기간: **즉시**

신청인	상호		대표자	
	사업자등록번호	통관고유부호		전화번호
	주소			

신용담보업체 지정여부	지정번호	
	지정일자	

자체 전산설비	[ ]HOST급, [ ]P/C급, [ ]기타

발급 실적

구분	( )년		( )년	
	건수	금액	건수	금액
기납증				
분 증				
평세증				
계				

발급 담당자				지정일자
소속	직위	성명	근무 연수	

「수출용원재료에 대한 관세 등 환급사무처리에 관한 고시」 제57조제2항에 따라 P/L발급업체 지정을 신청합니다.

20 년 월 일

신청인

(서명 또는 인)

○ ○ 세 관 장 귀하

첨부서류	민원인 제출서류	담당공무원 확인사항	담당	주무	과장	장
	전산설비에 대한 자료 1부.	신용담보업체 요건확인 서류 1부.				

※ 담당공무원이 진위확인을 위하여 신용담보업체 요건확인서류를 요구하는 경우에는 제시하여야 합니다.

다. P/L 발급 대상과 방법

(1) P/L 발급대상

● P/L 발급대상 서류

P/L 발급업체(P/L 발급관세사 포함)에서 자율발급할 수 있는 서류는 다음과 같다.

① 기납증

② 분할증명서(수입분증, 기납분증, 평세분증)

③ 평세증

● P/L 발급 제외

① 정정과 추가발급

기납증, 분할증명서 등 자율발급대상 서류인 경우에도 해당 서류의 정정 및 추가발급은 P/L로 할 수 없다. 자율발급 받은 해당 서류의 정정 및 추가발급은 자율발급업체로 지정한 세관장에게 신청하여 승인을 받아야 한다. 환급에 사용된 금액이 있는 경우에는 사용된 금액을 납부하여야 한다.

② 환급업체의 성실도와 위험도가 낮아 P/L 발급이 정지된 경우

(2) P/L 발급방법

● 전자문서 전송

자율발급을 신청하려는 자는 기납증, 분증 및 평세증 작성요령에 따라 작성한 전자문서를 관할지 세관에 전송하고 관세환급시스템에서 통지하는 바에 따라 기납증 등을 발급한다.

● 증명인 날인

접수번호가 부여된 기납증 등의 전자문서를 출력하여 다음의 증명인을 날인한다. 다만, 전자문서 전송업체는 증명인의 날인을 생략할 수 있다.

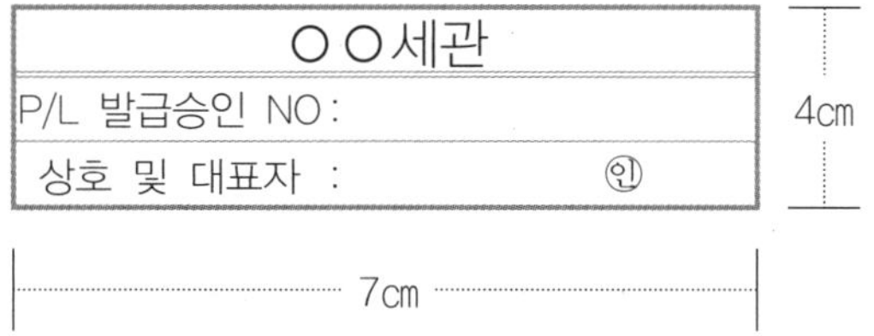

(3) P/L 발급에 대한 세관심사

P/L 발급업체 또는 P/L 발급관세사가 발급하는 기납증 등은 전자문서에 기재된 내용에 대해서는 전산심사를 하지만, 양도세액 산출의 적정여부 등은 자율발급업체의 성실한 신고를 전제로 세관장의 심사를 생략하고 있다.

하지만, 과다환급을 목적으로 거짓이나 그 밖의 부정한 방법으로 기납증 등을 자율발급한 자는 처벌을 할 수 있게 되어있다. (환급특례법 제23조)

(4) 관련 서류의 보관

P/L 발급한 기납증 등의 신청 구비서류는 환급신청서류 등의 정리 및 보관 방법에 따라 정리·보관하여야 한다. 이는 세관장의 사후심사에 대비하여 필요한 것이며, 보관 소홀 등도 위법성이 확인되면 처벌을 받을 수 있다.

2 발급내역 확인과 전자문서 송부

①발급된 기납증과 분증의 내역은 양수자가 관세환급시스템에서 확인할 수 있도록 되어 있다. 기납증과 분증 발급신청인이 양수자에게 기납증과 분증을 전자문서로 보내려면 관할지 세관장에게 신청하여야 한다.

②신청방법은 기납증 등을 발급 신청하는 자가 양수자의 동의서를 받은 "제증명 전자문서 전송업체 통보서"(환급고시 별지 제25호서식)를 사전에 관할지 세관장에게 제출하면 된다. (환급고시 제47조 및 제54조)

③기납증과 분증을 정정·취하하는 경우에도 양수인에게 전자문서로 통보할 수 있으며, 이 서비스는 환급 대상 수출물품 반입확인서의 경우에도 적용할 수 있어, 공급자가 양수인의 동의를 받은 "제증명 전자문서 전송업체 통보서"를 사전에 관할지 세관장에게 제출하면 양수인에게 반입확인서를 전자문서로 송부할 수 있다.

6장

수출용 원재료와 수출물품의 통관

<table><tr><td>1절</td><td>수출용 원재료의 수입통관</td></tr></table>

<table><tr><td>1</td><td>관세의 납부유예</td></tr></table>

가. 수입통관의 의의

외국물품을 우리나라에 수입하여 내국물품 상태가 되도록 하는 것과 관련된 일체의 절차를 수입통관이라고 한다.

우리나라는 부존자원이 빈약하여 수출물품을 제조하기 위한 원자재를 대부분 외국으로부터 수입하고 있는데, 수입물품은 세관에서 수입통관을 마친 후가 아니면 사용할 수 없으며, 수입통관을 하는 때에는 관세 등을 납부(통관 후 납부가 허용되며 납부유예를 받을 수도 있다)하여야 한다.

납부한 관세는 수입품으로 생산한 물품의 수출 또는 수입품의 수출 후 환급을 받게 된다.

나. 관세의 납부방법

수출용 원재료를 수입통관 할 때, 관세 등을 납부하는 방법은 다음과 같이 4가지가 있으며, 개별업체의 특성과 요건구비 여부에 따라 임의 선택할 수 있다.

(1) 통관 전 납부

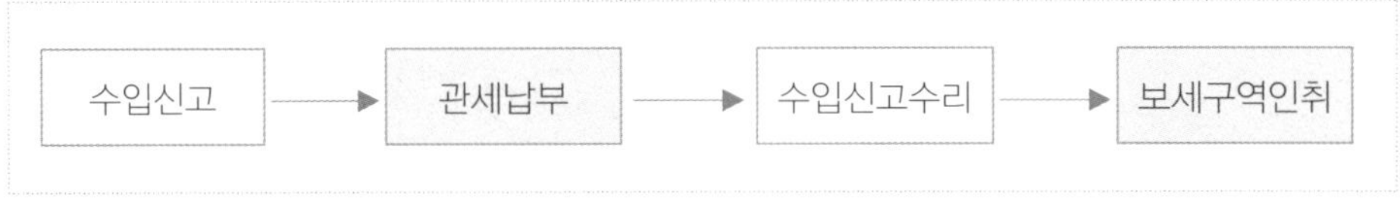

❂ 제도

관세 등을 납부한 후 수입 통관하는 방법이다. 수입물품 자체가 관세채권의 담보물이므로 관세를 납부하지 아니하면 수입통관을 허용하지 않는 것이 가장 일반적이고 고전적인 통관방법이다.

⊛ 적용업체의 요건

관세를 납부한 후 통관하는 것이므로 적용업체 제한이 없다. 다음의 통관 후 납부방법이나 일괄납부방법을 이용하지 아니하는 업체는 모두 이 방법으로 관세 등을 납부하여야 한다.

⊛ 적용이 편리한 업체

수입횟수가 빈번하지 않고 납부세액이 적은 업체에서 이용하면 편리하다. 담보제공특례자 지정이나 담보제공절차에 따른 번잡을 피할 수 있다.

(2) 통관 후 납부

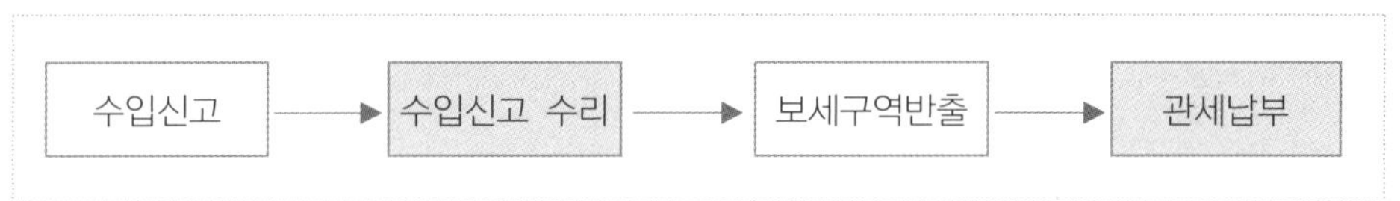

⊛ 제도

수입통관 후 15일 이내에 관세를 납부하는 방법이다. 1997.1.1. 개정 시행된 수입통관절차는 수입물품의 신속한 통관과 유통비용을 절감하기 위하여 수입물품의 흐름과 통관절차를 분리하였으므로 수입통관 후 관세를 납부하는 것이 정상적이다.

⊛ 적용업체 요건

관세법상 수입통관을 할 때 담보제공을 요구하지 않는 것을 원칙으로 하므로 담보고시 제4조에 따른 담보제공대상에 해당되지 않으면 누구나 이용할 수 있다.

담보제공 대상인 경우에도 같은 고시 제5조제2항에 따른 담보제공특례자로 지정된 업체는 담보를 제공하지 않고 이용할 수 있다.

⊛ 적용이 편리한 업체

①수입이 빈번하거나 납부세액이 많은 업체 중 일괄납부를 이용하지 못하는 업체에서 이용하면 편리하다. 원자재 수입에 따른 납부세액보다 환급액이 훨씬 많은 업체에서도 일괄납부를 이용하는 것보다 이 납부방법을 이용하는 것이 편리하다.

②수출용 원재료 중 국내구매 자재의 비중이 큰 업체 등이 이에 해당하며, 일괄 납부제도를 이용하면 즉시 환급 받을 수 없기 때문이다.

(3) 월별납부

❖ 제도

수입자가 수입통관 후 납부기한이 동일한 달에 속하는 납부세액을 매월 말일까지 납부하는 것을 말한다(관세법 제9조제3항, 같은 법 시행령 제1조의5 및 월별납부제도 운영에 관한 고시, 이하 '월납고시'라 한다).

❖ 적용업체 요건

월별납부업체는 사업자등록증 별로 관할지세관의 승인을 받아야 하는바, 지정요건은 다음의 세 요건을 모두 갖추어야 한다(자세한 내용은 월납고시 제3조 참조).

1. 최근 2년간 관세법 위반으로 형사처벌받은 사실이 없는 자
2. 최근 2년간 관세 등의 체납이 없는 자
3. 최근 3년간 수입실적과 납세실적 있는 자 또는 담보제공생략대상자

❖ 월별납부의 방법

매월 관세청 전산시스템에서 일괄적으로 부여한 월별납부서를 작성한다. 납부서는 매월 말일이 납부기한이 되도록 작성된다. (말일이 31일이면 17일, 30일이면 16일, 29일이면 15일, 28일이면 14일에 작성된다.)

❖ 적용이 편리한 업체

수입통관 건수가 많고, 납부기한이 각각 달라 납부기한을 넘기면 가산금을 물게 되는 것을 방지하려는 업체가 이용하면 편리하다.

(4) 일괄납부

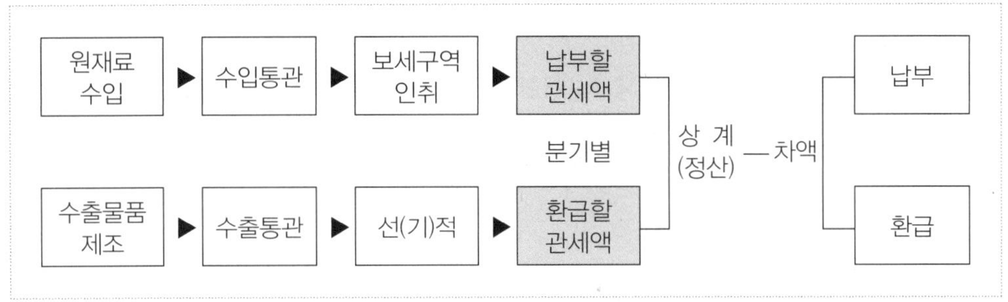

🌐 제도

수출용 원재료의 수입자가 수입할 때 납부할 관세 등을 6개월의 범위에서 대통령령으로 정하는 일정한 기간별로 일괄납부하도록 하는 제도이다. 일괄납부할 관세 등은 해당 기간별 환급액과 상계·정산하여 그 차액을 납부하거나 환급받게 된다. 이는 수출자가 수출용 원재료를 수입할 때 납부하는 관세 등의 자금부담을 완화하기 위하여 도입된 제도이다(환급특례법 제5조제2항 및 제7조).

🌐 적용업체의 요건

담보고시 제4조에 따른 담보제공대상에 해당되지 않으면 누구나 수입신고를 할 때 수입신고필증 ⑨징수형태 란에 일괄납부부호 "33"을 기재하여 수입신고하면 일괄납부신청을 할 수 있다. 담보제공 대상인 경우에도 같은 고시 제5조제2항에 따른 담보제공특례자로 지정된 업체는 담보를 제공하지 않고 이용할 수 있으며, 신용담보업체 요건을 갖춘 업체도 이용할 수 있다. 이 경우 수출실적에는 기납증 상의 공급가격을 포함하고, 환급실적에는 기납증의 양도세액을 포함한다. (환급고시 제81조)

🌐 적용이 편리한 업체

①수입 원재료로 생산한 물품을 주로 국내에서 수출용원자재로 공급하는 업체가 이용하면 환급액이 적거나 없으므로 관세의 납부를 유예하는 효과가 있다.

②수입원재료의 납부관세액이 환급관세액과 비교하여 비슷하거나 환급액보다 많은 업체에서 이용하면 납부세액이 환급액과 상계되므로 관세 등의 납부에 따른 자금 부담이 경감된다.

다. 일괄납부와 정산

(1) 일괄납부 적용대상 물품

수출용 원재료는 모두 일괄납부를 신청할 수 있다. 다만, 다음에 해당하는 물품은 일괄납부를 승인할 수 없다.

① 덤핑방지관세, 상계관세, 보복관세, 계절관세 및 편익관세 적용물품

② 부과고지 대상 물품

③ 수입신고 수리전 반출물품

④ 환급특례법 제19조에 따른 환급을 갈음하여 세율인하가 적용된 물품

(2) 일괄납부 적용대상 세종

①수출용 원재료에 대하여 일괄납부할 수 있는 세금은 세관에서 환급받을 수 있는 세금에 한정된다. 즉, 관세·특별소비세·주세·교통세·교육세 및 농어촌특별세만 일괄납부가 가능하며, 부가가치세는 제외된다.

②부가가치세는 일괄납부적용대상에서 제외되므로 관세를 일괄납부하는 수출용 원재료에 대하여도 수입시에 부가가치세를 납부하여야 한다. (수출 후 세무서에서 환급)

(3) 일괄납부 기간

수출용 원재료를 수입할 때 납부할 관세 등과 수출후 환급받을 관세 등의 금액을 상계하고 정산하는 기간을 일괄납부기간이라 한다. 일괄납부기간은 원재료를 수입통관할 때부터 수출 후 환급할 때까지의 기간을 고려하여 선택하면 된다. 현행 환급특례법령상 일괄납부기간은 다음과 같다.

① 반기(6월): 생산기간이 3월 이상 소요되는 업체

② 4월: 중소기업자. 다만, 중소기업자가 희망하는 경우에는 3월 이내의 기간을 적용할 수 있다.

③ 3월 이내: 그 밖의 자가 수입하는 수출용 원재료에 대한 일괄납부기간은 1월, 2월 또는 3월 중에서 선택하면 된다.

일괄납부의 적용을 신청할 때 일괄납부기간을 선택하면 된다. 하지만. 일단 한번 선택하면 1년이 경과하기 전에는 변경할 수 없으므로 신중히 선택하여야 한다. (환급특례법 시행령 제2조제4항)

(4) 정산

◈ 환급금의 지급보류

일괄납부업체로 지정되면 지정된 날 부터는 관세 환급금의 지급이 보류되며, 이는 일괄납부기간 경과 후 정산용으로 유보된다.

◈ 세관장의 정산결과 통지

납부세액과 환급액의 정산은 세관장을 대신해서 관세청 전산시스템이 하며, 그 결과는 일괄납부기간이 종료되는 날의 다음 달 1일까지 통지된다. 납부세액이 환급액 보다 많을 경우에는 차액을 세관에 납부하고 환급액이 납부세액보다 많을 경우에는 그 차액을 즉시 환급받게 된다.

라. 신용담보업체 지정신청

(1) 의의

①현재는 수입통관을 할 때 무담보 원칙이 적용되므로, 담보를 제공하여야 하는 자만 신용담보제도를 이용하면 된다.

②신용담보업체는 신용으로 담보를 제공하는 것으로, 실질적으로는 담보제공을 면제받는 것이므로 정부로부터 성실업체로 인정된 업체만 이용할 수 있다.

③신용담보업체로 지정을 받으려면 다음의 기준에 적합함을 증명하는 서류를 갖추어 관할세관장에게 제출하여야 한다.

(2) 신용담보업체 지정기준

신용담보업체로 지정을 받기 위해선 다음의 네 요건을 모두 갖추어야 한다. (환급고시 제81조 참조)

① 최근 3년간 관세법 및 환급특례법 위반으로 처벌받은 사실이 없는 자

② 최근 2년간 관세 등을 체납한 사실이 없는 자

③ 최근 3년 이상 계속하여 수출입실적(기납증 공급·매입실적을 포함한다)과 환급실적이 있는 생산자

④ 다음 중 어느 하나에 해당하는 자

   1. 최근 2년간 계속하여 이익이 발생한 업체

2. 한국증권거래소에 일반종목으로 상장된 법인(관리종목 제외)

3. 5년 이상 제조업을 영위한 업체(적자업체 포함)

(3) 지정기준의 확인방법 (담보고시 제12조 참고)

① 제조업체 : 사업자등록증(관할세무서에 전화 조회)

② 5년 이상 제조업을 영위 : 법인등기부등본, 사업자등록증, 세관에서 직접 현장조사 등

③ 이익발생 : 대차대조표, 손익계산서.

④ 수출입실적 및 환급실적 : 세관장이 전산으로 확인. 다만 세관장이 요구하는 경우에는 신청인이 작성.

⑤ 증권거래소 상장법인 : 한국증권거래소장이 발급한 상장법인(종목)확인서 또는 증명서.

(4) 지정신청 시 구비서류

신용담보업체 지정 신청서(환급고시 별지 제34호서식)에 신청인의 지정요건을 증명하는 서류를 갖추어 관할세관장에게 제출하여야 한다. 다만, 다음의 지정요건은 세관에서 확인하게 되므로 별도의 증명서류를 제출하지 아니한다.

① 관세 등 제세의 체납사실의 유무

② 최근 2년 이상 관세범으로 처벌받은 사실의 유무

③ 수출입실적 및 환급실적

(5) 관할 세관

제조장(공장) 소재지의 관할 세관이다. 다만 환급업무를 취급하는 주된 사무소(본사 등)가 있는 업체는 본사 주소지 관할 세관이다.

가. 제도의 개요

부가가치세는 환급특례법상 환급 대상 세금이 아니므로 일괄납부업체인 경우에도 수출용 원재료에 대한 부가가치세를 납부하여야 하나, 2015.12.15. 부가가치세법 개정(제35조 제1항 개정 및 제50조의2 신설)으로 2016.7.1. 이후 중소 또는 중견 수출기업이 수입하는 원재료에 대하여 납부하여야 할 부가가치세를 부가가치세 예정신고, 확정신고 및 조기환급신고 시까지 납부유예를 받았다가 정산할 수 있게 되었다.

《 부가세 납부유예 방안 》

		세관 (수입신고)		세무서 (부가세 신고)
현행	수입	▶ 부가세 납부	▶	부가세 환 급
개정	수입	▶ 부가세납부 유　　예	▶	부가세 정 산

나. 적용업체 요건

부가가치세의 납부유예를 받으려는 업체는 다음의 요건을 모두 충족하여야 한다. (부가가치세법 시행령 제91조의2)

① 중소기업 또는 중견기업별 수출비중 또는 수출액 조건을 충족할 것(관할 세무서장이 요건 확인서를 발급)

　1. 직전 사업연도에 「조세특례제한법 시행령」 제2조에 따른 중소제조기업인 경우에는 직전 사업연도에 공급한 재화 또는 용역의 공급가액의 합계액에서 영세율을 적용받은 재화의 공급가액의 합계액이 차지하는 비율이 30퍼센트 이상이거나 수출액이 100억원 이상일 것

　2. 직전 사업연도에 「조세특례제한법 시행령」 제10조제1항에 따른 중견기업에 해당

하는 법인(「조세특례제한법」 제6조제3항제2호에 따른 제조업을 주된 사업으로 경영하는 기업에 한정한다)인 경우에는 직전 사업연도에 공급한 재화 또는 용역의 공급가액의 합계액에서 영세율을 적용받은 재화의 공급가액의 합계액이 차지하는 비율이 50퍼센트 이상일 것

② 그 밖에 다음의 조건을 모두 충족할 것(관할 세관장이 요건 심사)

1. 최근 3년간 계속하여 사업을 경영하였을 것
2. 최근 2년간 국세(관세를 포함한다. 이하 이 조에서 같다)를 체납한 사실이 없을 것
3. 최근 3년간 「조세범처벌법」 또는 관세법 위반으로 처벌받은 사실이 없을 것
4. 최근 2년간 부가가치세법 제50조의2제3항에 따라 납부유예가 취소된 사실이 없을 것

다. 납부유예 적용절차

《 납부유예 적용절차 》

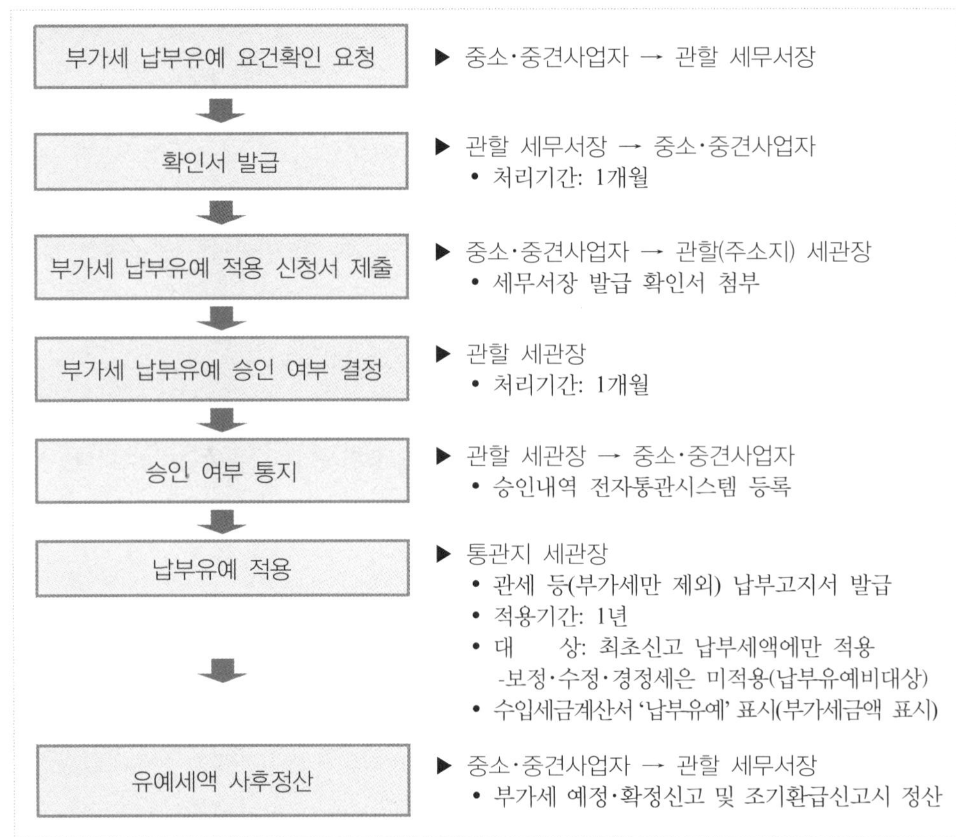

부가가치세의 납부유예를 받으려는 자는 각 사업자의 사업자등록번호별로 납부유예의 신청을 하여야 하는데,

①신청에 필요한 서류는

- 「재화의 수입에 대한 부가가치세 납부유예 적용 신청서(부가가치세법 시행규칙 별지 제33호의3 서식)」를 작성한 후

②관할 세무서장으로부터 발급받은

- 「재화의 수입에 대한 부가가치세 납부유예 요건 확인서(부가가치세법 시행규칙 별지 제33호의2 서식. 발급근거 규정은 부가가치세법 시행령 제91조의2제4항)」를 첨부하여 관할 세관장에게 신청서를 제출하면 된다.

③이때 관할 세관장은 사업자의 사업장 소재지를 관할하는 세관장을 말하며, 관할구역은 「관세청과 그 소속기관 직제 시행규칙」 별표1을 따르므로, 환급특례법상 관할지 세관장이 아님에 유의한다.

④납부유예 적용신청을 받은 관할 세관장은 신청일로부터 1개월 이내에 세무서장이 발급한

- "재화의 수입에 대한 부가가치세 납부유예 요건 확인서"와
- 사업기간, 체납 여부, 범칙 여부, 납부유예 취소 여부

등을 확인하고 심사한 후 모든 요건을 충족하면 납부유예 중소·중견 사업자로 승인을 한다. 이 경우 납부유예 중소·중견 사업자의 승인 유효기간은 1년이다.

⑤부가가치세의 납부가 유예되면, 세관장은 수입계산서의 비고란에 부가가치세 납부유예를 표시하여 수입세금계산서를 발급한다.

재화의 수입에 대한 부가가치세 납부유예 적용 신청서

접수번호		접수일자			처리기간	1개월 이내

1. 신청인	① 법인명		② 사업자등록번호	
	③ 대표자명		④ 생년월일	
	⑤ 사업장주소			
	⑥ 전화번호		⑦ 전자우편 주소	

2. 납부유예 적용요건 충족 여부

적용 요건	충족여부
⑧ 확인 요청일 현재 최근 2년간 관세를 체납한 사실이 없을 것	[ ]충족, [ ]미충족
⑨ 확인 요청일 현재 최근 3년간 「관세법」 위반으로 처벌받은 사실이 없을 것	[ ]충족, [ ]미충족
⑩ 중소기업 또는 중견기업 해당 여부 등 그 밖의 요건 충족 여부	[ ]충족, [ ]미충족

3. 납부유예를 받으려는 기간(1년)	년 월 일부터 년 월 일까지

「부가가치세법 시행령」 제91조의2제5항에 따라 재화의 수입에 대한 부가가치세 납부의 유예를 받기 위하여 위와 같이 신청합니다.

년   월   일

신청인   (서명 또는 인)

세관장   귀하

첨부서류	재화의 수입에 대한 부가가치세 납부유예 요건 확인(요청)서(부가가치세법 시행규칙 별지 제33호의2서식)	수수료 없음

재화의 수입에 대한 부가가치세 납부유예 요건 확인(요청)서

관리번호		처리기간	1개월 이내

<table>
<tr><td rowspan="6">1.
수출사업자</td><td>① 법인명</td><td>② 사업자등록번호</td></tr>
<tr><td>③ 대표자명</td><td>④ 생년월일</td></tr>
<tr><td colspan="2">⑤ 사업장주소</td></tr>
<tr><td>⑥ 전화번호</td><td>⑦ 전자우편 주소</td></tr>
</table>

2. 납부유예 적용요건 충족 여부

적용 요건	충족여부
⑧ 직전 사업연도에 「조세특례제한법 시행령」 제2조에 따른 중소기업 또는 같은 영 제10조제1항에 따른 중견기업에 해당하는 법인(「조세특례제한법」제6조제3항제2호에 따른 제조업을 주된 사업으로 경영하는 기업에 한정한다)일 것	[ ]충족, [ ]미충족
⑨ 직전 사업연도에 「부가가치세법」 제21조에 따라 영세율을 적용받은 재화의 공급가액의 합계액(수출액)이 다음의 어느 하나에 해당할 것 가. 중소기업인 경우 : 직전 사업연도에 공급한 재화 또는 용역의 공급가액의 합계액 중 수출액이 차지하는 비율이 30퍼센트 이상이거나 수출액이 100억원 이상일 것 나. 중견기업인 경우 : 직전 사업연도에 공급한 재화 또는 용역의 공급가액의 합계액 중 수출액이 차지하는 비율이 50퍼센트 이상일 것	[ ]충족, [ ]미충족
⑩ 확인 요청일 현재 최근 3년간 계속하여 사업을 경영하였을 것	[ ]충족, [ ]미충족
⑪ 확인 요청일 현재 최근 2년간 국세를 체납한 사실이 없을 것	[ ]충족, [ ]미충족
⑫ 확인 요청일 현재 최근 3년간 「조세범처벌법」 위반으로 처벌받은 사실이 없을 것	[ ]충족, [ ]미충족

「부가가치세법 시행령」 제91조의2제3항 및 제4항에 따라 위의 재화의 수입에 대한 부가가치세 납부유예 요건을 충족함을 확인(요청)합니다.

년   월   일

신청인 (서명 또는 인)

세무서장 귀하

첨부서류	없 음	수수료 없음

라. 납부유예의 승인 취소

관할 세관장은 납부유예 중소·중견사업자가 승인 유예기간 중 다음의 사유가 발생하면 승인을 취소한다. 다만, 납부유예 취소가 있더라도 납부유예 취소 이전에 해당 중소·중견사업자가 납부유예 받은 부가가치세는 납부유예를 그대로 인정한다.

① 납부유예를 승인받은 중소·중견사업자가 다음 사실을 관세청장, 국세청장, 지방국세청장, 세무서장으로부터 통보받아 알게 된 경우
1. 해당 중소·중견사업자가 국세를 체납한 경우
2. 해당 중소·중견사업자가 「조세범처벌법」 위반으로 국세청장·지방국세청장·세무서장으로부터 고발된 경우
3. 적용업체 요건을 충족하지 아니한 중소·중견사업자에게 '재화의 수입에 대한 부가가치세 납부유예 요건 확인서'가 발급된 경우

② 해당 중소·중견사업자가 관세를 체납한 경우
③ 해당 중소·중견사업자가 관세법 위반으로 관세청장·세관장으로부터 고발된 경우
④ 적용업체 요건을 충족하지 아니한 중소·중견사업자에게 납부유예를 승인한 사실을 관할 세관장이 알게 된 경우

3　수입통관과 관세환급

가. 수입의 종류와 관세환급

(1) 수출용과 내수용

우리나라는 수입물품의 용도를 내수용과 수출용으로 구분하여 과거에는 수출용으로 사용하는 물품에 대해서는 차별적인 지원을 많이 했으나, 지금은 신고의 구분 역할만 하고 있다.

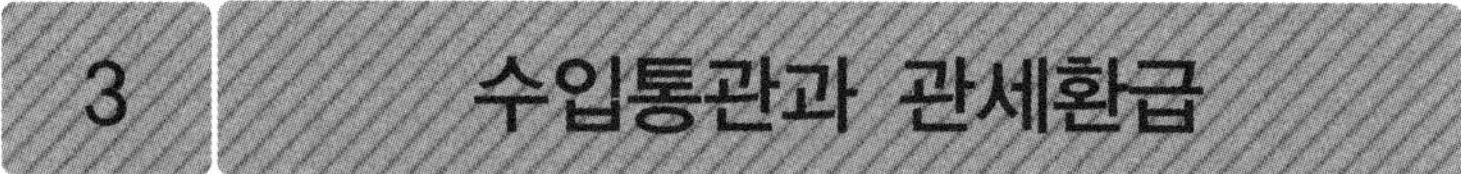

※ 보세공장, 보세판매장, 수출자유지역 수입물품과 우편물품 및 해외진출기업에서 제작된 물품은 부호를 따로 부여하고 있음

(2) 수출용 원재료의 혜택

하지만, 수출물품 생산에 사용되는 물품에 대하여 추천기관의 추천을 받으면, 「세계무역기구협정 등에 의한 양허관세 규정」 별표 1의 나에 열거된 농림수축산물 등과 「관세법 제68조에 따른 특별긴급관세 부과에 관한 규칙」 별표 1, 2에 열거된 농림수축산물 등에 적용되는 높은 관세율과 낮은 관세율 중 낮은 관세율이 적용되어 기업부담 해소에 많은 도움이 된다.

나. 원재료의 수입통관과 관세환급

(1) 원재료의 품명·규격 및 수량의 표시

① 수입신고필증에 원재료의 품명·규격·수량이 누락되지 않도록 표시하여야 한다.

② 필수규격이 누락되지 않도록 유의하여야 한다. 환급신청하는 수입신고필증 등에 반드시 표시되어야 할 규격을 필수규격이라 한다. 이 필수규격은 수입신고필증에 누락될 경우, 관세환급이 불가능하다.

> [예시] • 석면과 원면 등의 등급
> • 황산과 석고 등의 순도
> • 직물 원단의 폭, 길이, 섬도, 표백여부, 원사별 굵기, 혼용비율

(2) 환급제한 물품

덤핑방지관세 등이 부과되는 물품은 수출용 원재료로 사용하더라도 납부세액 전부를 환급받을 수 없게 되어 있으므로, 이러한 원재료는 수입하지 않도록 유의하여야 한다. (환급특례법 제17조)

1 수출통관과 관세환급

가. 수출통관의 의의

부존자원이 빈약한 우리나라는 외화를 획득하려면 생산한 물품을 외국으로 수출하여야 하며, 국내시장의 규모가 작아 규모의 경제를 실현하려면 수출하지 않을 수 없다.

수출통관이 되지 않으면 수출물품은 외국으로 반출(선적 또는 기적)할 수 없고, 수출물품에 대한 대금결제를 받을 수 없으며, 관세환급도 불가능해진다.

수출신고필증은 수출한 물품의 품명·규격·수량 등을 증명하는 서류이므로 물품이 수출되고 난 후의 수출사항은 오직 수출신고필증에 의하여 증명할 수 있을 뿐이다.

나. 수출통관의 종류

(1) 유상수출과 관세환급

유상수출이란 외국 수입자와 매매계약을 체결한 후 국내에서 생산하였거나 외국에서 수입한 물품을 수출하면서 그 수출물품에 대한 대가를 받고 수출하는 것을 말하는데, 유상수출은 모두 환급 대상에 해당한다.

신용장번호, 결재금액 및 결재방법 등을 수출신고필증에 바르게 기재하여 유상수출임을 증명하여야 관세환급이 가능하다.

(2) 무상수출 통관과 관세환급

대부분의 경우 무상수출은 환급 대상 수출에 해당하지 아니하며, 일부분의 경우에만 환급 대상이 되므로 환급신청 시에 입증자료를 제출하도록 운용하고 있으며, 그 중 일부는 수출신고필증의 거래 구분란에 의하여 확인하기도 한다(예 : 견본품수출과 대체수출 등).

그러므로 무상수출 통관 시에는 관세환급을 받을 수 있는 물품인지를 먼저 확인하고 환급 대상인 경우에는 증명방법을 확인한 후 수출신고하여야 나중에 환급을 받지 못하는 불상사를 방지할 수 있다.

다. 수출신고 시 유의사항

(1) 수출물품 품목번호(HSK)의 정확한 분류

간이정액환급률표를 적용하여 환급신청하는 때에는 수출물품의 품목번호에 따라 환급액이 달라지게 되므로 정확하게 품목번호를 분류하여야 한다.

(2) 수출물품의 품명·규격·수량의 정확한 기재

관세환급은 수출물품이 외국으로 반출된 후에 신청하는 것이므로 수출물품의 품명·규격·수량은 수출신고필증에 의하여 확인할 수밖에 없다.

수출물품의 품명·규격·수량이 사실과 달리 기재된 경우에는 소요량계산서의 발급과 수입신고필증 등 실제 소요원재료와의 규격이 달라져 관세환급에 큰 지장을 초래하게 된다.

(3) 환급신청인 표시

수출신고서의 ㉖환급신청인 란에 표시하여 신고한다. 환급신청인은 수출신고필증 상의 수출자와 생산자가 합의하여 결정한다.

(4) 거래 구분 표시

수출신고서 ⑩거래 구분 란에 다음 중 어느 하나에 해당하는 수출물품의 형태를 표시하는 부호를 기재하여야 한다.

이 부호는 개별환급을 신청할 때 첨부하는 수입신고필증 등과 관련이 있으므로 기재에 유의하여야 한다.

부호	거래 구분
11	• 일반형태 수출(국내에서 제조하여 수출)
21	• 국내 외국인 투자업체가 외국으로부터 수탁받아 가공 후 수출
22	• 그 밖의 일반업체가 수탁받아 가공 후 수출
29	• 위탁가공(국외가공)을 위한 원자재 수출(현지공장 등)
31	• 위탁판매를 위한 물품의 수출
69	• 산업설비
72	• 외국물품을 수입통관 후 원상태로 수출
79	• 중계무역 수출
85	• 외국에서 개최되는 전시회, 박람회 등에 참가하기 위하여 무상으로 반출하는 물품
90	• 수출된 물품이 계약조건과 상이하여 부득이한 사유로 인한 대체품
92	• 무상으로 반출하는 상품의 견품 및 광고용품

2 사용된 원재료의 표시

가. 의의

①수출물품을 구성하고 있는 원재료의 종류와 양을 수출신고필증 등에 표시하는 것을 소요원재료 표시라 한다. 이를 통상 영어로 "Material"이라고 부른다. 수출신고필증 등에는 수출물품 등의 품명과 규격을 기재하는 것이며, 수출물품을 구성하는 원재료의 종류와 양을 표시하지 않음이 원칙이고, 수출물품 제조에 소요된 원재료의 종류와 양은 소요량계산서에 표시함이 정상적이다.

②그러나 수출물품에 따라서는 수출할 때마다 소요원재료의 종류와 수량이 달라 이를 수출신고 시에 신고하지 않고는 수출물품 제조에 소요된 원재료의 종류와 양을 확인할 수 없는 경우가 있어, 부득이 이를 수출신고서에 기재하도록 하고 있다.

③예를 들어 의류를 수출하는 경우, 수출신고서에 의류의 규격을 아무리 자세히 표시하여도 수출신고필증으로 소요원재료(원단 등)의 종류와 사용량을 확인할 수 없다. 이는 원단 등의 종류와 사용량은 의류의 패션에 따라 수시로 달라지기 때문이다.

④수출신고 시에 소요원재료의 표시가 필요한 물품과 표시사항 및 방법 등을 검토해 보면 다음과 같다.

나. 소요량 계산방법과 소요원재료 표시

소요원재료 표시는 수출물품 제조에 소요된 원재료의 종류와 양을 산출하기 위한 것이
므로 소요량 계산방법과 밀접한 관련이 있다.

(1) 단위실량 산정방법을 적용하는 경우

단위실량을 수출신고 시에 반드시 신고하여야 한다. 손모량은 소요량에 포함되지 않도
록 유의하여야 한다. 이 경우에는 수출신고서 상의 단위실량에 수출물품 수량을 곱하면
소요량이 산출된다.

(2) 단위설계소요량산정방법을 적용하는 경우

①소요원재료를 표시해야 하는 섬유제품 등의 수출물품에는 대부분 단위설계소요량 산
정방법을 이용하는 경향이 있다. 이 경우에는 단위설계소요량을 단위실량으로 신고하지
아니하도록 유의하여야 한다. 단위설계소요량에는 손모량이 포함되어 있기 때문이다.

②이 경우 소요량은 단위실량에 불구하고 단위설계소요량에 수출물품의 수량을 곱하여
산출한다. 이 방법에 있어 소요원재료 표시는 어느 단위설계소요량을 적용할 것인가를 확
인시켜 주는 역할을 하게 된다.

(3) 기타 산정방법을 적용하는 경우

기타 방법에 의한 소요량 산정방법을 적용하는 때에도 소요원재료 표시는 수출물품을
구분해서 확인시켜 주는 역할을 함은 단위설계소요량 산정방법과 같다.

다. 소요원재료 표시대상 수출품목

수출신고필증 등에 소요원재료를 표시하여야 하는 물품인지 여부는 수출할 때마다 수출
물품 1단위당 소요원재료의 종류와 양이 일정한지 여부로 확인할 수 있다. 수출할 때마다
일정하다면 수출신고서에 이를 표시할 필요가 없으며, 그렇지 아니한 때에는 소요원재료
표시를 하여야 한다.

(1) 소요원재료 표시품목의 예

① 의류(섬유 또는 가죽)
② 모자류

③ 신발류(섬유 또는 가죽)

④ 그 밖에 장갑류, 접착테이프, 인형류 및 수출물품 제조과정에서 대체사용이 가능한
원재료를 사용하는 수출물품

(2) 소요원재료 표시가 불필요한 품목

위에서 살펴본 바와 같이 소요원재료 표시를 요구하고 있는 품목을 제외한 나머지 수출
물품은 수출신고필증에 소요원재료 표시를 할 필요가 없다.

① 화공약품류	② 원사류	③ 직물류
④ 전기제품류	⑤ 기계류	⑥ 금속제품류 등

다만, 위의 물품도 경우에 따라서는 소요원재료를 수출신고필증에 표시해야 하는 경우
가 있음을 유의하여야 한다.

7장

관세환급 참고사항

<table><tr><td>1절</td><td>환급특례법상 서면관리</td></tr></table>

1   실물관리에 대응하는 개념 : 서면관리

환급전문가들은 현행 환급특례법상 환급제도가 "서면관리" 원칙에 따라 운영되고 있으며 서면관리원칙에 따라 환급제도가 집행되어야 한다고 역설하고 있는데, 서면관리란 "실물관리"에 대응하는 개념이다.

1974.12.12. 환급특례법이 제정되기 전에는 1961.4.10. 신설된 「관세법」(법률 제600호) 제33조의2와 계속 일부 개정(법률 제664호, 법률 제1461호, 법률 제1688호)된 같은 조 및 1967.11.29. 전부 개정된 「관세법」(법률 제1976호) 제32조에 근거하여 수출물품을 제조하는데 사용되는 원재료에 대한 사전면세제도와 환급제도가 운용되었다.

> ❧ 관세법(법률 제1976호, 1967.11.29. 전부 개정)
>
> 제32조(수출용 원자재 등의 면제 및 환급) ① 수출물품을 제조·가공하기 위한 원재료 또는 재무부령으로 정하는 바에 따라 국내에서 외화로 판매하는 물품이나 이를 제조·가공하기 위한 원재료와 외화를 받는 공사에 공하는 물품은 그 수입면허일로부터 1년내에 당해 수출·판매 또는 공사에 공할 것을 요건으로 그 관세를 면제한다.
>
> ② 관세를 납부한 물품을 전항에 규정한 용도에 공하였을 때(保稅作業을 거쳐 製造·加工한 경우를 包含한다. 이하 같다)에는 그 날에 시행되는 법령에 의하여 이미 관세를 납부한 물품과 동종·동질 및 동량의 물품에 부과되는 관세액을 환급한다. 이 경우에 환급의 기준이 될 과세가격의 산출방법은 재무부령으로 정한다.
>
> ③ (생략)
>
> ④ 제2항의 규정에 의하여 관세의 환급을 받을 수 있는 날로부터 1년내에 이미 관세를 납부한 물품과 동종·동질의 물품이 수입될 때에는 관세의 환급에 가름하여 그 물품과 동일한 수량을 한도로 그 관세를 면제한다. <이하 생략>

「관세법」 제32조에 따른 사전면세 및 환급제도는, 원재료의 수입 시에 수출용과 내수용을 구분하여 내수용은 과세하고 수출용은 면세하되, 면세받은 원재료로 제조된 물품이 수출되는지를 실물로 확인하였기 때문에 "실물관리"원칙에 따라 수출용 원재료를 관리한다고 하였다.

반면, 1975년부터 시행된 환급특례법에 따른 환급제도는, 관세를 납부한 수출용 원재료가 수출물품 제조에 사용되었는지를 실물로 관리하는 것이 아니라 수출물품 생산에 사용된 해당 수출용 원재료 인지 여부를 환급신청서에 기재된 내용에 기초하여 수출신고필증, 원재료수불대장, 수출물품수불대장, 소요량계산서 등의 서면으로 입증하도록 하였기 때문에 "서면관리"라고 하는 것이며, 환급신청인은 수출입신고필증 등 서면으로 입증된 수출용 원재료의 납부관세에 대하여 환급신청할 수 있다.

그런데, "서면관리"라고 해서, 수출물품 생산에 사용될 가능성이 있는 모든 원재료 중 환급신청인이 임의선택한 원재료의 납부관세에 대하여 환급신청할 수 있는 것이 아니다.

수출물품이 원상태 수출물품인지 또는 국내 생산물품인지 여부, 원재료가 환급신청에 사용할 수 있는지 여부 등에 대한 사실들이 환급특례법 제14조제1항 및 환급특례법 시행령 제18조에 따른 수출신고필증, 반입확인서, 소요량계산서, 수입신고필증, 원재료수불대장과 수출물품수불대장 등의 서류로 입증되어야 환급신청인은 해당 원재료의 납부관세에 대하여 환급신청할 수 있다.

수출물품이 수입한 상태 그대로 수출하는 물품인지 또는 수입원재료를 사용하여 국내에서 생산한 물품인지 여부는 수출신고필증이라는 서류의 거래 구분으로 확인되어야 한다.

그리고, 환급신청인은 수입원재료를 사용하여 생산된 물품에 대해서는 환급특례법 제10조에 따라 소요량을 계산하여 환급 신청하여야 하는데 그러한 실무적인 절차와 방법은 환급특례법 시행령 제11조 및 그에 근거한 「소요량의 산정 및 관리와 심사에 관한 고시」를 따라야 하며, 수입한 상태 그대로 수출하는 물품에 대해서는 환급특례법 제9조에 따라 수출물품에 해당하는 수입신고필증으로 환급신청하여야 한다.

서면관리에 대한 몇 가지 질의회신 사례를 소개하면 다음과 같다.

첫 번째, 품목번호(HSK) 2711.13-0000에 해당하는 국산부탄과 수입부탄을 혼합하였다가 수출하는 경우,

수출자가 수출신고서에 수출거래 구분 "72"(원상태 수출)를 기재하고 수입부탄을 수출한 다는 사실을 입증할 수입신고필증 번호를 수출신고서에 기재하였다면 환급신청 시 원상태 수출을 입증하는 수출신고필증에 기재된 원재료의 납부관세를 환급신청하는 것이 가능하다고 질의회신 한 사례가 있다. (관세청 심사정책47130-332호, 2003.4.21.),

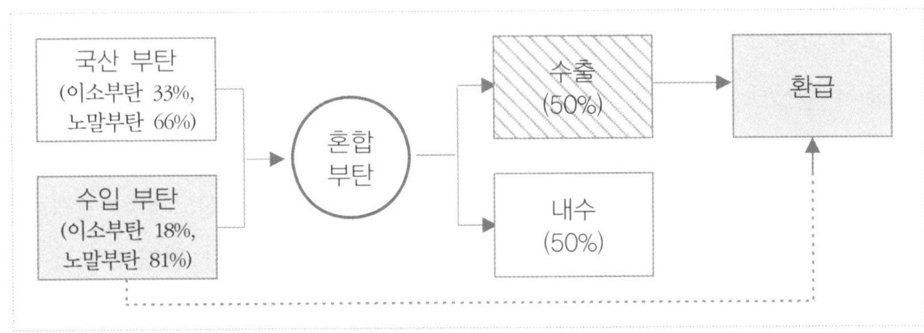

✒ 관세환급관리 및 동일원재료 운영지침 시달 (심사정책47130-332호, 2003.4.21.)

1. 관세환급은 수출물품을 생산하는데 실제 사용된 당해 원재료를 실물로 확인하여 그 원재료를 수입할 때 납부한 관세 등을 환급하는 것(실물관리)이 아니라,

　가. 수출물품을 생산하는데 소요되는 수출용 원재료에 해당되고, 환급특례법 제9조 및 같은 법 시행령 제9조에서 정한 수출이행기간 이내의 것이면 수출신고필증, 소요량계산서, 수입신고필증 등 관련 서류에 의하여 소요원재료를 수입할 때 납부한 관세 등을 환급하는 것(서면관리)이므로,

　나. 서면에 의한 관세환급관리는 제조·가공 수출뿐만 아니라 원상태 수출의 경우에도 적용되는 것임

두 번째로 수출자는 국산 K베어링(HSK 8482.10-0000)을 구매하여 수출하는 외에 K베어링과 대체사용이 가능한 동일규격의 S베어링을 외국으로부터 수입하여 국내 판매하고 있으나, 수출신고서에 수출거래 구분 "72"(원상태 수출)를 기재하고 수입 S베어링을 수출한

다는 사실을 입증하는 수입신고필증 번호를 수출신고서에 기재하였다면,

환급신청 시 원상태 수출을 인정하여 수출신고필증에 기재된 수입신고필증 상 원재료의 납부관세를 환급신청하는 것이 가능하다고 질의회신 한 사례가 있다. (관세청 심사환급과 -3682호, 2004.11.23.)

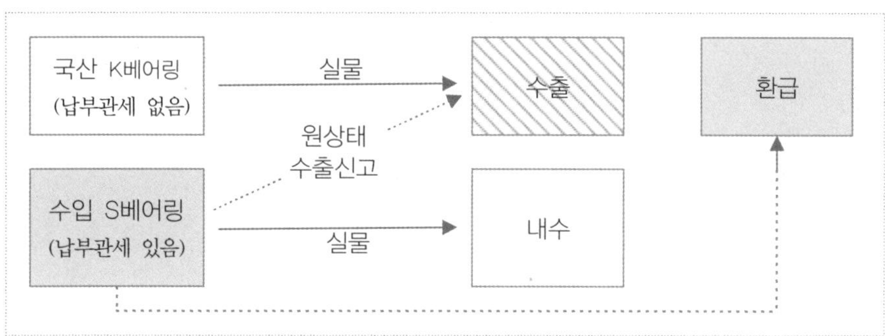

> 🔖 환급 대상 해당여부 질의 회신 (심사환급과-3682호, 2004.11.23.)
> - 관세환급에 있어서 "동일원재료"라 함은 물리적·화학적 구성성분에 차이가 있다 하더라도 판매자와 구매자가 상거래상 동일물품(동일규격·등급)으로 생각하여 같은 조건에서 동일한 가격으로 거래하고, 업체가 원재료 재고관리시에 동일물품으로 생각하여 서로 구분·관리하지 않으며, 수출물품의 생산과정에서 상호 대체사용이 가능한 경우를 말하는 것으로 원상태 수출의 경우에도 적용되는 것임("관세환급관리 및 동일원재료 운용지침" 심사정책47130-332, 2003.4.21. 참조)
> - 따라서, 위 요건에 해당되는 경우에는 수출신고필증 상에 기재된 수입신고필증에 해당되는 당해 물품이 아니더라도 동일품명, 동일규격의 상호 대체사용이 가능한 물품이 수출된 경우라면 원상태 수출에 의한 관세환급이 가능함
> - 질의 물품인 KBC베어링과 SKF베어링이 환급특례법상 "동일원재료"로 인정될 수 있는지 여부는 세관장이 위 지침에 해당되는 물품인지 사실 판단후 처리할 것. 끝.

이는 환급특례법상 환급제도가 수출신고필증, 수입신고필증, 소요량계산서, 원재료수불대장, 수출물품수출대장 등 서류에 의한 확인을 원칙으로 하고 있기 때문에, 수출신고필증에 기재된 수출거래 구분과 수입신고필증 번호로 확인되는 원재료에 대한 납부관세를 환급한다는 것이다.

한편 이러한 서류에 의한 환급원칙은 국내 생산물품을 수출하는 경우에도 적용되는데, 수입한 상태 그대로 수출하는 물품임에도 수출자가 수출신고서에 국내 생산물품에 해당하는 수출거래 구분 "11"(일반형태 수출) 등을 기재하였다면 서류에 기재된 내용에 맞추어

환급신청 시 해당 수출물품 제조·가공에 소요된 원재료를 계산하여 환급신청하여야 한다.

물론 환급특례법상 환급제도는 서류에 기초하여 운영되므로, 수출신고필증의 수출거래 구분을 당초 신고한 "11"(일반형태 수출)에서 "72"(원상태 수출) 정정하면 수출물품과 동일한 물품의 수입신고필증으로 환급신청할 수 있다.

1 환급특례법과 세관 절차의 간소화 등

- 조화에 관한 국제협약 개정 의정서(개정 교토협약) -

(1) 환급특례법상 국산 원재료와 수입원재료의 대체

환급이란 생산자가 원재료를 수입할 때 관세 등을 납부하고 그 원재료를 사용하여 제조한 물품을 수출한 경우 수출신고수리일이 속하는 달의 말일부터 소급하여 2년 이내에 수입된 수출용 원재료에 대한 관세 등을 환급하는 것이다.

> 🔖 환급특례법(법률 제2675호, 1974.12.12.)
>
> 제6조(관세 등의 환급) ① 수입한 때에 관세 등을 납부한 물품이 수출등에 공하여진 경우에는 관세법·임시수입부가세법과 내국소비세법(이하 "관세법등"이라 한다)의 규정에 불구하고 다음 각호의 1에 해당하는 방법에 의하여 관세 등을 환급한다.
>
> 　2. 개별환급을 하는 경우에는 수입원재료를 수입한 때에 납부한 세액의 범위 안에서 재무부령이 정하는 금액을 관세청장이 정하는 바에 따라 환급한다.
>
> 🔖 환급특례법(법률 제3747호, 1984.8.7.)
>
> 제5조(관세 등의 환급) ① 물품이 수출등에 제공된 때에는 그 날로부터 소급하여 1년 6월의 범위안에서 대통령령이 정하는 기간내에 수입된 당해 물품의 수출용 원재료에 대한 관세 등을 대통령령이 정하는 바에 의하여 환급한다.
>
> 🔖 환급특례법(법률 제5197호, 1996.12.30.)
>
> 제9조(관세 등의 환급) ① 세관장은 물품이 수출등에 제공된 때에는 대통령령이 정하는 날부터 소급하여 2년 이내에 수입된 당해 물품의 수출용 원재료에 대한 관세 등을 환급한다.

환급특례법은 수출업체에 대한 특혜규정이라고 볼 수 있으므로 엄격하게 해석하여야 공평원칙에 부합한다. 따라서 엄격해석원칙에 따라, 수출물품의 생산에 실제 사용된 원재료를 실물 추적하여 해당 관세 등을 환급하여야 한다.

하지만, 환급특례법에는 원재료의 실물관리에 대한 규정을 두지 않았으므로, 수출물품에 사용된 원재료인지 여부는 원재료 수불대장과 수출물품 수불대장을 통하여 서류로 확인하게 되었고(이를 '서면관리'라 한다), 서류가 일치하지 않는 경우 수출물품 생산에 사용된 해당 원재료가 아니라는 이유로 추징을 하는 것이 정당한지가 수시로 논란이 되었다.

이러한 때에 수입원재료와 동일한 질과 특성을 가진 국산 원재료를 사용하여 수출물품을 생산하여 수출하는 경우, 해당 국산 원재료를 대체하여 수입원재료의 관세를 환급받더라도 수출보조금에 해당되지 않는다는 1995년 발효된 마라케쉬협정의 부속 협정인 "보조금 및 상계조치에 관한 협정"의 규정을 근거로 국산 원재료의 대체를 허용하는 규정을 환급특례법에 신설하게 된다.

이전	개정(법률 제5197호, '96.12.30)	개정이유
〈신설〉	제3조(환급 대상 원재료) ① (생 략) 　② 국내에서 생산된 원재료와 수입된 원재료가 동일한 질과 특성을 가지고 상호 대체사용이 가능하여 수출물품의 생산과정에서 이를 구분하지 아니하고 사용되는 경우에는 수출용 원재료가 사용된 것으로 본다.	○국산 원재료와 수입원재료가 동종동질인 경우 대체성을 인정하여 수출용 원재료와 관련한 논란의 소지를 없애기 위함 ※WTO 보조금협정 부속서의 "수출보조금 예시목록" 및 부속서 3의 "수출보조금으로서의 대체환급제도 판정 지침"을 참고함

(2) 환급특례법 제3조제2항

당시 개정이유에 따라, 국산 원재료와 수입원재료가 동일한 질과 특성을 갖고 있는 경우에는 이들 원재료 간 대체가 인정되었으며, 수출물품을 생산하는 데에 국산 원재료를 사용하였더라도 국산 원재료와 대체되는 수입원재료에 대한 환급을 허용하였다.

해당 규정은 국산 원재료와 수입원재료 간 대체사용을 허용하는 것이었지만, 실무적으로는 동일한 질과 특성을 가진 수입원재료 간의 대체사용에도 적용되어 서류에 의한 환급 원칙을 어떻게 적용하여야 할지에 대한 논란이 종식되었고, 수출물품 생산과정에서 여러 원재료를 구분하지 않고 사용되는 경우라면 그러한 대체사용이 가능한 원재료들 중 어느 원재료의 수입신고필증으로 환급신청을 하더라도 정당한 환급신청인 것으로 인정되었다.

이와 관련하여 유념해야 할 것은 환급특례법 제3조제2항 신설 이유에 따르면 ①동일한 질과 ②동일한 특성이 있으면 원재료 간 대체가 인정되었고, 후술되는 "상호대체사용이 가능하여 수출물품의 생산과정에 이를 구분하지 아니하고 사용되는"이라는 규정은 동일한 질과 특성에 대한 판단 기준으로 보았던 것 같다.

하지만, 지금은 문리해석에 따라 위 ①, ②의 요건 외에 ③수출물품 생산과정에 구분하여 사용하였는지 여부가 대체성 인정요건이 되고 있다.

(3) 개정 교토협약: 대체가능 원재료의 기준

수출물품에 사용된 수입원재료의 납부 관세 등에 대하여 환급하는 규정은 우리나라 외에도 많은 국가가 관세법 등에 규정하고 있는데, 대체가능 원재료에 대한 국제적 기준은 개정 교토협약을 따른다.

개정 교토협약 특별부속서 F 제3장(환급) 정의 E3./F1에 "동등물품이란 환급절차에서 대체되는 물품과 ①성상, ②품질 및 ③기술적 특성이 동일한 내국 또는 수입물품을 말한다(equivalent goods means domestic or imported goods identical in description, quality and technical characteristics to those under the drawback procedure which they replace)"라고 규정하고 있는데, 이 규정이 대체가능 원재료에 대한 국제적 기준이 된다.

즉, 국제적 기준은 우리나라의 대체가능 원재료 요건 중 ①동일한 질과 ②동일한 특성 외에 ③동일한 성상(description)의 요건을 추가하고 있다. 유념할 것은 국제적 기준은 현재 환급 특례법상 대체가능 원재료 해석의 기준이 되는 "수출물품 생산과정에서 구분"하였는지 여부를 요건으로 규정하지 않았다는 것이다.

(4) 대체가능 원재료에 대한 관세청장 지침(2017.6.30. 폐지)

개정 교토협약의 발효 시기에 즈음하여 관세청장은 「동일원재료지침(심사정책 47130-332, 2003.4.21)」을 시달하여 수입원재료 간 대체가 되는 「동일원재료」를 어디까지로 볼 수 있는지를 분명히 한다.

> 📓 동일원재료지침(심사정책47130-332호, 2003.4.21.)
>
> 2. 관세환급에 있어서 "동일원재료"라 함은 물리적·화학적 구성성분이 반드시 동일하다는 것이 아니고 그 성분에 다소 차이가 있다고 하더라도
>
> 　가. 판매자와 구매자가 상거래상 동일물품(동일 규격·등급)으로 생각하여 같은 조건에서 동일한 가격으로 거래하고,
>
> 　나. 업체가 원재료 재고관리 시에 동일물품으로 생각하여 서로 구분하여 보관·관리하지 않으며, 수출물품의 생산과정에서 상호 대체사용이 가능한 경우를 말하는 것임

하지만, 지침만을 놓고 봤을 때 위 지침 중 "상(商)거래상 동일규격으로 생각"한다는 문구와 "동일한 가격으로 거래"한다는 문구 때문에 과연 지침에 꼭 맞는 동일 원재료가 있을

수 있을까 하는 의문이 들 수도 있다. 그렇지만 지금까지 세관장은 그 문구를 다소 유연하게 적용하여 무리한 추징을 피해왔으며, 관세청 또한 다음과 같이 질의 회신한 사례가 있다.

2　대체가능 원재료로 인정된 사례

(1) HSK 10단위가 동일한 경우만 대체 허용

- (심사정책 47130-471, 2001.6.22)

본건은 수출물품인 아디핀산(Adipic acid)을 생산할 때

① KA Oil (HSK3824.90-9090, 8%, ②와③의 혼합물)

② Cyclohexanol(HSK2906.12-0000, 8%)

③ Cyclohexanone(HSK2914.22-1000, 5%)

등의 3가지 원재료 중 어느 원재료를 투입하더라도 수출물품이 생산되므로 이들 3가지 원재료의 대체가능 여부를 질의한 것이었는데,

　관세청은 품목번호가 다른 물품은 환급특례법상 동종의 물품으로 볼 수 없으므로 통합하여 소요량을 산정할 수 없다고 회신하였다.

> 관세환급의 단위소요량 산정방법에 관한 질의회신
> 1. 귀사 CS 제003호('01.6.17)와 관련입니다.
> 2. 본건의 경우에는 해당 원재료간 품목번호(HSK10단위)와 물리적·화학적 특성(분자식, 분자량, 비중 등)이 서로 달라 소요량고시 제12조제2항에 의한 동종의 물품으로 볼 수가 없으므로 서로 통합하여 소요량 산정을 할 수 없음. 끝.

(2) 국산부탄과 수입부탄 대체 허용

- (심사정책47130-332, 2003.4.21)

　본건은 국내에서 생산한 부탄과 외국에서 수입한 부탄을 섞어 혼합한 부탄을 수출하는 경우 2가지 부탄의 성분에 다소 차이가 있지만, 수입부탄을 수입한 상태 그대로 수출한 것으로 보아 수입부탄의 납부 관세 등을 환급받을 수 있는지 여부에 대한 질의였는데,

　관세청장은 부탄별로 구성성분에 다소 차이가 있으나 부탄이라는 제품 용도(취사용 화력)로 보아 혼합부탄의 효능에 거의 차이가 없어, 혼합부탄·국산부탄·수입부탄 3가지 모

두 동일하게 부탄이라고 호칭하여 동일한 가격에 거래될 뿐만 아니라 부탄이 혼합보관하고 있다는 것을 이유로 동일한 원재료라고 판단하여 원재료간 대체가 허용된다고 회신하였다.

❖ 예시

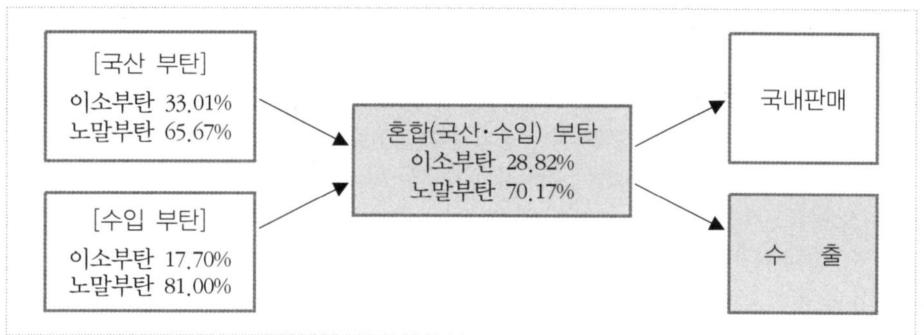

이 사례의 검토 결과, "관세환급관리 및 동일원재료 운용지침 시달"(심사정책47130-332호, 2003.4.21.)

> ◈ 관세환급관리 및 동일원재료 운영지침 시달
>
> 1. 관세환급은 수출물품을 생산하는 데 실제 사용된 당해 원재료를 실물로 확인하여 그 원재료를 수입할 때 납부한 관세 등을 환급하는 것(실물관리)이 아니라,
>   가. 수출물품을 생산하는데 소요되는 수출용 원재료에 해당되고, 환급특례법 제9조 및 같은 법 시행령 제9조에서 정한 수출이행기간 이내의 것이면 수출신고필증, 소요량계산서, 수입신고필증 등 관련 서류에 의하여 소요원재료를 수입할 때 납부한 관세 등을 환급하는 것(서면관리)이므로,
>   나. 서면에 의한 관세환급관리는 제조·가공 수출뿐만 아니라 원상태 수출의 경우에도 적용되는 것임
> 2. 관세환급에 있어서 "동일원재료"라 함은 물리적·화학적 구성성분이 반드시 동일하다는 것이 아니고 그 성분에 다소 차이가 있다고 하더라도
>   가. 판매자와 구매자가 상거래상 동일물품(동일 규격·등급)으로 생각하여 같은 조건에서 동일한 가격으로 거래하고,
>   나. 업체가 원재료 재고관리 시에 동일물품으로 생각하여 서로 구분하여 보관·관리하지 않으며, 수출물품의 생산과정에서 상호 대체사용이 가능한 경우를 말하는 것이므로 관세환급업무시 본 지침을 준수하기 바람. 끝.

하지만, 이 지침은 환급특례법에 규정된 대체가능 원재료의 인정 범위와 다르게 운영된

다는 지적이 있었고, 시장에서 동일한 가격으로 거래되는 대체가능물품은 존재하지 않으므로 추징 논리로 악용된다는 이유로 민원인의 제도개선 요구가 계속되어,

관세청장은 다음과 같이 기존 지침의 기본적인 내용은 폐지하되 환급특례법 제3조제2항의 기본적인 틀에 따라 유연하게 해석할 수 있도록 새로운 지침(세원심사과-2370호, 2017.6.30.)을 마련하여 시달한다.

> ▼ "관세환급특례법 제3조제2항 적용 가능 여부 판단기준" 시달
>
> 1. 환급특례법 제3조제2항에는 국내에서 사용된 원재료와 수입된 원재료가 동일한 질(質)과 특성을 갖고 있어 상호 대체 사용이 가능하여 수출물품의 생산과정에서 이를 구분하지 아니하고 사용되는 경우에는 수출용 원재료가 사용된 것으로 보고 있으며, 개정 교토협약 특별부속서 F 제3장(환급)에서 "동등물품"이란 환급절차 하에서 대체되는 물품과 성상, 품질 및 기술적 특성이 동일한 내국 또는 수입물품으로 정의하고 있음
> 2. 수출용 원재료가 상기 환급특례법 등에서 정한 제반요건을 충족하고 있는 경우 원재료 재고관리방법 등과는 관계없이 동일원재료로 인정하여 수출용 원재료가 사용된 것으로 볼 수 있음. 단, 상업적으로 대체 사용되는 원재료라 할지라도 구매자의 요청 등에 의해 환급특례법 제3조제2항에 정한 바와는 달리 생산과정에서 구분 사용한다면 동일원재료로 인정할 수 없음.
> 3. 따라서, 환급특례법 제3조제2항 적용 가능 여부는 수출 물품별 생산과정을 개별·구체적으로 판단하여야 할 사안이므로, 2003. 4. 21. 시달한 "관세환급관리 및 동일원재료 운용지침"(관세청 심사정책 47130-332호) 중 "동일원재료 운용지침" 부분을 본 기준 시행과 동시에 폐지함. 끝.

(3) BTX Mixture 대체 허용

- (심사환급과-305, 2007.1.25)

본건은 기존에 BTX Mixture에 분류되는 물품은 HS 2707.10(벤젠), 2707.20(톨루엔), 2707.30(자일렌), 2707.50(기타혼합물), 2707.99(기타) 등이었는데, 상거래상 C6 Heartcut Benzene (HSK2710.19-1090), Reformate(HSK2707.50-0000)도 구성성분에 다소 차이가 있으나 BTX Mixture로 분류되어 거래되므로 대체가능 원재료로 볼 수 있는지 여부를 질의한 것이었는데,

관세청장은 BTX Mixture가 분리시설에서 생산되는 연산품(벤젠, 톨루엔, 자일렌 등) 수율에는 큰 차이가 없는 것으로 판단하여 대체가능한 원재료에 해당한다고 회신하였다.

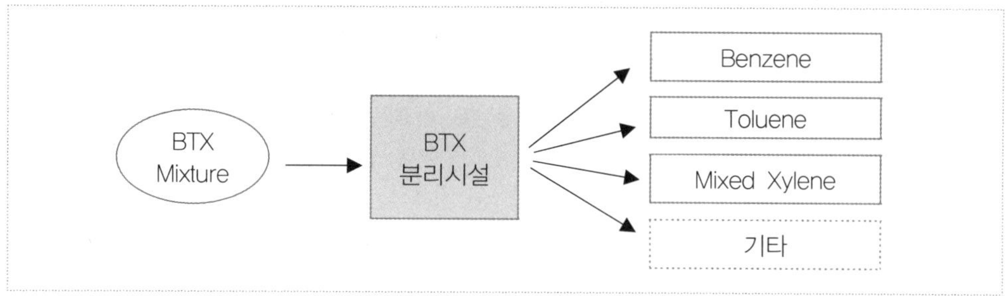

📖 석유화학용 수입 관세환급과 관련한 질의 회신

1. 환급특례법 제3조제2항의 동일원재료 인정 범위에 대한 질의에 대한 회신임

2. 벤젠, 톨루엔, 자일렌등의 생산에 사용되는 원재료인 BTX Mixture가 수출물품 생산과정에서 대체사용이 가능하고 BTX 분리시설에 구분 없이 투입하여 벤젠 등을 생산하고 있는 경우, 수입되는 BTX Mixture의 HS가 서로 상이하다 하더라도 환급특례법 제3조제2항에서 정한 요건을 충족하는 것으로 볼 수 있으므로 환급신청시 각 원재료별로 구분하지 않고 통합하여 환급신청할 수 있음(자율소요량에 의하여 환급 가능). 끝.

본건 질의회신은 BTX Mixture로 분류되는 원재료는, 품목번호(HSK) 또는 품명에 상관없이 수출업체가 현장에서 구분하지 않고 제품생산에 사용하는 경우에는 대체가능 원재료로 볼 수 있다고 BTX Mixture에 한하여 회신한 것으로,

본건과 관련하여 그 당시 세율에 대한 검토가 없었음에도 불구하고, 쟁송 또는 소송에서 민원인들은 본 질의회신을 통해 관세청은 대체가능 원재료의 범위를 세율이 다른 경우에도 인정하였다고 종종 주장하고 있다.

하지만 2006년까지 BTX Mixture로 분류되는 원재료의 세율이 모두 5%로 동일하였고 본 질의가 2006년 12월에 있었으나, 사실관계 조사 등으로 검토가 지연되어 2007년에 HS 2707.10(벤젠), 2707.20(톨루엔), 2707.30(자일렌) 품목의 세율이 3%로 변경되었으나, 2007년 1월에 답변하는 과정에서 이러한 세율 부분은 미처 검토가 없었다.

그럼에도 민원인들은 자신에게 유리하게 세율이 다른 경우에도 대체가능 원재료가 될 수 있다고 주장하고 있는데, 이는 의도와 다른 결과가 나온 것으로 아전인수(我田引水)격 해석으로 보아야 할 것이다.

라. FTA 체결국·비체결국 원재료 대체 허용 (종합심사과-327, 2009.2.11)

본건 유권해석은 처음으로 개정 교토협약에 따른 수입원재료간 대체사용에 대하여 언급하고 있는데, FTA 체결국 여부와 관계없이 관세율이 상이한 원재료라도 상호 대체사용이 가능하다고 유권해석하였다.

참고로 이러한 경우 과다환급이 발생할 수밖에 없는 구조이므로 환급특례법 제10조제4항에 따라 과다환급방지를 위한 대책이 수립되었어야 할 것으로 생각되나, 2009.2.11. 유권해석 이후부터 2013.4.1.까지 FTA원재료에 대한 과다환급방지방안이 마련되지 않아 제도적 과다환급의 허점(loop-hole)이 되었다.

3 대체가능 원재료 인정에 따른 과다환급 방지 노력

(1) 조정고시 (2013.4.1. 제정, 2016년 1월 개정~현재)

대체가능 원재료에 대한 인정요건을 정하여 수출산업을 지원하려는 당초 목적과는 달리 일부 수출업체는 대체가능 원재료 규정의 제도적 허점을 과다환급에 이용함에 따라 관세청은 조정고시를 정하여 운영하게 되었다.

(2) 농림축산물 환급고시 (1995.5.24. 제정, 9차 개정~현재)

또한 국내 농가 등의 보호를 목적으로 양허세율을 운영하고 있는데, 이러한 농림축산물

양허세율 적용 물품의 관세율 차이를 이용하여 과다환급을 받는 사례가 없도록 하기 위하여 농림축산물환급고시를 제정하여 운영하고 있다.

그 예로 별표 품목에 건고추(HSK0904.21-0000)와 고춧가루(HSK0904.22- 0000)가 포함되어 있으나, "제조가공확인신청서"에 대한 현장확인을 할 수 없는 현실적 여건으로 인해 과다환급방지에 한계가 존재하고 있다.

(3) 원유 등 환급제한에 관한 고시 (1996.2.26.제정, 6차 개정후 2013.4.1. 폐지)

원유는 전 세계 160여 종이 있는데, 각 유종은 유종별 고유의 질과 특성이 있어, 정유업체가 상압증류탑(CDU)을 통해 나프타, 경유, 중유 등의 유분을 추출하기 전까지는 엄격히 구분관리하고 있음을 알고 있을 것이다.

하지만 정유업체는 이러한 각 유종별 고유의 질과 특성과는 무관하게 나프타, 경유, 중유 등의 기초유분을 추출하기 위한 증류단계에서 한꺼번에 상압증류탑에 투입하거나 몇 개의 그룹으로 나누어 투입하고 있다. 이는 효율의 문제로 고도화가 잘 된 정유업체일수록 유종별 그룹이 세분화되는 것이다.

이러한 정유업체의 기초유분 생산여건과 석유 고유의 특성으로 인해, 나프타 분해제품(HS 제27류 또는 제29류의 에틸렌, 벤젠 등) 생산에는 나프타 또는 석유가 원재료로 사용될 수도 있다.

이러한 원리를 반영하여 수입 나프타의 관세율이 1%, 나프타 제조용 할당관세 원유의 관세율이 3%, 나프타 제조용 제외 할당관세 원유의 관세율이 5%인 경우, 나프타 분해제품을 국내공급하거나 수출할 때 낮은 관세율이 적용된 원재료부터 사용하도록 강제함으로써 과다환급이 발생하지 않도록 하였다.

(4) 수입원재료에 대한 수출이행기간 단축 등에 관한 고시 (1985년~2012.8.4. 43개 제정)

특정 품목번호의 세율이 변경되는 경우에는 동일 품목이라도 적용세율에 따라 원재료 단위당 납부관세가 달라지게 되며, 그로 인해 환급신청인은 어느 시기에 수입한 원재료를 사용하느냐에 따라 과다 또는 과소환급이 발생하게 된다.

따라서 특정 품목번호의 관세율 변동이 있는 경우에는 그 변동이 있었던 날을 기준으로 그 이전에 수입한 원재료는 관세율 변동이 있었던 날부터 약 3개월 내에 수출된 물품에만 사용하도록 수출이행기간을 단축한 것이다.

이는 제조업 재고회전기간이 대략 7일에서 45일 이내라는 통계를 근거로 운영한 것으로, 예를 들어 2015. 1. 1. 관세율이 8%에서 3%로 낮아진 경우에는 2015. 3. 31.까지 수출한 물품에 대해서는 관세율 8%의 원재료를 소요원재료로 인정하고 2015. 4. 1. 이후 수출한 물품에는 3%의 관세율이 적용된 수입원재료만을 사용하도록 함으로써 과다환급이 발생하지 않도록 하였고, 반대의 경우에는 과소환급이 발생하지 않도록 한 것이었다.

(5) 원유 관련 제품 관세환급 시 수입신고필증 정리방법 시달

- (심사정책 47130-213호, '90.4.10. 시행, '08.11.3. 폐지)

원유는 나프타, 경유, 중유 등의 기초유분 연산품을 생산하는 원재료라는 특성으로 인한 결합원가의 배부 문제를 해결하기 위하여 운영된 제도이다.

즉, 원유100kg을 상압(常壓)증류하여 나프타 20kg, 경유 30kg, 중유 30kg, 기타 20kg가 생산되었다면 해당 원유의 수입신고필증으로 환급받을 수 있는 나프타 분량은 20kg이므로, 수출 나프타가 50kg이라면 원유 100kg의 수입신고필증은 나프타 20kg까지에 대해서만 사용하여야 하고 나머지 30kg의 나프타에 대해서는 다른 수입신고필증을 사용해야 과다환급이 발생하지 않는다는 것이다.

이는 실물을 거의 정확하게 반영하는 제도였지만 환급신청인에게 부담을 준다는 이유로 2008.11 3. 폐지되었다.

3절 | 수출물품과 부산물 및 연산품

1 | 수출물품과 부산물

"제품은 수출하지 않고 부산물만 수출하는 경우 「수출용 원재료에 대한 관세 등 환급에 관한 특례법」(이하 '환급특례법'이라 한다)상 환급신청을 어떻게 하면 되는지"에 대한 민원인 질의를 가끔 받는다.

회계실무상 원재료를 사용하여 생산된 제품은 정상품과 불량품(재작업을 하면 정상품으로 만들 수 있는 물품)으로 구분되며, 품질이나 규격이 일정 수준에 미달하는 불합격품(재작업을 하여도 정상품으로 만들지 못하는 물품)인 공손품은 효율적인 생산과정에서 불가피하게 발생하는 정상공손품과 원재료 자체의 불량 등으로 발생하는 비정상공손품으로 나뉜다.

그리고 제품 생산과정에서 부수적으로 나오는 원재료의 찌꺼기를 "작업폐물"이라고 하는데, 일반인들은 이러한 작업폐물을 부산물이라고 통칭한다.

그런데, 환급특례법상 환급제도하에서는 이러한 회계실무에서 사용하는 제품과 부산물의 개념이 그대로 반영되지 않는다. 환급제도에서는 원재료를 사용하여 생산된 물품 중 수출하는 물품을 수출물품이라고 하며, 그 밖의 부수적으로 발생하는 물품 중 경제적 가치가 있는 것을 부산물로 분류한다.

> 🔖 환급특례법 제2조(정의) 제3호
> 3. "수출물품"이란 수출등의 용도에 제공되는 물품을 말한다.

> 🔖 소요량고시 제2조(정의)
> 7. "부산물"이란 수출물품 생산공정 중에 수출물품 외에 부수적으로 발생하는 경제적인 가치를 가진 물품으로서 판매되거나 자가사용되는 물품을 말한다.

그래서 생산자가 동판(Copper Sheet)를 수입하여 동(銅)제품을 생산하는 경우를 가정하면 동(銅)제품을 생산할 때 발생한 Copper Scrap을 부산물이라고 해야 하겠지만, 동(銅)제품을 수출하지 않고 Copper Scrap만 수출한다면 환급제도상 수출제품은 Copper Scrap이 되고 동(銅)제품은 부산물이 되는 것이다.

그 일례로, Copper Sheet(銅版)를 수입하여 승용차 내부 배전반에 사용하는 Bus-Bar라는 제품을 생산한 후 해당 제품을 국내 판매하는 자가 제품 생산 시 부수적으로 생산된 Copper Scrap을 수출하게 되어 그러한 경우의 환급방법을 질의하였는데, 관세청장은 Copper Scrap은 수출물품으로, Bus-Bar는 부산물로 보아 부산물공제비율을 적용하여 환급 신청하면 된다고 회신하였다.

> ✔ 부산물 인정 여부 질의 회신(심사환급과-2797, 2007.9.19)
> - 사실관계: 환급을 신청하려는 업체는 Copper sheet를 수입하여 자동차 배전반용 Bus-Bar를 제조하여 그 제품은 국내 판매하면서 부산물로 나오는 Copper scrap만 수출
> - 회신내용
>   - 수출물품 생산공정 중에 수출물품 이외에 부수적으로 경제적인 가치를 가진 물품이 발생하여 이를 판매하거나 자가 사용하는 경우 부산물공제비율을 적용하여 환급토록 하고 있음(소요량고시 제2조제7호, 제16조)
>   - Copper sheet를 수입하여 자동차 배전반용 Bus-Bar와 Copper scrap을 생산하면서, Bus-Bar는 국내 공급하고 Copper scrap만 수출한 후 환급신청하는 경우,
>   - 자동차 배전반용 Bus-Bar를 수출(또는 기납증에 의한 국내 공급)한 후 환급(또는 기납증 발급) 신청하지 않고, Copper scrap을 우선 수출한 후 환급신청하는 경우에는 Copper scrap을 수출물품으로 하고, Bus-Bar를 부산물로 하여 부산물공제비율을 적용, 환급신청하여야 하는 것임

그러므로 예를 들어 Bus-Bar를 생산하는 자가 Copper Sheet(관세율 8%) 10장을 수입(납부관세 8만원)하여 Bus-Bar를 생산한 후 Copper Scrap을 수출할 때 소요량산정방법은 단위설계소요량산정방법을 적용한다고 가정할 때 Copper Scrap의 단위소요량과 부산물공제비율 및 Copper Scrap 3kg 수출 시 소요량과 환급액을 계산하면,

구분	품명	개수	무게	가격	구분
원재료	Copper Sheet	10장	100.0kg	장당 10만원	수입가격
생산 물품	Bus-Bar	110개	95kg	개당 4만원	국내판매가격
부수적 생산품	Copper Scrap	1bag	5.2kg	kg당 1만원	3kg 수출가격

수출자가 실제 생산한 물품은 Bus-Bar이고 부수적으로 생산된 부산물은 Copper Scrap이지만, 환급특례법령상 환급업무를 처리할 때는 실제 수출되는 Copper Scrap이 수출물품이 되고 수출되지 않는 Bus-Bar가 부산물이 되므로,

수출물품 Copper Scrap 5.2kg 생산에 10kg무게의 Copper Sheet 10장(=100kg)이 소요되므로 단위소요량은 19.2307692307…kg 또는 1.92307692307…장이 된다. 여기서 주의할 점은 소요량고시에 단위소요량을 내림, 올림 또는 반올림하도록 하는 규정이 없으므로 소수점을 무한대로 관리하는 것이 원칙이다.

그러므로 수출자가 Copper Scrap의 단위소요량을 1kg당 19.230769kg 또는 19.23kg로 관리하면 되는데, 여기서 수출자는 단위소요량을 19.23kg으로 관리한다고 가정한다.

이때 부산물공제비율은

$$\frac{부산물\,4,400천원}{제품\,52천원 \times \dfrac{부산물\,원재료\,1,000천원}{총투입\,원재료\,1,000천원} + 부산물\,4,400천원} = 0.988319856244385$$

이므로 소수점 5자리에서 반올림(소요량고시 제16조제2항 참고)하면 0.9883(= 98.83%)가 된다. 이때 수출자가 Copper Scrap 3kg를 3만원에 수출하였다면, Copper Scrap의 소요량은 57.69kg(= 수출 Copper Scrap 3kg × 단위소요량 19.23kg)이 되며(소요량고시 제14조제1항 참고),

부산물공제 전 환급금은 46,152원(= 100kg 납부관세 80,000원 × $\frac{57.69}{100}$)에서 부산물공제비율을 적용하면 환급받을 환급액은 536.9원[= 46,152원 × (1-0.9883)]이 되는데(소요량고시 제16조제4항 참고), 환급신청서의 병지에는 원 단위까지 기재하므로 536원을 기재하고, 갑지에는 원 단위 이하 절사하므로 530원을 기재하여 환급신청 하면 된다.

참고로, 이전 소요량고시(관세청고시 제2015-57호) 제2조제8호 "연산품" 정의에 "부산물"이라는 용어가 사용되어 제7호의 부산물 정의와 혼동되었는데,

> 📔 소요량고시 제2조(정의) 제8호
>
> 8. "연산품"이란 「수출용 원재료에 대한 관세 등 환급에 관한 특례법」(이하 "법"이라 한다) 제13조제1항 및 「수출용 원재료에 대한 관세 등 환급에 관한 특례법 시행령」(이하 "영"이라 한다) 제15조에 따른 특수공정물품 중에서 동일 원재료로 생산된 개별적인 기능과 경제적인 가치를 가진 제품들이 주산물과 부산물로 구별할 수 없는 경우에 이 제품들을 총칭하여 말한다.

소요량고시 제2조제7호의 "부산물"은 "수출물품 생산공정 중에 수출물품 외에 부수적으로 발생하는 경제적인 가치를 가진 물품으로서 판매되거나 자가사용되는 물품"으로, 쓰고 남은 나머지 물건을 말하는 이른바 "잔여물(殘餘物)"을 말하는 것이었고, 소요량고시 제2조제8호에 사용되는 "부산물"은 Secondary yield(종물, 從物)를 말하는 것으로 주산물을 생산할 때 함께 생산되는 제품을 말하는 것이었으므로,

관세청장은 이러한 혼동을 없애기 위해 2016. 11. 18. 소요량고시 제2조제8호를 다음과 같이 개정하여 연산품은 주종(主從)을 구별할 수 없는 제품을 말하는 것이라고 정의함으로써 연산품 정의에서 사용된 "부산물"을 종물(從物)이란 의미로 대체하였다.

> 📔 소요량고시 제2조(정의) 제8호
>
> 8. "연산품"이란 「수출용 원재료에 대한 관세 등 환급에 관한 특례법」(이하 "법"이라 한다) 제13조제1항 및 「수출용 원재료에 대한 관세 등 환급에 관한 특례법 시행령」(이하 "영"이라 한다) 제15조에 따른 특수공정물품 중에서 원재료를 같은 생산공정으로 가공했을 때 주종(主從)의 관계를 구별할 수 없는 종류가 다른 두 가지 이상의 개별적인 기능과 경제적인 가치를 가진 제품들이 생산되는 경우에 이 제품들을 총칭하여 말한다. [예: 원유(원재료)를 상압증류하여 생산(같은 생산공정으로 가공)한 나프타, 등유, 경유, 중유, 아스팔트, 윤활유, LPG 등(주종 관계를 구별할 수 없는 제품)을 연산품이라고 함]

한편, 연산품은 일정한 생산단계(분리점)에 도달하기 전까지는 개별제품으로 인식할 수 없으며 분리점 이후에 개별제품으로 인식되는데, "생우유"를 원재료로 투입하여 같은 생산공정으로 가공했을 때 "버터"와 "치즈"가 함께 생산되는 경우, 생우유가 일정한 생산단계에 도달하기 전까지는 버터가 생산될 지 치즈가 생산될 지 알 수 없으나 분리점 이후에는 버

터와 치즈라는 개별제품이 인식되며 생산량도 생산설비와 생산자 의도에 따라 달라질 수 있다.

이러한 연산품은 원재료의 원가를 연산품에 어떻게 배분할 것인지가 중요해진다. 연산품 생산에 사용되는 원재료의 원가를 결합원가라고 하는데, 연산품 환급에는 결합원가의 배분문제가 중요하다.

결합원가의 배분방법에는 물량기준법, 판매기준법, 순실현가치법, 균등이익률법이 있는데, 관세청에서 처음 사용한 연산품 결합원가 배분방법은 물량기준법이었다.

그러나, 70~80년대 정유사가 가치가 낮은 중질유(벙커C유 등) 등을 수출하고 물량비중으로 환급받는 것에 대하여 감사원이 판매가치를 기준으로 환급물량을 계산하도록 권고함에 따라 현재는 소요량고시 제15조에 따라 연산품에 대해서는 생산비율과 가치비율을 감안하여 소요량을 계산하도록 하고 있다.

참고로 최근 연산품의 원재료를 국내원재료와 수입원재료로 혼용하던 수출자가 부산물 공제비율을 적용하지 않았다가 추징된 사례가 있어 소개한다.

L사는 연산품인 X제품과 Y제품을 생산하는데 필요한 A원재료를 국내에서 100kg 구매하고(매입가 80만원, 관세 0원), 외국에서 100kg(수입가격 100만원, 관세 8만원)한 후, 연산품 X와 Y를 각각 80kg과 120kg 제조하여 X 80kg는 200만원에 수출하고 Y 120kg는 150만원에 국내판매하였는데, 수출한 X에 대하여 수입원재료 100kg 전체에 대하여 환급받은 것이 과다환급이라는 이유로 추징되었다. 왜 그런지 이유를 살펴보기로 한다.

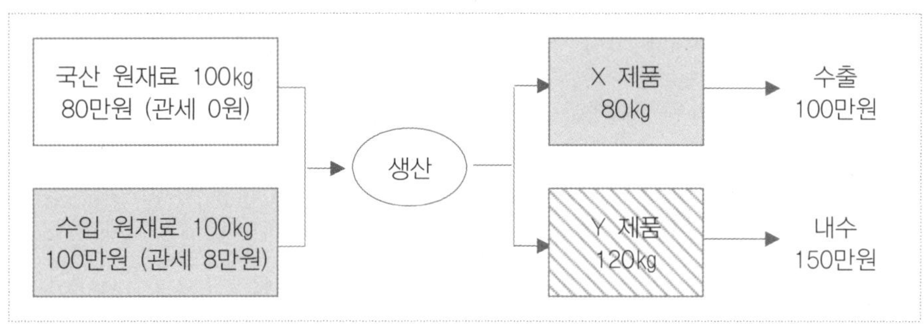

위에서 살펴본 바와 같이 X와 Y제품은 연산품이므로, 소요량고시 제7조에 따른 1회계연도 단위소요량 산정방법을 적용하여 단위소요량을 계산하면

$$단위소요량은\ 1(= \frac{원재료\ 총량\ 200kg}{제품\ 총량\ 200kg})$$

임을 알 수 있고, 소요량은 소요량고시 제15조에 따라 생산비율과 가치비율을 적용하여

소요량을 계산하여야 하므로 다음과 같이 소요량이 산출된다. 주의할 것은 생산비율과 가치비율도 소요량고시에 반올림 또는 절사 규정이 없으므로 소수점을 무한대로 관리하는 것이 원칙이다.

따라서 과다환급이 발생하지 않도록 하려면, 생산비율은 일정 소수점 이하에서 올림하고 가치비율은 일정 소수점 이하에서 내림하여 관리하면 된다.

구분	생산량	생산비율	판매구분	판매액	1단위 가격	가치비율	소요량
X제품	80kg	40%	수출 80kg	200만원	25,000원	57.14%	114.28kg
Y제품	120kg	60%	내수 120kg	150만원	12,500원	42.85%	85.7kg

환급신청인은 이러한 상황에서 수출(X 제품) 80kg에 대한 소요량이 114.28kg이므로 수입원재료 100kg을 모두 원재료로 사용하여 관세 8만원을 환급신청하면, 언뜻 보기에는 정상인 것 같지만 이는 과다환급이다. 왜냐하면 소요량고시 제16조에 따른 부산물공제를 하지 않았기 때문이다. Y제품은 수출제품이 아니기 때문에 환급제도에서는 부산물이 되므로 부산물공제를 하여야 한다.

이는 상식적으로 생각해봐도 과다환급이 됨을 알 수 있다. 국산 원재료는 환급 대상이 아니므로 수입원재료 100kg만으로 생산한 제품은 X제품 40kg와 Y제품 60kg이었을 것이고, 환급 대상 수출물품은 X제품 40kg이므로 환급은 원재료 100kg 전부가 아니라 일부에 대해서만 받을 수 있음은 자명한 사실이다.

따라서 소요량고시 제16조에 따라 부산물공제를 하게 되면, 부산물공제비율은

$$0.4286[= \text{부산물 Y } 150\text{만원} \div (\text{제품 X } 200\text{만원} \times \frac{\text{해당 원재료} 180\text{만원}}{\text{총 원재료} 180\text{만원}} + \text{부산물 Y } 150\text{만원} = 0.428571428\cdots$$

을 소수점 5자리 이하를 반올림하여 소수점 4자리까지 계산]이 되므로, X제품 80kg에 대한 원재료 소요량은 114.28kg이지만 환급금은 45,710원[= 8만원 × (1 - 0.4286)]이 된다.

물론 환급신청인이 생산한 모든 연산품을 수출하는 경우에는 환급제도상 부산물이 없는 것이 되므로 부산물공제를 할 필요는 없다. 그리고 원재료가 모두 수입물품이라면 나머지 14.28kg에 대해서도 추가로 환급신청을 하면 된다.

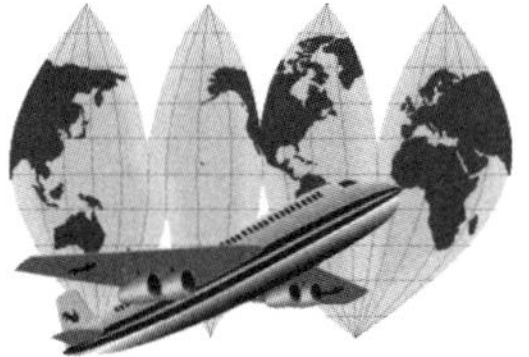

찾 아 보 기

표 | 그림

서식

용어

 [용어] 찾아보기

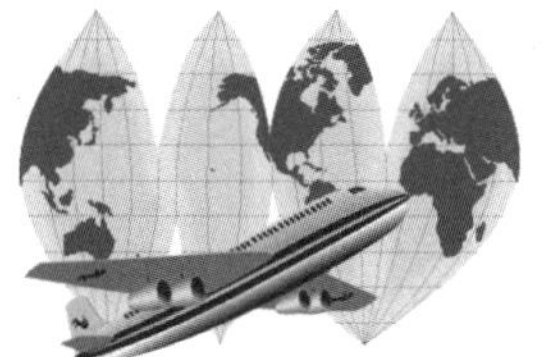

[저자소개]

♣ 이 정 길

　　부산사범학교 졸업
　　동아대학교 법학과·대학원 졸업
　　관세청 환급과 근무
　　관세청 법무담당관·종합심사과장 역임
　　서울세관 징수과장·수원세관 수출과장 역임
　　창원세관장·울산세관장 역임
　　배화여자대학교 국제무역학과 강사 역임
　　(현) 한국재정경제연구소 관세전문위원
　　(현) 천안관세법인 수원사무소 대표 관세사

　　(저　서)
　　수출입통관실무 〈2001~2017, 한국재정경제연구소, 코페하우스〉
　　수출입통관매뉴얼 〈2005~2012, 한국재정경제연구소, 코페하우스〉

♣ 신 태 섭

　　영남대학교 무역학과 졸업
　　관세청 규제개혁법무담당관실 법령·권리구제 담당
　　관세청 세원심사과 환급업무 담당
　　(현) 관세청 환급 분야 선임 심사전문관
　　(현) 구미세관 조사심사과장

[발행안내]

알기 쉬운 관세환급실무

발행일 1988년 12월 10일 제1판 발행
       2009년 7월 10일 제10판 발행
       2018년 4월 15일 제11판 1쇄 발행

저자   이정길·신태섭

발행인 강석원
발행처 한국재정경제연구소〈코페하우스〉
출판등록 제2-584호 (1988.6.1)

주소   서울특별시 강남구 테헤란로 406
전화   (02) 562-4355
팩스   (02) 552-2210
메일   kofe@kofe.kr
웹사이트 www.kofe.kr

ISBN   978-89-93835-51-9 (13320)
값   30,000원

ⓒ 이정길·신태섭   ⓟ 한국재정경제연구소·코페하우스

* 「코페하우스®」「KOFE HOUSE®」는 한국재정경제연구소의 출판브랜드입니다.
* 이 책은 법으로 보호받는 저작물(출판물)로 무단 전재와 복제를 금지합니다.
* 이 도서의 국립중앙도서관 출판도서목록(CIP)은 서지정보유통지원시스템 홈페이지(http://seoji.nl.go.kr)와 국가자료 공
  동목록시스템(http://www.nl.go.kr/kolisnet)에서 이용하실 수 있습니다. (CIP 제어번호: CIP2018010499)